実例 弁護士が悩む不動産に関する法律相談

専門弁護士による実践的解決のノウハウ

第一東京弁護士会法律相談運営委員会 編著

日本加除出版

推薦のことば

　不動産は，生活や企業活動に欠かせない財産であるとともに，資産的価値の高い財産でもあるため，その取引等において紛争が生じることが少なくありません。その紛争の内容も事案に応じて様々であり，売買・賃貸借に関する問題をはじめ，マンション管理に関わる問題，相続や倒産処理に関連して生じる問題，更には，境界・騒音等の近隣関係に関する問題まで多岐にわたります。

　相談を受ける弁護士としては，依頼者が納得できる解決策を示すために，これらの広い範囲の法的知識及び関連する裁判例の動向等の把握が必要になることに加え，不動産取引の慣行や相場の実情など，実際的な情報を押さえておくことも重要といえるでしょう。

　本書は，第一東京弁護士会の法律相談運営委員会の手により，『弁護士が悩む不動産に関する法律相談』と題し刊行されるものです。これは，約2年前に同委員会が刊行した『弁護士が悩む家族に関する法律相談（平成25年3月刊）』の続編にあたり，前回とテーマを変えて「不動産」に関する事例が集められています。

　本書の編集上のコンセプトは，「弁護士が直面しやすい問題や疑問に対する具体的な方策を示すこと」とされており，今回参加した28名の編集・執筆のメンバーが，実際に受任した相談事例の中から特に困難であった事例を持ち寄り，分野に偏りの無いように振り分けた上で，事例ごとに，その解決に至るまでのプロセスの解説を試みています。

　各事件の受任から解決に至る過程を示す中で，関連する法令や裁判例の分析も詳細に行われていますが，本書の何よりもの特徴は，一見，手の施しようが無いような事案を，どのような方策を用いて解決に導いていくか，そのノウハウを垣間見ながら，その手順を追体験できることにあるといえ

推薦のことば

ます。さらに，実務の実際が分かるように，土地・建物の相場や鑑定の実際，仮処分を掛けるか否かの判断，強制執行における執行業者の選定の仕方など，一般の実務書ではあまり解説がされていない部分に踏み込んでいる点も本書のもう一つの特徴といえると思います。

　不動産に関する法律実務をめぐる状況は時代とともに変わりつつあり，最近においては，原子力発電所の事故に伴う損害賠償事件など，新たな問題も生じているところです。そのような中，本書が，不動産に関する事件を取り扱う弁護士の方々をはじめ，関係する業務に携わる方々にとって，事件解決の一助となることを祈念して，本書を広く推薦する次第です。

　平成27年7月

　　　　　　　　　　　　　　　　　　　　第一東京弁護士会

　　　　　　　　　　　　　　　　　　　　　　会長　岡　　　正　晶

は　し　が　き

　本書は，前作「弁護士が悩む家族に関する法律相談」のシリーズ第2作として出版するものです。

　前作は，おかげさまにて好評をいただき，現在第3刷まで増刷を重ねています。「実例を通じて弁護士による家事事件解決の内実を具体的に明らかにすることにより，弁護士が個々の事案を解決する際に実際に役立つ書籍」（前作のはしがき）という従来にない斬新な出版コンセプトが多くの読者の反響を呼んだものと思われ，編集者，執筆者一同大変喜んでいる次第であります。

　本書も，前作と同様のコンセプトにより不動産関係の難事件を中心に，弁護士が実際に扱った事件の相談から事件解決までの道筋を，成功談だけでなく失敗談も含めて忠実に再現した30事例を掲載したもので，弁護士の事件解決の際の空気感をも読み取れる内容を目指しました。

　執筆陣は，第一東京弁護士会法律相談運営委員会のベテランだけでなく若手も含めた有志委員28名です。したがって，中には，若手らしい取組み事例もあり，それも，苦心談として興味深くお読みいただけるものと思いそのまま掲載しました。

　執筆に際しては，本書のコンセプトを生かすため，事例を抽象化せず，登場人物，不動産の概要，各種金額，手続に要した時間等をできるだけ具体的に叙述することを編集方針に掲げ，執筆していただきました。

　したがって，本書は，ベテランから若手まで幅広く興味を持ってお読みいただけるものであり，また，一般の読者にも，弁護士の仕事の実際を知ることができる読み物としてお読みいただければと考えています。

　本書でも，前作での好評を受けて，「不動産に関する弁護士実務」をテーマとして座談会を行い，テープ起こしをしたものを収録しました。座

はしがき

　談会は，ベテラン，若手を取り混ぜて行われ，賃借人の早期退去の方策，立退き料交渉の仕方，賃貸人側の自力救済の限界，建物の明渡断行執行の実際，土地・建物の鑑定，借地権評価，マンショントラブル，近隣紛争，建築紛争等弁護士が解決に苦心する多彩なテーマについて，苦心談，失敗談を織り交ぜて，自らの言葉で経験が語られていて，興味深くお読みいただけるものと思います。

　また，気軽にお読みいただけるものとして，不動産事件に関する16本のコラムも掲載しています。

　最後に，本書の出版に当たっては，前作同様，日本加除出版株式会社の髙山康之氏をはじめ編集部の方々に一方ならないご助言等をいただきました。編集委員を代表して感謝申し上げます。

　平成27年6月

編集代表
弁護士　兼　松　健　雄

編集委員・執筆者一覧 (50音順)
（第一東京弁護士会　法律相談運営委員会）

○　編集委員・執筆
- 綾部　薫平（あやべくんぺい）
- 伊藤　友哉（いとうともや）
- 生方　麻理（うぶかたまり）
- 兼松　健雄（かねまつたけお）
- 木暮　暁子（こぐれきょうこ）
- 佐藤　淳子（さとうじゅんこ）
- 高場　一博（たかばかずひろ）
- 堀越　　孝（ほりこしたかし）
- 松村眞理子（まつむらまりこ）

○　執筆
- 大久保理映（おおくぼりえ）
- 大達　一賢（おおたつかずたか）
- 岡本　政明（おかもとまさあき）
- 奥川　貴弥（おくかわたかや）
- 釜谷　理恵（かまたにりえ）
- 神田　友輔（かんだゆうすけ）
- 北川　琢巳（きたがわたくみ）
- 北村　聡子（きたむらさとこ）
- 栗原　　浩（くりはらひろし）
- 齊藤　友嘉（さいとうともよし）
- 桜井　淳雄（さくらいあつお）
- 佐藤　愛美（さとうあいみ）
- 佐藤　三郎（さとうさぶろう）
- 末岡　雄介（すえおかゆうすけ）
- 土井　智雄（どいともお）
- 広津　佳子（ひろつけいこ）
- 松田　研一（まつだけんいち）
- 元木　　徹（もときとおる）
- 山本光太郎（やまもとこうたろう）

目　次

第1章　不動産売買に関する事例

事例1　仲介手数料請求が否定された事案……………………2
　　　　不動産売買契約成立後に，買主側の仲介業者が買主に対し仲介手数料を請求したところ，不動産取引仲介契約上の義務を履行していないとして，仲介手数料の請求が認められなかった事例

事例2　土地に関する瑕疵担保責任……………………14
　　　　購入した土地に伐採木等が埋設されており，建設した建物に不同沈下が生じたことから，不動産販売建築業者に損害賠償を請求した事案

事例3　借地権付きの賃貸アパートの売却……………………25
　　　　借地権を権原として建つ賃貸アパート1棟をより有利な価額で売却するに当たって，借地権であるがゆえに，売却の相手方や評価額について，特に検討や工夫を要した事例

第2章　不動産賃貸借に関する事例

事例4　親族間の借地争い〜和解の対応〜……………………36
　　　　親族間の土地利用について，借地権か使用借権かが争われ，地裁と高裁で見解が分かれ，高裁段階での和解を拒否してしまったことで紛争が継続し，弁護士として反省しきりの事例

事例5　賃貸借か使用貸借かが問題となった事例……………………46
　　　　土地について著しく低廉な対価を定めた貸借契約につき，使用貸借であることを前提に低額の立退料で和解できた事例

目 次

事例6 事故部屋（自殺者が出た部屋）の事後処理 …………………… 59
　　　事故部屋（自殺者が出た部屋）の賃料減額等の事後処理に
　　関する事例
事例7 賃貸借契約解除土地建物明渡し ……………………………… 72
　　　賃料不払無断転貸を理由に不動産賃貸借契約を解除し，土
　　地・建物の明渡しを請求した事案
事例8 拘禁者との立退き交渉 ………………………………………… 82
　　　有罪判決を受けて服役した賃借人と賃貸借契約の終了交渉
　　をした事例
事例9 借地契約当事者間の信頼関係破壊の判断 …………………… 91
　　　長期間にわたり多額の賃料不払が生じていたにもかかわら
　　ず，借地契約当事者間の信頼関係が破壊するに足りない特段
　　の事情があるものと辛うじて認めることができるとされた事
　　例
事例10 不法占有者に対する明渡請求訴訟と強制執行 ……………… 101
　　　マンションの不法占有者に対する建物明渡請求から強制執
　　行までを行った事例
事例11 耐震性不足による建替えを理由とする立退き ……………… 107
　　　建物賃貸人から耐震性不足を理由として，建物の明渡しを
　　請求された事例

第3章　倒産処理に関する事例

事例12 競売開始決定後の任意売却 …………………………………… 118
　　　担保不動産の競売開始決定後に任意売却をしつつ，一定期
　　間所有者の居住権を確保した事案
事例13 破産手続において財団から放棄された建物の管理に関する
　　事案 ……………………………………………………………… 134
　　　法人の破産手続において建物が破産財団から放棄され，破

産手続も廃止となった後は，誰が当該建物について管理義務を負うか
　また，当該建物に起因して第三者が損害を被った場合，誰が賠償義務を負うか

事例14　会社更生法48条2項の制限の範囲を超える相殺の可否………145
　会社更生手続の開始申立てをした会社が賃貸人となっている事務所の賃貸借契約において，賃借人が主張した，保証金返還特約に基づく保証金返還債務と賃料債務との相殺の可否が争われた事例

第4章　不動産執行・保全処分に関する事例

事例15　法定地上権消滅請求と断行の仮処分………160
　法定地上権消滅請求と断行の仮処分（いわゆる満足的仮処分）に関する事例

事例16　工場の明渡しをめぐる紛争………176
　機械工場を長年経営してきた会社の代表者が，工場の競落人が明渡しを求めたのに対し，親族や実体のない会社を複数使って賃貸借契約を仮装する方法で第三者の占有権を主張して抵抗したが，裁判，強制執行により，最終的に建物の明渡しを実現した事例

第5章　マンションに関する事例

事例17　火災にあったマンションを不動産強制競売で処理した事案
………196
　管理費等や税金の滞納者所有のマンションが半焼し放置したまま所有者が所在不明となったが，強制競売で無剰余取消

目 次

　　　　しを免れ処理した事例
事例18　管理費及び修繕積立金の滞納に対する法的解決の一事例 ……… 214
　　　　マンション管理組合が，滞納管理費及び修繕積立金の回収
　　　　を図った事例
事例19　長期間滞納されたマンション管理費等の回収 ………………… 227
　　　　長期間滞納されたマンション管理費等を建物の区分所有等
　　　　に関する法律59条の競売申立てなどをすることにより回収し
　　　　た事例

第6章　境界・近隣関係に関する事例

事例20　境界をめぐる紛争 ……………………………………………… 242
　　　　隣家に対して裁判で確定された境界に界標や塀の設置を求
　　　　めて裁判を提起したところ，あらゆる手段を講じて抵抗され
　　　　たが，最終的には界標と塀の設置が認められた事例
事例21　眺望が阻害されることによる建物売買契約の解除等 ………… 261
　　　　その良さを購入条件としていた眺望の悪化を理由に，建設
　　　　中の購入マンションに係る売買契約を白紙に戻すことを争っ
　　　　た事例

第7章　不動産登記に関する事例

事例22　遺産分割登記の更正登記に関する訴訟 ……………………… 270
　　　　土地・建物の遺産分割登記が行われた後に，法定相続人の
　　　　一人が遺産分割協議は無効であるとして行われた更正登記に
　　　　ついて，申請者の意思に基づかない無効な登記であるとして
　　　　元に戻すように請求した事例

10

目次

第8章　不動産の相続に関する事例

事例23　行方の分からない相続人がいる場合の不動産相続……………284
　　　　相続人の一人が長年行方不明である中で，亡父名義の不動産につき名義変更するため，不在者財産管理人選任審判申立てを経て行方が分かり，相続分の譲渡を受けて解決した事案

事例24　相続財産管理人と不動産の明渡し………………………………299
　　　　相続財産管理人が，被相続人の不動産の占有者への明渡請求で苦労した事例

事例25　遺産分割の共有分割における使用貸借の設定について………309
　　　　相続人の1人が生活する自宅の不動産について，3年間の使用貸借が設定された上で共有分割の審判がなされた事例

事例26　相続税に関する小規模宅地等の特例……………………………323
　　　　相続案件の土地について，二世帯住宅に関連して小規模宅地等の税務上の特例が受けられるかについて，国税局と折衝して成功した事案

事例27　土地の使用借権の価値と取扱いについて………………………334
　　　　被相続人名義の土地上に存在する相続人名義の建物にいかなる権利があり，その権利の価値はどのように考えるべきかという事例

第9章　地震・原発事故に関する事例

事例28　分譲マンションの瑕疵担保責任…………………………………346
　　　　分譲マンションの外壁タイルが地震により剥離・落下したことから，分譲会社や建築施工会社に対し，担保責任の追及として，損傷箇所の修復及び外壁の調査費用の請求をした事例

11

目次

事例29　原発事故による不動産賠償……………………………375
　　　　原子力発電所による事故によって発生した不動産損害について，迅速に賠償された事例

第10章　その他の不動産に関する事例

事例30　共有物分割の法的解決・事実認定と上告……………388
　　　　共有物分割請求訴訟において，第一審と控訴審の判決の結論は同一であるが，分割方法を定めるに当たって考慮される事情についての事実認定に関して異なる判断がされた事例

座談会　不動産に関する弁護士実務

第1　借　家……………………………………………………403
　1　賃料延滞中の借家人を退去させる方法……………………403
　2　建物明渡しの即決和解の利用………………………………410
　3　占有者の特定…………………………………………………411
　4　強制執行（断行）の手続……………………………………412
　5　立退料の請求（建替えを理由とする明渡請求の場合）…419
　6　修繕義務不履行と賃料の相殺………………………………421
　7　原状回復費用…………………………………………………424

第2　借　地……………………………………………………428
　1　借地権・底地権の売買における相場………………………428
　2　借地料（地代）の増減額交渉………………………………430
　3　更新料…………………………………………………………432

第3 使用貸借 ——————————————————435
　1　使用貸借契約の解除が認められる場合……………………435
　2　使用貸借契約の金銭的評価……………………………………437

第4 売　買　等 ——————————————————438
　1　土地・建物の鑑定の方法………………………………………438
　2　不動産仲介業者による案件紹介料支払についての考え方……439
　3　不動産仲介における説明義務…………………………………440

第5 近隣関係 ——————————————————444
　1　騒音・悪臭の程度を証拠化する方法…………………………444
　2　受忍限度の範囲…………………………………………………445

第6 マンション ——————————————————448

第7 破産関係 ——————————————————450
　1　土地・建物やマンションの売却の方法………………………450
　2　建物明渡しの際の動産類の処分の仕方………………………452
　3　オーバーローン不動産と財産分与……………………………454

第8 建築関係 ——————————————————457

コラム

① 不動産の両手仲介……………………………………………13
② 不動産の価格…………………………………………………24
③ 不動産仲介業者の説明義務違反による売買契約の解除……34
④ 水漏れと賃貸人の修繕義務に関する事案……………………58

目 次

⑤ ユニットバスのカビと借家人の原状回復義務……………………… 71
⑥ 農地の賃貸借の解約について………………………………………… 80
⑦ 賃料減額請求及び管理費減額請求…………………………………… 116
⑧ 一部明渡請求における訴額の算定…………………………………… 132
⑨ 破産会社の根抵当権登記がされている不動産の売却……………… 157
⑩ 詐害行為取消権を被保全債権とする処分禁止の仮処分…………… 175
⑪ 保全処分……………………………………………………………… 194
⑫ マンションにおける漏水事故………………………………………… 213
⑬ マンション管理組合の理事長の交代………………………………… 226
⑭ マンションの専用駐車場……………………………………………… 240
⑮ 勝訴判決を得たのに登記手続できない?…………………………… 282
⑯ 管理組合（権利能力なき社団）の登記申請者……………………… 399

事項索引……………………………………………………………463
判例索引……………………………………………………………468

※ 本書に収録している解説は，実際の事例を元にしておりますが，プライバシー保護のため，内容を変えております。

第1章
不動産売買に関する事例

第1章　不動産売買に関する事例

事例1　仲介手数料請求が否定された事案

不動産売買契約成立後に，買主側の仲介業者が買主に対し仲介手数料を請求したところ，不動産取引仲介契約上の義務を履行していないとして，仲介手数料の請求が認められなかった事例

●概要図

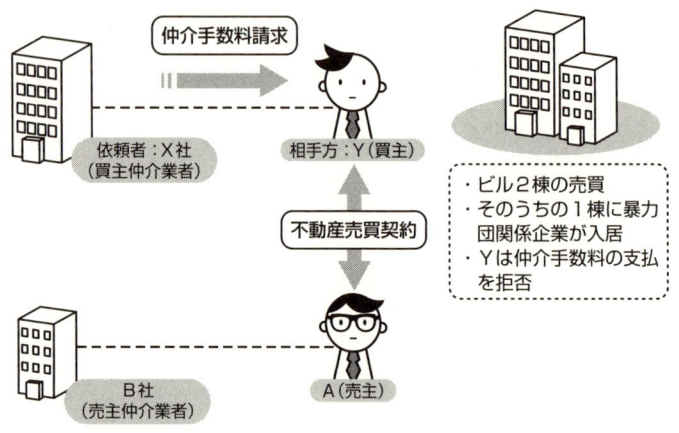

はじめに

　不動産売買等の取引は，業者に仲介を依頼して行われることが多いと思います。しかし，主である売買契約の方にばかり気を取られ，不動産仲介契約の内容については十分な説明がなされなかったり，中には仲介契約の書面すら作成されないままに取引が進むケースもあります。仲介手数料は，一般的に，国交省告示で上限として定められた「売買金額の3％＋6万円」（税別）（400万円を超える取引の場合）が請求されることが多いのですが，不動産売買価格が高額なために仲介手数料も相応に高額になることもあり，トラブルも発生しがちなところです。

　不動産仲介手数料の支払をめぐるトラブルである本事例をご紹介することで，不動産仲介手数料の法的性質等について検討してみたいと思います。

1 事例の概要

(1) X社の相談

本件の依頼者であるX社は小規模の不動産仲介業者であり，以前にも，仲介手数料を払ってもらえないという同様の相談を受けたことのある会社でした。そのときのケースでは，訴訟を提起し，仲介手数料の支払を認容してもらいました。今回，また仲介手数料を払ってもらえないお客様がいるということで，再び事務所にご相談に見えることになりました。

X社の担当者によると，本件の買主のYさんは，投資用の物件を探していたお客様であり，X社が紹介した物件について，Yさんと売主Aとの間で売買契約が成立したけれども，Yさんは仲介手数料約700万円を払ってくれず，X社からの電話や手紙にも応じてくれなくて困っている，とのことでした。

(2) これまでの経緯

そこで，X社の担当者から詳しく話を聞いてみると，以下のような事実経過が分かりました。

平成20年1月頃，医師であるYさんは，X社の店舗に来店して，投資用の物件を探しているという話をしました。そこでX社では，Yさんの希望に沿うような複数の物件を紹介し，Yさんには現地を一緒に訪問して内覧してもらったりしました。そして，その中のいくつかの物件については，Yさんから買付証明書が出される程度まで話が進んだこともあったのですが，最終的には利回り等の条件でYさんの希望と合致せず，売買契約締結には至っていませんでした。

そのような経緯の中，平成21年3月頃になって，ビル2棟一括売りの投資物件が出たので，X社はYさんに紹介しました。この物件は，かなりYさんの希望していた条件に近かったので，Yさんも乗り気で，紹介してから2週間程度で買付証明書を出してくれました。

ただ，この物件の1棟の中には，暴力団関係者が営む人材派遣会社が入居していたことが一つ問題としてありました。これは重要な事実ですので，売主側の仲介業者であるB社からもこの点を告知するように言われてい

こともあり，X社はYさんにこの物件を紹介したときから，この事実をYさんに通知していました。

しかし，この事実を聞いたYさんは，自分は手広く不動産投資をしており，これまでの経験においても暴力団関連企業と渡り合った経験があるとのことで，さほどこの事実を重要視しませんでした。売主側の仲介業者（B社）の説明によれば，この物件に入居している暴力団関連企業は，過去に他のビル利用者とトラブルを起こしたこともなく，賃料の延滞も一度もなかったとのことであり，X社からその点の説明もしていたこともあってYさんは特に問題視はしない，ということでした。

実際にYさんと売主Aとの間で締結された売買契約における重要事項説明書においても，暴力団関係企業が入居しているという事実が記載され，この書面には，かかる説明を受けた旨のYさんの署名捺印もなされていました。

また，これまでYさんに様々な物件を紹介してきた中でX社はYさんから，Yさんは大変な資産家であり，十分なキャッシュもあるとのことで，物件を購入するときには銀行からの借り入れ（ローン）は不要だということも聞いていました。そして，売買契約成立には至らなかった過去に紹介した物件について，その時にYさんに差し入れてもらった買付証明書には，「ローン条項　無し」と記載されており，また今回の物件の買付証明書においても同様に「ローン条項　無し」と記載されていました。なお，ローン条項とは，不動産を購入しようとする買主が売買代金の支払を金融機関からの借入金をもって充てようとするときに売買契約上入れる条項であり，売買契約締結後であっても，ローンの決済が下りずに金融機関から貸付けが実施されなかった場合には，買主は無条件で不動産売買契約を解除することができるとするものです。

本件では，このローン条項を入れずに売買契約を締結したところ，後になってYさんから，X社から暴力団関係企業が入居していることを聞いていなかった，暴力団関係企業が入居しているとそのビルの購入代金を貸し付けることはできないとローンを申し込んでいた銀行から断られてしまった，その結果売買代金を支払えなくなってしまったから売買契約を解除し

たいなどと言われてしまったのです。そしてYさんは、仲介業者としての義務を果たしていないのだから仲介料は支払わないと主張し、本件トラブルとなってしまったのです。

(3) **売買契約上の代金債務不履行と手付没収**

Yさんは、売買契約締結後にX社に対して、暴力団関係企業が入居しているなんて知らなかった、暴力団関係企業が入居しているとローンが実行されないから、ローン条項を入れるよう売主に交渉してほしいと要求しました。さらには、Yさんは、売買契約に従い手付金として1,000万円を売主に交付していたので、この1,000万円についても返還するよう売主と交渉するよう、X社に求めました。

X社は、Yさんの申入れを受けて売主側と交渉をしましたが、既に売買契約は締結済みですし、また売主側の資金繰りが良くなかったという事情もあって、Yさんの要望は受け入れてもらえませんでした。

結局、Yさんは売買契約上定められた期日に代金の支払をすることができず、手付金1,000万円は没収されてしまったのです。

(4) **仲介手数料の請求**

本件売買契約は、上記のようにYさん側の債務不履行により所有権移転には至らなかったのですが、「売買契約を成立させる」という仲介の目的は果たしているので仲介手数料を払ってもらいたいというのがX社の要望でした。Yさんは、X社から電話をしたり手紙を出したりしても、これに応じてくれないようで、困ったX社が私のところへ相談に来たというのが本件事案です。

本相談のポイント

① 仲介手数料の発生根拠。売買契約が債務不履行で契約内容を実現できなかった場合でも仲介手数料を請求できるか。
② 仲介業者の義務。この義務に違反がある場合の報酬請求の可否。
③ 客観的証拠の証拠力。

2 受任に際しての注意点（相談者への対応）

(1) 客観的証拠の存在

　私がＸ社から相談を受けたときに，売買契約書，重要事項説明書及び買付証明書を見せてもらうと，Ｘ社の説明どおり，売買契約書にローン条項の記載はありません。また，買付証明書には「ローン条項なし」と記載されていましたし，過去にＸ社が紹介した別の物件についての買付証明書にも「ローン条項なし」と記載されていました。また，暴力団関係企業の入居についても重要事項説明書に記載がなされていました。そしてこれらの書面には，全てＹさんの署名捺印がなされていたのです。
　ですので，客観的証拠を重視する裁判実務からすれば，Ｙさんの主張は客観的証拠に反するものですので，これを裁判所に認めてもらうのはかなり難しく，当方の請求は認容されるだろうというのが最初に相談を受けた時の私の見立てでした。

(2) 仲介手数料の法的性質

　もっとも，本件売買契約はＹさんの代金決済ができずに売主に手付金1,000万円を没収されて終了しています。そしてＹさんの主張によれば，代金決済ができなかったのはＸ社が仲介業者としての責任を果たさなかったからだというものです。したがって，仮にＹさんの主張するとおりに事実認定されてしまうと，Ｘ社の仲介手数料請求権が認められない可能性もあるように思われました。
　そこでまず，仲介手数料が何に対する対価なのかという仲介手数料の法的性質の検討が必要となりました。

(3) 反訴の可能性

　また，もう１点懸念した点は，上記のとおりＹさんの主張によれば，手付金1,000万円を没収されたのはＸ社が仲介業者としての責任を果たさなかったためだというものであり，もしもＸ社がＹさんに対して訴訟を提起して仲介手数料700万円を請求すると，逆にＹさんからは手付金分の損害賠償請求をされる可能性があるのではないかと思われました。つまり，Ｘ社が仲介手数料700万円を請求して認容されても，Ｙさんからは，Ｘ社の

落ち度により手付金1,000万円が没収されたのであるから，1,000万円の損害を被ったとして，その損害金との相殺を主張され，かつX社に対する差額の300万円の請求が認められる可能性があるのではないかと危惧したのです。あるいは，700万円の仲介手数料請求権自体が認められず，その上さらに1,000万円の損害賠償請求が認められる余地もありえます。そのため，本件を受任するに際しては，私からX社にはこの可能性についても十分説明をしておくこととしました。

3 法的問題点の考察

(1) 仲介手数料の法的性質

　仲介業者の仲介手数料は，売買等の契約が成立したことに対する報酬であり，当事者間で売買等の契約が成立して初めて委託者に報酬支払義務が発生するという成功報酬金です。この報酬請求権が発生するための要件としては，①仲介業者と委託者との間で仲介契約が成立したこと，②仲介業者の仲介行為が存在していること，③委託者と相手方との間に売買等の契約が成立したこと，④仲介業者の仲介行為と売買等の契約成立との間に相当因果関係があること，の4つの要件を満たすことが必要と解されています（岡本正治・宇仁美咲著『詳解不動産仲介契約』570頁（大成出版社，2012））。

　本件においては，X社がYさんの投資物件を探してほしいとの依頼に基づき，Yさんの希望に沿う本物件を紹介し，その結果Yさんと売主Aとの間で売買契約が締結されたものですので，上記の4つの要件の充足は特に問題はありませんでした。

　もっとも，上記①の要件については，仲介契約書の作成がなされていませんでしたので，この点若干の立証の問題はありましたが，訴訟においても，格別この点をYさんから争われることはありませんでした。ただ，仲介手数料については委託者との間でトラブルになりがちですし，また宅地建物取引業法（以下「宅建法」といいます。）においても仲介業者は仲介契約の書面を作成して委託者に交付しなければならないと定められていますので（宅建業法34条の2第1項），早い段階で書面を作成しておくべきであったと思います。

(2) **売買契約が解除された場合等の報酬請求権**

　以上のように仲介業者の報酬請求権は，仲介業者の仲介によって売買等の契約が成立すれば発生するというものですので，売買契約成立後に契約当事者が，所有権の移転，引渡し，代金の支払等を現実に履行しないときでも，仲介業者は報酬請求権を行使できます。この点は，多数の下級審裁判例において認められています（大阪高判昭43・11・28判タ229号174頁，東京地判昭56・6・24判時1022号85頁等）。

(3) **仲介業者に注意義務違反行為がある場合**

　では，本件のＹさんが主張するがごとく，仲介業者の落ち度によって，ローン条項を入れない売買契約が締結され，あるいは暴力団関係企業の入居という重要事項の説明がなされなかったような場合には，仲介業者の報酬請求権はどのようになるのでしょうか。

　仲介業者には，宅建業法所定の免許を受けた不動産取引の専門家として，一般に不動産取引の知識に疎い委託者に対し，適正な不動産取引がなされるよう配慮する高度の注意義務が課されています。具体的には，当該物件の権利関係の調査や，重要事項の説明，取引上の損害を防ぐための助言・指導等をすべき義務があると考えられています。そして，これらの義務違反行為が仲介業者に認められる場合には，仲介契約の本旨に従った債務を履行していない，ということになります。

　このように仲介業者に仲介契約上の債務不履行がある場合には，仲介業者の報酬請求権はどのようになるのでしょうか。仲介契約上の債務不履行があるとしても，売買契約が成立している以上は報酬請求権は発生し，委託者の損害賠償請求権と相殺されるのでしょうか。それとも，そもそも報酬請求権は発生しないと考えるのでしょうか。

　この点は，仲介業者の調査や説明義務がきちんと履行されていれば売買契約は成立しなかったといえるような場合には，そもそも売買契約が成立したとはいえず，報酬請求権は発生していないと考える裁判例が多いようです（東京地判昭48・3・23判タ295号279頁，東京地判昭57・2・22判タ482号112頁）。しかし，報酬請求権の発生は認めつつ，委託者の仲介業者に対する損害賠償請求権との相殺を認めたり（大阪地判昭54・12・27判タ415号155

頁），報酬請求権を権利濫用として認めないものもあり（東京地判平元・3・29判タ716号148頁），結局は，ケースバイケースの判断のようです。

4 実際の解決までの実務

(1) 訴訟提起

X社が相談に来たときから，既にYさんはX社からの連絡にも応じない状況でしたので，弁護士が介入しても任意で仲介手数料を支払ってもらえる可能性は低いと判断し，すぐに訴訟提起することとしました。

(2) Yさんの主張

私は，X社の仲介によりYさんと売主Aとの売買契約が成立したとして，その仲介手数料として700万円の支払を求める訴訟を提起しました。上述した，Yさんの署名・捺印のある，ローン条項の記載のない売買契約書，「ローン条項　無し」と記載されている買付証明書（本物件と，過去に紹介した物件のもの），暴力団関連企業が入居していることが記載されている重要事項説明書等も書証として，訴状と共に提出しました。

これに対するYさんの答弁は，次のようなものでした。

- 売買契約書は事前に交付されず，契約締結日に内容をよく確認しないままに署名・押印したものである
- 買付証明書に署名・捺印をしたけれども，写しをX社から交付されず，「ローン条項　無し」と記載されていたことに気付く機会がなかった
- 契約締結日には，問題のない1棟の方の重要事項説明書の読み上げがあったが，暴力団関連企業が入居している方の棟については，内容は同じだから読み上げは省略するといわれ，説明がされないままに署名・押印しただけである
- キャッシュで購入するなどと言ったことはないし，自分に十分な資産があるという事実もない。最初から銀行から融資を受けて購入するということをX社に伝えていた

つまり，ローンを組む予定だとYさんはX社に伝えていたし，暴力団関

係企業の入居も売買契約締結後にYさんは初めて知ったというものです。X社の主張は，Yさんはキャッシュで購入するからローン条項は不要と言っていたし，暴力団関係企業の入居も契約締結日の重要事項説明において説明したし，買付証明書の写しもYさんに渡していたというものですから，まさに，言った言わない，聞いた聞いていない，という点で双方の主張が食い違うものでした。このように本件では，どちらの言っていることが正しいのかということが争点となったのです。

(3) **裁判所の判断**

訴訟の序盤では，当初の見立てどおり，こちらから出したYさんの署名・捺印のある売買契約書等の存在からして，裁判官は当方に分があると考えていたように見受けられました。

ところが，途中で，Yさん側から本物件の広告チラシが証拠として提出されるやいなや，明らかに裁判官のX社に対する心証が悪くなったのが見て取れました。

Yさんからは，本物件について金額の異なる2種類の広告チラシが証拠として提出されたのですが，これに関するYさんの主張は，売買代金分だけではなくて，引渡しを受けた後に行う内装工事の費用も含めて銀行からお金を借りたいので，それを金融機関に相談するために，売買代金に1,500万円程加算した金額の広告チラシの作成をX社に依頼した，そして，この依頼に基づいてX社が加算された金額の広告を作成してくれたので2種類の金額の広告チラシがあるのだ，というものでした。つまり，2種類の広告チラシがあるということは，自分が金融機関にローンの相談をしていたことの証であり，最初からローンを利用するつもりだったのだ，という主張です。

X社は，もともと訴訟提起の段階から，1,500万円加算された高い金額の方の広告チラシを書証として提出しており，Yさんの売買代金減額交渉の依頼を受けてX社が交渉した結果，1,500万円程減額して売買契約を成立させることに成功した，と主張していたのです。またX社の担当者の陳述書においてもそのような事実経過を記載していました。

しかしそうすると，金額の安い広告チラシがなぜYさんの手元にあるの

か合理的に説明することが難しくなります。つまり，広告チラシは，広く買主を見つけるために作成されるものですから，Yさんが買主として売主と価格交渉をする段階で，減額された広告チラシが作成される合理的な理由がないからです。

　証人尋問においてX社の担当者は，なぜ2種類の異なる金額の広告チラシがあるのかを問われましたが，これに対しては，「もともとは高い金額で売りに出されていたけれども，Yさんが登場する前の別の購入希望者と売主Aとの間で1,500万円減額することで話合いが進んでいた。しかし，最終的にはその購入希望者とは契約締結に至らず，その後売主Aは再び高い金額で売り出すことはせずに，1,500万円減額した金額で再び売りに出していた。そのため二つの異なる金額のチラシが存在している。」と説明せざるをえませんでした。

　そうすると，「自分の交渉の結果1,500万円減額して売買契約を成立させた」というもともとのX社の主張とは異なることとなりますので，結果，裁判所の判断は，X社の言っていることに信用性がない，ということになってしまったのです。裁判所は，Yさんの主張するように，銀行に借入額を相談するために2種類の金額の広告チラシがあるとの説明は全く合理的であり，これはYさんが銀行に借入の相談に行っていたことを示すものだと認め，当方の主張については，Yさんがキャッシュで購入すると言っていたとのX社の主張は信用できないし，医師である一般人のYさんが暴力団と渡り合ったので暴力団関係企業が入居していても気にしないなどと言うわけがない，とことごとく否定されてしまったのです。そして裁判所は，X社はYさんにローン条項のない売買契約を締結させてしまい，かつ暴力団関係企業が入居していることの説明もしていないのであるから，仲介契約上の義務を履行したとはいえないから，仲介手数料を請求できる余地はない，と訴えを棄却したのです。

5　おわりに（本件を振り返って）

　上述したように，当初は，こちらには依頼者の主張を裏付ける客観的証拠も揃っているし，さほどの難なく請求は認容されるのではないかと考

ていました。しかし，いざ訴訟を提起した後に，Ｙさんの方から広告チラシが出てきてしまい，こちらの主張と相容れない証拠の出現に私はとても焦りました。私はその時までにＸ社からこの点についての説明は全く聞いておらず，自分の交渉の結果売買代金を減額できたとしか聞いておりませんでしたので，なぜ２種類の金額の広告チラシが存在するのか，私もＸ社の担当者に厳しく問いただしました。

しかし，正直申し上げて私としても納得できる合理的な説明を担当者から遂には聞けませんでしたので，その段になって依頼者が100％真実を私に伝えているわけではなかったことを理解しました。また，判決が出た後も，Ｘ社の担当者は控訴の意向を示さずに敗訴を素直に受け止めていましたので，私の聞いていない事情で，この結果もやむなしと思う事情が依頼者にはあったのかもしれません。

ただそうは言いつつも，複数の書類にはＹさんの署名捺印があるわけですから，こちらの主張は全て虚偽で，Ｙさんの言うとおりに，ローンを利用することをＸ社に事前に伝え，また暴力団関係企業のことは全く聞いていなかった，と果たして言えるのか，正直申し上げて，裁判所の判断にも疑問を抱かざるをえないところです。Ｘ社の交渉の結果代金額を減額できたとのＸ社の主張が事実に反すると認められたとしても，そこから直ちに暴力団関係企業の入居についても説明しなかったことまで認定はできないように思います。

当初懸念していた，Ｙさんからの1,000万円の手付金没収についての損害賠償請求の反訴等はなかったので，この点はよかったのですが，なぜＹさんがこれをしなかったのか，その理由はよく分かりません。もしかすると，Ｙさん自身にもそれなりの落ち度があったと自認されている事情があったのかもしれないとも思われるところです。

いずれにしても，裁判所の判断には，本件の一方当事者は不動産取引のプロであり豊富な知識を有する者，他方当事者は医師とはいえ一消費者である不動産取引の知識に乏しい者ということが根底にあり，仲介業者に課される高度の注意義務と消費者の要保護性という背景事情を重視したのかもしれません。したがって，仲介業者は，このように自らには高度の注意

義務が課せられていることを自覚し，一つ一つの段階で丁寧に対応することが必要であると思うとともに，弁護士が事件受任をする際の依頼者からの聴き取りの難しさをも痛感した事件でした。

【プライバシー保護のため事例の内容は変えております。】

COLUMN

コラム①
不動産の両手仲介

　仲介業者が，契約当事者の双方から同時に仲介を受託することを両手仲介といいます。両手仲介をした業者のあっせんにより売買契約が成立すれば，仲介業者は売主と買主の双方から報酬を得ることができます。このような両手仲介は決して珍しいものではありません。

　民法上双方代理は禁止されていますが（民法108条），仲介は契約当事者間に契約を成立させるべくあっせん尽力するものであって，委託者から代理権を授与されるわけではないのでこのような仲介形態も許容されています。

　しかしながら，仲介業者は，委託者に対して誠実義務を負っており（宅建業法31条1項），例えば，少しでも高く売りたいという売主の要望と，少しでも安く買いたいという買主の要望は相反するものであり，両者の利益を最大限に目指して活動することは困難なはずです。

　後のトラブルを招かないためにも，両手仲介をする業者は，双方契約当事者に対して，両手仲介の意味を十分に説明した上で仲介契約を締結すべきでしょう。

第1章　不動産売買に関する事例

事例2　土地に関する瑕疵担保責任

購入した土地に伐採木等が埋設されており，建設した建物に不同沈下が生じたことから，不動産販売建築業者に損害賠償を請求した事案

● 概要図

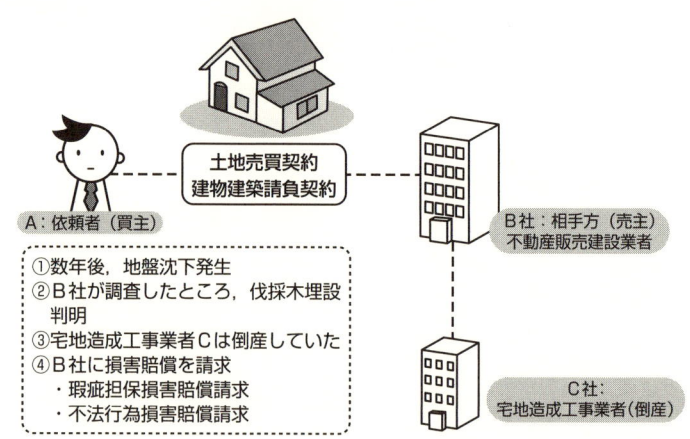

はじめに

　土地の売買契約において，土地を購入した後，その土地を調査したところ土地から廃棄物等が発見された場合に，廃棄物等を撤去するのに高額な処分費用が掛かることがあります。また，地盤が軟弱なため，土地の上に建物を建てることが困難であったり，更に，建てた建物が傾いてしまったりする場合，地盤改良工事等を行わなければならないこともあります。

　このような場合に，土地を購入し，建物を建てた者が，土地の販売業者や建物建設業者に対し，その責任を追及することは必ずしも容易ではありません。

　そのような事例を紹介します。

事例2　土地に関する瑕疵担保責任

1　事案の概要

　依頼者は，不動産販売建設業者から土地を購入し，建物を建てましたが，数年後，地盤の不同沈下が生じ，住宅が傾く等の損傷が発生したため，不動産業者に対し，修理を請求し，地盤の補強工事を行いました。そして，地盤調査を実施したところ，地中に伐採木等が埋設されており，それが腐食したことに起因して地盤沈下が生じたことが判明しました。

　地盤の補強工事実施後，再び，地盤沈下が発生しました。

　そこで，不動産販売建設業者に対し，地盤の全面改良を求め，損害賠償を請求して訴訟を提起したところ，裁判所が，建設業者は，注文を受けて建物を建築するにあたり，業者として土地の地盤の瑕疵の有無について相当の注意をすべき義務があったのに，自ら又は第三者に委託して地盤試験等の調査を実施しておらず，注意義務を怠った過失があるとして，不法行為責任を認めた事例です。

本相談のポイント

① 不動産販売建設業者の地盤調査に関する注意義務の内容。
② 地盤改良のために認められる損害賠償の範囲はどこまでか。

2　受任に際しての注意点（相談者への対応）

(1) 事情聴取・事実の確認

　適切なアドバイスを行うためには，十分な情報を獲得することが必要です。

　はじめに，相談者・依頼者から，事情を十分聞き取り，事実を十分調査し，整理することが必要です。

(2) 契約書等の確認

　契約の内容により，その対応が異なることから，契約書等の確認が重要です。

不動産の売買契約においては，契約書ばかりでなく，重要事項説明書の内容も確認することが必要です。

建物建設請負契約においては，契約書の内容の確認が必要です。

(3) 現地の確認

土地，建物の瑕疵が問題となっている事案ですので，その瑕疵が，現実にどのようなものであるかを把握するためには，現地に赴き，実際，どのようになっているのかを確認することが，重要であり，必要不可欠です。

また，現地確認を行うことにより，依頼者の信頼を得ることにもなります。

(4) 依頼者の希望の確認

依頼者の希望が何かを十分確認することが不可欠です。

弁護士としての基本です。このことにより，依頼者の信頼を得ることができ，また，後日の依頼者とのトラブルを防止することができます。

(5) 弁護方針等の検討

依頼者の希望を満たすためには，どのような対応が可能かを十分検討することが必要です。

不動産の売買，建物建設に関するトラブルにおいては，文献や判例の確認はもちろんのこと，土地や建物の建設についての専門的知識の獲得も必要です。

そして，依頼者に法的なアドバイスをすることになります。

(6) 依頼者への十分な説明（リスクも含め）

問題解決のためにどのような方法があるか，その対応・弁護方針について，依頼者に十分に説明することが必要です。そして，依頼者の納得を得て，問題解決のための対応を進めることになります。

本件では，地盤の不同沈下が問題でしたので，専門家による地盤の調査等が必要で，また，建築士等の専門家の協力が必要です。

また，不動産業者との交渉により解決できない場合，訴訟を提起し，裁判において解決することになります。

裁判において，一審で勝訴しても，相手方である不動産業者が裁判の結果に不満で，控訴すると，更に，高等裁判所において裁判をしなければな

りません。

　また，相手方が，判決の内容を守ってくれない場合，相手方に対し，更に，強制執行の申立てを裁判所に行い，相手の預金などを差し押さえることになります。

　仮に，一審で敗訴した場合，不満・不服のときには，控訴して，高等裁判所において，更に裁判をすることができます。

(7) **各種費用等についての説明**

　弁護士を依頼する場合の弁護士費用，また，地盤の調査の実施や建築士の協力等を必要とする可能性がある場合には，その費用，更には，訴訟を提起する場合には，裁判費用等について，十分説明することが不可欠です。

3　事実の経過・問題（地盤の不同沈下）の発生

(1) **土地売買契約・建物建設請負契約の締結**

　依頼者Aは，家族4人で都内の賃貸マンションで暮らしていましたが，長男が小学校に入学することと，自分が30歳になるのを機に，一戸建てのマイホームを持つことを決心しました。

　平成11年7月7日，不動産販売建設業者B（以下「不動産業者B」といいます。）から，分譲地の1区画である土地を代金3,000万円で買い受け，不動産業者Bとの間で，注文者を依頼者A，請負人を不動産業者Bとし，依頼者Aの希望を一部取り入れた建物を代金2,000万円で建築する旨の建設工事請負契約を締結しました。

　不動産業者Bは，平成12年1月15日，建物を完成させ，依頼者Aに引き渡しました。

　依頼者Aは，住宅ローンにより念願の一戸建てのマイホームを手に入れ，家族4人で新築の建物で，新しい生活を始めました。

(2) **地盤沈下（不同沈下）の発生**

　平成17年秋ころ，建物の一部分が陥没してしまいました。そこで，依頼者Aは，不動産業者Bに話し，その補修工事をしてもらいました。このとき，陥没の原因について調査したところ，宅地造成工事の際に宅地造成工事業者が，土地上の樹木を宅地に埋設し，その樹木が腐食したためである

ことが判明しました。

　不動産業者Bは，宅地造成工事を実施した業者Cを調査しましたが，宅地造成業者Cは既に倒産しており，直接の関係者を探し当てることはできませんでした。そのため，土地に埋設された樹木について，分譲地のどの場所にあるのかについて的確に探り当てることはできませんでした。

　不動産業者Bは，平成18年1月ころ，分譲地のいくつかの場所について地盤沈下に関する調査を実施しました。その結果，分譲地内の数か所に各沈下が，また，建物の外壁にクラックがそれぞれ発生し，更に，一か所には深さ約50センチメートル，幅約1.5メートルの陥没が生じていました。

(3) **第一次補修工事の実施**

　不動産業者Bは，平成18年3月から同年4月ころにかけて，地盤沈下等に対応する第一次補修工事を行いました。

　工事の内容は，沈下した地面を地表から深さ約1.5メートルないし約3.5メートル掘削し，同所に埋設されていた樹木の根や幹等を撤去し，長さ約4メートルの松杭10本を打ち込んだ上，山砂を入れて地盤改良を施したというものでした。

　不動産業者Bは，その後も分譲地の調査を続けたところ，平成20年11月に至り，土地内の駐車場を中心に沈下が発生していたことが発見されました。

(4) **第二次修補工事の実施**

　不動産業者Bは，平成21年3月上旬から同月末にかけて，地盤沈下等に対応する第二次補修工事を行いました。

　工事の内容は，建物に保護工事を施した上で，その西側部分をジャッキアップしH型鋼材を水平に差し込んで支え，1階床板を撤去し，地面を掘削し，深さ約3メートルの地点に埋設されていた樹木の根や幹等を除去した上，床下部分とその南側に長さ約4メートルの松杭20本を打ち込み，山砂を突き固めながら埋め戻したというものです。

　しかし，土地のその他の部分については，地盤調査をせず，建物1階の床下全体に直径13ミリメートルの鉄筋を30センチメートル間隔の桝目状にして，約15センチメートルの厚さのコンクリートを打って固め，従来の布

基礎の立ち上がりを鉄筋で連結し，建物を水平に戻し，その内外部を修復しました。

(5) **再度の地盤沈下の発生・専門家による調査の実施**

　平成21年6月ころ，建物の2階外壁に亀裂が入ったため，依頼人Aから不動産業者Bに，その旨の連絡を入れたところ，不動産業者Bからの回答は，しばらく様子を見たいというものでした。

　依頼者Aは，平成23年3月，一級建築士Dに建物の建築検査を依頼したところ，建物が南側に傾いている旨の指摘を受けました。そこで，Aは，不動産業者Bに伝えましたが，Bの対応は，「建物を垂直に戻すことはできないし，土地には責任がない」などというものでした。依頼者Aと不動産業者Bは，建物の問題を中心に話し合いましたが，合意に至りませんでした。

　そこで，依頼者Aは，平成23年5月，訴訟を提起しました。

　依頼者Aは，土地の地盤を調査するために，地盤調査会社Eにスウェーデン式サウンディング試験を依頼しました。地盤調査会社Eが，平成23年6月，建物の周囲8か所を試験により調査した結果，うち1か所の地下約1.5ないし2.5メートルの換算N値（おおむね3以上が宅地に適する。）が，1に達しておらず，他の地点の地下でも換算N値が2を下回る場所も多数存在している状態でした。

　なお，N値とは，重量63.5キログラムのハンマーを75センチメートル自由落下させ，標準貫入試験用サンプラーを30センチメートル打ち込むのに要する打撃数のことで，土質の判定と合わせて地盤の強度を知ることができる値です。粘性土の場合，N値が0ないし2が「極めて柔らかい」，2ないし4が「柔らかい」，4ないし8が「中位」とされ，通常，木造2階建てくらいの建物であれば，N値3程度で均一な結果が得られれば問題がないとされています。

　依頼者Aは，建築士Dに依頼し，平成23年6月，上記のN値1以下の地点付近を掘削して調査した結果，地下約1メートル掘削した地点で軟弱土が崩れ始め，地下約2メートル掘削した地点で腐朽した材木数本を発見しました。また，建築士Dが建物の傾斜を正確に調査した結果，建物は，全

体として南から東方面に傾いていました。建物1階の最大値で床から2.4メートルの高さで南に2.1センチメートル，建物2階の最大値で床から2.4メートルの高さで南に1.9センチメートル傾いていました。水平調査では，建物1階床の最大値で1.2センチメートル，建物2階床の最大値で2.8センチメートル（基準点とは3メートルの距離）の不陸が存在していました。

建物の外壁には，亀裂が散見され，窓と窓枠との間に約1センチメートルの隙間，壁のクロスに隙間が発生するなど建物や塀には無数の亀裂や隙間，床のへこみが存在していました。

4 法的問題点の考察

(1) 不動産販売建築業者の注意義務：過失があったか？

本件土地は，元々は山林で傾斜地であったのであるから，不動産販売建設業者Bにおいては，その山林を第三者に請け負わせて宅地造成するに当たっては，その第三者が伐採した樹木の行方や，その処分方法や，盛土の量を地盤調査すべきであったのに，それを故意ないしは過失により怠ったため，本件宅地造成工事の際に伐採された地上に生育していた直径50ないし60センチメートルの樹木多数が，搬出されないで土地の地下に埋設されていたのに，そのまま依頼者Aに売却しました。

不動産業者Bは，建物の建築の際の地盤調査や工事等によりそれを容易に発見することができたのに，不注意によりそれを見逃して，それを除去する等しないまま，土地を依頼者Aに売却し，その土地上に建物を建築しました。

そのため，埋設されていた樹木が腐食して地中に空洞が生じたことから，平成17年ごろから，土地に不同沈下が発生しました。その結果，建物につき，1階の部屋の内壁やその他の場所に亀裂が発生したり，建具が歪んだり，その南側が沈下して家屋の躯体自体に傾きが発生し，平成21年には，建物の外壁にひび割れが発生し，塀が傾きかけました。

(2) 現在も地盤の不同沈下が継続しているか？

地盤沈下及びそれによる建物の傾きは，不動産業者Bによる各補修工事によっても終了せず，現在も次のとおり進行していました。

土地は，その地盤が極めて軟弱で，木造建築物の敷地としての適格を欠いていて，その地耐力のＮ値は大部分が3以下です。

特に地表から3メートル下の部分までは，軟弱地盤です。また，玄関側の道路下には相当量の樹木が埋設されていることは確実でした。

(3) 損害賠償の範囲：全面的な地盤改良が認められるか？

依頼者Ａとしては，建物の不具合の修理や土地の地盤沈下防止のため，建物の傾斜修復工事は，建物を解体撤去して，不動産業者Ｂが補修工事で設置したべた基礎も撤去して，地盤改良を施した上，建物を再築しなければなりません。

5 実際の解決までの実務・裁判・和解

(1) 一審（地方裁判所）判決の内容

一審裁判では，不動産販売建設業者Ｂに，造成工事業者による宅地造成工事完了時や売渡時に，自ら又は第三者による地盤試験等の調査を実施しなかった点に過失があり，また，注文を受けて土地上に建物を建築するに当たり，建設業者として土地の地盤の瑕疵の有無について相応の調査をするべき注意義務があったことを認め，更に，各補修工事により，土地の地盤沈下や建物の損傷が防止できたとはいえないとして，建物の解体，地盤改良工事，建物の再建築費用を損害として，依頼者Ａの主張を認めました。

(2) 不動産販売建築業者Ｂに，過失があったか？

ア 宅地建物取引業法は，その業務の適正な運営と宅地及び建物の取引の公正とを確保するとともに，宅地建物取引業者の健全な発達を促進し，もって購入者等の利益の保護と宅地及び建物の流通の円滑化を図ることを目的としており（同法1条），建設業法は，建設業を営む者の資質の向上，建設工事の請負契約の適正化等を図ることによって，建設工事の適正な施工を確保し，発注者を保護するとともに，建設業の健全な発達を促進し，もって公共の福祉の増進に寄与することを目的にしています（同法1条）。そうすると，宅地建物取引業者が宅地を販売する場合や建設業者が宅地上に建物を建築する場合には，通常人がそれらを行う場合に比して，より高度な注意義務を負わせることが妥当です。

イ　建物の地盤に瑕疵が存在する場合，その後の不同沈下等により，建物全体ないし枢要部に重大な損傷が発生するおそれがあり，その完全な補修は，地盤上に乗っている建物を撤去して地盤改良を施さねばならない場合が多くなるなど極めて困難なものになるのが通例ですから，宅地建物取引業者が宅地を売却したり，建設業者が当該土地上に建物を建築するなどに際しては，その土地の地盤の瑕疵の有無について，相応の調査を行うべき注意義務が存在すると解することが相当です。そして，その調査を怠り，又は，その調査が不十分なために相手方又は第三者に損害を発生させた場合には，相手方又は第三者に対し，不法行為又は債務不履行の責任を負うというべきです。

ウ　不動産業者Bが，土地について宅地に造成する工事を宅地造成工事業者Cに請け負わせたものの，宅地造成業者Cによる宅地造成工事完了時や売渡時に，自ら又は第三者による同上地の地盤試験等の調査を実施しなかったこと，また，建物建設工事請負契約に際し，依頼人Aに，自ら又は第三者が土地の地盤試験等の調査をしたことを証する報告書を提示しなかったし，同工事に着手するに当たって同様の調査を何ら実施しなかったことは明らかです。

エ　不動産業者Bは，注文を受けて土地上に建物を建築するに当たり，地盤の瑕疵が建物に与える影響の大きさや建物修繕の困難さ（抜本的修繕は困難で，地盤改良のために建物を取り壊さなければならない場合が多い。），地盤試験等の調査は極めて容易で，それほど多額な費用ではないことなどにかんがみると，建設業者として土地の地盤の瑕疵の有無について相応の調査をするべき注意義務があったのに，自ら又は第三者に委託して地盤試験等の調査を実施しておらず，上記注意義務を怠った過失があり，不法行為責任を負うというべきです。

(3)　**各補修工事により，土地の地盤沈下や建物の損傷が防止できたといえるか？**

　不動産業者Bは，第一次補修工事，第二次補修工事を各実施しています。
　しかし，建物の周囲をスウェーデン式サウンディング試験をした結果，土地や建物には，不具合が存在し，第二次補修工事の際，土地全体にわた

る地盤調査を実施しないまま完了してしまったことなどが認められ、第二次補修工事以降、目に見える地盤沈下が発生していないことの一事をもって、将来も土地内の不同沈下が発生しないとはいえません。かえって、上記事情にかんがみると、土地にはいまだ樹木の一部が残存している蓋然性が高く、これらについていつ腐朽化が進行し、上部からの圧力に耐えられなくなるか全く不明な状態にあるというべきです。そして、建物の内部のゆがみや建物外壁の損傷の原因は、第二次補修工事中の復旧工事の不十分さに加え、その後の土地の耐力の相違による不同沈下が発生している蓋然性が高いというべきです。

したがって、各補修工事により、土地の地盤の不同沈下や建物の損傷が防止できたとはいえないとして、建物の解体、地盤改良工事、建物の再建築費用を損害として認めました。

(4) **控訴：和解**

不動産販売建設業者Bは、一審判決を不服として、高等裁判所に控訴しました。

控訴審においては、裁判所から和解の打診があり、依頼者Aと相談して、早期解決のため、譲歩して、損害賠償金額を減額して、和解により解決しました。

6 おわりに（本件を振り返って）

本件では、一審の裁判所において、不動産販売建設業者の過失が認定されるとともに、建築士や地盤調査会社の協力により具体的なデータを裁判所に証拠として提出することができたことから、勝訴の判決を得ることができたのです。

そして、依頼者Aは、建物を解体し、地盤を改良し、建物を再建築し、現在、新しいマイホームに家族4人で幸せに暮らしています。

【プライバシー保護のため事例の内容は変えております。】

> **COLUMN**
>
> ## コラム②
> ## 不動産の価格
>
> 　不動産に関する訴えを提起する場合，訴訟の目的物である「不動産の価格」を基準に貼用印紙額が算定されます。
> 　この「不動産の価格」の算定については，最高裁通知により以下のように定められています。
>
> 　固定資産税の課税標準のあるものについてはその価格とし，固定資産課税台帳登録証明書に当該物件の課税標準となる価格のほか評価額が併記されているときは評価額による（昭31・12・12民事甲412号最高裁民事局長通知，昭39・6・18民二389号最高裁民事局長通知）。
>
> 　ここで「課税標準となる価格（課税標準額）」と「評価額」とが出てくるのですが，この両者の区別をあまり意識しない方もいるかもしれません。評価額は，総務大臣の定めた固定資産評価基準に基づいて算定される価格であり，土地の場合には公示価格の7割を目途に，また建物の場合には再建築費を基準に算定されています。そして課税標準額については，本来であれば評価額と同一になるべきものですが，土地については，住宅用地の場合の特例措置や，税負担の調整措置により，評価額よりも低額に設定されることがあります。
> 　弁護士が事件受任をする際，依頼者から「固定資産評価証明書」ではなく，納税通知書に添付された課税明細書をもらうことも多いと思います。この明細書には，課税標準額と評価額が併記されていることが多く，また両者の価格が一緒である場合には特に両者の違いを意識しないこともあるかもしれませんが，上記最高裁通知によれば訴額算定においては評価額の方に意識を向ける必要があります。
> 　なお，不動産の価格には，①実勢価格（取引価格），②公示価格，③路線価，④固定資産税評価額の4種類があり，①→④の順に低額になるといわれます。様々な場面で不動産の価値をどのように把握するかが問題となりますが，売買や税額の算出といった目的に応じてこれらの価格を使い分けることになります。

事例3　借地権付きの賃貸アパートの売却

事例 **3**　**借地権付きの賃貸アパートの売却**

　借地権を権原として建つ賃貸アパート1棟をより有利な価額で売却するに当たって，借地権であるがゆえに，売却の相手方や評価額について，特に検討や工夫を要した事例

●概要図

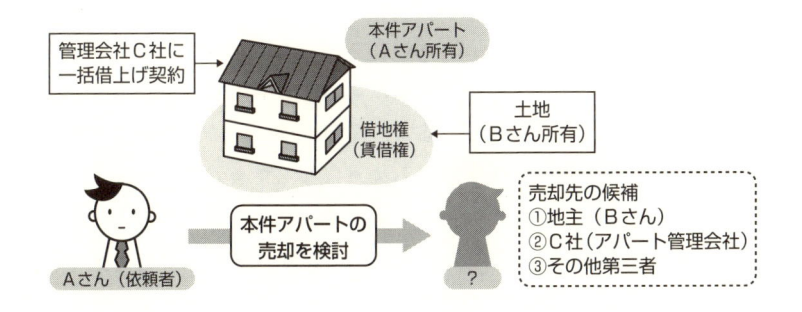

[概要図：Aさん（依頼者）が所有する本件アパート（管理会社C社に一括借上げ契約）が、Bさん所有の土地上に借地権（賃借権）により建っている。Aさんが本件アパートの売却を検討。売却先の候補：①地主（Bさん）、②C社（アパート管理会社）、③その他第三者]

はじめに

　賃貸アパート1棟の売却といったことは誰もが経験する出来事とはいえないでしょう。

　ここでは，実際にあった法律相談の事例から，借地権を権原として建つ賃貸アパート1棟を売却した事案を取り上げ，売却先の選択や，評価額などに関して，借地権付き建物であるからこそ生じた問題を取り上げ，実際にどのような過程を経て建物が売却されたのか，事件の概略をご紹介したいと思います。

1　事例の概要

(1) 法律相談の内容

　Aさんは，地主であるBさんから賃借している東京都足立区所在の借地上に賃貸用アパートである建物1棟（以下「本件アパート」といいます。）

を所有していました。

　本件アパートは、昭和55年に建てられた軽量鉄骨造の2階建ての建物で、1階と2階に各2部屋ずつ、計4部屋がありました。

　また、本件の借地の地積は約100平方メートル（約30坪）で、賃料は1か月1万8,000円でした。

　Aさんは、管理会社であるC社との一括借上げ契約に基づいて、本件アパートを1棟丸ごとC社に賃貸しており、個別の入居者の募集や各部屋の賃貸（転貸）はC社が行っていました。Aさんは、C社から定額の賃料として18万2,000円を毎月受け取っていました。

　Aさんとしては、実際の入居状況にかかわらず、定額の家賃をC社から受け取れるというメリットはありましたが、所有者として固定資産税や修繕費等は負担しなければならず、また、ご自身の年齢等に照らしても本件アパートの経営や管理に負担を感じるようになってきたということでした。

　そこで、Aさんは、本件アパートを売却することを決意されたということで、本件アパートの売却に伴う法律上の問題の解決を含めて、本件アパートの適正な価格を確認した上で、できるだけ高い価格で売却することを弁護士に依頼したい、ということでした。

(2)　**本件アパートの売却先について**

　本件の法律相談の時点で、Aさんとして、本件アパートの売却先については、まだ明確には決めていませんでした。

　本件アパートの売却先としては、①地主であるBさん、②管理会社であるC社、及び③その他の第三者が考えられました。

(3)　**本件アパートの価格について**

　次に、借地権付きの本件アパートの価格ですが、本件の法律相談の時点で、Aさんとしては、できれば1,800万円程度で売却することを希望されていました。

　この金額は、Bさんとの土地賃貸借契約を仲介した不動産業者であるDさんにAさんが相談したところ、Dさんからざっくりとした金額として話のあった金額を踏まえて、Aさんとして希望されていた金額でした。

　なお、本件アパート自体の固定資産評価額（あくまで本件アパート自体の

評価額であって，借地権の価値は含まない金額）はおよそ210万円でしたが，本件アパートの売却に当たっては，築およそ33年のアパートですので，建物自体の価格というよりもむしろ，本件アパートに付いている土地の借地権の評価額が中心となります。

借地権付きの本件アパートの売買契約締結交渉を進めるに当たっては，本件アパート敷地の借地権について根拠をもって評価額を算出した上で，これを交渉の材料にすることが重要となります。

本相談のポイント

① 契約締結交渉における材料として，借地権付きの本件アパートの適正な売買代金額をどのように導き出すことができるか。特に，敷地の借地権の評価額をどのように導き出すことができるか。
② 売却先の選択に関連して，借地権付きの本件アパートを売却するに当たっての注意点としてどのような事項が考えられるか（地主に対する承諾料の要否，借地権に対する抵当権設定の可否等）。

2　受任に際しての注意点（相談者への対応）

私がＡさんから本件を受任するに際して留意したのは，以下の諸点でした。

(1) 売却意思の確認

本件の法律相談で話を聴く限りでは，Ａさんとして，至急，現金を準備する必要があるといった事情も伺えなかったので，本件アパートを売却することを決めた事情については，まず十分に話を聴きました。

結論としては，その後Ａさんにおいて改めて慎重に検討を重ねた結果として，もちろん金額にもよりますが，基本的には現時点での売却を望まれている旨，確認することができました。

(2) 契約締結交渉における売買代金額について

本件アパートの土地の現在の賃貸借契約上，契約期間は平成40年3月31

日までであり、法律相談の時点から10年以上先まで契約期間が続くという状況でした。そのため、Aさんとしては、建物買取請求権（借地借家法13条1項参照）を行使し、本件アパート及び借地権の買取りを法律に基づいて権利として請求できる状況ではありません。

したがって、地主であるBさんや管理会社C社に対して本件アパートの買取りをもちかける場合には、あくまで任意の契約締結交渉ということになります。

つまり、そもそも買取りに応じるか、あるいはいくらでなら買い取るのかは、買主が決めることですから、仮に本件アパートと借地権について適正な評価額が客観的に定められるのだとしても、極論するならば、売買代金額の合意は買主の意思次第、ともいえます。

受任に際して、Aさんには、この点について十分に理解していただきました。

もちろん、契約締結交渉を受任する以上は、適正な評価額などを交渉材料として、Aさんとして納得のできる売買代金額で本件アパートを売却できるように十分に尽力する旨、当職としても約束いたしました。

3 法的問題点の考察

(1) 交渉材料としての本件アパートの評価額について

借地権付きの本件アパートの評価額について、地価については「一物四価」という言葉もあるように、固定資産評価額（固定資産税を賦課するための基準となる評価額）、路線価（相続税や贈与税の基となる相続税路線価。路線（道路）に面する標準的な宅地の1平方メートル当たりの価額として国税局長によって定められている。）、公示地価（地価公示法に基づき国が公示する価格）、実勢価格（実際の取引きが成立した価格）などの土地価格があります。

本件アパートの土地の価格ですが、このうち固定資産評価額はおよそ2,100万円でしたので、借地権の割合を70％とすれば（借地権の割合については、座談会428頁参照）、土地の固定資産評価額に基づく本件アパートの借地権の価格としては、1,470万円（2,100万円×0.7）となります。

これによれば、固定資産評価額に基づく価格が時価のおよそ70％程度で

あるとするならば、本件アパートの借地権の時価は、2,100万円（1,470万円÷0.7）ということになります。

次に、路線価ですが、本件アパートの土地の路線価は1平方メートル当たり25万円、借地権割合は70％、土地の地積は約100平方メートルでしたので、土地の路線価に基づく本件アパートの借地権の価格は、およそ1,750万円（25万円×100×0.7）となりました。

これについても、路線価に基づく価格が時価のおよそ80％程度であるとするならば、本件アパートの借地権の時価は、およそ2,187万円（1,750万円÷0.8）ということになります。

その他の交渉材料としては、本件アパート自体の固定資産評価額は一応およそ210万円ありましたし、また、本件アパートの賃料収入については、管理会社であるC社との一括借上げ契約によれば、同契約は更新を予定するものですが、定額の賃料収入として1年間で218万4,000円（18万2,000円／月×12月）、約定の契約期間2年間に限っても436万8,000円が見込まれました。

Aさんとも十分に協議した上で、売買代金額の交渉に当たっては、これらの金額を材料とすることとしました。

なお、別途、当職から知り合いの不動産業者など複数の業者に借地権付きの本件アパートの価格査定を依頼したところによれば、取引事例や収益率に基づく査定として、本件アパートの査定価格としては、1,500万円から1,700万円程度が相場であるとの一致した回答を得ていました。

本件アパートが築33年を超える建物であって今後メンテナンス費用が掛かることや、借地権のため融資利用が難しく購入者が限られること、駅から徒歩15分を超えることなどがマイナス面として挙げられていました。

(2) **地主の承諾について**

本件アパートの土地の賃貸借契約書には、借主が賃借権を譲渡し、又は土地上の建物を売買ないし譲渡するときは、貸主（地主）の書面による承諾を要するとの約定がありました。

民法上も、「賃借人は、賃貸人の承諾を得なければ、その賃借権を譲り渡し、又は賃借物を転貸することができない。」（民法612条1項）として、

賃借権の譲渡等が制限されています。

　したがって，Aさんが本件アパートをC社あるいは第三者に売却するには，地主であるBさんの承諾を得なければなりません。

　そして，地主の承諾を得るに当たっては，借主から地主に対して借地権価格の10％程度の譲渡承諾料ないし名義書換料を支払うというのが取引慣行となっています。

　上述した知り合いの不動産業者からの回答でも，借地権付きの本件アパートについて仮に1,700万円で買手が見つかったとしても，別途100万円ないし200万円程度を地主に対する名義書換料として売主が負担することになろうとの意見が付されていました。

　なお，借主としては，借地借家法19条（旧借地法9条の2参照）に基づき，裁判所に対して地主の承諾に代わる許可を申し立てることができますが，この場合も，裁判所は「その許可を財産上の給付に係らしめることができる。」（借地借家法19条1項）とされており，ほとんどの場合，承諾料の支払が命じられているようです。

(3) **管理会社の承諾について**

　C社との一括借上げ契約では，貸主（ここでは本件アパートの貸主であるAさん）が本件アパートを第三者に譲渡する場合には，貸主は借主であるC社に対して，3か月の予告期間をもって文書によって通知し，C社の承諾を得なければならないと約定されていました。

　したがって，Aさんが本件アパートを地主であるBさんあるいは第三者に売却するには，C社の承諾を得なければならないということになります。

(4) **借地権（賃借権）について抵当権設定ができないことについて**

　民法上，抵当権の目的物は不動産（民法369条1項），地上権及び永小作権（同条2項）と規定されており，他の法律によっても賃借権について抵当権設定が認められているわけではないので，賃借権である借地権については抵当権を設定することができません。

　これが何を意味するのかというと，土地の所有権を有している場合に比べ，借地権付きの本件アパートの購入者が限定されてしまうということです。

つまり，土地に抵当権を設定することができないために銀行等が融資に応じてくれず，購入者としては購入資金を銀行等から借り入れて調達することができない，あるいは難しいということになるでしょう。

したがって，借地権付きの本件アパートの購入者としては，銀行等からの借入れに頼らずに購入資金を準備できる者に限られてしまうわけです。

借地権であるがゆえのこういった事情についても，Aさんに十分に理解していただきました。

4 実際の解決までの実務

(1) 売却先の選択

以上の検討を踏まえてAさんと十分に協議した上で，借地権付きの本件アパートの売却に着手することとなりました。

まずは，売却の相手方の選択です。

上述のとおり，本件アパートの売却先としては，①地主であるBさん，②管理会社であるC社，③その他の第三者が考えられます。

まず②のC社ですが，Aさんは以前，C社の担当者から本件アパートを買い受けたい旨，伝えられたことがあったとのことでしたので，C社に意向を確認したのです。

ところが，C社としては売買の仲介はするが，本件アパートを買い受ける意思はないとのことでしたので，C社への売却は断念せざるを得ませんでした。

ただし，C社としては引き続き本件アパートを一括管理したいと考えており，できれば地主であるBさんに買ってもらった上で，C社との契約を引き継いでほしいとのことでした。この場合には，3か月前の予告もいらないし，問題なく譲渡を承諾するということです。

次に③第三者への売却ですが，例えば，上述した知り合いの不動産業者からは，同社で仲介する場合，売買代金額は1,500万円，高くても1,700万円が相場であり，その他に地主への承諾料100万円ないし200万円を要する見込みであるとの意見を得ていましたし，他方，同社自体で本件アパートを買い上げることもできるが，この場合は収益率との関係上1,100万円が

限度であるということでした。
　問い合わせた他の業者の意向も概ね同様のものでした。
　結局，①地主であるＢさんにおいて本件アパートを買い受けてもよいとの意向であったため，Ａさんの真意を十分に確認した結果，Ｂさんに本件アパートを売却するということで方針が決まりました。
　なお，Ｂさんに確認したところ，底地の所有権を逆にＡさんに売るということについては一切応じられない，とのことでした。

(2) 売買代金額の交渉

　さて，地主であるＢさんに本件アパートを売却することとなり，Ｄさんを仲介業者としてＢさんとの契約締結交渉に当たったわけですが，最大の問題はやはり売買代金額の交渉です。
　Ｂさんの提示金額は1,500万円だったのですが，Ａさんの希望金額を念頭に，借地権付きの本件アパートの評価額等についての数字を交渉材料として交渉に当たった結果，1,700万円までの回答は得たのですが，これが限界でした。
　その代わりといえるかもしれませんが，本件アパートの管理の負担等から一切免れたいというＡさんの意向を踏まえて，瑕疵担保責任は一切負わないことで合意できました。
　上記金額はＡさんの当初の希望金額を100万円下回るものではあったのですが，上述した他の複数の不動産業者から得た査定金額や，名義書換料に係る事情を検討した上で，Ａさんとしては売却を取りやめることはせずに，上記金額に納得するとのことでした。
　こうして，地主であるＢさんとの間で売買代金額1,700万円にて借地権付きの本件アパートの売買契約が締結されるという結果となったのでした。

5　おわりに（本件を振り返って）

　本件の法律相談で話を聴く中，当職としては，直感的にではありましたが，本件の着地点としては何よりも法律関係をシンプルにするのがよいとの観点から，やはり地主であるＢさんに売却するのがよいのではないか，との考えがありました。

もちろん売買代金額等の条件次第ですし，何よりもＡさんとして十分に納得できる取引であるか否かなのですが，本件では結果的に地主であるＢさんと売買契約を締結することで落ち着きました。
　なお，本件アパートの売却に関しては税金の問題もあり，これについても十分に検討した上での決断だったのですが，この点についての説明は省略します。
　いずれにせよ，本件アパートの売却については，借地権であるがゆえに生じる問題を再度考えさせられることとなったとともに，特に借地権の評価額については，実際の取引では理論どおりにはいかないことも多々あるということを，あらためて認識させられる結果となった事件でした。

　　　　　　　【プライバシー保護のため事例の内容は変えております。】

COLUMN

コラム③
不動産仲介業者の説明義務違反による売買契約の解除

　不動産の売買契約の際，仲介業者は買主に対して物件の内容について重要事項説明等で説明します。

　もしこの説明に不備があったとき，買主は，仲介業者の責任を追及することとは別に，売買契約自体を解除することは可能でしょうか。

　不動産売買契約の売主の基本的債務は不動産の引渡しと移転登記で，売主の説明義務は売買契約においては附随的債務で，附随的な債務の不履行の場合には，原則として解除はできないと考えられているので，仲介業者の物件の説明に不備があっても，直ちに売買契約自体を解除することはできません。

　しかし，仲介業者の説明に不備があったため，買主が実質的に売買契約の目的を達することができない場合と同じ程度の不利益を被ったときは解除ができると考えられています。

　判例でも，建替え目的で戸建て住宅を購入した買主が，建物を建て替えるには敷地を分割する必要があり，実際は区の「宅地細分化防止に関する指導要綱」で60平方メートル未満の敷地を認めていないため区との事前協議が整わず，建築確認も得られる見込みがないのに，この説明を受けなかったとして，売買契約を解除した事案で，売主側の説明義務は，売買契約における信義則から導かれる附随業務の一種であるとした上で，同業務の不履行を理由として売買契約の解除が認められています（東京地判平9・1・28判時1619号93頁）。

　ただ，仲介業者に物件の状況等について微に入り細を穿つがごとき説明を求めるのが酷な場合もあります。私の扱った案件でも，仲介業者は，敷地に現況にない位置指定道路が横切り，それが敷地の相当の面積を占めているとの説明をしたが，正確な位置指定道路の指定の状況を説明しなかった事案で，裁判所は，正確な位置指定道路の状況は市に対する情報公開条例による開示請求手続を経て初めて知りうるものであったことなどを理由として，売主の説明義務違反を理由とする売買契約の解除を認めませんでした。

　普通，不動産の売主は仲介業者に物件の調査や説明を任せますが，仲介業者の説明に不備があれば，売買契約を解除され，場合によっては違約金の支払までしなくてはならないこともあります。

　売主は，この意味でも十分信頼できる仲介業者を選ぶ必要があります。

第2章
不動産賃貸借に関する事例

第 2 章　不動産賃貸借に関する事例

事例 4　親族間の借地争い～和解の対応～

親族間の土地利用について，借地権か使用借権かが争われ，地裁と高裁で見解が分かれ，高裁段階での和解を拒否してしまったことで紛争が継続し，弁護士として反省しきりの事例

●概要図

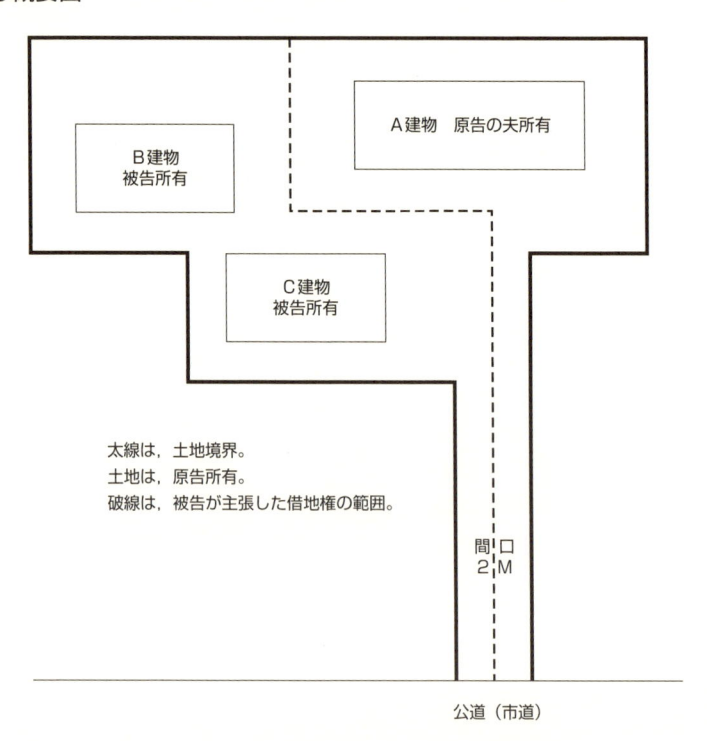

```
            ┌─────────────────────────┐
            │                         │
            │         ┌──────────────┐│
            │         │ A建物 原告の夫所有││
            │ ┌─────┐ └──────────────┘│
            │ │B建物 │                 │
            │ │被告所有│                │
            │ └─────┘                  │
            │       ┌─────┐            │
            │       │C建物 │           │
            │       │被告所有│          │
            │       └─────┘            │
            │                          │
            └──────────────────┐       │
                               │       │
  太線は，土地境界。             │       │
  土地は，原告所有。             │       │
  破線は，被告が主張した借地権の範囲。│  │
                               │間│口  │
                               │ 2 │   │
                               │ M │   │
                               └───┘
                          公道（市道）
```

はじめに

　親族間の土地利用は，常に紛争となる可能性を含んでいます。それは，貸す方も借りる方も情宜的かつ感情面からの関係形成であり，法的な契約関係が極めて希薄であることに起因します。そして，紛争が勃発すればそ

れは一挙に劇的な感情的対立に陥ることが多いものです。

ここでは，親族間の土地利用の紛争について，地裁（第一審）で土地所有者（原告）の使用貸借及びその終了の主張が認められ，高裁（控訴審）では，親族関係であることから強硬な和解勧告がなされたにもかかわらず，第一審の判決を信じて和解を成立させることに積極的にならず，これを不成立にしたことから，逆転敗訴判決を下され，いまだに当事者間に紛議が絶えない事例をご紹介し，執筆者の反省を込めて，弁護士として和解の見極めについて参考としていただきたいと思います。

1 事例の概要

(1) 土地利用の経緯

概要図の太線で囲った土地（以下「本件土地」といいます。）は，首都圏のとある県の一地方都市に所在し，原告が先祖代々居住していた土地で，原告が相続で取得しました。異形地となっているのは，ご先祖様が近隣に切り分けて譲渡してしまったためでした。昭和40年代初頭まで土地は全部更地（いわゆる空き地）でした。

原告は女性で，夫の転勤により全国各地を転々としていましたが，そろそろマイホームを建てたいという夫婦の意向から奥さんである原告所有の本件土地に自宅を建てることになりました。

その時，原告のご主人のお姉さん夫婦（義姉夫婦）が「空いている本件土地の一部を貸してほしい，そこに家を建てたい」という希望を原告夫婦に申し出てきました。義姉夫婦の住んでいた借家が土地収用で立退きを迫られたということでした。

幸い土地も200坪以上あり，気の良い原告夫婦は，原告が建てる予定の建物（建築後Ａ建物となる）の敷地以外のところを義姉夫婦に貸すことに同意してしまいました。

原告自身は法的知識もなく，ご主人も電子技術系のエンジニアで法律知識は一切無く，土地使用の許諾について，貸す土地の範囲や賃料の合意も無く，どんな建物を建てるのか，借地であれば権利金等の定めも，そして契約書の作成すら，一切ありませんでした。

義姉夫婦は，建物を建てても20年くらいしたら出て行くからと言っており，原告夫婦は，当然，この言葉を信じていました。

建物の建築は，義姉夫婦が一切を取り仕切り，原告夫婦も義姉夫婦に任せきりでした。もちろん，原告夫婦もA建物の設計図を見たり，本件土地に数か月に一度程度で行っていましたが，当時原告夫婦は大阪勤務でしょっちゅう建設現場を訪れることができず，義姉夫婦に任せていたのです。

(2) 建物の完成とその後の土地利用

数か月後，建物が竣工したといわれて，原告夫婦が本件土地に行くと，そこには，A・B・Cの3棟の建物が建築されていて，驚いてしまいました。

原告夫婦は，義姉夫婦の自宅だけが建てられると思っていたからです。

このことを義姉夫婦に尋ねると，C建物が義姉夫婦の自宅で，B建物は，義姉夫婦が経営している飲食店の従業員3名の寮であるという話でした。

これを聞いて，原告夫婦は「そんな話は聞いていない」と義姉夫婦を問い詰めましたが，「10年か20年経ったら出て行くから」といわれ，親族関係の手前もあり，これをおさめてしまいました。

その後，原告夫婦が大阪から転勤し，A建物に居住するようになり，原告夫婦・義姉夫婦が隣り合わせて生活するようになりました。

すると，義姉が茶封筒に入れた現金を（毎月ではなく不定期に）ときどき原告に渡すことが起きるようになりました。原告夫婦は，お金（賃料）をもらうつもりは毛頭なかったのですが，義姉夫婦は，「ただで借りているのも悪いし，寮の従業員が騒ぐこともあるから」と言って，ときどきお金を包んで来たのです。金額も僅少で，盆暮れの付け届け程度のものでしたので，突っ返すのも角が立つと思い，原告夫婦はこれを受け取っていました。

(3) 紛議の発端

このように傍目は順調に推移した土地の利用関係でしたが，昭和60年代に入り，そろそろ義姉夫婦が当初に約束していた「20年」が経過しました。

そのころ，原告のご主人と義姉の二人が相次いで亡くなり，義兄（義姉

夫婦のご主人）自身も飲食店をたたみました。

　原告自身も高齢となり，長男夫婦と同居する話が出てきて，Ａ建物を建て替える計画が持ち上がりました。

　ところが，原告は，建築を依頼した業者から接道義務（建築基準法43条参照）から，Ａ建物の建替えをするにはＢ建物とＣ建物を撤去する必要があると聞かされ，本件土地にはそもそも３棟の建物が建つわけがない，と聞かされ，すぐに建替えをすることは不可能と言われました。

　そこで，原告は，思い切って，義兄に「そろそろ立ち退いてもらえないか」と話を持ちかけました。

　すると，義兄は，従前の態度を180度翻し，本件土地の破線（概要図参照）から左部分は，義兄の「借地権」である，と主張し，賃貸借契約書を持ち出してきました。

　義兄の持ち出した契約書は，原告は一度も見たことがなく，市販の契約書に手書きで貸主として原告の名前が書いてあるものの，その筆跡は義兄のものであることが明らかでした。ただし，そこに押してある押印は，原告自身の実印で，印鑑証明書も添付されていました。

　日付は，丁度建物を建築した当時の日付で，面積の記載はあるものの，おおよその面積が記載されているものでした。期間は，旧借地法の20年との記載がありました。地代の記載もありましたが，原告がこれを定期的に受け取っていた事実はありませんでしたが，概ね，先述の「盆暮れの付け届け」程度の金額の記載がありました。

　原告から依頼を受け，被告（義兄）と折衝を行いましたが，被告は，立退きさせるなら高額な立退料が必要であると主張して争ってきました。

　そこで，原告は，所有権に基づく建物収去・土地明渡請求訴訟を提起することになりました。

> **本相談のポイント**　～賃貸借か，使用貸借か
>
> ① 不自然な契約書（二段の推定～民事訴訟法228条4項の打破）
>   賃貸人の自署でない，権利金の授受・記載がない，被告（土地利用者）の土地利用の範囲が明確でない（被告の主張範囲が不定形であるにもかかわらず，図面の添付もない），等々をもって，契約書の真正成立を覆すことが必要となる。
> ② 不定期といえども金銭授受の存在について，これを土地利用の対価と認定させないこと。
> ③ 使用貸借とするなら，その終了原因は何か。期間の定めがあるとするか（民法597条1項），使用目的の終了か（同2項）。

なお，借地権か，使用貸借かについては，本書事例5（46頁以下）が詳しいので，詳述は避けます。

また，比較的軽便に利用できる参考図書として，以下の二冊を掲げておきます。

・伊藤眞・加藤新太郎編『判例から学ぶ事実認定』ジュリスト増刊（有斐閣，2006年12月）187頁以下
・司法研修所編『民事訴訟法における事実認定』（法曹会）

2　受任に際しての注意点

弁護士が原告の訴訟を受任するにあたって，留意したのは，以下の諸点でした。

(1) なぜ原告の印鑑証明書が被告の手元にあるのか，また実印の押印がなされているのか

これについては，原告は建物建築中に義姉夫婦から役所に提出する書面に押印する必要があると言われて，何回か実印を預かりたいとか，印鑑証明書を出してほしいと言われて，義姉夫婦であることから信頼して，その要求に従ってしまったと言っていました。

そうすると，印鑑の預託そのものは認めて，その目的が違うという主張

になりますが，これは結構大変な作業です。
(2) 金銭授受が不定期であり，かつ，その金額が土地利用の対価としては僅少であった事実をどう立証するか。

これは，昔原告が付けていた家計簿などから立証をすることにしましたが，後述のとおり，被告側が定期的な支払立証を帳簿から行い，この点で控訴審で逆転敗訴に至ることになってしまいました。

(3) 接道義務に反する建物を建築した経緯〜各建物の敷地いかん

本件土地は，接道義務の関係から，本来3棟もの建物が建築できるはずがない土地です。

そうすると，建築確認の申請においてどのような接道を申請していたかにより，被告が主張する範囲の土地「賃貸借」の主張は崩れるはずです。

しかし，この目論みは，申請書類の保管期間の点から，外れてしまいました。

市役所の建築課では，申請書そのものの原本は建物の滅失まで保管するようですが，申請に添付する設計図や測量図などの書類は，概ね5年ほどで除却してしまうようで，本件の建物についてはいずれも添付書面は無いとのことでした。

そうすると，被告にその図面等を出させるしかないのですが，被告はそのような書類は「紛失してしまった」と繰り返すのみで，訴訟でも最後までその提出をしませんでした。

また，原告のA建物については，建築の取り仕切りを全て被告（義姉夫婦）に任せていた関係で，そのような書類は一切手元になく，自らの建物の敷地すら立証できませんでした。

3 訴訟の経過

上記のような経緯で始まった訴訟ですが，第一審判決までで，数年を経てしまいました。

(1) 第一審判決

第一審判決は，原告側の主張を全面的に認める内容でした。

裁判官が特に重く見ていたのは，親族間といえども権利金（借地権設定

の対価）が伴っていないこと，また，地代と被告が主張する金員の額も低廉に過ぎると判断していました。

実は，この地代の支払については，被告が20年以上被告経営の飲食店の方から支払っていた旨主張し，当時の帳簿を全て書証として提出してきました。飲食店も個人経営でしたから，別人の支払というわけではないのですが，Ｂ建物を従業員の寮に利用していたことから，飲食店の経費として計上していたようです。そして，毎月きちんと支払っていたわけではないのに，定期的に支払っていた旨の帳簿を出してきました。

一審の裁判官は，それでもその金額が低廉であり，借地権設定の対価が備わっていないことを重視したようでした（なお，被告主張額でも概ね底地の固定資産税程度の金額であったと記憶しています。）。

(2) 控訴審判決

被告側が第一審判決に控訴して，舞台は高裁に移りました。

控訴審では，特段の審理は行われず，いきなり和解が勧告されました。

親族間の紛争ですし，本件のような賃貸借事案では当然予想されることでした。

ただ，一審で勝訴していたことが，判断を誤らせてしまいました。

高裁から示された和解案は，原告が和解金を被告に支払うことを中心として，若干の明渡猶予期間を設けるものでした。

和解金の金額は少し原告側が無理をしなければならない金額ではありましたが，絶対無理という金額ではありません。逆に言うと，高裁も原告勝訴の心証を抱いていると誤解してしまった要素でした。

土地利用がこれから永続的に続けば，隣接する家族が様々な軋轢を生じて，ぎくしゃくすることは明らかでしたから，弁護士として原告及びその家族の説得はそれなりに行い，最終的には高裁の提案を受諾する方向で対応しました。

しかし，高裁も被告を説得する努力を大層したようですが，被告がこれを拒否して，結局判決に至ってしまいました。

そして，高裁の判決は，既に示したように，今度は被告の全面勝訴，原告逆転敗訴の判決でした。

高裁では，いわゆる二段の推定をそのまま適用し，第一審とは異なり，借地権の設定契約と認めてしまいました。

また，地代については，当事者で合意している以上，その金額が低廉であることは問題にならないという立場で論じていました。

要するに，木で鼻を括った判決でした。

結局この判決が確定してしまいました。

4 高裁での和解に対する対応について～自省を込めて～

本件では，法的な問題としての「被告の土地利用権は『借地権』か，『使用貸借』か」という問題もさることながら，実は，裁判所での和解について，当事者あるいは代理人として，どのような対応をすべきかという点がより重要な問題であった，と今は考えています。

裁判官には色々なタイプがいて，和解において心証を明らかにする裁判官と，そうではない「鉄仮面のような」裁判官とか，大別して存します。

本件高裁の和解担当裁判官は，明らかに後者でした。

そうすると，裁判官から心証形成に関する情報を得ることはできません（そういう意味ではまんまとしてやられてしまいました。）。

裁判所あるいは相手方からの提案内容や事件の筋，想定される敗訴判決が出た場合の不都合等を勘案して，対応を決めなければなりません。

本件では，そういう意味でもっと考察力・洞察力が必要であったと反省しています。

思いつくままに上げれば，
① 裁判所の提示した金額がそれほど低廉ではなく，単に被告の引越費用・新居借り上げの経費や建物収去の費用にとどまっていなかったこと，
② 裁判官の構成は当然高裁の方が年齢的に上であり保守的な傾向にあり，古いとはいえ建物が存している以上，これの収去には心理的抵抗が予想されたこと，
③ 地裁判決の3分の1程度は高裁で逆転した判断が下されるという統計上の数値があること（ただし，地裁での欠席判決も含まれるので必ずしも重要とはいえない余地もある。），

④　原告の敗訴判決となれば，当事者間の関係が悪化してそれが継続することはもちろん，借地権が確定してしまい，以後の立退交渉等には絶対的に不利になること（上告の余地はあるが，最高裁は，事実認定については，基本的にこれを受け付けない点を重く受けとめておくべきであろう。）。

⑤　本件において，一審が原告勝訴であったことから，利用権の法的性格だけが取りざたされて，利用権の範囲については十分な審理がなされていなかった。そして，高裁では第一回の口頭弁論期日しか行われていなかったことから，もし敗訴判決が下れば，被告が主張する利用権の範囲がその後も主張されてしまい，そうすると，間口を半分にした不合理な通路になってしまうこと（ただし，逆に言えば，そのような利用権の範囲について実質審理をしていないことから，そう簡単に逆転敗訴にならないと軽信してしまっていた点がある。なお，既判力の観点からいえば，敗訴判決が確定しても，原告の建物収去土地明渡請求権の不存在が確定するだけであり，土地利用権の範囲が直接確定されるわけではない。争点効あるいは信義則などから，判決理由中の判断に一定の拘束力を認めるとしても，実質審理がなされていなかったとすれば，争う余地はあると思われる。）

等々の事実に思いを馳せるべきでした。

では，本件の和解について，どのように対応すべきであったのでしょうか。

極めて困難な問題ですが，一つには馬鹿げたことかもしれませんが，裁判官に心証形成を直接聞いてしまうという方法もあるでしょう。

もちろん，そんなことしても開示するわけないという意見が多いでしょうけれども，本件のように，極めて微妙な事案においては素直に尋ねてみた方が良い場合もあるように思えます。

次に，依頼者との関係もありますが，依頼者側からの逆提案という形で和解を勧める方法もあるように思えます。

すなわち，本件のような事案では敗訴判決のリスクは極めて大きく，未来永劫悪霊に祟られたような拘束を来すことになります。

そうすると，裁判所の提案よりも相手方に有利になるような提案をしてみることも検討の余地があると思われます。もちろん，依頼者の説得は至難の業でしょうが，裁判所（裁判官）も自ら提案した以上の提案を当事者がしてきたとなれば，和解による解決により一層尽力することは必至ですし，相手方の説得にも力が入ることが想像されます。例えば，本件で10年程度無料での土地使用を認める等の逆提案も検討の余地があったと思われます。あるいは，時期の問題はありますが，金銭給付を条件とする請求の趣旨（引換給付判決・借地借家法6条参照）に訴えの変更を行うという手も考え得るところです。

なお，以上のような対応は，ある意味では継続的な法律関係（本件のような賃貸借とか婚姻関係，あるいは，切断しようがない親族関係が基礎にある相続問題とか）が紛争になった場合のことであると思います。売買や金銭消費貸借のような単発的な法律関係では，その法律関係そのものから生ずる将来のリスクを勘案する必要はそれほど無いかもしれません（ただし，他の取引関係への波及効果などのビジネス上のリスクは当然別です。）。

いずれにしても，弁護士としては，おざなりな対応をすることでとんでもないリスクを依頼者に背負わせてしまうことになります。

くれぐれも慎重な対応が必要でしょう。

【プライバシー保護のため事例の内容は変えております。】

第2章 不動産賃貸借に関する事例

事例5 賃貸借か使用貸借かが問題となった事例

土地について著しく低廉な対価を定めた貸借契約につき，使用貸借であることを前提に低額の立退料で和解できた事例

●概要図

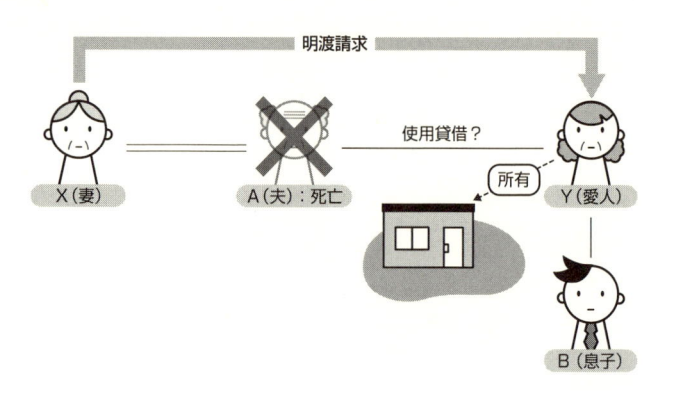

[X（妻）] ──明渡請求──→ [A（夫）：死亡] ──使用貸借？── [Y（愛人）]
所有：家屋
B（息子）

はじめに

　不動産の使用貸借で，借主が固定資産税額を支払うなど一定の負担をしているケースは珍しくないと思います。使用貸借は，親子間や夫婦間など一定の人間関係がある者同士で行われるのが通常ですが，相続や目的物の譲渡などで人間関係に変化が生じたときに，契約関係の終了に絡んで使用貸借なのか賃貸借なのかが問題となることがあります。
　本稿では，夫の土地を相続した妻が，土地の利用者に対して，使用貸借の終了を理由に土地の明渡しを請求したケースをご紹介します。

1 事例の概要

(1) 相談内容

　本件の依頼者であるXは，数年前に夫Aを亡くした未亡人でした。XA間には，子供はいませんでした。

Aは，投資用の不動産をいくつか所有していましたが，本件土地もその1つでした。Aは，平成15年4月1日，本件土地を，期間5年の約定でYに貸借しました。

本件土地は，東京都内の私鉄の駅から徒歩10分ほどいった新興住宅地の中にありました。面積は約180㎡，時価は約5,000万円でした。Yは，本件土地上に約30㎡のプレハブの倉庫（以下「倉庫」といいます。）を建て，自身が営んでいた書店の倉庫として使用していました。

Xへの本件土地の相続登記は既に完了していましたが，倉庫は未登記でした。

Xからの相談は，Yとの契約期間が満了したので，倉庫の収去と土地の明渡しを請求してほしいというものでした。

(2) Aによる本件土地の購入

Aは，Xと結婚した当時は地方公務員でしたが，しばらくすると退職し，個人事業主として書籍の取次業を始めました。Aの事業は時流にも乗りとても好調で，Aは，余剰資金を使って，本件土地も含め，投資用の不動産をいくつか購入しました。

Aは，本件土地を購入した当初は，しばらく寝かせた上で転売する予定だったようですが，実際には転売することなく更地のまま所有を続けていました。

(3) AYの愛人関係

XとAの夫婦仲は，Aの仕事が忙しかったことや子供ができなかったことなどが原因で，次第に冷めていきました。Aは，Xと結婚してから15年くらい経ったころ，顧客であった書店経営者のY女と愛人関係を持つようになりました。AYの愛人関係は相当長期間続いたことは確かなようですが，Xには，Aの生前に終了したかAが亡くなる直前まで続いたかはよく分からないということでした。

Xは，AとYとの間の手紙を偶然見てしまったり，旅行会社からの電話でAが出張と称してYと旅行に行っていたことが分かったりして，AYの愛人関係が始まってほどなくしてその事実を知ったそうです。しかし，Xは，Aが生活費だけは欠かさず入れていたり，2～3日家を空けることが

あっても，必ず家に帰ってきていたことなどから，Yとの愛人関係については見て見ぬ振りをしてきたということでした。

なお，YにはAとは別の男との間に息子Bがいました。

(4) **本件土地に関する貸借契約**

Aは，平成19年11月に80歳で亡くなりました。Xは，Aの遺品の整理をしていたところ，Aの机の引き出しから，「覚書」という書面が出てきました。Xは，「覚書」を見て初めて，AがYに本件土地を貸借していたことを知りました。

覚　　書

　A（以下「甲」という。）は，Y（以下「乙」という。）とは，本書末尾記載の土地（以下「本件土地」という。）につき，以下のとおり契約する。

第1条　甲は，乙に対し，本件土地を賃貸借する。借地料は固定資産税額の2分の1とし，毎年12月末に支払うものとする。
第2条　乙は，本件土地上に建物を建設し，自己が経営する書店の倉庫として使用する。
第3条　本契約の有効期間は，本日より5年間とする。
第4条　乙は，当初5年間は本件土地を借地として使用し，甲が本件土地を譲渡する際は，乙に対して優先的に譲渡する。譲渡代金は1,660万円とする。

平成15年4月1日

賃貸人　A　㊞
賃借人　Y　㊞

本件土地の表示
（省略）

---

(5) **現地の確認**

「覚書」を見つけて驚いたXは，急いで現地に確認に行きました。すると，本件土地には「覚書」にあるとおり倉庫が建てられていました。倉庫はプレハブ製でしたが，家庭にあるような物置とは異なり地面に頑丈に固

定されていて，それなりの強度のあるものでした。
　Xが隣地の住人に本件土地の様子を尋ねたところ，以下の事実が分かりました。

- 数年前までYと思われる初老の女性が本件土地に頻繁にやってきては，倉庫の荷物の出し入れをしていた
- 一度，倉庫の扉が空いているときに中を見たところ，書籍が天井近くまでうず高く積まれていた
- ここ数年は，本件土地に人が出入りするのを見ていない

(6) 「借地料」の支払状況

　Xによると，「覚書」締結後，平成15年からAが亡くなる前年の平成18年までは，Yから「借地料」が支払われたかどうかは分からないということでした。しかし，Aが亡くなり本件土地をXが相続した平成19年以降は，XはYから何らの支払も受けておらず，その年の固定資産税額の問合せ等も1度も受けたことがないということでした。

(7) 本人名義の明渡通知の発送

　Xは，平成21年1月に，「覚書」上の契約期間が満了したことや，相続税の申告を含めAの相続手続が終わったことから，「本件土地の賃貸借契約の期限が過ぎたので，倉庫を撤去して土地を明け渡してほしい」との通知書を，内容証明郵便でYに送りました。すると，Y本人からではなく，その息子であるBから電話が掛かってきました。Bは，Xに，「この件は自分が窓口になって対応するが，これから長期の海外出張があるので，返答まで6か月ほど待ってほしい。こちらが土地の買い取る形で処理したい。」と言いました。

　そこで，Xは，Bからの連絡を待っていたのですが，結局，1年間経ってもBからは連絡がありませんでした。そこで，Xは，もはや自分では解決できないと考え，平成22年3月に法律事務所に相談に来ました。Xは，できるだけ早い解決を希望していました。

> **本相談のポイント**
> ① 本件土地の貸借契約は，使用貸借か，賃貸借か。
> ② 一時使用目的の借地権にあたるか。
> ③ 不貞行為の相手方との貸借契約は不法原因給付にあたり，返還請求権が否定されないか。

2 受任に際しての注意点（相談者への対応）

(1) ＡＹ間の契約が締結された経緯

　後述のように，本件では，本件土地についてのＹの使用権が使用借権であるか賃借権であるかで結論が大きく異なります。賃借権であった場合は，一時使用目的の借地権といえるかどうかが問題となります。ＡＹ間に愛人関係があったことから，不法原因給付にあたらないかも問題となります。いずれの争点についても，ＡＹ間の「覚書」がどのような経緯で締結されたかが重要な事実となります。

　ところが，ＸはＡの死後に「覚書」を発見して，初めて本件土地がＹに貸借されていたことを知ったくらいなので，どのような経緯でＡＹ間の「覚書」が締結されたかについては全く分からないということでした。

　「覚書」や本件土地の使用状況等からは，Ｘの請求が認められそうだとの感触を得ましたが，Ｙの反論次第では，一転して不利な立場になる可能性がありました。特にＹから不法原因給付の主張をされた場合には，Ｘが相当不利な立場に立たされる恐れがありました。

　このように本件では重要な事実についての情報が不足していたため，細かい事実関係の争いになる前に，早期に和解でまとめるのが望ましいと考えました。

(2) Ｘの和解に関する希望

　そこで，Ｘに，Ｙからの反論を完全には予想できないため今後の見通しについて確実なことが言えないこと，判決を目指す場合は争点が拡散し解決まで１年以上掛かることもあり得ることを説明し，和解による解決の可

能性について尋ねました。

　すると，Xは，早期に解決できるのであれば和解による解決でも構わないということでした。Xは，和解について以下の希望を述べました。

①　本件土地を明け渡してもらえるのであれば，300万円程度までなら立退料を支払っても構わない。

②　本件土地に思い入れはなく，Yとの貸借関係を解消したいだけである。「覚書」第4条にあるように，Yに本件土地を買い取ってもらうという解決策もあり得ると考えている。ただ，時価が約5,000万円のところ，「覚書」の1,660万円ではいかにも安すぎるので，最低3,000万円では売却したい。

(3) 和解の方向性について

　Xの挙げた和解条件のうち，①立退料の上限が300万円というのは合理的なものに思えました。他方で，②については，「覚書」第4条に甲が本件土地を譲渡する際は乙に対して優先的に譲渡し，譲渡代金は1,660万円とする旨が明記されていましたので，Yに本件土地の所有権をどうしても取得したい等の事情がない限り，「覚書」の1,660万円よりも売買代金を上積みすることは困難と思われました。

　そこで，Xと協議し，当初はYに対して無条件の明渡しを求めながら，適当なタイミングで立退料を支払う形の和解案を提案するという方針をとることにしました。

3　法的問題点の考察

(1) Yの使用権が使用借権であった場合

　本件では，本件土地のYの使用権が使用借権であるか賃借権であるかで結論が大きく異なります。

　本件土地の貸借関係が使用貸借であれば，民法597条1項により，「借主は，契約に定めた時期に，借用物の返還をしなければならない。」とされています。本件では「覚書」に記載されている契約期間が既に終了しているので，本件土地の明渡請求は認められることになります。

(2) 使用貸借か賃貸借か

　ところが,「覚書」には, 第1条で「甲は, 乙に対し, 本件土地を賃貸借する。」と明確に記載されています。また,「借地料」や,「賃貸人」「賃借人」等といった賃貸借を推測させる文言も記載されていますし, 固定資産税額の2分の1とはいえYには本件土地の使用につき一定の負担も課せられています。それでも, Yの使用権が使用借権といえるでしょうか。

　使用貸借か賃貸借かのメルクマールは, 不動産の使用が「無償」であるか（民法593条）,「賃料を支払う」か（民法601条）です。ただし, 判例では, 借主が公租公課を負担したり, 何らかの名目で金銭を支払っていても, 不動産の使用の対価としての意味がないのであれば使用貸借を認定しています。

　例えば, 最高裁第一小法廷昭和41年10月27日判決（民集20巻8号1649頁）は,「建物の借主がその建物等につき賦課される公租公課を負担しても, それが使用収益に対する対価の意味をもつものと認めるに足りる特別の事情のないかぎり, この負担は借主の貸主に対する関係を使用貸借と認める妨げとなるものではない。しかして, 原審の事実認定は挙示の証拠によって肯認し得, かかる事実関係の下においては, 本件建物の借主たる上告人がその建物を含む原判示各不動産の固定資産税等を支払ったことが, 右建物の使用収益に対する対価の意味をもつものと認めるに足りる特別の事情が窺われない」としています（同趣旨の判例として, 最判昭35・4・12民集14巻5号817頁）。

　上記判例からすれば, 借主が何らかの出捐等をしていても, それが賃料として低廉である場合には, 特別の事情がない限り賃貸借とは認められないことになりそうです。本件では,「覚書」上の「借地料」は固定資産税額の2分の1とされていることから, 賃料としては低廉であることは間違いなく, 使用貸借が認定される可能性が高いといえそうです。

　しかし, 本件では前述のように, ＡＹ間の「覚書」がどのような経緯で締結されたかがはっきりしません。「覚書」第4条の「乙は, 当初5年間は本件土地を借地として使用し, 甲が本件土地を譲渡する際は, 乙に対して優先的に譲渡する。譲渡代金は1,660万円とする。」との規定があるとこ

ろ，本件土地の時価は約5,000万円であり，借地権割合を7割，底地権割合を3割とすると，Yへの譲渡価格が底地権価格（5,000万円×0.3＝1,500万円）に極めて近い金額が定められていることになり気がかりです。

したがって，本件では使用貸借の主張が認められる可能性が高そうですが，ＡＹ間の「覚書」締結の経緯が不明である以上，最終的にどうなるかはＹの反論を聞いてみないと何ともいえないと考えました。

(3) Ｙの使用権が賃借権であった場合

そこで，仮にＹの使用権が賃借権であると認定された場合について考えてみました。

「覚書」第2条には，「乙は，本件土地上に建物を建設し，自己が経営する書店の倉庫として使用する。」とあり，実際にも本件建物上に倉庫が建てられていますので，これは建物所有目的の賃貸借契約となります。その結果，借地借家法上の「借地」に当たるので（借地借家法2条1号），「覚書」第3条の「本契約の有効期間は，本日より5年間とする。」との規定は無効となり，存続期間は30年とされます（借地借家法3条，9条）。「覚書」の日付が「平成15年4月1日」なので，本件土地の賃貸借契約は30年後の平成45年4月1日まで存続することになり，現時点ではいまだ賃貸借契約は継続中であり，本件土地の明渡しは求められないことになりそうです。

(4) 一時使用目的

これに対して，Ｘとしては，借地借家法25条の「臨時設備の設置その他一時使用のために借地権を設定したことが明らかな場合」であるとして，借地借家法3条の適用排除を主張したいところです。

一時使用であるといえるためには，「その目的とされた土地の利用目的，地上建物の種類，設備，構造，賃貸期間等，諸般の事情を考慮し，賃貸借当事者間に短期間にかぎり賃貸借を存続させる合意が成立したと認められる客観的合理的な理由が存する場合にかぎ」るとされています（最判昭43・3・28民集22巻3号692頁）。

本件土地上の建物はプレハブ造りの簡易な建物といえますし，床面積も約30㎡であり，本件土地全体の約180㎡の6分の1程度にすぎません。ま

た，倉庫であり，住戸として使用されていたわけでもありません。契約期間の５年間は，法定の借地権の存続期間30年間の６分の１です。賃料が著しく低額であるということも，一時使用を裏付ける事実として使えそうです。

ただ，Ｙが本件土地上の建物をＹの生業である書店の倉庫として使用していることや，Ａは長期間本件土地を更地として所有しており近い将来本件土地を利用する計画はなかったと考えられることなどは，一時使用を否定する要素になりそうです。また，ここでもＡＹ間の契約がどのような経緯で締結されたかがはっきりしないということが不安要素になります。

したがって，一時使用の主張が認められる可能性は一定程度あるものの，やはりＹの反論を聞いてみないと何ともいえないと考えました。

(5) **不法原因給付と返還請求**

本件土地の貸借関係が使用貸借や一時使用目的の借地権であると認められても，ＡとＹには愛人関係がありました。もしＡがＹとの愛人関係を維持するために本件土地を貸借したとすると，ＡＹ間の契約は公序良俗に反し無効となります（民法90条）。本件ではＹが倉庫を所有し本件土地を占有していることから「給付」は終わっています。そのため，不法原因給付にあたることから，Ｘは本件土地の明渡請求をできないことになりそうです（民法708条）。

裁判例にも，自己の建物に無償で愛人を居住させていた事案において，当該使用貸借契約は愛人関係の維持を目的とするものであるから公序良俗に反し無効であるとした上で，不法原因給付に該当するので明渡しを請求することはできないとしたものがあります（東京地判昭40・5・10下民16巻5号818頁）。また，近時の裁判例でも，愛人関係継続を目的に愛人の住戸について賃貸借契約を締結した事案において，不法原因給付を理由に，賃貸借契約の終了ないし所有権に基づく建物の引渡しを訴訟において求めることは許されないとしたものがあります（東京地判平15・9・22判例秘書）。

(6) **本件が不法原因給付にあたるか**

本件では，そもそも「覚書」が締結された時点で，ＡＹの愛人関係が続いていたかが不明でした。

もし，その時点まで愛人関係が続いていたとしても，上記各裁判例の事

案とは異なり，Yは本件土地をAと密会するための住戸に利用していたのではなく，倉庫として利用していたにすぎません。そのため，愛人との間の契約であるからといって，当然に愛人関係を維持するための目的とはいえないように思われました。

　より本質的に考えると，民法708条は，社会的妥当性を欠く不法な行為をしながら，一旦自分に都合が悪くなるとその行為の結果の復旧を望む者には，その心情の非難性に対する制裁として，助力を拒もうとする私法の理想の要請を達成しようとする規定です（前掲東京地判昭40・5・10）。そうだとすれば，A自らがYに返還請求するのではなく，Aの相続人として妻XがYに対して返還請求をする場合にも，不法原因給付として権利の実現を拒絶するのには，すわりの悪さを感じずにはいられません。

　そのため，Xとしては，Yから不法原因給付の主張をされた場合は相当不利な立場に立たされるものの，必ずしも請求が棄却されるとは限らないと考えました。また交渉や訴訟に臨むにあたっては，Yの不法原因給付の主張を誘発するようなことがないよう注意することにしました。

4　実際の解決までの実務

(1)　弁護士名での内容証明郵便の発送と訴訟準備

　本件を受任すると，Yに対して内容証明郵便を送付しました。内容証明郵便では，倉庫の収去と本件土地の明渡しを請求するとともに，当方は話合いによる解決を望んでいるので連絡がほしいこと，誠意のある回答が得られなかった場合は訴訟提起も検討することを記載しました。

　前述のように，Xが送付した内容証明郵便に対しては，Yの息子のBから猶予を求める連絡はあったものの，その後1年経っても連絡がありませんでした。そのため，弁護士名で内容証明郵便を送った場合も，Yから連絡をもらえない可能性が高いと考え，訴状の作成にも取り掛かりました。

(2)　Y代理人からの電話連絡

　約2週間後に，Yの代理人弁護士から電話がありました。Y代理人は，以下のように述べました。

・Yとしては，訴訟による解決ではなく，任意交渉による解決を希望す

- 和解案として，①現状の貸借関係を継続する，②「覚書」第4条にあるとおりYがXから本件土地を1,660万円で買い取る，③Xが本件土地の借地権相当額を支払うのと引き換えにYが本件土地を明け渡す，という3つを提案する。

　Y代理人に，本件土地の使用関係を使用貸借と考えているのか，賃貸借と考えているのか尋ねると，「借地料の定めがあるから当然賃貸借と考えている」とのことでした。そこで，Yの代理人に対し，以下のように伝えました。

- Xとしては本件土地の使用関係を使用貸借と考えているので，①②の提案は受け入れられない。③一定の立退料を支払うという解決はあり得るが，既に明渡期限の到来した使用貸借であるので金額は僅少にならざるを得ない。
- 前提が大きく異なるようなので，訴訟による決着もやむを得ないと考える。訴状の作成はあらかた終わっており，いつでも訴訟提起できる状態である。

　すると，Y代理人は，「もう1度検討するので，訴訟提起は，こちらからの連絡を受けた後にしてほしい」ということでした。

(3) Y代理人からの再度の電話連絡

　約2週間後に，Y代理人から再度の電話連絡がありました。Y代理人は，「判例を調査した結果，Yとしても本件土地の使用関係は使用貸借と考えるに至った。ただし，Yとしては倉庫をYの事業に使っているという事情もあるので，営業補償の意味合いで一定の立退料を支払ってほしい。倉庫の建設費が約300万円だったので，Xが倉庫を300万円で買い取るという解決策はどうか」ということでした。

　Xとしては，倉庫を買い取るのはよいとしても，撤去費用を負担しなくてはならなくなるので，300万円で買い取るとなると，実質的に当初見込んでいた立退料300万円の上限を超えてしまいます。

　そこで，Y代理人に対して，「当方としても，倉庫を買い取る形での解決を模索したいが金額は時価にしてもらいたい。建設から約7年が経過し

ているので，現在の価値は建設費の半分以下ではないか。また，未払の『借地料』との相殺もお願いしたい」と伝え，その日の電話は終わりました。

(4) Y代理人からの3度目の電話連絡

それから数日経った後，Y代理人から3度目の電話連絡がありました。「依頼者と打合せをしたが，立退料は最低100万円支払ってもらえないだろうか。それ以下であれば，訴訟による解決でもやむを得ない」ということでした。

Xとしては，立退料を最大300万円まで支払う心づもりでしたので，Yの提案は願ったり叶ったりでした。結局，ＸＹ間で，立退料100万円の支払と引換えに本件土地の明渡しを受けるという内容での合意が成立し，合意書の作成や金銭の授受も含めて，受任から約2か月でのスピード解決となりました。

5　おわりに（本件を振り返って）

本件がスピーディーに解決できたのは，Yに代理人が就き，「覚書」の文言にかかわらず，本件土地の使用関係が使用貸借であるとの共通の前提に立つことができたことが大きかったです。

Yが訴訟を嫌がっていたことも，Yから大幅な譲歩を引き出す契機になったと思われます。Yが訴訟を嫌がった理由は分かりませんが，Yも相当な高齢だったと思われ，Xと同じように解決を急いでいたのかもしれません。

Yからは不法原因給付の主張をされることはありませんでした。Yは，自身の過去の不始末を，代理人弁護士や，弁護士の事実上の依頼人であると思われる息子Bに話すことができなかったのかもしれません。

本件が解決して2か月くらい経ったころ，Xから手書きの手紙が届きました。そこには，実は弁護士に相談をした時点で，癌で余命1年と告げられていたこと，容態が急変したら下船するという条件で現在は世界一周の船旅をしている最中であることが書かれていました。

【プライバシー保護のため事例の内容は変えております。】

COLUMN

コラム④
水漏れと賃貸人の修繕義務に関する事案

　賃貸建物に水漏れが発生した場合，賃貸人が賃借人に建物を使用・収益させる義務を負っているため，賃貸人が修繕義務を負担します（民法606条1項）。賃貸借契約書にも同様の賃貸人の修繕義務が規定されていることが通常です。ただし，水漏れが発生した場合に，原因を特定して根本的な修繕を行うのが思いのほか難しいことがあります。

　賃借人が，台風の大雨時に水漏れが発生し，室内に水溜りができる被害を受けたため，大家さんに修繕を請求したところ，修繕工事が行われました。しかし，再び，大雨の時に同様の水漏れが発生してしまったため，根本的な解決のためには，より大掛かりな修繕工事が必要になると思われます。

　大雨による水漏れの発生は年に1，2回であるため，賃貸人が行う修繕工事が必要十分かを検証するのに半年から1年掛かります。既に複数回水漏れが発生していた状況だったため，賃借人は，修繕を待たずに，水漏れが発生する面積に応じて賃料の減額を請求しました。賃貸人が修繕義務を履行しないために賃借人の目的物の使用・収益の全部が不能となった場合には，賃借人は賃料全額の支払を拒むことができ，その使用・収益の一部が不能となった場合には，賃借人は賃貸人に対して賃料減額請求権を行使することができるものと解されているためです（民法611条1項類推適用）。

　本件は，医院を経営する賃借人で，水漏れが発生するおそれのある場所に業務上必要な精密機械を設置できないという切実な事情があったため，減額請求の意思表示後にすぐに賃貸人と合意書を交わすことができました。

事例6 事故部屋（自殺者が出た部屋）の事後処理

事故部屋（自殺者が出た部屋）の賃料減額等の事後処理に関する事例

● 概要図

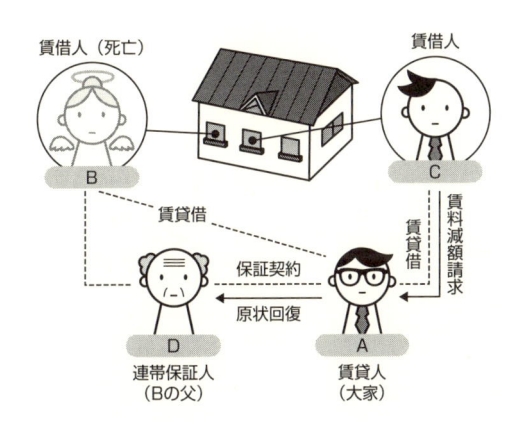

```
賃借人（死亡）            賃借人
    B                      C
       \                  /
     賃貸借           賃料減額請求
                      賃貸借
        保証契約
    D  ←――――  A
     原状回復
  連帯保証人      賃貸人
   （Bの父）     （大家）
```

はじめに

　自殺や他殺等の人間の死亡に関係する事件があった部屋は、不動産業界において「事故部屋」と呼ばれています。賃貸人は、事故部屋を賃貸しようとしても、そもそも新たな賃借人を探すのが困難となり、仮に新たな賃借人が現れたとしても通常の賃料よりも大幅に減額した賃料で賃貸せざるを得ない等の不利益を受けることになります。

　ここでは、賃貸人が事故部屋の賃貸借契約の連帯保証人に対して保証契約に基づく保証債務履行請求（損害賠償請求）をした事例を紹介しながら、事故部屋の賃貸人は、誰に対して、どのような請求をすることができるか、また、誰からどのような請求を受ける可能性があるのか、事故部屋の事後処理について、ご説明していきたいと思います。

第2章　不動産賃貸借に関する事例

1 事例の概要

(1) **当事者**

　Aは，東京都23区内にあるJRの駅から徒歩5分くらいの場所に，単身者用の木造アパートを所有していました。

　Aは，アパートの1室をBに，その隣の部屋をCに，それぞれ賃料月5万円で賃貸しており，A・B間の賃貸借契約においては，Aの父親Dが連帯保証人となっていました。

(2) **本件事故**

　Bの部屋付近から異臭が漂っていることを不審に思ったCが警察に通報したことにより，アパートの自室においてBが自殺しているのが発見されました（以下「本件事故」といいます。）。Bは，発見されたとき，既に死後1か月以上経過していたとのことです。

　本件事故の発覚が遅れたため，Bの身体の損傷が進んでおり，滲出した体液は，部屋の壁や床のみならず，建物の構造体にまで影響を及ぼしていました。

　Aは，Bに貸していた部屋（以下「本件事故部屋」といいます。）の原状回復工事を行い，200万円を支払いました。

　また，Aは，隣室の賃借人Cから，賃貸借契約の残存期間1年分の賃料の減額請求を受け，Cの部屋（以下「本件隣室」といいます。）の賃料を月5万円から月4万円に減額しました。これにより，AがCから残存期間1年において得られる賃料収入は，12万円減少したことになります。

(3) **賃貸人の連帯保証人に対する請求**

　Aは，A・B間の賃貸借の連帯保証人Dに対し，本件事故部屋の原状回復費用200万円，Bの未払賃料（2か月分）10万円，並びに逸失利益として本件隣室の賃料減収分12万円及び本件事故部屋に関する将来の賃料補償を求めました。なお，Aは，この時点において，本件事故部屋の賃料補償に関する具体的な金額を提示していません。

　Dは，Aに対し，原状回復費用200万円，未払賃料2か月分10万円及びA・B間の賃貸借契約の残存期間6か月の賃料相当額30万円は支払うが，

その余の請求については応じかねると回答しました。

A・D間の交渉は，進展がないまま，数か月が経過しました。

他方，Aは，不動産会社を通じて，本件事故部屋の賃借人を募集しました。Aは，本件事故部屋の賃料を従前の半額である2万5,000円としたため，興味を示す人物は多かったそうですが，不動産業者が本件事故について告げると忌避されてしまうとのことで，本件事故から半年を過ぎても，新たな賃借人が現れない状態でした。

Aは，アパート経営のほか，会社員として稼働していたこともあり，もはや自分で解決することは困難と考え，弁護士を選任して対応してもらう決断をしました。

本相談のポイント

① 原状回復費用及び逸失利益等の請求の相手方。
② 事故部屋に関する逸失利益の内容（賃貸不能期間の家賃補償，新賃貸人への賃料減額とその期間）。
③ 事故部屋の隣室の逸失利益（賃料減額分）の請求の可否。

2 受任に際しての注意点

私がAから本件を受任するに際して留意したのは，以下の諸点でした。

(1) 賃貸人の葛藤

賃貸人Aは，連帯保証人Dに対し，生じた損害を賠償してほしいと思う一方で，Dが自殺したBの父親であったことから，子供を亡くした親に賠償を求めるのは人として許される行為か，また，周りから人の不幸に便乗してお金を儲けていると思われるのではないか悩んでいました。

Aには，本件事故によって生じた損害の範囲内で請求するのであれば，正当な権利行使であり，非難されるべき行為に当たらないことを説明しました。

他方，交渉にあたる弁護士にとっても，遺族に賠償を求めることは精神

的負担になります。相手方に対する哀悼の意を持ちつつも，正当な権利行使であると言い聞かせて交渉にあたりました。

(2) 請求の相手方

Aは，Dに対して連帯保証契約に基づく保証債務履行請求（損害賠償等）をしました。

本件では，Dは，履行に応じること自体を争っておらず，争点は本件事故と相当因果関係にある損害の範囲及び金額のみでした。

しかし，一般的には，請求の相手方が履行に応じる意思を表明するとは限りません。弁護士が相談を受けたときは，相手方が任意の履行を拒むのであれば，裁判及び執行等の手続を経ること，その場合には解決までに時間，手間及び費用を要すること，そして仮に時間等をかけたとしても，相手方が無資力なときは，手続が効を奏しないことがあること等を相談者に説明して理解してもらうことが必要となると思います。さもなくば，効を奏しないで終わったとき，依頼者にとって，弁護士に対する不満だけが残ることになりかねません。

(3) 隣室に関する請求の可否についての説明

本件では，賃貸人Aは，本件事故部屋の隣室の賃借人Cから賃料の減額を求められ，賃料を月額5万円から月額4万円に減額しており，A・C間の賃貸借契約の残存期間1年におけるAの減収予想額は12万円となっていました。Aとしては，本件隣室の賃料を現実に減額していることから，Dに本件隣室の賃料減収分も賠償してほしいという気持ちがありました。

しかし，裁判例には，東京23区内のワンルームマンションにおいて自殺事故が発生し，賃貸人が連帯保証人等に対して，その事故に関する損害賠償を請求したところ，事故部屋と隣接する部屋の賃料収入の減少に関する損害賠償を否定したものがあります（東京地判平19・8・10ウエストロー・ジャパン2007WLJPCA08108002）。

本件と前記裁判例とは，死後の経過日数や建物の構造等の事情が異なりますが，23区内の単身者用の集合住宅という点では共通しています。Aに対し，裁判例を紹介し，相手が任意に履行してくれないときは，裁判によって争ったとしても，認められない可能性があることをご理解いただき

ました。

その上で，請求の優先順位を決めて，Dと交渉しました。

3 本件における法的問題点の考察

(1) 賃借人の自殺しない債務の負担の有無

賃借人の本来的債務は，賃貸人に対して賃料を支払うこと（民法601条参照）及び賃貸借の終了後に目的物を返還することです。

では，賃借人は，自室において自殺しない債務を負うのでしょうか。

この点について，賃貸借契約における賃借人は，賃貸目的物の引渡しを受けてからこれを返還するまでの間，賃貸目的物を善良な管理者と同様の注意義務をもって使用収益する義務があり（民法400条），賃借人の善管注意義務の対象には，賃貸目的物を物理的に損傷しないようにすることが含まれることはもちろんのこと，賃借人が賃貸目的物内において自殺をすれば，これにより心理的な嫌悪感が生じ，一定期間，賃貸に供することができなくなり，賃貸できたとしても相当賃料での賃貸ができなくなることは，常識的に考えて明らかであり，かつ，賃借人に賃貸目的物内で自殺しないように求めることが加重な負担を強いるものとも考えられないから，賃貸目的物内で自殺しないようにすることも賃借人の善管注意義務の対象に含まれるというべきであると解されています（前掲東京地判平19・8・10，東京地判平22・9・2判時2093号87頁）。

したがって，賃借人は，善管注意義務の一内容として賃貸目的物内で自殺しない債務を負うことになると考えられます。

そして，賃借人が自殺したことは，賃借人の善管注意義務の不履行となり，これと相当因果関係のある損害について，賃借人には損害賠償する義務が生じることになると考えられます。

(2) 請求の相手方

ア 賃借人死亡の場合の請求の相手方

賃貸人は，賃借人が死亡した場合，誰に対し，損害賠償等を請求することができるのでしょうか。

請求の相手方として考えられるのは，賃借人の相続人及び当該賃貸借

契約について連帯保証契約を締結した連帯保証人です。

イ　更新後の賃貸借契約から生ずる債務に対する当初契約の連帯保証人の責任

　　本件では，A・B間の賃貸借契約は複数回更新されていました。連帯保証人Dは，A・B間で当初に締結された賃貸借契約から生ずる債務について，Aとの間で連帯保証契約を締結していましたが，その後に更新した賃貸借契約においては，連帯保証人署名・押印欄にDの名が記されているもののDの自署ではなく，AからDに保証の意思を確認したこと等はありませんでした。

　　このような場合にも，連帯保証人は，責任を負わなければならないのでしょうか。

　　期間の定めのある建物の賃貸借において，賃借人のために連帯保証人が賃貸人との間で連帯保証契約を締結した場合には，反対の趣旨をうかがわせるような特段の事情のない限り，連帯保証人が更新後の賃貸借から生ずる賃借人の債務についても保証の責めを負う趣旨で合意がされたものと解するのが相当であり，連帯保証人は，賃貸人において保証債務の履行を請求することが信義則に反すると認められる場合を除き，更新後の賃貸借から生ずる賃借人の債務についても保証の責めを免れないとして，更新後の賃貸借契約にも，原則として，連帯保証人の責任は及ぶと解されています（最判平9・11・13裁判集民186号105頁）。

ウ　相続人及び連帯保証人の責任の範囲

　　相続人及び連帯保証人は，賃借人の自殺によって生じた債務についても，責任を負わなければならないのでしょうか。

　　相続人について，賃借人が賃借中の室内で自殺したことは，善管注意義務に違反したもので債務不履行を構成するから，賃借人の相続人には，同債務不履行と相当因果関係のある原告の損害を賠償する責任があるとし，他方，連帯保証人について，相続人の賃貸人に対する損害賠償債務が，賃貸借契約に基づく賃借人の賃貸人に対する債務であることは明らかであるから，連帯保証人には，連帯保証契約に基づき，賃借人が賃貸目的物を賃借中に同室内で自殺したことと相当因果関係にある賃貸人の

損害について，相続人と連帯して，賠償する責任があると解されています（前掲東京地判平19・8・10）。

したがって，相続人及び連帯保証人は，賃借人の自殺と相当因果関係のある賃貸人の損害について，連帯して，賠償する義務を負担することになります。

(3) **事故部屋に関する請求**
ア 事故部屋に関する告知義務

賃貸目的物において自殺があったことは，一般的にその物件を借りる上で心理的な嫌悪感を生ずる原因となるので，宅地建物取引業法47条1項ニに規定される「宅地建物取引業者の相手方等の判断に重要な影響を及ぼすこととなるもの」に該当し，賃貸人が賃借人と賃貸借契約を締結する際に，その事実を告知する義務があると解されています。

しかし，宅地建物取引業法等には，どのくらいの期間，告知しなければならないか明記されていません。

裁判例においては，その期間について2年としたものがあります（東京地判平13・11・29ウエストロー・ジャパン2001WLJPCA11290013）。この事例は，仙台という大都市にある単身者用の物件に関するものであり，物件の立地条件や使用状況等によっては，これよりも長い期間にわたって告知義務が課される場合もあると考えられます。なお，横浜における家族用の物件の売買に関する事案においては，6年3か月前の自殺について告知義務が消滅していないとしており（横浜地判平元・9・7判時1352号126頁），この裁判例に従えば，売買の場合は賃貸借の場合に比べて告知すべき期間が長くなります。

また，自殺があった後の最初の賃借人には告知する義務がありますが，その後の賃借人には，告知する義務がないとした裁判例があります（前掲東京地判平19・8・10）。

その理由は，自殺事故による嫌悪感も，もともと時の経過により希釈する類のものであると考えられることに加え，一般的に，自殺事故の後に新たな賃借人が居住をすれば，当該賃借人が極短期間で退去したといった特段の事情がない限り，新たな居住者である当該賃借人が当該物

件で一定期間生活をすること自体により，その前の賃借人が自殺したという心理的な嫌悪感の影響もかなりの程度薄れるものと考えられるというものです。

イ　請求の範囲

　賃貸人は，死亡した賃借人の相続人及び連帯保証人（以下，両者を併せて「連帯保証人ら」といいます。）に対し，どのような請求ができるのでしょうか。

　まず，賃借人は，賃料を支払うと共に，賃貸借契約が終了したときは，賃借目的物を原状に復した上で返却する義務を負っています。このことから，賃借人は，賃貸人に対し，未払賃料を支払うとともに，賃借目的物を原状に復するか，原状回復費用を負担する義務を有しています。

　したがって，賃貸人は，連帯保証人らに対し，未払賃料及び原状回復費用を請求することができます。

　なお，本件においては，問題となりませんでしたが，原状回復の範囲及びその費用は賃貸人・賃借人間において争われることが多い事項です。特段の事情のない限り，経年劣化のような通常損耗についての原状回復費用を賃借人に負わせることはできません（最判平17・12・16判時1921号61頁）。

　では，賃貸人は，連帯保証人らに対し，事故部屋に関する逸失利益を請求できるでしょうか。どのような損害が，賃借人の債務不履行と相当因果関係のある損害といえるでしょうか。

　この点について，前掲東京地裁平成22年9月2日判決（判時2093号87頁）は，事故部屋を賃貸するに当たっては，宅地建物取引業者は賃借希望者に対し前居住者（転借人の自殺の事例であるため。）の自殺という事情の存在を告知する義務を負うので，告知の結果，事故部屋を第三者に賃貸し得ないことによる賃料相当額，及び賃貸し得たとしても本来であれば設定し得たであろう賃料額と実際に設定された賃料額の差額相当額も，逸失利益として，賃借人の債務不履行と相当因果関係のある損害ということができるとしました。

　その上で，当該事故部屋が，単身者向けのワンルームマンションであ

り，都心に近く，交通の便もよい利便性の高い物件であるから，賃貸物件としての流動性が比較的高いので，自殺という事情に対する心理的嫌悪感等の減少は他の物件に比して早く進行すると考えるのが合理的であるとして，賃貸借不能期間を1年とし，賃貸借の一単位である2年を低額な賃料（賃貸借の賃料の半額）でなければ賃貸し得ない期間と捉えて，中間利息控除をした上で，逸失利益を算定しています。

なお，賃貸借不能期間及び賃料減額期間については，物件の立地条件，物件の利用目的，物件の使用状況，事故の重大性及び世間へ与えた影響等，様々な要素を考慮して決せられるものと思われます。

すなわち，人の入れ替わりが激しい，都市部の単身者用の物件であれば，期間は短くなり，他方，人の定着率が高い，地方の家族用の物件であれば，期間は長くなると思われます。

(4) 隣室に関する請求

ア　隣室に関する告知義務

前掲東京地裁平成19年8月10日判決は，事故部屋以外の部屋への入居者に対しては，事故部屋に居住することとは嫌悪感がかなり違い，告知する義務はないとしています。しかし，同裁判例は，建物立地，単身者向け物件等の諸事情も考慮した上で，事故部屋以外の部屋への入居者への告知義務を否定しています。

したがって，諸事情によっては事故部屋以外の部屋の賃貸借契約締結にあたっても，告知する義務が生ずる可能性があります。

イ　請求の範囲

本事例においては，連帯保証人に対して，本件隣室の賃料減額分に伴う損害についても保証債務履行請求の対象としたところ，支払に応じてもらうことができました。

しかし，前掲東京地裁平成19年8月10日判決は，事故部屋以外の部屋の賃貸に困難を生じるとは認められず，事故部屋以外の部屋について逸失利益が認められないとして，隣室に関して現実に賃料の減収が生じているとしても，賃借人の自殺と相当因果関係のある損害とは認められないとしました。

したがって，裁判において，隣室の賃料の減収分の損害賠償を求めたとしても，必ずしも請求が認められるとは限りません。

ただし，上記裁判例は，自殺があった物件が都市部の単身者物件であることを考慮して，因果関係がないと判断しているので，隣室の賃料減収分の損害を一律に否定する趣旨ではなく，物件の立地条件，物件の利用目的，物件の使用状況，物件の構造，事故の重大性及び世間へ与えた影響等を考慮した上で決すべきと思料します。

4 実際の解決までの実務

(1) 未払賃料及び原状回復費用

Dは，当初から，本件事故部屋に関する2か月分の未払賃料10万円及び原状回復費用200万円については支払うことに同意しており，この点については争いありませんでした。

(2) 事故部屋の逸失利益

Dは，当初，A・B間の賃貸借契約期間満了までの残存期間6か月の賃料相当額30万円は支払うが，それを超えて支払う意思はないと主張していました。

Dに対し，本件事故部屋の次の賃借人を探す際には，本件事故について告知する義務があり，次の賃借人を見つけるのが困難であること，賃料を減額せざるを得ないことを説明し，前掲東京地裁平成22年9月2日判決において，このような事故部屋の場合は，賃貸借不能期間1年，賃料の半額でなければ賃貸し得ない期間を賃貸借の1単位である2年と示されていることから，1年間の賃料全額及びその後2年間の賃料半額を本件事故と相当因果関係のある損害として算出する方法を提示して，理解を求めました。

その結果，AとDは，賃貸借不能期間1年及び賃料の半額でなければ賃貸できない期間2年として算出した金額にライプニッツ係数（将来受け取るはずの金銭を事前に一時金で受け取ることになるので，得られた利益（法定利率5％）を控除する年金現価計算）をかけた金額を逸失利益とすることで合意しました。

(3) 隣室の逸失利益

　Dは，当初，隣室の賃料減額分については，支払う意思はないと主張していました。

　Dに対し，Aが，現実に本件隣室の賃料をA・C間の賃貸借契約の残存期間について月額1万円減額したこと，本件事故の発見の端緒は隣室のCの通報によるものであることを説明し，理解を求めました。

　その結果，AとDは，本件隣室の逸失利益，すなわちA・C間の賃貸借契約の残存期間の賃料減収分も本件事故と相当因果関係にある損害とすることで合意しました。

(4) 合意内容

　交渉の結果，DがAに対し，以下の損害を本件事故と相当因果関係のある損害であると認め，保証債務を履行することになりました。

---

① 本件事故部屋の未払賃料（＝10万円）
② 本件事故部屋の原状回復費用（＝200万円）
③ 本件事故部屋の逸失利益（賃料の1年分＋賃料の半額2年分）（＝110万2,680円）
　・1年目　571,440円＝5万円×12月×0.9524
　・2年目　272,100円＝2万5,000円×12月×0.9070
　・3年目　259,140円＝2万5,000円×12月×0.8638
④ 本件隣室の逸失利益（賃貸借の残存期間1年における賃料減収見込額）（＝11万4,288円）
　・1年目　11万4,288円＝1万円×12月×0.9524
上記①から④の合計331万6,968円

5　おわりに

　本件事故部屋の逸失利益について，賃貸借不能期間1年，賃料の半額でなければ賃貸し得ない期間を賃貸借の1単位である2年として算出しました。

　しかし，これは大都市にある単身者用の物件に関する考え方と思われるので，具体的事例を考える際には，物件の立地条件，物件の利用目的，物

件の使用状況，事故の重大性及び世間へ与えた影響等の個別の事情を考慮すべきと思われます。

　また，本件では連帯保証人がおり，保証債務の履行に応じてくれましたが，連帯保証人がおらず，賃借人の相続人もいない場合，いたとしても支払う意思又は能力がない場合には，別の問題が生じることになります。

【プライバシー保護のため事例の内容は変えております。】

COLUMN
コラム⑤
ユニットバスのカビと借家人の原状回復義務

　マンションを借りていた人から，自分は部屋をきれいに使っていたのに，大家さんから壁紙やフローリングの交換が必要だ，清掃費用も掛かる等高額な見積書が送り付けられ，返す敷金はほとんどないとか，逆に敷金では足りないと言われてお金を請求されたという相談をよく受けます。

　国土交通省が「原状回復をめぐるトラブルとガイドライン」を示して以来，仲介業者が介入している事案では，原状回復はこのガイドラインに沿って処理される傾向にあります。居住用の部屋では，通常の使用に伴う損耗や汚れは賃料の範囲内で処理され，賃借人の不注意による破損等だけが原状回復の範囲に含まれ敷金から控除されることになります。

　マンションでよく問題になるのは，タバコのヤニ，ユニットバスや冷蔵庫の裏に生えたカビ，ペットの匂いなどです。

　借家人が日常換気や掃除をしていたか，ヤニ，カビや匂いが業者に依頼しないと除去できない程度か等が判断の分かれ目になります。

　構造的に通気性の悪いマンションで，普通に換気をしてもカビの発生を防げない場合には，構造に欠陥があると判断されますので，仲介業者や大家さんにその旨を早めに伝えておくと後々トラブルを防ぐでしょう。

　先日，知り合いの大家さんから，マンションの一室を2年間一人暮らしの60歳の会社員に貸したが，貸した当時新品であったユニットバスにひどいカビが生えていたので業者に頼んだらクリーニングに12万円掛かり，これを敷金から差し引いて返そうとしたら，その会社員は，消費者センターから「クリーニング代は一切負担しないでよい。」と言われたとか，契約書には風呂の換気をしなくてはいけないとは書いてない，などと言って納得せず，12万円の返還を求める少額訴訟を起こしてきた，との相談を受けました。

　退去時に撮ったユニットバスの写真を見せてもらうと，床，壁のほぼ一面，シャワーのハンドルやホースにまで黒や茶のカビがびっしり生えていて，一部はカビがふんわりと立体的に盛り上がっていました。

　貸した時と返還時を対比した写真や大家さんの陳述書を事前に証拠として提出し，裁判には私と大家さんが出席し，1時間弱くらいかけて型どおり弁論と大家さんの尋問を行い，裁判官が司法委員を入れての話合いを勧めたので，12万円のうち1割は通常の使用に伴う汚れのクリーニングとして原状回復の範囲から除くことで合意し，これを返還することで和解しました。午後2時から始まった裁判で，1万2,000円を返す和解ができたのが午後4時を過ぎていました。

事例7 賃貸借契約解除土地建物明渡し

賃料不払無断転貸を理由に不動産賃貸借契約を解除し，土地・建物の明渡しを請求した事案

●概要図

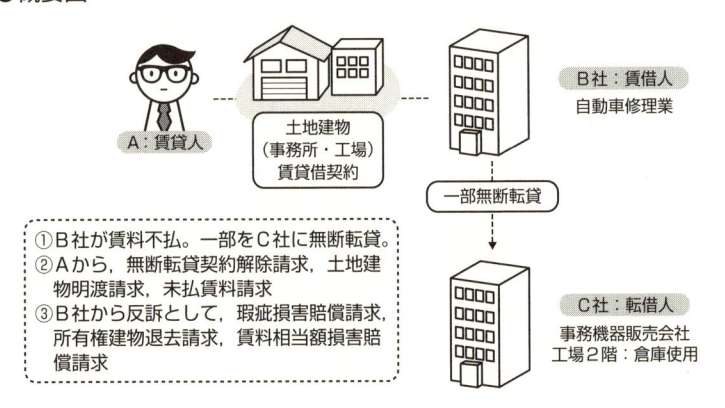

A：賃貸人 — 土地建物（事務所・工場）賃貸借契約 — B社：賃借人 自動車修理業

一部無断転貸 → C社：転借人 事務機器販売会社 工場2階：倉庫使用

① B社が賃料不払。一部をC社に無断転貸。
② Aから，無断転貸契約解除請求，土地建物明渡請求，未払賃料請求
③ B社から反訴として，瑕疵損害賠償請求，所有権建物退去請求，賃料相当額損害賠償請求

はじめに

　賃料不払を理由とする不動産の賃貸借契約の解除と，それに続く土地・建物の明渡請求事件は，弁護士として比較的よく経験する案件です。

　しかし，賃借人が賃借権を第三者に譲渡してしまったり，転貸してしまったりすることもあり，また，裁判に勝訴しても賃借人が居座ったりすれば，強制執行の手続までしなければならないことがあるなど，解決まで時間を要したり，現実に不動産の明渡しを受けることは，必ずしも容易ではないことがあります。

　また，和解により賃借人から任意に不動産の明渡しを受けることができても，延滞賃料を減額しなければならず，全額の支払を受けることができない場合もあります。

　そのような事例を紹介します。

1 事案の概要

依頼者Aは，自動車修理業者B社に，営業用建物（事務所・修理工場・敷地）を賃貸していましたが，賃借人B社が不動産に瑕疵があるなどを主張し，賃料を支払わず，また，その後，調査したところ，賃貸人に無断で建物の一部を第三者C社に転貸していることが判明したことから，裁判外において，賃料不払・無断転貸を理由に賃貸借契約を解除し，建物の明渡し，賃料等の請求をしました。しかし，賃借人B社がこれに応じないため，更に，賃借人B社に対し，土地・建物の明渡し及び賃料等の請求，また，無断転貸人C社に対し，一部建物の明渡し及び賃料相当損害金の請求の訴訟を申し立て，申立てから約3か月後に土地建物の明渡しを受け，更に，訴訟申立てから10か月後，和解にて賃料を減額してその支払を受け，解決した事例となります。

本相談のポイント

① 土地明渡訴訟の場合の土地の特定（範囲）。
② 無断転貸の特定：調査・証明。

2 受任に際しての注意点（相談者・依頼者への対応）

(1) 契約書等による契約内容の確認

十分な情報がなければ，適切な判断，適切なアドバイスはできません。まず，情報収集が不可欠です。

不動産の賃貸借契約の問題ですので，契約内容を確認するため契約書の確認が重要です。

本件では，賃貸借の目的物は，事務所及び修理工場の契約でした。ただし，敷地も含んでいました。

賃貸借契約書は，不動産業者が作成したものでしたが，賃料不払解除の条項がなく，契約条項違反解除の条項があるものでした。

(2) **事実の確認・調査　相談者からの聞き取り等**

相談者から，事情・経緯その他について，十分聞き取りを行い，事実を確認することが必要です。

本件では，土地（敷地）については，一筆の一部とのことでした。裁判において，土地の明渡しを求める場合，土地の一部の場合には，その一部を特定することが必要で，正確な図面等の作成が必要になります。

また，建物については，未登記のものがありました。裁判においては，未登記建物の特定についても検討が必要です。

さらに，不動産につき，亡くなった親の登記名義のものがありました。転貸人等第三者に対し，所有権に基づき明渡し等を求める場合，自己に所有権があることを明らかにすることが必要になります。本件では，相続登記の予定があったことから速やかな相続の登記をしていただきました。

(3) **現地の確認**

不動産賃貸借に関するトラブルですし，相談者が，契約の解除を希望していましたので，現地を確認し，現状を把握することが必要です。

本件では，特に工場部分に無断転貸があるとのことでしたので，現地確認も行いました。民事事件においても，「現場100回」で，現地確認が重要です。

(4) **相談者の意向の確認・十分な説明**

受任に当たっては，依頼者に適切な判断をしていただき，また，後日依頼者との間で無用のトラブルが起きることがないよう，相談者の意向を確認するとともに，限られた中で，対応についてのメリット・デメリットなどできるだけ十分な説明を行うことが必要です。

ア　賃料不払による解除・賃料請求について

不動産の賃貸借契約において，賃料不払による解除が認められるためには，単なる賃料不払の事実だけでは足りず，賃料不払が数か月継続されるなど，背信性（賃借人との信頼関係の破壊）が必要とされます。

また，賃料請求については，不動産の明渡しを受けるために和解交渉などによる場合，裁判上の和解を含め，延滞賃料を減額・免除する場合もあります。

イ　無断転貸の証明について

　　契約書に無断転貸禁止の条項があっても，争いになった場合に，転貸といえるか否か，また，無断転貸の事実をどのように証明するかが問題となります。

ウ　一筆の一部の土地の特定について

　　本件では，賃貸借の目的物である敷地について，登記簿上数筆あり，また，一筆の一部を目的としていましたので，裁判になった場合には，その土地を特定（他の土地と区別）することが必要で，登記簿だけでは特定することができませんので，図面等を作成しなければなりません。

エ　現実に不動産の明渡しを受けることについて

　　裁判で勝訴した場合でも，相手方に任意に不動産を明け渡してもらえない場合には，更に，裁判所に強制執行の申立てをして，その執行により，不動産の明渡しを受けることになります。

オ　保全手続：占有移転禁止の仮処分について

　　裁判で勝訴しても，相手方である賃借人が，賃借権を第三者に譲渡したり，また，賃借物を転貸したりした場合に，その判決の効力は，譲受人や転借人には及びませんので，現実に不動産の明渡しを受けることができません。そこで，賃借権の譲渡や転貸を防ぐために裁判所の手続により不動産について占有移転禁止の仮処分を行うことが必要となります。なお，占有移転禁止の仮処分は，正式裁判とは別個の手続で，認められるためには保証金の納付が必要です。

カ　その他

　　以上のような点を，相談者に十分説明することが必要です。

(5)　対応・弁護方針の説明

　　トラブルの解決のために，どのような対応をするのがよいのか，弁護方針について，十分な説明をすることが必要です。

　　依頼者とすれば，もちろんできるだけ早く解決することを望んでおりますが，本件では，現実に不動産の明渡しを受けることを実現するなどの観点から，先ず，弁護士名による賃料請求，契約解除の通知をし，それに応じない場合には，裁判外での交渉を行い，更に，それでも解決しない場合

には，裁判を行うことにしました。

3 法的問題点の考察

(1) 賃料不払と信頼関係の破壊

　賃料不払契約解除については，賃貸借契約書上では，例えば，「1か月の賃料の未払がある場合，契約を解除することができる。」と記載されていても，賃貸借契約が継続的契約であることなどの理由により，裁判上は，賃貸借契約の解除が認められるためには，単なる賃料不払だけでなく，賃借人の背信性が必要とされています。

　この点を，相談者に十分説明しなければなりません。

　本件では，11月から賃料の支払がなく，翌年の2月に相談を受け，賃料3か月分の滞納がありました。

　その後，3月に賃料請求，契約解除の通知を出し，その後交渉を継続しましたが，相手方はこれに応じませんでした。そして，裁判の提起をしたのは，9月でしたので，裁判提起の時点では，10か月間の賃料不払がありました。

(2) 無断転貸について

　本件では，修理工場の2階を倉庫として，勝手に第三者に転貸しているとのことでした。

　転貸といえるためには，転借人が独立して使用することが必要です。

　本件では，修理工場の入り口が一つ（シャッター）で，その2階を倉庫として使用しているとのことでしたので，独立の使用といえるかが問題となります。

(3) 土地の特定

　本件では，賃貸借の目的物である土地（敷地）が，数筆あり，また，一筆の土地の一部を含んでいました。

　そこで，裁判をする場合には，土地を特定することが必要で，単に登記簿だけで特定することができず，一筆の土地の一部については，図面等を作成することが必要でした。

　この図面の作成については，通常，測量士に依頼することまでは必要あ

りませんが、隣地との境界からどのくらい離れた位置かを明示することなどが必要です。

本件では、裁判申立てにあたって、弁護士が、現地に行って、境界からの距離を実際にメジャーで測って、物件目録、図面を作成し、土地を特定しました。

4 実際の解決までの実務

(1) 通知・裁判外での交渉

ア　Aから相談があった時点で、既に3か月分の賃料の滞納がありましたので、賃借人である相手方B社に対し、賃料請求・契約解除の通知を弁護士名で内容証明郵便で行いました。

イ　賃借人B社への通知では、「ご連絡等は書面にて弁護士宛にお願いします。」と明示しておりましたが、賃借人B社から直接弁護士事務所宛に電話が掛かってきました。

弁護士が直接話しをすることにより、早期に、賃料の支払を受けたり、不動産の明渡しを受けたりすることもできますので、賃借人B社からの電話に出ました。

ところが、賃借人B社は、賃料について、不動産に瑕疵があったので、賃料減額の話合い中であったと繰り返すばかりでした。

そこで、話合い中というのは、賃借人B社の一方的な言い分であり、また、仮に話合いが成立しないからといって賃料を支払わなくてよい理由にはならない旨、また、少なくとも賃料を速やかに支払ってほしい旨を伝えました。

なお、賃借人B社の不動産の瑕疵による損害賠償という言い分は、大雨により事務所の中に雨水が入ってしまったというものでしたが、これは、記録的な大雨という自然災害で、不可抗力なので、賃貸人に責任はありません。

無断転貸の主張に対して、相手方は、転貸ではなく、一時荷物を預かっているだけであるなどと言い訳をしてきました。

ウ　賃借人は、一週間以内に賃料は支払うと約束しました。

延滞賃料を支払うのであれば，話合いにより，解除を撤回することも可能であると回答しました。

しかし，結果，現実に，延滞賃料の支払はなく，その後，数回，話合いを行ったが，賃料の支払も，不動産の明渡しもありませんでした。

エ　依頼者と相談し，裁判外での話合いは困難であるとして，裁判を提起することとなりました。

(2) 占有移転禁止の仮処分申立ての検討

本件では，不動産の明渡しを大きな目的としておりましたが，訴え提起後に，相手方が，賃借権の譲渡や転貸により占有を第三者に移転してしまうと，裁判において勝訴しても現実に不動産の明渡しを受けることができなくなってしまいます。特に，本件では，既に，第三者であるCに転貸してしまっているので，譲渡や転貸の危険は大きいものでした。

裁判を提起するにあたり，上記の危険を防止するため，占有移転禁止の仮処分の申立てを検討いたしました。

依頼者Aにとっては，裁判費用，弁護士費用，そして，保証金などの負担があります。

依頼者Aと十分相談したところ，本件では，保全処分は行わないことにしました。

(3) 裁判の提起

本件では，相談を受けてから，裁判外での交渉を継続しておりましたが，相手方が，賃料の支払にも，また，不動産の明渡しにも応じないことから，2月末の受任から6か月後の9月初めに，訴えの提起をしました。

(4) 無断転貸の証明

本件では，賃借人との交渉の経過の中で，第三者Cに工場の2階部分を倉庫として転貸していることが判明しました。

ただし，転貸を証明することは，必ずしも容易ではありません。

また，転貸といえるためには，独立の使用であることが必要とされますが，本件工場の構造上（大きなシャッター），独立の出入口等があるわけではないで，その評価も容易ではありません。

そこで，C社名入りのトラックが多数回にわたり，工場に出入りしてい

る様子，また，C社の取扱商品が倉庫内にある様子を写真撮影し，証拠化しました。

また，C社のホームページを閲覧したところ，本件不動産の住所をC社の倉庫と表示していることが判明しました。

そこで，C社のホームページをプリントアウトして，証拠化しました。

なお，転貸の主張に対し，賃借人Bは，C社の商品を置いている事実は認めましたが，単に，一時的な預かりにすぎず，転貸でないと否認・反論しました。

(5) 被告B社の反論

被告B社は，裁判において，本件不動産に瑕疵があったので，賃貸人である原告に対し，賃料の減額の申出をし，話合いを継続してきたので，不動産賃貸借契約の解除原因となる背信性はない。また，瑕疵により損害があったので，賃料請求は減額されなければならないとの反論をしました。

(6) 任意の明渡しと訴えの一部取下げ

訴え提起から第1回弁論期日まで，3か月ほどありました。

相手方B社は，第1回弁論期日の直前に，本件不動産を明け渡しました。

そして，相手方B社から答弁書の後の被告第一準備書面において，本件不動産を明け渡しているので，請求の趣旨の不動産の明渡しについては，訴えの利益なしとの反論がありました。

そこで，第2回弁論期日において，被告の同意を得て，不動産の明渡しについて一部訴えの取下げを行いました。

したがって，その後，裁判としては，延滞賃料の支払いかんが問題となりました。

(7) 反訴：瑕疵損害賠償請求に対する対応

本件において，被告が，不動産の瑕疵を主張していたことから，裁判所から，被告に対し，反訴の打診があり，翌年の3月，被告は瑕疵損害賠償の反訴を提起しました。

(8) 和解による解決

最終的には，7月，延滞賃料を一部減額し，被告B社が延滞賃料を分割して支払う旨の和解が成立し，延滞賃料の支払を受けました。

5 おわりに（本件を振り返って）

　本件では，2月に相談を受け，明渡しを受けたのが11月で，また，反訴まであり，最終的に和解が成立したのは，翌年の7月で，解決まで1年6か月掛かってしまいました。

　相手方は，結局，不動産を明け渡し，また，賃料の一部を支払うことになったのですから，もちろん依頼者の意思の尊重・了解は不可欠ですが，裁判外における交渉の段階で，延滞賃料の減額による契約解除・不動産の明渡しの提案をすることなどにより，反訴提起による裁判費用・弁護士費用その他の負担をすることなく，解決できた事案ではなかったかと思います。

　　　　　　　【プライバシー保護のため事例の内容は変えております。】

COLUMN
コラム⑥
農地の賃貸借の解約について

　農地の賃貸借については，どんな場合に，契約を解除し，農地を返してもらうことができるでしょうか？

　農地の賃貸借については，通常の賃貸借と異なり，農地法が適用されます。

　農地について，①賃貸借を解除し，②解約の申入れをし，③合意による解約をし，④更新をしない旨を通知をするには，知事の許可を受けることが必要です（農地法18条1項）。許可を受けないでした行為はその効力を生じません。（同条5項）

許可の基準について
(1) 賃借人が信義に反した行為をした場合
(2) 農地を農地以外のものにすること（転用）を相当とする場合
(3) 賃借人の生計・賃貸人の経営能力等を考慮し，賃貸人がその農地を耕作に供すること（自作）を相当とする場合
(4) 賃借人が，農地中間管理機構による管理権の取得に関し同機構と協議すべきことを勧告された場合

(5) 農業生産法人がその要件を欠いた場合
(6) 農業生産法人の構成員となっている賃貸人が構成員でなくなったときに，その賃貸人が耕作すべき農地等の全てについて効率的な農業経営をし，かつ，必要な農作業に常時従事できる場合
(7) その他正当の事由がある場合
　以上のいずれかが認められた場合に許可することができるとされています（同条2項）。

具体的手続について
　知事（窓口は農業委員会）に対し，「農地賃貸借契約解除許可申請」をすると，農業委員会が賃貸人・賃借人双方より事情聴取，現地調査等を行った上，最終的には知事が許可又は不許可の決定をします。
　知事から許可を受け，解除通知を出して，農地の返還を求めることになります。
　返還に応じないときは，「農地返還請求訴訟」等の法的手続によることになります。法的手続において，既に解除につき知事の許可を得ているのですから，裁判において返還請求が認められないということはないと考えられます。
　円満解決を図りたい場合，知事に賃貸借契約解除許可申請をする以前に，農業委員会に「和解の仲介」（農地法25条）の申立て，又は地方裁判所に「農事調停」（民事調停法25条）の申立てをして，和解ないし調停により解決を図る方法もあります。ただ，強制力はありませんので，賃貸人・賃借人双方の合意が成立しない限り，解決することはできません。
　知事が不許可にした場合，農政局長に対して審査請求をすることができます（行政不服審査法6条）。そして，農政局長が審査請求を棄却したときは，知事を相手方（被告）に農地賃貸借契約解除の許可を求める行政訴訟を提起して，訴訟により知事に許可を求めていく以外に方法はありません。

知事の許可が必要でない場合（農地法18条1項ただし書）
(1) 信託事業に係る信託財産の賃貸借の解消
(2) 合意解約が，引渡期限前6か月以内に成立しその旨が書面で明らかな場合と民事調停法による農事調停によって行われる場合
(3) 賃貸借の更新をしない旨の通知が，10年以上の期間の定めがある賃貸借や水田裏作を目的とする賃貸借について行われる場合
(4) その他
　許可を要しない解約等を行った場合，30日以内に農業委員会へ通知することになります。（同条6項）

第2章　不動産賃貸借に関する事例

事例 8　拘禁者との立退き交渉

有罪判決を受けて服役した賃借人と賃貸借契約の終了交渉をした事例

● 概要図

A：不動産管理会社
B：賃料保証会社
X（大家）――家屋の賃貸借――Y（賃借人）　→　逮捕されそのまま服役

平成20年4月1日	アパートについて賃貸借契約締結（期間2年間、月額賃料6万円、敷金12万円）
同　　　日	賃借人が賃料支払債務につき保証委託契約締結
平成22年2月20日	賃借人逮捕（以後アパートに戻らず）
平成22年4月20日	賃借人に対し有罪判決が言い渡され収監（刑期3年）

はじめに

　通常、大家と賃借人は、不動産仲介業者等を介して契約関係に入るため、大家側は賃借人の属性を把握しきれるものではなく、時として予想だにしない問題が勃発します。ここでは、賃借人が突然逮捕されてそのまま賃借物件に戻らず有罪判決を受け服役してしまい、その後の処理が問題となった事案をご紹介します。

1　事例の概要

(1) **賃貸借契約の締結**

　Xさんは、東京都内の自宅の裏にアパートを所有しており、アパートの管理は、新築当初からずっと、地元の不動産管理会社Aに依頼していました。

　平成20年4月1日、空きが出たアパートの一室について、Xさんは、管理会社Aの仲介で、Y氏と期間2年の賃貸借契約を締結して、引き渡しました。Y氏は、当時建設会社に勤める会社員で、30代独身、緊急連絡先は

東京都下に居住するＹ氏の父となっていました。連帯保証人は，管理会社Ａの仲介で，Ｙ氏が契約した賃料保証会社Ｂでした。

(2) **賃借人の逮捕・勾留**

Ｙ氏は，一時期このアパートで女性と同棲するなどしていたようですが，特に行状に問題があるわけでもない，ごくごく普通の賃借人でした。賃料も毎月Ｘさんのところに送金していました。

しかし，平成22年２月20日，突然Ｙ氏の部屋に多数の警察官が来て，家宅捜索後，Ｙ氏が逮捕されるという事態が起こりました。アパートは自宅裏にありましたので，Ｘさんもこれを目の当たりにしました。その後，Ｘさんは，心配してＹ氏の部屋の様子を見ていましたが，Ｙ氏が逮捕された後は，誰もＹ氏の部屋に来ず，もちろん賃料も送金されず，新聞や郵便物がポストに溜まっていくばかりでした。

そこで，Ｘさんは，管理会社Ａに対応を相談したところ，平成22年３月10日頃，管理会社ＡがＹ氏の父と連絡をとりました。管理会社Ａによれば，Ｙ氏の父の話は概要以下のとおりでした。

- Ｙ氏は，過去に大麻所持で執行猶予判決を受けていたが，今回も大麻所持容疑で逮捕され，家宅捜索を受けた。
- Ｙ氏は罪を認めており，最近起訴され，現在は警察署に勾留されている。いつアパートに戻ってくるか分からない。
- Ｙ氏には国選弁護人がついている。その弁護人は，執行猶予中の犯罪であるので，有罪になったら，２～３年は刑務所に行くことになるだろうと言っている。
- 自分（Ｙ氏の父）は，もう，Ｙとは親子の縁を切った。関わり合いになりたくないし，今後援助等をするつもりはなく，未払賃料も支払うつもりはないが，他人に迷惑を掛けるというなら，必要最低限の協力はする。

Ｘさんは管理会社Ａに対し，このままでは困るので，Ｙ氏のアパートからの退去，未払賃料の回収など，今後の処理を頼みたいと依頼し，管理会社Ａは，これを了承しました。管理会社Ａは，未払賃料については，賃料保証会社Ｂが保証しているので，心配ないと言っていました。

(3) 不動産管理会社Ａの退去交渉の結果

　ところが，平成22年４月になっても管理会社Ａから連絡がないので，５月頃，Ｘさんが管理会社Ａに電話して，進捗を尋ねてみたところ，

- 賃貸借契約については，そのままになっている。特に更新手続はしていない。
- Ｙ氏の父は，Ｙ氏の部屋に来たが，部屋の前に置きっぱなしだったＹ氏のオートバイを撤去し，室内の貴重品を持って行った。その他のＹ氏の動産については，がらくたばかりだから，適当に処分してくれ，とのことだった。
- 未払賃料については，賃料保証会社Ｂから回収できるだろうから大丈夫である。
- Ｙ氏については，実刑判決を受け，既に刑務所に入った，刑期は３年だとＹ氏の父が言っていた。
- Ｙ氏の部屋の鍵は，既に変更し，誰も入れないようにしている。

と言われました。

　しかし，管理会社Ａはこれ以上の処理をしてくれず，督促しても，Ｙ氏の父に電話をしているが，もう協力はしたと言って話が進まない，Ｙ氏の父は，Ｘさんの方で部屋の荷物を片付ければいいではないかとのことだから，それでいいではないか，と言い放つだけでした。Ｘさんは，賃料保証会社Ｂにも連絡しましたが，平成22年４月分以降の賃料は支払えないと言われてしまいました。

　Ｘさんは，このままでは契約関係がどうなるのか分からず，管理会社Ａの言うとおりにしてはＹ氏が出所した後トラブルになるかもしれないし，部屋を原状回復してもらわないと次の賃借人も探せないと思い，平成22年６月，弁護士に相談するに至りました。

本相談のポイント

1　賃貸借契約は，法定更新されている。
2　賃借人は長期に服役し，賃借人の親族の協力は得られない。

3 賃料保証会社からは，賃料の一部しか保証しないといわれている。

2 受任に際しての注意点（相談者への対応）

(1) 法的問題点の説明
　Xさんの希望は，部屋の原状回復と遅滞賃料の回収でした。
そこで，まず，現状説明として，以下をお話ししました。
- 契約で定められた賃貸借契約の期間が終了しても，法律で法定更新となり，そのままの条件で賃貸借契約は存続する
- 賃料不払を理由に賃貸借契約を解除するにしても，解除の意思表示は契約当事者本人であるY氏に対してする必要がある
- 賃料不払を理由に解除した場合であっても，賃借人の所有物を，本人の同意なく，勝手に処分することはできない
- 賃料保証会社Bとの保証契約約款では，法定更新でも保証契約は更新されるが，保証料が入らないと，更新以後の賃料は保証されない内容となっている

　そして，誰に対して何が請求できるか，請求すべきか，の整理としては，
- 賃貸借契約の解除や原状回復交渉は，契約当事者であるY氏とするのが原則だが，Y氏は服役中なので，Y氏の父にY氏の代理人になってもらうのが簡便である。Y氏の父の協力が得られなければ，刑務所のY氏と連絡をとったり，Y氏に会いに行ったりすることになるが，刑務所であるので，首尾よくいかないことも考えられ，その場合は民事訴訟（立退訴訟及び強制執行）で解決することになる。
- いまだY氏の所有物のほとんどが居室内に残っているなら，Y氏は居室を占有していることになるので，退去までの賃料を請求できる。
- 賃料保証会社Bに対しては，約款を検討するに，法定更新後の賃料の請求は難しそうであるが，不動産管理会社Aに対しては，逮捕後の相談をしているので，善管注意義務違反を問える可能性がある（しかし，可

能性は低い。)。

と説明しました。

(2) 最優先する利益の確認

　上記説明の後，Xさんの希望を整理すると，Xさんが最も重要視しているのは，後に禍根を残すことなく，早期に居室の原状回復を実現し，Y氏が出所後クレームを言ってくることがないようにしたい，ということでした。賃料は，敷金もあるので，法定更新後の分は回収できなくても，早期に解決できるなら仕方がない，とのことでした。

　そこで，賃料免除を当方の交換条件に，できる限り早期の居室明渡しを目指すこととして，受任しました。早期に退去を実現するためには，動産撤去費用も負担せざるを得ないかもしれないことについても，この時点で話をしました。

(3) 受任時の注意点

　本件では，訴訟に至れば，最終的に居室明渡しは実現でき，また，賃料保証会社B又は管理会社Aからも，何らかの金銭回収ができる可能性があると思われましたが，それには時間が掛かり，また，強制執行までとなれば，労力も相当程度掛かることが見込まれました（したがって弁護士報酬もその分高額となる。）。一方，月額賃料は比較的少額でしたので，Xさんの希望も踏まえ，賃料免除を武器に，交渉での解決を目指すが，Y氏が服役しているという事情があるので，スムーズにはいかない可能性があることを説明するよう心掛けました。

　一般に，不動産明渡事件については，訴訟で解決しようとすると，占有移転禁止の仮処分，本案訴訟，明渡しの強制執行，賃借人動産の保管，この動産に対する強制執行等かなりの手間，時間及び費用が掛かることが予想されます。そこで，依頼者に対しては，費用対効果を十分説明し，交渉で解決できる可能性がある事件か，それとも裁判手続によらなければ処理が難しいかの見通しを受任時に説明する必要があります。

　また，本件では，Y氏が服役中でしたので，そもそもどの刑務所にいるのか所在がつかめないこともあるし，連絡もうまくいかない可能性があることも説明しました。

3 法的問題点の考察

本件で法的に検討する必要がある点は、賃料保証会社Bに対し、法定更新後の賃料を請求できるか、また、それが叶わない場合は、不動産管理会社Aに何らかの請求ができるかでした。

本件の保証委託契約約款は、法定更新の場合は保証期間も延長するものの、保証料の入金がなければならないとの内容で、これに類似する約款の保証委託契約について、保証委託料が支払われないことを理由に更新されず、保証期間満了により終了したとされた裁判例（東京地判平22・12・21ウエストロー・ジャパン2010WLJPCA12218033）がありましたので、法定更新後の未払賃料がいまだ嵩んでいなかったことから、Xさんと相談して、早期解決を優先し、賃料保証会社B及び不動産管理会社A双方には、金銭請求はしないこととしました。

なお、賃料支払債務の保証委託契約約款は会社によりかなり異なるようで、上記とは反対の結論の裁判例もあるようですので、請求する場合には、慎重な検討が必要と思います。

4 実際の解決までの実務

(1) 国選弁護人及びY氏の父への連絡と、解除通知の発信

まず、国選弁護人だった弁護士に連絡をとり、事情を話したところ、これまでの経緯をかいつまんで教えてもらうことができ、不動産管理会社Aからの情報は間違っていないことが確認できました。

次に、Y氏の父に電話で連絡をとりました。Y氏の父は、かなり頑なで、Y氏に代わって賃貸借契約の終了確認や原状回復等をするつもりはないとのことでした。しかし、大家として困っている実情を訴えたところ、なんとか、服役している刑務所と刑期（懲役3年）を教えてもらうことができましたので、獄中のY氏に対し、賃料不払を理由に賃貸借契約を解除する旨（念のため、未払賃料を請求し、期限内に支払がなければ解除するとの条件付解除としました。）、及び原状回復を求める通知を内容証明郵便にて発信しました。

また，Y氏の父から，管理会社Aとのやりとりを聴取したところ，Y氏の父は，Y氏逮捕直後，管理会社Aの立合いでY氏の居宅に入り，バイクのほかに，通帳等Y氏の貴重品を段ボール1～2箱にまとめて持ち帰って保管していることが分かりました。

(2) **賃料保証会社Bからの回収**

賃料保証会社Bに対しては，法定更新までの未払賃料を請求し，回収しました。

(3) **不動産管理会社Aへの連絡**

管理会社Aに対し，事情説明を求めるとともに，Y氏の部屋の新しい鍵を引き渡してくれるよう記載した書簡を発信し，管理会社Aの代理人弁護士と面会して，居室の鍵を入手しました。上記面会の際には，管理会社Aが逮捕直後の処理を請け負って，Y氏の父と連絡し，バイクと貴重品を取りに来る際には面会までしたのに，保証委託契約延長若しくは解除等の処理をしなかったので，現在このような事態になっており，この点の責任を追及する余地がある旨一応主張しました。本件解決後，管理会社Aの代理人からは，管理会社Aに責任がない旨を文書で確認してほしいとの連絡が来ましたが，断りました。

(4) **現地確認**

鍵を入手し，Y氏のアパート内部を確認したところ，Y氏の父の言うように，貴重品は見当たらず，アパート内部は生活用品のみでした。

ポストに入っていた郵便物は，Y氏の父に送付しました。

(5) **獄中のY氏とのやりとり**

未払賃料支払猶予期間が経過した後，アパート内部の状況も踏まえ，Y氏に対して，要旨以下の内容を丁寧に記載した書簡を，以下の念書を添付して，発信しました。

- 賃料の支払がなかったので，賃貸借契約が終了した
- 早急に退去し原状回復が必要だが，Y氏の父には協力を断られた
- 大家としては，非常に困っている
- ついては，Y氏の父は貴重品を持っていったとのことなので，大

家にて，Ｙ氏居室内のＹ氏の動産を全て廃棄することでよいか
　　・　全ての動産について所有権を放棄し，大家が廃棄することで了解
　　　するのであれば，これまでの未払賃料は免除する
　　・　了解の場合は，添付の念書に記入して，返送してほしい

　念書の内容は，Ｘさん宛にＹ氏が差し入れる形式とし，内容はアンケート方式で，以下の１若しくは２を選択してもらう内容としました。念書のサインの横には，刑務所で指印証明をもらうようにも書いておきました。

　１　賃貸借契約が終了したことを確認する。また，未払賃料を免除し
　　ていただけるとのことなので，居室内に残っている動産の所有権は
　　全て放棄し，大家にて廃棄処分することに同意する。
　２　上記１の文章に加え，ただし，アパートの動産のうち，（　　　）
　　は，父に送ってほしい。

　そうしたところ，Ｙ氏から，約２週間後に，上記２を選択した念書が返送されてきて，上記括弧内には，「パスポートと印鑑」と記載されていました。
　そこで，再度Ｙ氏宅に赴き，パスポートと印鑑を探索したところ，パスポートはあったのですが，印鑑を見つけることができませんでした。
　Ｙ氏の父にも，実家に持ってきた保管品の中を探してもらったのですが，結局印鑑は見当たらず，仕方がないので，Ｙ氏に対し，探したけれど印鑑は見当たらなかったことと，パスポートは見つかったので，Ｙ氏の父に送付したこと，その余の動産は全て１か月後に廃棄する旨を記載した書簡を送付しました。
　前回は約２週間で返信が来たので，１か月の猶予があれば，廃棄に反対の場合は連絡が来ると予想し，撤去までに１か月の余裕を持たせました。
　念書を送付してもらう際には，獄中にいるＹ氏にできるだけ配慮し，また，できるだけスムーズに動産の所有権放棄の意思表示が得られるよう，送付してほしい物品を記載する欄を設けました。しかし，その物品が見当

たらなかったときに備え，上記2の選択肢に続けて，「しかし，上記物品が見つからなかったときは，送っていただかなくても構いません。」というような記載も加えておけばよかったと反省しました。

(6) 動産撤去

　Y氏から，何の連絡もないまま動産撤去予定日を迎えましたので，私が立ち会い，無事全ての動産の撤去を済ませ，本件が解決しました。

5　おわりに（本件を振り返って）

　本件は，Y氏逮捕直後に受任していたら，Y氏の父や国選弁護人と交渉し，早期に明渡しが得られた事案だったようにも思いますが，服役後の受任となり，Y氏の父がY氏の代理人となった交渉もできなかったので，時間が掛かりました。

　しかし，書簡ながら，Y氏の意思確認ができ，裁判手続によらず，比較的早期に解決ができました。

　また，服役中の方は，手紙の発信が制限されていますし，面会もなかなか難しいので，書簡での意思確認については，できるだけ簡潔に，後のトラブルを回避できるような方法を考えていくべきと思いました。

【プライバシー保護のため事例の内容は変えております。】

事例9 借地契約当事者間の信頼関係破壊の判断

長期間にわたり多額の賃料不払が生じていたにもかかわらず、借地契約当事者間の信頼関係が破壊するに足りない特段の事情があるものと辛うじて認めることができるとされた事例

● 概要図

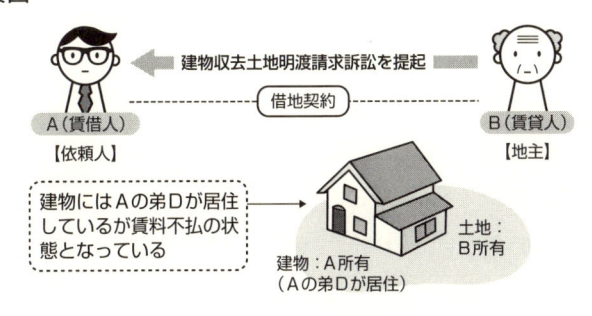

```
A（賃借人）  ← 建物収去土地明渡請求訴訟を提起 ── B（賃貸人）
【依頼人】          借地契約                    【地主】

建物にはAの弟Dが居住 →  建物：A所有       土地：
しているが賃料不払の状     （Aの弟Dが居住）    B所有
態となっている
```

はじめに

　賃料不払を理由とする借地契約の解除と、それに続く建物収去土地明渡請求事件は、弁護士として比較的よく経験する案件です。しかし、借地契約当事者間の信頼関係が破壊したと判断すべきかどうかは、案件によっては非常に微妙な場合があります。そのような限界事例を紹介します。

1　事例の概要

　依頼者（借地人）であるAさんは、昭和62年3月に、現在の賃貸人であるBの先代（父親）Cと借地契約（以下「本件契約」という。）を締結し、大阪市浪速区内にある借地上に堅固な建物を建て、この建物に実弟Dを住まわせていたところ、Dとの連携が不十分であったりしたことから、長期間にわたり多額の賃料が不払となっていました。

　そして、Aさんは、地主であるBの代理人弁護士から、平成24年6月26日配達の内容証明郵便により、平成4年1月分以降平成24年3月分までの

賃料のうち未払分合計148万8,760円を配達後7日以内に支払うこと，もしこの期限内に支払がないときは本件契約を解除する旨の通知を受けました。

　Aさんは，上記期限内に未払分を支払うことができず，Bから大阪地方裁判所に建物収去土地明渡請求訴訟を提起されてしまいました。この訴訟では，原告であるBは借地契約継続を前提とする和解解決には全く応じようとしなかったため，やむなくAさん（被告）は，諸般の事情を総合考慮すれば，いまだ原告被告間の信頼関係が破壊されるには至っていない旨を主張し，その立証に必死で努力していました。

本相談のポイント

① 借地人の地位・利益の擁護。
② 借地契約当事者間の信頼関係破壊の有無。

2　受任に際しての注意点

(1)　相談の内容

　本件は，訴訟提起後に被告であるAさんから相談を受けましたが，相談の内容は，答弁書の作成に協力してほしいというものでした。長期間にわたり（平成4年1月分以降平成24年3月分まで），賃料不払が多額（合計148万8,760円）に及んでいることから，本件の解決は，何とか和解解決に持ち込むしかないとの印象でした。

　そこで，和解解決に資するとみられる事情をできる限り盛り込んだ形の答弁書の作成に協力しました。

(2)　訴訟事件の受任

　ところが，訴訟では，被告側のAさんから種々条件を提示しても，原告であるBは，借地契約継続を前提とする和解解決には全く応じようとしなかったため，途中から訴訟事件の処理をAさんから依頼されることとなりました。

このとき，賃料不払の事情に鑑み，判決では被告側であるAさんが圧倒的に不利であるとの印象は免れませんでした。

しかし，借地契約当事者間の信頼関係が破壊しているか否かの判断は，弁護士として決して早計になすべきではなく，信頼関係の破壊という裁判官の判断を回避する可能性が極わずかでもあれば，その可能性を諦めずに追求してみたいと考え，訴訟事件の処理を受任しました。

借地契約当事者間の信頼関係が破壊しているか否かは，正に規範的判断に帰することなので，あらゆる可能性を追求するという姿勢が弁護士としては肝要であると思料されます。

3 本件借地契約における当事者間の信頼関係破壊の有無について

(1) 原告Bの主張

原告Bは，本件契約の解除の理由として，要約すると以下のように主張していました。

ア　被告Aは，平成8年12月29日の賃料値上を15年以上も経過した今日に至り，この値上を認めない旨主張するのは理解し難いところであるが，被告Aがこの値上を認めないので，原告Bは，被告Aに対し，平成24年6月25日付け通知書をもって，被告Aの主張する賃料の未払額金148万8,760円を同通知書到達後7日以内に支払うよう通知し，期間内に支払をしないときは，本件契約を解除する旨通知した。これに対し，通知期間内に未払賃料の支払がなされなかった。

イ　本件契約の契約書では，賃料は毎月末日までに1か月分（その月分）を支払うと規定されているのにかかわらず，昭和62年の7月分以降，被告は，滞納した賃料をまとめて支払うようになっていたのであり，規定どおりの支払をしていない。

ウ　被告Aは，16年間もの長い間の賃料の支払をせず，原告Bからの分割弁済の申出に対しても具体的な分割金額の応答もせず，賃料増額の不合意の主張のみに終始してきたものであり，さらには，被告Aの主張する未払賃料額の請求に対してもその期間内に支払をせず，催告から2か月

以上も経過した後に供託をしてきているものである。これらの事実からしても，被告Ａは原告Ｂとの間の信頼関係を失っている。

(2) **被告Ａの主張**

被告Ａは，原告Ｂの上記主張に対し，本件契約当事者間の信頼関係が破壊したと認めるべきではないとして，以下のように反論しました。

ア 原告Ｂの上記(1)アの理由について

(ア) 被告Ａは，原告代理人弁護士から平成24年2月20日付け通知書によって未払賃料の請求を受けるに至り，原告代理人と被告Ａとの間で賃料増額の推移・未払賃料の合計額について折衝がなされた。

この折衝において，本件契約における未払賃料合計額が，速やかに確定できなかったのであるが，それは，双方とも，本件契約の賃料支払の経過，賃料増額の推移等についての認識が正確でなかったことが主たる原因である。

したがって，原告代理人と被告Ａとの間で，未払賃料の合計額を速やかに確定できなかったこと，ひいては，分割支払の方法が速やかに合意できなかったことについては，一概に被告Ａに非があるということはできないというべきである。

(イ) また，平成8年12月29日に，賃料が1坪当たり金480円，月額金9,163円に増額された事実があるのか否かについては，原告Ｂは，原告Ｂの先代Ｃ（原告の父親）がそのように被告Ａに通知したはずであると主張するだけで，特段の立証はない。

他方，賃料の判取帳（乙号証）には，「（平成）3年1月より七阡九佰六拾円」，「128,280円2ヶ年分」，「191,040円」といった書込みが原告Ｂの先代Ｃによってなされているのにかかわらず，平成8年12月29日頃の書込みとして賃料が月額9,163円に増額された旨の記載がないのは，かかる賃料増額が被告Ａに通知されていなかったことを推測させるものである。

そこで，平成8年12月29日に賃料が月額9,163円に増額されたとの事実はなかった可能性があり，被告Ａが，このときの賃料増額はなかったと争ったことは，本件契約の当事者間の信頼関係を特段損なう

ものではないというべきである。

(ウ) しかるに，原告代理人は，平成24年6月25日付け通知書をもって，賃料増額はなかった旨の被告Aの主張を認めることとするが，その代わり未払賃料の分割を認めるわけにはいかないとして，被告Aの主張する賃料の未払合計額金148万8,760円を本通知書到達後7日以内に一括して支払うよう通知し，期間内に支払をしないときは，本件契約を解除する旨通知した。

しかし，原告側からのこのような通知は，交渉当事者間における信義に著しく反するものである。

すなわち，それまで，原告代理人と被告Aとの間では未払賃料を分割で支払うことを前提として交渉していたところである。そして，賃料増額の事実が明確にならない以上，被告Aの主張する金額を未払賃料合計額とせざるを得ないのは当然である。にもかかわらず，未払賃料合計額を被告Aの主張する金額とすることの見返りとして，いきなりそれを一括で支払うよう請求することは，いかにも，賃料増額を認めない賃借人に対するペナルティーのごとく強引な請求をするものであって，到底許されないというべきである。

(エ) しかも，本通知書到達後7日以内という期限の設定も，交渉の経緯に鑑み，あまりに短期間というべきである。被告Aは，韓国に渡航して約1か月の間に金策をして，金148万8,760円の支払は準備しているのであって，この程度の期間の猶予があれば，期間内の支払も可能であったと思料されるのである。

(オ) 以上のとおり，原告Bからの平成24年6月25日付け通知書による被告Aへの請求に従った支払がないからということで，本件契約の解除を認めることは不当である。

イ 原告Bの上記(1)イの理由について

(ア) 本件契約の契約書には，賃料は毎月支払う旨の記載があるが，この記載は，定型の契約書用紙に不動文字で記載されているものであって，このような支払方法に特段の意味が込められているとは認められない。

(イ) また，契約当初の賃料は月額5,345円であって，この金額は毎月持

参払いで支払われる金額としては，必ずしも十分合理的なものとはいえない（合理的な金額水準は簡単には判断し難いとしても。）。
　(ｳ)　原告Ｂの先代Ｃは，被告Ａが未払の賃料をまとめて支払うようになってから，その支払を受けるに際し，必ず月々支払うよう要求した様子は特になく，被告Ａには，未払分を詰めて支払うよう求めたこともあった。
　(ｴ)　このような事情や経緯からすれば，賃料を毎月支払うことはそれ程重要な意味があったわけではなく，かかる支払方法を厳守しなかったからといって，本件契約当事者間の信頼関係が破壊するとは考え難い。
ウ　原告Ｂの上記(1)ウの理由について
　(ｱ)　「原告Ｂからの分割弁済の申出に対しても具体的な分割金額の応答もせず」との部分について
　　　前述のとおり，被告Ａは，未払の賃料合計額を正確に把握しようと務めたがその作業に手間取ってしまったために，分割額の提示が遅れた次第である。しかし，未払の賃料合計額を正確に把握しにくかったのは，被告側にだけ責任があるわけではない。
　(ｲ)　「賃料増額の不合意の主張のみに終始してきた」との部分について
　　　被告Ａは，決して，賃料増額の不合意の主張のみに終始していたわけではなく，過去の賃料の支払の内容について説明したり，資料を提出したりしているばかりでなく，未払賃料合計額の支払に関しては，不払のお詫びと分割払いのお願いをしているところである。
　(ｳ)　「被告Ａの主張する未払賃料額の請求に対してもその期間内に支払をせず，催告から２か月以上も経過した後に供託をしてきている」との部分について
　　　原告Ｂからの請求のあり方は，著しく信義に反するものであることは前述のとおりである。
　　　また，被告Ａの主張する未払賃料額の請求は，原告代理人弁護士からの平成24年６月25日付け通知書によるところ，供託は同年８月３日であるから，本通知書の作成日付から計算しても40日内に供託している。

㈣　「被告Ａは16年間もの長い間賃料の支払をせず」との部分について

　　　不払の期間を合算すればかなり長期に及ぶことは否定できないが，16年間ずっと賃料を不払にしていたわけではない。

　　　なお，長期間の賃料不払については，深く反省しお詫びする次第であるが，不払の期間中，原告Ｂの先代Ｃからは，明確な請求を受けることがなかったため，同氏の温情に甘えてしまったことも事実である。

㈤　以上のような事情に鑑みれば，原告Ｂの指摘する事由によって，本件契約当事者間の信頼関係破壊までは認められない。

エ　本件契約当事者間の信頼関係に関連するその他の事情について

㈠　本件借地契約の目的について

　　本件借地の隣家である訴外野田某の建物（敷地は同じく原告Ｂの先代Ｃからの借地である。）の方が先に建築に着手しており，その建物も堅固な建物であることは，原告Ｂの先代Ｃは承知していたところである（乙号証）。したがって，本件契約においても，堅固な建物を所有する目的であったことは，原告Ｂの先代Ｃも理解していたはずである。

㈡　代物弁済を原因とする本件建物の所有権移転登記について

　①　本件建物について，平成18年６月22日付け代物弁済を原因とする所有権移転登記がなされていることに着目し，原告代理人は，被告Ａは，地主Ｂに対し，無断で借地権を譲渡するような背信的行為をしたと非難する。

　②　しかし，本件建物に関する上記登記は，被告Ａの義妹の夫から被告Ａが事業資金を借りた際，被告Ａが有する幾つかの不動産を担保に供するための書類を渡してあったところ（被告Ａに万一のことがあったときの用心のためである。），被告Ａからの返済が少し遅れたため，義妹の夫が被告Ａに無断で経由してしまったものである。

　③　被告Ａは，この登記に気付いた後，速やかに義妹の夫には借金を返済し，この登記を抹消してもらったのである。その際，代物弁済という登記原因が根拠のないものであったことを反映する意味で，錯誤を原因として抹消してもらった次第である。

　④　このような次第であり，代物弁済を原因とする本件建物の所有権

移転登記は，被告Aが積極的に経由したものではなく，原告Bに対する関係で背信的行為をしたわけでは決してない。

(ウ) 有限会社E不動産から被告Aへの本件建物所有権移転登記について
① 有限会社E不動産は，被告Aが経営する会社であり，本件建物について，事前に地主の書面による承諾を得ずに，平成13年10月30日付け売買により，同社から被告Aへの所有権移転登記がなされている。この点も，原告Bは，本件契約の信頼関係破壊の根拠として指摘する。
② このことは，形式的には，借地権が有限会社E不動産から被告A個人に譲渡される関係ではあるが，もともと，原告Bの先代Cは，本件借地は被告A個人に賃貸していたとの実質的な認識でいたとみられるので，事前に書面による承諾を得る必要性はあまりなかったところである。実際，この件で，原告Bの先代Cから特段の要請や指摘は受けていなかった。
したがって，事前に書面による承諾を得ていなかったことで，信頼関係が破壊するとまではいえないとみるべきである。

(エ) 賃料の増額の有無について
原告Bにおいては，平成8年12月29日に，賃料が1坪当たり金480円で，月額金9,163円に増額された事実について，原告Bの先代Cがそのように被告Aに通知したはずであると主張するだけで，特段の立証はない。
そして，前述のとおり，この時の賃料増額の事実はなかったと推測される。

(オ) 未払賃料の支払について
① 平成24年4月分から平成25年2月分の賃料合計（月額7,960円で計算）金87,560円は，平成25年2月15日に東京法務局に供託済である（乙号証）。
② 平成25年3月分金7,960円は，同年3月12日に東京法務局に供託済である（乙号証）。

㈏　今後の賃料支払について
　　被告Aは，今後も供託は継続する所存であるが，もし可能であれば，賃料を銀行口座からの引き落としで支払うなどの方法を希望するところである。
　　今後は，賃料不払は絶対にしないようにする覚悟である。
㈗　本件契約と大阪市の道路計画との関係について
　①　平成25年3月7日，本件借地を含む地域に関し，「都市計画道路補助線街路第……号線　事業概要及び測量説明会」が実施された（乙号証）。
　　　この道路事業計画において，本件借地も道路拡張工事の対象地域に含まれることが判明した。
　　　そして，今後おおむね2年以内に，現況測量（この測量により計画道路の位置が明確になる。）及び用地測量（この測量により道路を造るために必要な土地の面積が確定する。）が実施され，その後用地取得交渉が開始される見込みである。
　　　なお，道路拡張工事が完成するのは，用地取得交渉が開始してからおおむね5～7年後の見込みである。
　②　上記道路計画との関係で，本件借地上の建物は，道路計画が実施されることに伴い存続できなくなることが明らかとなった。
　　　このため，被告Aは，本訴訟において，本件契約の継続を求めて争う必要性が乏しくなった次第である。
　　　ついては，被告Aとしては，上記道路計画の進捗状況に応じて，然るべき時期に本件借地を明け渡す前提での和解解決を希望する。
＊　上記①及び②の主張は，原告Bの請求を認容する判決が言い渡されることを何とか回避することが狙いでした。そのため，道路計画との関係で，ⅰ近い将来本件契約は終了することが見込まれるので，本件訴訟終了時に本件借地の明渡しを命ずることは時期尚早であること，ⅱ用地取得交渉時には，堅固建物所有目的の借地権として，かなり大きな経済的評価がなされる可能性があることをアピールしようとしたのです。

4 おわりに

(1) 判　決

　本件訴訟は，和解解決の機運は最後まで見られず，結局判決の言渡しとなりました。被告代理人としては，被告本人尋問を実施し（原告側は人証申請はありませんでした。），弁論を終結した後も，判決は，被告であるＡさんに不利な結果になるであろうと内心悲観的でした。

　しかし，判決言渡期日に出頭し，判決主文の読み上げを聞いた瞬間我が耳を疑い，思わず裁判官に「今，主文は何とおっしゃいましたか。」と質問してしまいました。

　そして，裁判官から，もう一度「原告の請求を棄却する。」と言っていただきました。

(2) **本事案の経験から**

　かくして，本件訴訟は，第一審では請求棄却判決が言い渡され，原告控訴による控訴審では控訴棄却判決が言い渡され，上告期限経過により確定しました。

　借地契約当事者間の信頼関係が破壊しているか否かという問題は，弁護士として予断を持って判断したり，早計に判断したりすることは厳に慎まなければならないと痛感しました。

【プライバシー保護のため事例の内容は変えております。】

事例10　不法占有者に対する明渡請求訴訟と強制執行

事例10　不法占有者に対する明渡請求訴訟と強制執行

マンションの不法占有者に対する建物明渡請求から強制執行までを行った事例

● 概要図

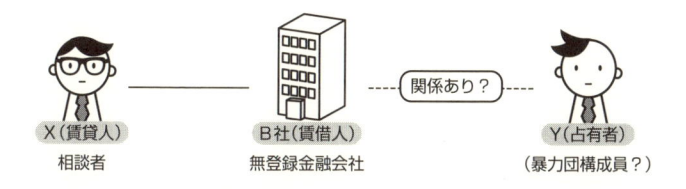

```
    X(賃貸人)        B社(賃借人)     ---関係あり？---    Y(占有者)
    相談者          無登録金融会社                    (暴力団構成員？)
```

はじめに

　賃貸借契約を締結した後，いつの間にか賃借人が行方不明となり，賃借人ではない者が不法に占有しているケースがまま見受けられます。
　ここでは，賃貸人から不法占有者に対して行う建物明渡請求について，内容証明発送から訴訟，強制執行までの手続の流れをご説明していきたいと思います。

1　事例の概要

　相談者のXさんは20代後半の会社員ですが，以前，A不動産会社（以下「A社」といいます。）に勤務していた際に，このA社から投資用にと勧められてマンション一室を購入しました。購入の際，賃料が入れば住宅ローンを支払った上，毎月数万円の収入が得られて資産となるから絶対にお勧めですと説明されて購入し，購入後は，不動産の賃貸管理も行っていたA社に本件マンションの管理（賃料収入の管理から住宅ローンの支払も含む）全てを委託し，本件マンションの管理等に頓着していませんでした。
　しかし，購入から2年くらい経ったころ，本件マンションの住宅ローン契約を締結した銀行から住宅ローン未払の督促の連絡が入ったため，A社

101

に聞いたところ,「実は……」と切り出されて,当初賃貸借契約を締結していた借主B社が所在不明になっていること,その所在不明と前後して本件マンションに住み始めたYがいること,A社がYに対して賃貸借契約を締結してこれまでと同額の賃料を支払うのであれば賃借人として認めてもよいという話をしたところ賃貸借契約は締結しないまま賃料を払うようになったこと,Yからの賃料が最近滞り始めたことが分かりました。

その後も,本件マンションに住んでいる占有者Yからは賃料が支払われたり支払われなかったりで,Xさんは自分の給料から住宅ローンの支払をすることが難しかったため,父親に相談し,父親に住宅ローンの肩代わりをしてもらっていました。Yの賃料不払が半年くらい続いたころ,父子で弁護士に相談に来られました。

本件マンションは都内でもあまり治安のよくないといわれている場所にあり,また,当初賃借していたB社は無登録の怪しい金融会社で,占有者YはB社の関係者と思われ,かつ,そのYと何度か直接会った不動産管理会社の担当者によると,Yは自分で某系暴力団の構成員であることを吹聴していたということでした。

相談者としては,暴力団関係者と思われる占有者Yには速やかに退去してもらって早くその関係を絶ち,新しいまともな賃借人に貸したいということが強い希望でした。

> **本相談のポイント**
> ① 内容証明発送・訴訟提起にあたっての相手方の特定・調査方法。
> ② 不法占有者に対する法的手続の進め方。

2 受任に際しての注意点

私が,相談者から本件を受任するに際して留意したのは,以下の諸点でした。

(1) 占有者の態度

相談者が本件マンションの管理を委託していたA社が，占有者Yに対して，正当な賃借人と扱ってもよいような態度を取っていたため，Yが賃借人の地位を取得したと主張することもあり得ました。相談者としては，暴力団関係者と思われるYを本件マンションから退去させたいという希望でしたので，Yが賃借人として賃料の不払分を支払ってきたり，賃貸人に対する背信的行為と認めるに足りない特段の事情について争ってきたりすると，相談者の希望に沿えない結果となり得ることを説明しました。

(2) 占有者の妨害行為等

占有者Yが暴力団関係者と思われたことから，相談者のXさんが法的手続を取った場合に，Xさんに対する迷惑行為や，訴訟や執行段階での妨害行為を行う可能性があることを想定し，Xさんに対しては，いつでも警察署や交番に相談しに行くことのできる状況にしておくようアドバイスしました。本件マンションを占有している者が契約上の賃借人ではなくなっていましたので占有移転禁止の仮処分を行うか否かも検討しましたが，Yは賃料を支払うなどしており，いわゆる占有屋のような事情はなかったため，占有移転禁止の仮処分までは行いませんでした。

3 法的問題点の考察

上記のとおり，Xさんが本件マンションの管理を委託していたA社が占有者Yに対して賃借人と扱ってもよいような態度を取っていたため，Yが正当な賃借人の地位を取得していると主張することもあり得ました。

そのため，内容証明発送及び訴訟提起の際には，主位的に，不法占有者に対する所有権に基づく建物明渡請求の主張をし，予備的に，賃借人に対する賃料不払による賃貸借契約解除に基づく建物明渡請求を主張することにしました。

4 実際の解決までの実務

(1) 内容証明発送から訴訟

相談を受けて，弁護士が占有者Yの氏名を特定するために，A社から聞

いた氏名で本件マンション住所の住民票を取り寄せたところ，A社から聞いていた氏名のうち名前の部分が異なっていました。

そこで，占有者Yを「○○○○こと○○△△」として，弁護士名でYに対して内容証明郵便を発送しました。A社がYを賃借人であるかのような扱いをしていたため，内容証明郵便には，一応，賃貸借契約があることを前提として賃料請求をするとともにその支払がないことを解除条件とする解除の意思表示もしました。しかし，所定の催告期間を経過してもYから支払も連絡もなかったため，訴訟を提起することにしました。

訴状では，Yに対して，主位的に，所有権に基づく明渡しと賃料相当損害金の請求を求め，予備的に，賃貸借契約の解除に基づく明渡し並びに未払賃料及び明渡しまでの賃料相当損害金の請求を求めました。Yは第1回口頭弁論期日に答弁書を提出することなく欠席しましたので，認容判決を得ることができました。

(2) 強制執行

判決後，不動産明渡しの強制執行の申立てを行いました。また，占有者Yについては住民票とA社からの報告しか情報がありませんでしたので，賃料相当損害金について債権執行などは困難であると考え，同時に，賃料相当損害金回収のために動産執行の申立ても行いました。Yと何度か直接会ったA社の担当者によると，Yは自分で某系暴力団の構成員であることを吹聴していたということでしたので，スムーズに強制執行ができるかが不安でした。

催告の日，執行官に同行して一緒に本件マンション内に入ったところ，Yは不在でした。室内に置かれていた神棚や壁の貼り紙，室内にあった封筒の差出人などに暴力団関係団体の記載がありましたので，本件マンションのYが暴力団関係者であることは明らかでした。執行官には，事前にYが暴力団関係者かもしれないと伝えていたため，断行実施業者，鍵開閉の業者など複数名で行きましたが，Yが不在で正直ホッとしました。なお，本件マンション内にあったYの占有する動産は特にめぼしい物はなかったため，換価の見込みがないとして，動産執行については執行不能となりました。

いよいよ明渡しの断行を翌日に控えた日，期待はせずに，Ｙが任意で本件マンションから退去していないかを確認に行きました。女性１人で行くのは不安だったため，女性事務員とアルバイトの男性を連れて３人で行きました。戸数の少ないマンションだったため，エレベーターを上がるとすぐ目の前に本件マンションの玄関扉があるという造りになっていました。３人でドキドキしながらエレベーターに乗って上がっていくと，本件マンションの玄関扉がエレベーターに向かって大きく開いていました。想像していなかった状況に，誰もエレベーターから降りることができず，そのまま１階まで降りてきてしまいました。マンション１階のエントランスで息を整えて冷静に思い返すと，本件マンションの玄関先に，催告の際にはなかった引っ越し用と思われるダンボール箱などがたくさん並んでいたように見えたため，断行前日，Ｙが引っ越しの準備をしている可能性があると思われました。そこで，女性事務員とアルバイトをエントランスに残し，弁護士１人が再度本件マンションまで戻りました。

　エレベーターを降りたところ，やはり，本件マンションの玄関先には引っ越し用のダンボール箱やゴミ袋が散見されました。意を決して開扉された玄関先から，「弁護士の□□です。明日，明渡しの日ですが，明日までに引っ越しされるということでよろしいですか。」と室内に声をかけました。すると，案外，落ち着いた声で，「はい，出て行くよ。」と返答がありましたので，「宜しくお願いします。」と言ってその場を離れました。玄関にはスダレが掛かっていたため，Ｙとは直接顔を合わせることはありませんでしたが，スダレの下から見える室内は催告時からすると引っ越しの作業が随分進んでいるように見受けられ，また，一言二言ではありましたが，Ｙの対応は思ったよりも紳士的で安心しました。

　上記のとおりＹが任意で出て行くことは明らかでしたので，断行はせずに強制執行の申立てを取り下げました。

　断行予定日当日，Ｙが本当に退去したかを確認するため，再度，本件マンションを見に行きました。鍵は掛かっていなかったので，室内に入ることができました。あまり掃除はされていませんでしたが，室内の家具・家電類は全てなくなっており，特段，撤去が必要となりそうな残置物もあり

ませんでした。

5 おわりに

　当初，占有者が暴力団関係者であるということで，訴訟も強制執行もスムーズに進めることができるだろうかという不安もありましたが，法的手続を粛々と進めた結果，何の問題もなく解決することができてホッとしました。断行を実際に行った場合，貸主には相当額の費用負担があり得ますので，その意味でも，占有者Yが任意で本件マンションから出て行ってくれて本当によかったと思います。

　　　　　　　　【プライバシー保護のため事例の内容は変えております。】

事例11 耐震性不足による建替えを理由とする立退き

建物賃貸人から耐震性不足を理由として，建物の明渡しを請求された事例

● 概要図

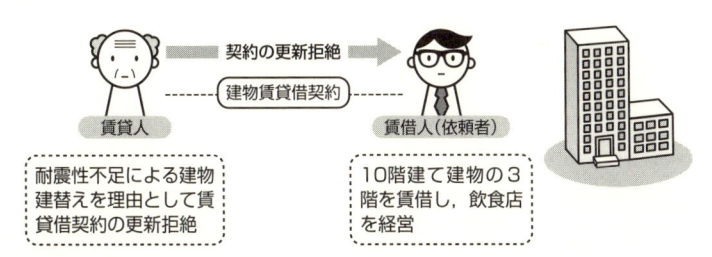

契約の更新拒絶
建物賃貸借契約

賃貸人 — 耐震性不足による建物建替えを理由として賃貸借契約の更新拒絶

賃借人（依頼者） — 10階建て建物の3階を賃借し，飲食店を経営

はじめに

　通常の建物賃貸借契約（定期建物賃貸借契約の期間満了や一時使用目的の賃貸借は除きます。）については，借地借家法28条によって，解約の申入れないし更新拒絶には正当事由が必要とされます。したがって，債務不履行がない状況で，賃貸人が一方的に賃貸借契約を終了させようと考えても，常にそれが認められるわけではなく，むしろ容易に認められない方が通常です。

　この種の紛争は多数ありますが，ここでは，耐震性が不足して建物建替えの必要が生じたことを理由として，賃貸借契約の更新拒絶がされた事例を紹介します。

1 事例の概要

(1) 基本的な事実関係

　依頼者は，10階建て建物の3階を賃借して，そこで飲食店を営んでいました。この建物は，1棟全体を賃貸人が所有し，各室を事業者に賃貸していました。

賃貸借契約は２年ごとに合意更新を繰り返しており，既に４度，合意更新していました。

ところが，５度目の更新時期の約１年前になって，賃貸人から，次回の更新は行わず退去してほしいとの通知が届きました。

(2) **賃貸人の主張**

賃貸人からの通知によれば，建物が築約50年であって老朽化が進んでいること，耐震診断を行った結果，耐震上も問題があることが明らかとなり，耐震補強工事や老朽化に対応する大規模修繕工事の費用が約２億円にも上るため，むしろ建物を建て替えたいとのことでした。

また，具体的な金額は書かれていませんでしたが，立退料の金額については協議させてもらいたいとのことでした。

(3) **依頼者の主張**

とはいえ，依頼者が，現在の貸室を立ち退くことになると，飲食店を営業できる別の物件を探して賃借しなければなりません。現在の物件は駅からもそれほど離れておらず良い立地条件でしたので，同程度の条件を満たす移転先がすぐに見つかる保証はありません。

また，移転先で必要となる賃料の金額が現在と同程度で済むのか分かりませんし，飲食店を営業するために必要となる移転先の内装工事等の費用も多額になることが見込まれました。

さらに，移転先が現在の場所から離れたところになってしまうと，これまで培ってきた得意先を一挙に失うことにもなりかねません。

そのため，依頼者は，できれば今のままで賃借させてもらいたい，もしそれが不可能であっても，十分な補償がなければ移転することなどできない，との考えでした。

(4) **依頼者本人での交渉**

依頼者は，賃貸人に自らの考えを伝えて，立退料は具体的にはいくらを考えているのか尋ねたところ，賃貸人からは，立退料として500万円が提示されました。しかし，500万円では，移転先の物件で十分な内装工事を行うことすら不可能であり，依頼者にとって全く現実的な金額ではありませんでした。

そこで，依頼者は，賃貸人との交渉を弁護士に依頼することとしました。

> **本相談のポイント**
> ① 焦点は，更新拒絶の正当事由が具備されているかどうかである。
> ② 賃貸人側が主張する正当事由の要素としては，建物の老朽化，特に耐震性の不足である。そして，耐震補強工事を行うには高額の投資が必要となり，老朽化に伴い今後予定される大規模修繕工事の費用をも勘案すると，建替えにつき経済的に合理性があるというものである。
> ③ 賃借人側が主張する正当事由の要素としては，約10年間，飲食店を営業継続したものであり，移転することで被る経済的不利益が大きいことである。
> ④ 正当事由を補強するために立退料が必要となるか，また，その金額はいくらであるか。

2 受任に際しての注意点

私が相談者から本件を受任する際に，まず留意したのは，立退料の金額いかんにかかわらず断固として立退きを拒否するのか，それとも立退料の金額で折り合うことができれば和解がありうるのかということでした。

本件では，できることならば立ち退きたくはないというのが相談者の意向ではありましたが，ただ相談を受けた時点では，本件建物の他のテナントが次々に移転していったという事情もあり，好条件の移転先が見つかり，かつ，移転先で営業継続しうるに足る立退料の支払があるのであれば，立ち退く形での解決もありうるということでした。

3 本件における法的問題点の考察

(1) 正当事由について

借地借家法28条により，賃貸人の側から，期間の定めがある賃貸借につ

いて更新を拒絶し，あるいは，期間の定めのない賃貸借について解約の申入れを行うには，正当事由が必要とされます。そして，正当事由の有無の判断は，「建物の賃貸人及び賃借人が建物の使用を必要とする事情」のほか，「建物の賃貸借に関する従前の経過」，「建物の利用状況」及び「建物の現況」並びに「財産上の給付」を考慮して行うものとされています。

したがって，本件における賃貸人の主張が認められるかどうかは，これら正当事由の考慮要素の検討が必要となります。

立退料の支払は，上記の「財産上の給付」に含まれるものとして正当事由の考慮要素となります。ただし，立退料の位置づけとしては，正当事由を補完するものとして位置づけられており，正当事由を肯定しうる事情が何もない場合には，いくら高額な立退料を提供しても，正当事由が認められることにはなりません。

同様に，正当事由を肯定する諸事情が強く，立退料提供による補完が不要とされる場合には，賃借人側は立退料なく更新拒絶される場合もありえます。

(2) **耐震性の不足が正当事由にあたるか**

そこで，本件における諸事情が正当事由を肯定するに足るものかどうかを以下考察します。

ア　建物の老朽化，耐震性不足による建替えの必要性について

① 建物は築50年で老朽化し，随所に修繕を要する箇所があるとはいえ，いまだ朽廃あるいはその目前というまでには至らないものと考えられました。

② 耐震性の不足については，交渉開始後，賃貸人から耐震診断報告書（2次診断）の抜粋が提供されました。

なお，耐震診断（2次診断）では，Ｉｓ値とCT・SD値を算定し，以下のように判定されます（「2001年改訂版　既存鉄筋コンクリート造建築物の耐震診断基準　同解説」，「2009年改訂版　既存鉄骨鉄筋コンクリート造建築物の耐震診断基準　同解説」）。

> i　Ｉｓ値＜0.30　又はCT・SD値＜0.15のとき
>   地震の震動及び衝撃に対して倒壊し，又は倒壊する危険性が高い
> ii　ⅰ及びⅲ以外の場合
>   地震の震動及び衝撃に対して倒壊し，又は倒壊する危険性がある。
> iii　Ｉｓ値≧0.60　かつ　CT・SD値≧0.30
>   地震の震動及び衝撃に対して倒壊し，又は倒壊する危険性が低い。

③　そして本件の建物は，多くの箇所でＩｓ値が0.6，CT・SD値が0.3を下回ったばかりでなく，Ｉｓ値が0.3を下回る箇所も散見され，0.2程度の箇所も複数あって，耐震性は著しく劣る結果となっていました。したがって，上記の判定基準では，ⅰの「地震の震動及び衝撃に対して倒壊し，又は倒壊する危険性が高い」という判定でした。

④　なお，本件の建物は，建築物の耐震改修の促進に関する法律の特定建築物として，耐震診断・耐震改修の努力義務が課せられてもいました（本事例より後の時期ですが，同法は平成25年改正により，特定建築物には，耐震改修の実施とその報告が義務づけられることとなっています。）。

⑤　また，詳細設計ではないものの，耐震改修工事の計画書，更には，耐震改修工事及び大規模修繕工事のために約２億円を要するとの見積書も，賃貸人から提示されました。

⑥　したがって，賃貸人の主張は，耐震性不足の建物をこのままの状態で賃貸に供し続けるわけにはいかず，かといって，耐震改修及び老朽化に対応するための大規模修繕工事を行うためには，著しく高額の費用が掛かる，そのため，本件建物は全室をテナントに賃貸する収益物件であり，むしろ建物を建て替えることが経済的に合理的である，というものでした。

⑦　ところで，耐震性の不足は，裁判例では正当事由の判断にはどのように考慮されているのでしょうか。耐震性の不足が問題となった最近の裁判例では，具体的事案によって結論が分かれています

　　耐震性不足による建替えの必要を認めて賃貸借契約終了を肯定した例としては，東京地裁平成19年１月22日判決（判例秘書），東京地裁

平成19年2月2日判決（判例秘書），東京地裁平成20年7月31日判決（ウエストロー・ジャパン2008WLJPCA07318004），東京地裁平成21年9月24日判決（判例秘書），東京地裁平成22年12月27日判決（判例秘書），東京地裁平成24年8月27日判決（Ｄ１-LAW.COM判例体系），東京地裁平成24年11月1日判決（判例秘書），東京地裁平成25年1月25日判決（判時2184号57頁），東京地裁立川支部平成25年3月28日判決（判時2201号80頁，居住物件の事案）があります。

なお，これらの裁判例では，全て立退料の提供を必要としています。

他方で，賃貸借終了を否定した裁判例としては，東京地裁平成24年9月27日判決（判例秘書），東京高裁平成24年12月12日判決（判例秘書），東京地裁平成25年2月25日判決（判時2201号73頁），東京地裁平成25年12月24日判決（判時2216号76頁）があります。

個別の事案において，耐震性不足の具体的程度や，耐震補強工事によって耐震性不足を解消することができるかどうか，また，その際の工事費用の金額が賃料収入と比較してどの程度であるか等をも勘案して，耐震補強工事ではなく建替えまで行う必要性が高いかどうかを判断しているようです。

また，上述のように正当事由の存否については，諸要素を判断した上でなされますので，賃借人による建物使用の必要性の強弱や立退料の提供額等をも勘案して判断がなされています。

イ　賃借人の建物を必要とする事情について

依頼者においては，約10年，この貸室で営業を継続し，得意客も相当数獲得してきましたので，移転によって得意客を喪失し，営業上の損失を被る懸念がありました。

移転先で営業を継続するには，内装工事等をはじめとして多額の費用も必要になります。したがって，建物を使用する必要性は大きいといえます。

ただし，本件建物の周辺では，飲食店舗向けの多数の賃貸物件があり，近隣への移転が全く不可能というわけでもありませんでした。また，賃貸人からは，移転先候補の紹介が繰り返しなされてもおりました。

ウ　小　括

　以上のとおり，本件では，耐震診断により耐震性が著しく不足することが立証される可能性が高かったこと，また，耐震補強工事等に多額の費用を要する見積書等も提示されていたことから，賃貸人に有利な諸事情もありました。他方で，依頼者が建物を使用する必要性も高いといえ，少なくとも立退料による補完がない状況では，正当事由は認められないものと考えられました。

　ただ依頼者の営業は，移転によって全く不可能というわけではない以上，移転による経済的不利益が立退料によって補填された場合には，正当事由が具備される可能性がそれなりに高いとも考えられました。

(3) 立退料の算定

ア　では，立退料はどのように算定するのが合理的でしょうか。以下は，営業用の賃貸借を念頭において説明します。

イ　まず，そもそも立退料は正当事由を補完するものですから，正当事由の強弱によってその金額は事案ごとに様々です。そのため，残念ながら画一的な計算方式があるわけではありません。

ウ　裁判例を見ますと，特に算定過程を示さずに立退料の金額を認定するものも相当数あります。

　他方，判決において算定過程を認定するものについても，移転実費，営業上の損失を算定して立退料を算定するものもあれば，借家権価格を基準として立退料を算定するものもあります。また，借家権価格に移転実費，営業上の損失等の全部又は一部を加算して算定するものもあり，様々な算定方法が採用されています。

エ　特に，借家権価格を何らかの形で立退料の算定に活用している裁判例も数多く見受けられます。

　借家権とは，借家人が借地借家法等により保護されている事実支配若しくは法的状態の総称であり，借家権価格とはこの法的状態ないし事実支配についての法的価値判断に対する経済的評価とされます（澤野順彦『改訂版借地借家の正当事由と立退料判定事例集』40頁（新日本法規，2009））。

　借家権価格の評価方法としては，取引事例比較法（ただし，借家権の

113

取引きはほとんどなく，この方式は通常活用されない。)，控除法，割合法，差額家賃保障法，賃料差額還元法等があります。
オ　繰り返しとなりますが，立退料の金額は，正当事由の要件具備の強弱とも関連して個別の事案ごとに判断されるべきものです。そのため，具体的案件を処理するにあたっては，類似裁判例を参照しつつ見通しを立てて方針を立てることになりますが，結論の予測可能性という点では非常に分かりづらいものとなっています。

4　本事例の解決

(1)　本件の見通しと依頼者の意向

上述のように，本件では，移転による経済的不利益が立退料によって補填された場合には，正当事由が具備される可能性が高いと考えられました。

判決となった場合の立退料の金額を正確に試算することは困難ですが，裁判例によっては，借家権価格相当額のみを立退料として認定し，賃貸借契約の終了を認めるものもあります。

また，依頼者としては，立退きをめぐって長期間訴訟で係争するよりは，むしろ移転先を確保でき，移転先での営業継続に必要な額を超える立退料の支払を得ることができるならば，速やかに解決に至って本業に専念したいとの意向でもありました。

(2)　賃貸人からの提示額について

本事例では，上記のように，賃貸人側が提示した立退料は当初500万円でした。後になって賃貸人側から提出された不動産鑑定士作成の調査報告書では，借家権価格が約500万円とされており，当初提示額はこれにならったものでした。

(3)　賃貸人との交渉と解決

しかし，500万円では，移転先での内装工事費にも満たず，営業を継続することは不可能と思われました。そのため，移転した場合に要する費用や，移転に伴って必要となる営業補償額を試算し，これら全額の補償を主張して粘り強く交渉を重ねたところ，最終的には立退料を2,000万円とすることで最終的に合意に至ることができました。

なお，移転先については，交渉と並行して依頼者の方でも移転先物件を探していたところ，近隣に好条件の物件が見つかりました。得意先を失うことなく，飲食店の営業を継続することもでき，本件は無事に解決に至りました。

5 おわりに

本件では，交渉の過程で，立退料の増額提示が賃貸人から繰り返しなされました。金額の差が埋まらないときに，和解交渉を続けるのか，それとも和解決裂して訴訟提起を受けて，訴訟にて解決を図るのかが，判決になった場合の金額の見通しが困難であったこともあって大きな悩みどころでした。本件では依頼者の意向もあって，交渉での解決となりました。

【プライバシー保護のため事例の内容は変えております。】

COLUMN
コラム⑦
賃料減額請求及び管理費減額請求

　ある賃借人は，自分が借りている部屋の賃料や管理費が高いのではないかと不満を持っていました。そこで，この賃借人は，賃貸人に対し，賃料減額及び管理費減額を求めるとともに，自身が相当と考える金額の賃料及び管理費しか支払わなくなりました。

　しかし，両者の話合いは不調に終わったので，賃借人は，調停を申し立てましたが，調停も不成立に終わり，賃料減額及び管理費減額請求訴訟を提起しました。

　訴訟における争点は，①借地借家法32条所定の賃料減額を基礎付ける事実の有無，②管理費減額請求に関する借地借家法32条の類推適用の可否でした。

　①については，通常，賃料の減額を求める賃借人が私的鑑定を行い，鑑定書を提出することが通常です。この裁判においても，裁判所から賃借人に対して鑑定を行うようにとの勧めがありましたが，賃借人は鑑定を拒否し，不動産広告等の書証によって立証を試みました。しかし，裁判所は，賃料減額請求を棄却しました。

　また，管理費について，賃借人は借地借家法32条類推適用によって減額を求めましたが，裁判所は同条の類推適用を否定し，請求を棄却しました。

　なお，賃借人は，自身が相当と考える金額の賃料及び管理費のみしか払っておらず，債務不履行に陥っています。なぜなら，借地借家法32条第3項は「建物の借賃（家賃）の減額について当事者間に協議が調わないときは，その請求を受けた者（賃貸人）は，減額を正当とする判断が確定するまでは，相当と認める額の建物の借賃を請求することができる。」と定めており，賃貸人は，相当と認める額の借賃，すなわち契約書所定の現行の賃料を請求することができるからです。

第3章
倒産処理に関する事例

第3章 倒産処理に関する事例

> **事例 12** 競売開始決定後の任意売却

担保不動産の競売開始決定後に任意売却をしつつ，一定期間所有者の居住権を確保した事案

● 概要図

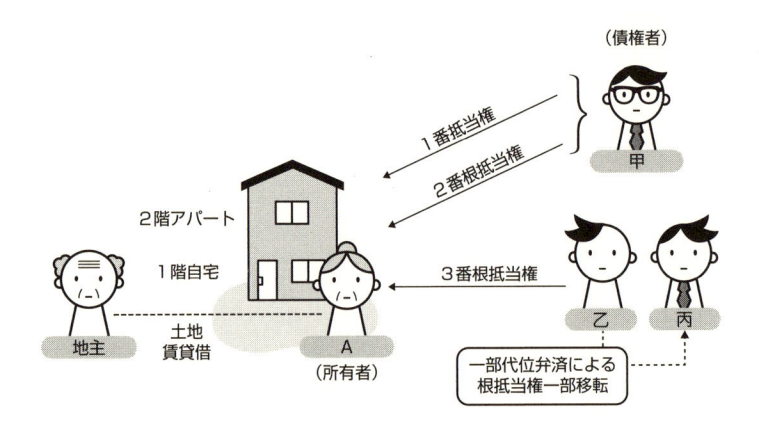

(債権者)
甲
1番抵当権
2番根抵当権

2階アパート
1階自宅

地主 —— 土地賃貸借 —— A（所有者）

3番根抵当権
乙　丙
一部代位弁済による根抵当権一部移転

はじめに

　本事例では，根抵当権者が担保不動産の競売申立てをしたことをきっかけに，この不動産の任意売却を行い，競売申立てを取り下げてもらった過程でぶつかった様々な問題点についてご紹介します。私にとって初めて経験する本格的な任意売却だったのですが，比較的短期間で成功させなければいけないという時間的制約の中で，多数の利害関係者の利益を調整して全員の合意を取り付けるという緊張感ある興味深い事件でした。

1 事例の概要

(1)　Aさんは80代後半の女性で，お嫁に行ってからご主人と一緒に東京都杉並区で八百屋さんを切り盛りし，息子さんのBさんがお店を継いでからも80歳までお店に立っていたそうです。その八百屋さんは，今はBさ

んが細々と経営されていますが，かつては２店舗目を持つほど繁盛していたそうです。Ａさんは50歳の頃，ご主人とコツコツ貯めたお金で，お店から徒歩10分程度の高台の借地に木造２階建ての建物（１階が住居，２階が賃貸アパート）を新築することになりました（以下「本件建物」といいます。）。夫婦の終のすみかにふさわしいよう，知り合いの大工さんが，上質な木材を使って随所に粋な計らいをしてくれました。残念ながらＡさんの夫は間もなく亡くなってしまったそうですが，本件建物はＡさんの単独所有となって，仕事に出なくなった今はご主人の思い出とともに，２階の家賃収入を糧にして老後の生活を送られていました。

　建物を新築した頃はまだ景気も良かったのでしょうが，ご主人が亡くなって息子のＢさんが継いでからは，時代の流れには逆らえず徐々に八百屋さんの経営が厳しくなっていきました。事業資金を借り入れるために，①Ａさんを債務者とする抵当権（債権額2,000万円，債権者甲），②Ａさんを債務者とする根抵当権（極度額1,000万円，債権者甲），③Ｂさんを債務者とする根抵当権（極度額3,500万円，債権者乙）が順次設定されていきました。いつしか金融機関への返済も滞るようになっていき，競売申立てされる時までには全ての抵当権・根抵当権の被担保債権がサービサーに債権譲渡されていました。なお，③の根抵当権は，根抵当権の元本の確定後に保証会社丙が一部代位弁済をしたため，根抵当権の一部移転登記（付記登記）がされています。つまり，根抵当権の準共有状態となっています。

　現在の抵当権者・根抵当権者を整理すると，債権者甲が一番抵当権（上記①）と二番根抵当権（上記②）を有し，債権者乙と債権者丙が三番根抵当権（上記③）を準共有しているということになります。そのうち，三番根抵当権者の債権者乙が，今回，担保不動産競売の申立てをしました。

第３章　倒産処理に関する事例

順　位	債権者	債務者	債権額（極度額）	被担保債権額（万円）		
				元本	附帯債権	合計
一番抵当権	甲	A	2,000万円	0	160	160
二番根抵当権	甲	A	1,000万円	900	1,800	2,700
三番根抵当権	乙	B	3,500万円	2,000	300	2,300
	丙			100	150	250

(2)　現状，本件不動産に複数の抵当権・根抵当権が設定されており，被担保債権につき債務不履行が発生して競売申立てまでされていますので，このままＡさんが本件建物を所有し続けることはまず不可能です。しかし，Ａさんは高齢の女性で，自営業であったために年金収入もわずかです。Ａさんの歩まれてきた人生を想像し，また，折に触れてＡさんのお話を聞いていると（受任後に私宛に頻繁に電話が掛かってくることになりました。），債務不履行が発生している以上仕方がないとはいえ，80代後半になって本件建物の所有権を失うことで住み慣れた家を追い出され，家賃収入も得られなくなるというのは気の毒で，複雑な気持ちになりました。

　競売による売却価格は，一般の不動産取引の実勢価格より２～３割は低額になるといわれていますし，不動産価格よりも抵当権・根抵当権の被担保債権額が大きければ所有者の手元には一切お金が残りません。しかも，競売の手続だとどのような筋の人が買受人になるか分からないため，地主さんとしてもなんとか競売は避けたいと考えるものです（本件のご相談を受けたのはもともと地主さんからのご紹介でした。）。

　そこで，競売手続の進行スケジュールに気を付けながら早期に任意売却を成功させ，競売を取り下げてもらうことを目標に据えることになりました。ただし，あくまでＡさんの代理人という立場ですので，Ａさんが今後の生活の見通しを立てられるように，競売に比べて有利で，かつ，Ａさんにとって納得できる条件を確保することが必要になります。Ａさんが納得できなければ，売買契約の締結ができないのですから当然のことではありますが，特にＡさんが高齢であるために，Ａさんの心情への配慮も重要なポイントでした。

> **本相談のポイント**
> ① 競売手続の進行を意識する。
> ② 所有者（依頼者）の心情に配慮しつつ，任意売却後の生活の見通しを立てる。
> ③ 複数の抵当権・根抵当権者の権利関係を把握し，利害関係人全員が納得できる配分を考えて調整する。

2 受任に際しての注意点と依頼者への対応

(1) 依頼してもらえるかどうか

　先に述べましたように，もともと競売を避けてほしいという地主さんのご要望を受けていたのですが，競売を避けられれば所有者ご本人にとっても有利ですから，その旨を丁寧に説明した上で所有者ご本人から当職に委任していただくことがスタートになります。

　競売開始決定は1月中旬でしたが，2月の節分の頃に，本件建物の所有者Aさん，競売申立てにかかる債権の債務者のBさん，Bさんの妻に来所してもらいました。

　あらかじめ取得した本件建物の登記情報を見ながら質問をしたのですが，抵当権や根抵当権を設定したことは間違いないというお話は聞けたものの，AさんもBさん夫妻も，詳しいことは把握されていないようでした。そこで，一般的な債務整理事件と同様に，基本的に債権者から情報を収集していくことにしました。

　また，委任を受けるにあたっては，相談者の方から相談に来られる通常の事件と少し異なって，次のような説明をして，任意売却ができた方がAさんにとって有利になるので私が代理人としてAさんのために交渉をしますからご依頼いただけますか，というようにお話をしました。

　① このまま競売手続が進行していけば，数か月で出て行かなければならなくなる。

② 正確にはこれから調査するが，複数の抵当権・根抵当権が設定されて遅延損害金もかなり発生しているようなので，競売の場合は，手元に一銭も残ることはないと考えられる。
　③ 競売だとどのような人が買受人になるか分からないので，地主さんに迷惑が掛かるかもしれない。
　④ 任意売却であれば買主となる方と柔軟な交渉ができるので，引越代といった名目で手元にお金を残したり，交渉次第で数年間はここに住み続けられるようにしたりできる可能性がある。
　Aさんは，私はもうこの年になって住み慣れた家を出て行くのは絶対に嫌だと繰り返しおっしゃいましたが，最終的には依頼を受けることになりました。

(2) **援助してくれる親族はいないか**
　もし，本件建物を買い取ってくれる親族等がいるならば，その方の好意でその後もAさんが本件建物で生活をすることができる可能性があるため，念のため，そのような親族がいないか尋ねましたが，残念ながらそのような方はいないということでした。
　また，競売申立てをしてきた三番根抵当権者については，Bさんが債務者で，Aさんは物上保証人という立場でしたので，本件建物の売却によってAさんはBさんに求償権を取得することになります。そこで，Bさん夫妻に，今後Aさんと同居したり，Aさんの生活費として月々いくらかお金を支払ったりしてもらえないかということも尋ねました。しかし，残念ながらBさんも多重債務状態のようで，子どももいて家は狭く，生活に全く余裕がないため，いずれも難しいとのことでした。

(3) **弁護士費用について**
　一般的な債務整理事件と同様に，弁護士費用をどのように支払ってもらうかが問題となります。ですが，任意売却では交渉次第で所有者の手元にお金を残せる可能性がある反面，依頼者は不動産を除いて資力が乏しいので，完全成功報酬にすることにしました。特に今回は，所有者の方から積極的に相談にみえたわけではないので，完全成功報酬でなければ依頼されなかったかもしれません。

このように，任意売却が成功した場合に手元に残せたお金から弁護士費用を頂くことにするという説明をして，正式に受任することになりました。本来は受任時に委任契約書を作って明確にすべきだったとは思うのですが，あいまいな状態で受任してしまいました。

3 法的問題点の考察

(1) 競売になった場合の配当額

任意売却の基本は，抵当不動産の売却価格が妥当で，その売却代金の配分の結果，利害関係人全てが競売のときに比べ何らかのメリットを享受するようになる配分方法を取ることです（上野隆司監修『任意売却の法律と実務』40頁（きんざい，第3版，2013））。

そこで，まずは，競売手続が進行した場合の配当額を検討する必要があります。

ア 一番抵当権者が優先権を主張できる金額

抵当権者は，利息その他の定期金を請求する権利を有するときは，その満期となった最後の2年分についてのみ，その抵当権を行使でき，遅延損害金についても利息と通算して最後の2年分についてのみ行使できます（民法375条）。

受任通知を送って各債権者に債権届を提出してもらったところ，一番抵当権の被担保債権は，元金が0円で，利息と損害金が合計約160万円でした。本事例の場合は後順位債権者がいますので，一番抵当権者の利息及び損害金は，最後の2年分のみ優先権を主張できることになります。その金額を算出したところ，60万円でした（実際には端数が出ましたが60万円とさせていただきます。）。

イ 二番抵当権者への配当額

二番根抵当権は，極度額が1,000万円であるところ，調査の結果，元本が900万円，附帯債権が1,800万円の合計2,700万円と極度額を超過していましたので，競売での配当額は極度額と同額の1,000万円になります。

ウ 三番根抵当権者への配当額

三番根抵当権者には，競売申立てをした債権者乙のほか，保証人とし

て一部代位弁済をした後に代位の付記登記をした丙がいます。丙とAは，債権者乙との関係ではそれぞれ保証人と物上保証人という地位にあり，その数（頭数）に応じて，債権者に代位するという民法501条5項が適用される結果，主債務者Bに代わって一部弁済をした保証人丙は，物上保証人Aに対して，被担保債権額の2分の1（保証人と物上保証人一人ずつであるため）の権利を主張できることになります。ただし，本件は，乙と丙との間で，乙が丙に優先する旨の特約があり，競売の場合には借地権付きの本件建物の価格が乙の被担保債権額2,300万円を全て返済しきれる額にはならないと見込まれたため，丙に対する競売での配当額はゼロになると考えられます。

【競売での配当額】

順位	債権者	債権額（極度額）	被担保債権額（万円） 元本	附帯債権	合計	配当額（万円）
一番抵当権	甲	2,000万円	0	160	160	60
二番根抵当権	甲	1,000万円	900	1,800	2,700	1,000
三番根抵当権	乙	3,500万円	2,000	300	2,300	売却価格－(60+1,000)
	丙		100	150	250	0（売却価格－(60+1,000+2,300))

(2) 譲渡所得税の検討

不動産を任意売却した場合には，Aさんに譲渡所得税が課せられることになるのかという問題があります。

譲渡所得における譲渡は，強制譲渡である競売を含みますが，資力を喪失して債務を弁済することが著しく困難である場合における強制換価手続による資産の譲渡による所得については非課税とされ（所得税法9条1項10号），担保権の実行としての競売は，この強制換価手続に含まれます（国税通則法2条10号）。したがって，担保不動産競売の場合は，譲渡所得税は課されません（上野・前掲書167頁）。

これに対し，任意売却において，物上保証人等が抵当不動産を売却した

場合に譲渡所得税を回避するためには，任意売却による弁済によって債務者に対して取得する求償権の行使が不能であることを明らかにする必要があります（所得税法64条2項，所得税基本通達64―4，上野・前掲書167頁）。

　本件の場合，競売申立てをしてきた債権者乙の債権に限って考えると，Aさんは任意売却後に主債務者であるBさんに対して求償権を取得するのですが，Bさんの方も多重債務状態で，資産もないということでしたので求償権の行使は不能である，よって課税は回避できるだろうと考えました。

　他方，一番抵当権，二番根抵当権についても売却代金から配当することになるところ，これらの被担保債権はAさんが債務者であるため，別途検討が必要です。所得税法9条1項10号，所得税法施行令26条で，資力を喪失して債務を弁済することが著しく困難であり，かつ，国税通則法2条10号に規定する強制換価手続（滞納処分（その例による処分を含む。），強制執行，担保権の実行としての競売，企業担保権の実行手続及び破産手続をいう。）の執行が避けられないと認められる場合における資産の譲渡による所得で，その譲渡に係る対価が当該債務の弁済に充てられたものは，非課税とされています。本件も不動産担保権の実行としての競売申立てがなされ，その執行が避けられないと認められる場合における資産の譲渡による所得といえるため，やはり課税は回避可能だろうと考えました。

　実は，任意売却が終わった翌年の3月ころ，AさんやBさんが長年お世話になっている税理士さんから連絡があり，譲渡所得税の課税を回避するために，弁護士名義で書面を作成してほしいという依頼がありました。Bさんに対して求償権が行使できないことについては，税理士さんの方でBさんの資力に関する説明が可能とのことでしたので，そちらはお任せし，私の方は，競売申立てを契機に任意売却に至った経緯，本件建物及び借地権の譲渡の対価の配分などを記載した報告書を作りました。そうしたところ，無事に譲渡所得税の課税は回避できました。

4　実際の解決までの実務

(1)　債務や現地の調査

　抵当権者・根抵当権者に受任通知を送って，被担保債権の存否・発生原

因・金額を開示してもらうよう依頼するとともに，各債権者に連絡し，任意売却で解決したいので協力をお願いしました。債権者は，基本的には，競売に比べて有利な解決になるのであれば，協力するというスタンスでした。

　また，裁判所に対しては，所有者Aさんの代理人として委任状を提出し，2月10日頃に行われた執行官による占有関係調査のための臨場に立ち会いました。この占有関係調査では，1階のAさんの自宅部分だけでなく，2階のアパートの居室にも執行官が入ることになります。あらかじめ裁判所から通知がされていましたので，当日は2階のアパートの借主が皆さん在宅されていたのですが，競売で退去しなければならないのではないかと不安を感じていらっしゃいました。執行官からは，買受人が代金を納付した日から6か月間明渡しが猶予されるという説明がなされましたが（民法395条1項1号参照），私は執行官について行きつつ借主に所有者の代理人として挨拶し，これから本件建物を第三者に売却して競売を取り下げてもらう予定であり，その際2階の賃貸借契約はそのまま買主に引き継いでもらう予定なので，どうかこれまで通り住み続けて下さい，何かあれば私まで連絡を下さい，というお話をしました。

(2) **競売のスケジュール**

　入札が開始し買受けの申出があった後に取り下げるには，原則として，最高価買受申出人又は買受人及び次順位買受申出人の同意を得なければならず（民事執行法76条），取下げが難しくなってしまいますので，競売のスケジュールを確認することはとても重要なことでした。しかし，不動産競売がどのようなスケジュールで進むのかは正直よく分からなかったので，度々裁判所に確認して教えてもらっていました。

　ちなみに本件は，以下のスケジュールで進んでいきました。

　　1月中旬　　担保不動産競売開始決定
　　1月下旬～　執行官による現況調査開始（民事執行法57条及び同規則29条）
　　2月10日頃　執行官による占有関係調査のための臨場
　　2月下旬　　配当要求の終期

```
3月10日頃    現況調査報告書提出期限
3月10日頃    評価人による評価書の提出
3月15日頃    売却基準価額等決定
5月上旬      裁判所から売却実施についての通知書が届く
             (入札期間や売却基準価額等が判明)
6月上旬      物件明細書・現況調査報告書・評価書写しの備置き
6月下旬から8日間  入札期間
7月10日頃    開札期日
```

(3) 買受人候補者との交渉

　買受人探しは，知り合いの不動産業者に打診した上で，事件の受任と同時にこの業者に依頼しました。ただし，私がお願いした業者の他にも，競売になると裁判所で情報を入手して物件を見に来て，買い受けたいと持ちかけてくる業者や個人がおり，Ａさんが怖い思いをしたときもあったようです。

　Ａさんの任意売却後の生活に関しては，親族からの援助も難しくアパートの家賃収入もなくなるため，生活保護の受給を勧めざるを得ませんでした。その場合でも，Ａさんがもう何年かは今のまま1階部分に住み続けることができるように，生活保護での住宅扶助額（広さや場所等の条件に照らすと相場の半額以下）を賃料とした賃貸借契約が締結できることを条件に買主を探してもらうことにしました。したがって，売買金額だけでなく賃貸借契約の期間も買受人選定の重要なポイントでした。

　当初，不動産業者の買取りで2,500万円から3,000万円弱の申入れがいくつかありましたが，買受希望者から買付証明書を取り付けて各債権者に打診する前に，エンドユーザーからの申入れがあり，3,300万円という最も高い金額が出ました。かなり買いたがっている業者がいたのですが，エンドユーザーに売れるような金額は出せないということでした。他方，Ａさんとの協議の結果，Ａさんが売却後住める期間を2年程度は要求しようということになり，4月上旬には，売買金額を3,300万円とし，2年間の定期賃貸借契約を締結する方向で話がまとまってきました。

　この点について，Ａさんの居住の利益を最重要視するならば，買取額が

低くてもＡさんが終身居住できる等の条件を飲んでくれる買主を選ぶ道もあったかもしれませんが（そういう条件を出す業者もいました。），限られた期間に複数の債権者の承諾を得なければならなかったこと，Ａさん自身も高齢のため２年程度で施設に入った方がいいという気持ちを持つようになったことから，3,300万円で賃貸借期間は２年という内容に固めていきました。

(4) **地主との交渉**

　Ａさんは，競売開始決定の時点で４か月分の地代を滞納していましたが，地主さんとの間で，任意売却の時点で滞納地代をまとめて支払ってもらえれば土地賃貸借契約の解除はしないという意向を確認しましたので，あとは譲渡承諾料の交渉が必要になります。

　譲渡承諾料は，借地権価格の10％程度が一般的で，借地権価格は公示価格に借地権割合（本件の借地は70％）を乗じることで出ます。公示価格は概ね路線価を８割で割り戻した値です。

　本件借地は，路線価は40万円（国税庁のウェブサイトで路線価図を閲覧），広さは160㎡でしたので，借地権価格は5,600万円です（40万円×160㎡÷0.8×0.7）。その10％の560万円が譲渡承諾料の相場ということになります。

　しかし，本件は既に競売申立てがされているという特殊な事案でしたので，売買価格の10％を譲渡承諾料とすることで地主さんの承諾を得て，最終的には330万円で合意しました。

(5) **債権者との交渉**

ア　最初の配分案の提示

　売買金額を3,300万円とする方向でまとまりそうになったのが４月上旬でしたので，その時点から債権者との具体的な交渉が始まりました。不動産業者を介して買主候補者から3,300万円の買付証明書を提出してもらい，配分案に買付証明書を添付し，各債権者にFAXしました。

　配分案の作成についてはいろいろな考え方があり得るようですが，私は，以下の手順で，より多くの利害関係人に合理的だと考えてもらえるような案を意識して作成しました。

　まず，売主であるＡさんの立場で控除を要求したい費用，すなわち，

抵当権抹消に必要な司法書士費用（知り合いの司法書士に見積を依頼），決済日までにＡさんが滞納することになる地代，地主に支払う譲渡承諾料，売買契約書に貼付する印紙代，不動産仲介手数料，２階の賃貸借契約の承継にあたって買主に返還義務を承継してもらう敷金の額を出し，引越代については最後に調整することにしました。

そして，債権者への配分額は，競売になった場合の配当額をベースにして優先順位の高い債権者から順番に金額を決めていくと，甲（一番抵当権，二番根抵当権）については自動的に決まります。他方，売買金額の多寡によって直接配分額が影響を受ける立場にある乙，すなわち，任意売却と競売のどちらの手続になるかに強い利害を有する乙への配分額を調整しながら，Ａさんの引越代や丙の担保解除料（いわゆる判子代）を決めていきました。

その結果，乙に1,700万円，丙に20万円，そして引越代に27万7,500円という配分にしました。

【最初の配分案】

順位	債権者	債権額（極度額）	被担保債権額（万円）元本	附帯債権	合計	配分額（万円）
一番抵当権	甲	2,000万円	0	160	160	60
二番根抵当権	甲	1,000万円	900	1,800	2,700	1,000
三番根抵当権	乙	3,500万円	2,000	300	2,300	1,700
	丙		100	150	250	20
控除費用			抹消登記費用			6
			滞納地代			20
			借地譲渡承諾料			330
			印紙代			2
			仲介手数料			110.25
			引越代			27.75
			敷金承継分			24
			合計			3,300

イ　配分案の訂正

　債権者丙に対しては，担保解除料として20万円を提示したのですが，これがどうも低すぎるということで難色を示されました。他方，債権者甲・乙は，正式な内部決済は別として概ね異存はなさそうでした。

　他方，債権者と交渉をしていた4月は，並行して買主候補者が金融機関から融資を受けるための審査を受けたり，買主候補者との間で1階部分の定期賃貸借契約の条件をめぐる話合いをしたりしていたのですが，4月下旬にこの買主候補者との調整が決定的に難しくなってしまいました。というのは，不動産取引に慣れていない一般の方だったので，様々な点に不安や疑問を抱かれては，私や不動産業者に説明を求めてきて，時に激しい言葉を使ってこられたりしたためです。そこで，その方はお断りすることにし，不動産業者に急遽別の方を探してもらいました。幸いにも同じ金額で，かつキャッシュで買ってくれる方が見つかりました，ただ，買付証明書を取り直して債権者に通知するなどしているうちにゴールデンウィーク直前になってしまいました。

　競売のスケジュールが気になっていたため，丙に対して再交渉するにあたり，まず10万円上乗せして様子を見るのではなく確実に丙の承諾が得られるよう20万円上乗せすることにしました。そして，他の債権者への配分額や費用を削るのではなく，売買価格を20万円上乗せすることで早期に配分案の訂正を進めました。甲や乙から売買価格の上乗せに応じた配分増を求められるかと心配したのですが（そうなるとまた各利害関係人との再交渉の必要が生じる。），金額が大きくなかったせいか杞憂に終わりました。

【最終的な配分案】

順位	債権者	債権額（極度額）	被担保債権額（万円） 元本	被担保債権額（万円） 附帯債権	被担保債権額（万円） 合計	配分額（万円）
一番抵当権	甲	2,000万円	0	160	160	60
二番根抵当権	甲	1,000万円	950	1,800	2,750	1,000
三番根抵当権	乙	3,500万円	2,000	300	2,300	1,700
三番根抵当権	丙	3,500万円	50	90	140	40
控除費用				抹消登記費用		6
控除費用				滞納地代		20
控除費用				借地譲渡承諾料		330
控除費用				印紙代		2
控除費用				仲介手数料		110.88
控除費用				引越代		27.12
控除費用				敷金承継分		24
				合計		3,320

(6) 決済日までの実務

ゴールデンウィーク直前に，全ての債権者から担当者レベルで配分案についての承諾が得られました。

その後，稟議を上げて決裁をもらうという債権者内部の手続に1週間から10日程度は必要になりますし，ゴールデンウィークに突入してしまったので，決済日は5月下旬に設定しました。それまでに，各債権者に提出を求められた書類を取り寄せたり（控除費用全てについてエビデンスが必要であるという債権者もありました。），依頼する司法書士さんと各債権者とを取り次いだりして慌ただしく決済の準備をしました。

他方，決済日が決まりましたので，生活保護申請自体は決済日後（不動産の所有権を喪失してから）になりますが，Aさんに区役所へ具体的な相談にも行ってもらいました。

5 おわりに

本件は，競売の入札は6月下旬からでしたので，その約1か月前に無事に任意売却の決済を完了することができました。

人生の終盤で生活保護を受けることになり，2年後には住み慣れた家を出なければいけないAさんのことを考えると，本当にこの解決で良かったのかという気持ちが湧きますが，Aさんが「一人で生活するのが辛くなってきたから2年後には施設に入るわ。」と前向きな気持ちを持ってくれるようになったのが救いでした。

【プライバシー保護のため事例の内容は変えております。】

COLUMN

コラム⑧
一部明渡請求における訴額の算定

1　事例の概要

　不動産に関する訴訟を提起する場合，特に不動産の一部の明渡しを求めるような場合には，訴訟物の価額（以下「訴額」といいます。）をどのように算定するか悩むことがあります。

　甲は，東西約60メートル，南北約30メートル（面積約1,800㎡）のほぼ長方形の土地を所有していました。このうち，西端から約3分の1までの部分は甲がビルを建てて使用しています。甲は，東端から約3分の1までの部分に賃貸アパートを建てようと考え，建設業者と建築請負契約を締結しました。ところが，建設業者は，仮囲い，プレハブ小屋などの動産を土地上に設置したまま放置し，予定日を3か月すぎても着工しませんでした。そこで，甲は，建築請負契約を解除し，原状回復請求又は所有権に基づく妨害排除請求として，本件各動産の撤去を求めて訴訟提起することとしました。

2　訴額の算定

　原状回復又は妨害排除により土地上の動産の撤去を求める場合の訴額は，固定資産税評価額の2分の1×2分の1とされています（昭31・12・12最高裁民事甲412号民事局長通知「訴訟物の価額の算定基準について」，平6・3・28最高裁民二79号民事局長通知「土地を目的とする訴訟の訴訟物の価額の算定基準について」）。本件において，動産が放置されている範囲は，広く見積もっても本件土地の4分の1以下であったため，請求の趣旨を「被告は，

別紙物件目録記載の土地上の，別紙動産目録記載の各動産を撤去せよ。」，訴額を437万5,000円（固定資産税評価額7,000万円×2分の1×2分の1×4分の1）として訴訟提起しました。

3　書記官との見解の相違

ところが，書記官から，「本件の訴額は1,750万円（固定資産税評価額7,000万円×2分の1×2分の1。すなわち，本件土地全部の明渡しを求める場合の訴額。）である。」との指摘を受けました。

書記官の指摘に疑問を感じつつも，早く裁判を進めてほしいとの依頼者の意向もあったため，請求の趣旨を変更するとともに，訴額1,750万円に応じた印紙を追納しました。同時に裁判所に対して，本件は土地全部の明渡しを求めるものではなく，訴額1,750万円との評価は過大であることを理由に，訴額の再検討を希望する旨の上申書を提出しました。

この上申書に対し，書記官から，「土地の一部のみを訴額算定の基礎としたいのであれば，本件各動産の位置及び動産ごとの占有面積を厳密に特定して頂きたい。」との指摘を受けました。そこで，現地にて基準点（境界標）から各動産までの距離，各動産の占有面積を測ったところ合計約80㎡（便宜上約80㎡としますが，実際には小数点第二位まで算出しています。以下同じ。）であったため，この計測結果に基づいた図面及び説明書を作成し，裁判所に提出しました。

ところが，この間に書記官が異動により交代しており，後任の書記官から，「当初の訴額のままで問題なかったと思いますが，どうされますか？せっかく先生が測量なさったから，約80㎡で訴額を計算しますか？」との連絡がありました。

4　結　論

その結果，訴額は約78万円（固定資産税評価額7,000万円×2分の1×2分の1×1,800分の80）となり，最初の書記官の意見である1,750万円はもとより，訴状に記載した437万5,000円よりも大幅に減額することができました。

訴額について書記官から指摘を受けた場合，当然に正しいものとして受け入れてしまいがちです。しかし，書記官は，書面からの情報のみで訴額を計算しますので，必ずしも事案を正確に把握しているとは限りません。したがって，書記官の指摘に疑問を感じた場合には，遠慮せずにこちらの意見を伝えるべきですし，予め訴額算定についての書面を作成して訴状と一緒に提出するなどの工夫が必要であると感じました。

事例13 破産手続において財団から放棄された建物の管理に関する事案

法人の破産手続において建物が破産財団から放棄され，破産手続も廃止となった後は，誰が当該建物について管理義務を負うか
また，当該建物に起因して第三者が損害を被った場合，誰が賠償義務を負うか

● 概要図

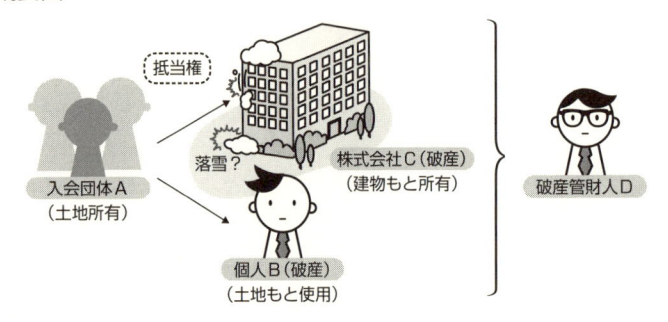

（図：入会団体A（土地所有）、株式会社C（破産）（建物もと所有）、抵当権、落雪？、個人B（破産）（土地もと使用）、破産管財人D）

はじめに

建物を所有していた株式会社について破産手続が開始されたものの，当該建物が破産財団から放棄され，破産手続も廃止となってしまった後，残された建物をめぐる法律関係をどのように考えるべきでしょうか。

私たち実務家にとって，破産とは，債権者・債務者のいずれの立場であっても，手続廃止となってしまえば一段落という感覚が強いのですが，ここでは，任意売却も競売もされず財団から放棄された建物が新たな火種となってしまったという事例をご紹介します。

1 事例の概要

(1) 破産の申立てに至るまで

入会団体Aは，一般財団法人の法形式をとりつつ，日本最大級のスキー場として名高い北陸地方の広大な山林を入会地として所有しています。そ

して、Aは、入会地を400以上に区画した上で、入会団体の各会員に対して土地を割り当て、会員は、割り当てられた土地上にホテルを建設して、冬期のスキー客を主な対象として経営にあたっています。

本件において、Aは、会員である個人Bに対し、入会地の一区画につき使用を許可し、Bは、当該土地上に本件建物を築造し、ホテル経営を開始しました。なお、本件建物の所有名義は、Bが代表取締役を務める株式会社Cとしました。

しかし、バブル期以降のスキー人口の減少等によりCの経営は徐々に悪化し、リーマン・ショック等による消費活動の冷え込みが追い打ちとなって、Bのホテルは営業停止を余儀なくされ、またBのAに対する土地使用料の支払も長期にわたって滞納となりました。

そのため、Aは、入会団体の内規に基づいてBに対する土地使用許可を取り消し、本件建物の収去及び土地明渡しを求めましたが、程なくしてB及びCは自己破産を申し立て、破産手続が開始されました。

(2) **破産手続の概要**

破産手続において選任された破産管財人Dは、本件建物の任意売却を一旦は試みたようですが、底地が入会団体の所有であり、土地使用権が地上権や賃借権でなく入会地の使用許可であったという特殊性から、任意売却は困難と判断したのでしょう。本件建物を比較的あっさりと破産財団から放棄しました。

その後、B・Cとも、さしたる破産財団が形成されなかったため、破産手続は両者とも異時廃止となりました。

若干余談になりますが、本件建物には金融機関が抵当権を付けていたものの、その土地使用権は、前述のとおり、入会団体であるAの、会員であるBに対する使用許可に基づくものでした。

抵当権が実行された場合、非会員が本件建物を競落する可能性もあり、それは高度な地縁を基盤とする入会団体として好ましくなかったので、Aは、金融機関から被担保債権とともに抵当権を譲り受け、その実行を控えることによって競落人の出現を回避しました。

135

(3) 問題の顕在化

　財団放棄により，本件建物の管理処分権は破産管財人の手から離れたものの，Bも入会地を離れ，管理する者がいなくなった本件建物は，山深い立地条件と相俟って，割れた窓から野猿が侵入するなどして荒れ放題。しかも降雪シーズンには，屋根からの落雪が近隣に被害を及ぼす可能性がありました。

　入会団体であるAは，本件建物の底地を含む一帯の土地を入会地として所有・管理する関係上，近隣のホテル経営者や通行人から苦情を受ける立場にありました。そこで，私は，Aから「本件建物について落雪の危険があるが，雪囲いをするなどの管理義務は誰が負うことになるのか。」「落雪によって損害を被った者は，誰に対してその賠償を請求できるのか。」という相談を受けました。

　Aとしては「BもCも破産し，破産管財人Dも業務が終了してしまった以上，仮に落雪事故が発生しても，誰も賠償義務を負わないという結論になるかもしれない。その場合に備えて，落雪防止措置をとらざるを得ないのではないか。」と考えていたようです。

本相談のポイント

① 土地を使用していた個人B，建物を所有していた株式会社Cのいずれについても，破産手続が異時廃止となっている。
② 破産管財人Dも，異時廃止により任務が終了している。
③ Aは，入会団体という性格上，落雪事故を防止すべき立場にある。
④ ひとたびAが雪囲い等の落雪防止の措置をとれば，事務管理に基づく義務が継続的に発生する可能性がある。

2　受任に際しての注意点

　私は，土地所有者兼建物の抵当権者であったAから相談を受けたのですが，まず，本件建物につき誰が管理義務を負うかという点を検討する必要

がありました。
　その上で、何人かに管理義務を負わせることが困難な場合、それでも発生してしまった落雪事故による損害については、誰が賠償義務を負うことになるのかを更に検討する必要がありました。
　ところで、Aは、付近一帯の土地を所有する入会団体であり、ホテル経営者を統括管理する立場にありました。したがって、万一事故が発生した場合に、自らは管理義務も損害賠償義務もないという立場を決め込むことは、法的問題を措くとしても道義的には大いに問題でした。
　そうだとすると、法的分析の結果、何人かに対して管理義務や損害賠償義務を明確に帰属させることができない限り、Aは、雪囲い等の落雪防止措置をとらざるを得ないのですが、仮に、Aが法的義務なくしてこれを行った場合、民法の事務管理の規定に基づき、以後も継続的に落雪防止の措置をとらなければならないのか、という点についても考慮する必要がありました。

3　法的問題点の考察

(1)　建物に対する管理義務の所在
ア　破産手続廃止後の法人と管理義務
　本件建物は、株式会社Cがもと所有し、管理処分権と併せて管理義務を負っていたと考えられますが、破産手続開始決定とともに管理処分権及び管理義務が破産管財人Dに移行しました。
　しかし、その後、Dは本件建物を破産財団から放棄し、管理義務を免れることになりました。これに伴い、本件建物の管理処分権及び管理義務はCに復帰すると思いきや、Cは破産手続の開始とともに解散しています（会社法471条5号）。
　もとより、Cが解散したからといって直ちに法人格が消滅するわけではなく、破産手続における清算の目的の範囲内で、破産手続が終了するまで法人格が存続します（破産法35条）。
　本件において、Cの破産手続は財団不足により異時廃止となっていますが、本件建物という残余財産がある以上、清算はいまだ結了していま

せん。その場合は，破産手続の廃止後もなおCは法人格を有するというのが，実務の共通した取扱いのようです。

この点，破産手続によっても法人格は当然には消滅せず，清算の結了によって法人格が消滅するとした名古屋高裁平成21年6月30日判決（裁判所ウェブサイト・ジュリスト1388号54頁）が参考になります。

しかしながら，Cはもともと清算という目的の範囲内で法人格を有する存在であり，本件建物が財団放棄され競売も実施されなかったがために清算が結了せず，法人格が残っているにすぎません。すなわち，Cは「将来もし本件建物の買受人が現れた場合は売却して清算を結了させる」というだけの存在になってしまったと考えられます。

そうだとすると，買受人が出現する予定もないのに，建物に起因して第三者が損害を被る危険があるという理由で，Cに清算人を選任し管理義務を負わせることは，理論的にはともかく，実務的にはハードルが高いと思われました。

仮に，Cに管理義務を負わせるとしても，管理費用はどこから拠出するのかという現実的な問題もありました。

イ 破産管財人と管理義務

破産管財人の任務が終了した場合において，急迫の事情があるときは，破産管財人又はその承継人は，後任の破産管財人又は破産者が財産を管理することができるに至るまで必要な処分をしなければなりません（破産法90条1項）。

その趣旨は，破産管財人の任務が終了した場合において，後任の破産管財人又は破産者が財産を管理できる状態になるまでに急迫の事情が生じたときは，それまでの間，破産管財人に対し，破産財団，破産者及び利害関係人に損害を与えないよう，必要な応急処分を行う義務を定めたものであって，委任終了の場合の受任者の応急処分義務（民法654条）の趣旨を破産管財人に適用したものとされています（竹下守夫ほか『大コンメンタール破産法』381頁（青林書院，2007））。

また，ここでいう「急迫の事情」とは，任務を終了した破産管財人が直ちに何らかの措置をとらなければ，破産者又は破産財団に著しい不利

益や損害を与えるおそれがある場合をいうとされており，その例として，台風が接近していて破産財団に属する土地の擁壁が崩れるおそれがある場合が挙げられています（前掲）。

本件では，かつて破産財団に属していた建物からの落雪により第三者に損害が生じるおそれがあるので，まさに，破産法90条1項にいう「急迫の事情」がある場合に該当しそうです。そうだとすると，落雪により損害を被る恐れがある近隣住民が，破産管財人（であった）Dに対し応急処分を請求すること，若しくは，現実に損害を被った第三者が，Dに対し応急処分義務の不履行に基づく損害賠償を請求できることになるのでしょうか。

思うに，破産法90条1項の趣旨は，本来であれば他に事務を処理すべき者が存在する場合に，その者に事務を引き継ぐまでの間，応急処分義務を課したものと考えられます。しかしながら，本件における破産管財人Dは，解散し破産手続も廃止され，ただ建物所有権の帰属主体という意味のみにおいて存続するCに対しては，よもや建物管理という事務を引き継ぐこともできません。

となると，Dは，本件建物について応急どころか半永続的に処分義務を負わされることになりますが，それが破産法の予定する範囲とは考えられませんでした。

現実的にも，配当できるほどの破産財団が形成できなかったがゆえに破産手続が異時廃止となったにもかかわらず，その後，破産管財人であったDに対して，永続的に「費用をかけて落雪防止の措置を講じよ。」とか，「落雪により第三者が被った損害を賠償せよ。」というのは，余りに酷と思われます。私が破産管財人であったとしたら，それは勘弁してほしいというのが正直なところです。

この点，東京地裁の破産部は，土壌汚染や危険物の存在する不動産について，破産管財人報酬見込額を除いた財団財産の全てを投入しても土壌汚染の調査，除去に努めるべきであるとしているようですが，除去費用を破産財団で負担できない場合は，当該不動産を破産財団から放棄せざるを得ないと考えられています（第一東京弁護士会『破産管財の実務─

破産手続の基本と実際〔改訂版〕』522頁（きんざい，2010））。

　にもかかわらず，財団放棄後もなお応急処分義務を負うとなると，放棄すること自体が無意味になってしまいます（だから破産管財人には法人について不動産の財団放棄を認めるべきでない，とする見解もあるようですが）。

　これらを総合的に考えた結果，破産管財人が財団から放棄した建物については，そもそも破産法90条の適用はないのではないかと思い至りました。

(2) 落雪事故に関する損害賠償義務の所在

　以上は，本件建物の管理義務をまず措定し，その上で，管理義務違反があった場合に損害賠償義務を導くというプロセスに基づく検討でしたが，管理義務の所在を別論として，ひとたび事故が発生した場合に民法の工作物責任の規定に基づき直截的に損害賠償義務が発生することの可能性についても検討しました。

ア 工作物占有者の責任

　建物など土地の工作物の設置又は保存に瑕疵があることによって他人に損害が生じたときは，その工作物の占有者は，被害者に対してその損害を賠償する責任を負います。（民法717条1項本文）。

　そこで，本件において，工作物の占有者とは誰かということが問題となりますが，まず，個人であるBは，既に土地自体の使用許可を取り消され，しかも営業停止後は本件建物を放置し山を下りて生活しているので，到底，本件建物の占有者とはいえない状況にあります。

　また，株式会社Cは，かつて代表取締役Bという機関を通じて本件建物を占有していましたが，破産手続開始によりBとの委任関係は終了し（民法653条2号），清算人も未選任です。そもそも占有とは，物に対する事実上の支配であるところ，Cのように機関が全く機能していない法人については，占有はもとより「行為」全般を措定しえないのではないかと思いました。

　さらに，破産管財人Dは，本件建物を破産財団から放棄してその占有を解いているので，前述した破産法90条の問題は別としても，やはり占

有者にはあたらないといわざるを得ません。
　以上から，本件において，民法に基づく工作物占有者の責任を何人かに負わせることは困難ではないかと考えました。
イ　工作物所有者の責任
　前記アの場合に，工作物の占有者が損害の発生を防止するのに必要な注意をしたときは，工作物の所有者が損害を賠償しなければなりません（民法717条1項ただし書）。
　そこで，本件において，工作物責任を負うべき所有者とは誰か，ということが問題となります。
　Bが本件建物の所有者でないことは明らかであるとして，Cはどうでしょう。既に述べたように，破産手続開始によりCが解散したからといって直ちに法人格が消滅するわけではなく，破産手続の終了まで法人格が存続します。また，Cにつき破産手続が廃止されても，なお本件建物という残余財産があるときは，清算が結了したことにはならず，依然として法人格を有すると考えられます。
　占有が物に対する事実上の支配であるのに対し，所有は物に対する観念上の支配ですから，機関が全く機能していないCでも，本件建物の所有者ということは可能と思われます。本条に基づく工作物所有者の責任は無過失責任とされているので，過失による「行為」を措定する必要もありません。
　しかし，Cは，あくまで清算という目的の範囲内で法人格を有する存在です。そして，Cの清算手続は，本件建物の処分を除いて既に終了しています。そうだとすると，その後，本件建物の処分とは関係なく発生した落雪事故について新たな損害賠償義務を課すことが，はたして清算という目的の範囲内といえるのかという疑問があります。
　仮に，落雪事故について損害を賠償することが清算という目的の範囲内であったとしても，オーバーローンで財団放棄された建物以外には残余財産のないCに，賠償責任を負わせる実益はないでしょう。
　したがって，本件において，工作物所有者の責任を何人かに負わせることもまた困難と言わざるを得ません。

(3) 事務管理の規定に基づく管理継続義務の所在

このように，本件建物の管理責任，あるいは第三者に対する損害賠償責任を何人かに負わせることは，理論的にも実際的にもハードルが高そうだという現状を踏まえて，Aが，入会地全体を統括管理する入会団体としての道義的責任において，費用を拠出して本件建物に対して落雪防止の措置をとったとしましょう。

その場合，継続的に落雪防止の措置をとるべき義務，例えば，雪囲いが老朽化等により機能しなくなった場合にこれを交換する義務が，Aについて法律的に生じてしまうのかという疑問が生じます。

というのも，事務管理に関する民法の規定は，義務なくして他人のために事務の管理を始めた者について，本人が管理をすることができるに至るまで事務管理を継続しなければならないと規定しているからです（民法700条）。

まず，本件における事務管理の成否についてですが，その成立要件である「義務なく他人のために事務の管理を始めた」（同法697条）というときの「他人」とは，本件においては，本件建物の所有者であるCと考えられます。

しかし，繰り返し述べているように，Cは破産によって解散し，かつ手続廃止によって法人格も消滅すべきところ，本件建物が残ってしまったために，その所有権の帰属主体として辛うじて法人格を有しているにすぎません。それでもなお，Cのためになる「事務」というものを観念することができるのでしょうか。

確かに，Cは積極的な事業活動をなしえない存在ですが，将来，清算を結了させるために本件建物を売却処分する可能性は残されています。そうだとすると，本件建物に落雪防止の措置を施すことは，本件建物の売却という観点から有益な行為，ひいてはCのためになる「事務」であるとして，事務管理が成立する余地があるかもしれません。

仮に事務管理が成立するとなると，Aは，ひとたび雪囲いを設置して落雪防止の措置をとってしまった以上，事務管理者の管理継続義務に基づき，これを定期的にメンテナンスする義務が生じる可能性があります。

よかれと思って行った結果，以後，継続的な義務を法的に負わされてしまうのは誠に理不尽な気もしますが，さりとて，管理継続義務を明確に否定することにも躊躇を感じます。

4　実際の解決までの実務

今まで検討してきたように，破産手続廃止後の法人所有となっている建物につき何人かに管理義務を負わせること，また仮に建物からの落雪により第三者が損害を被ったとして，何人かに損害賠償義務を負わせることは，理論的にも実際的にも難しいと思われました。

とはいえ，本件土地を含む一帯の土地を入会地として統括管理するAが，落雪による事故の発生を明確に予見していながら何の対策もとらなかったとなると，事故が発生した場合に道義的な非難を浴びることは必至でした。

以上を踏まえて，私は，Aに対し「仮に雪囲い等の落雪防止措置をとっても，その費用を破産者・破産管財人等に負担させることは難しい。他方，落雪防止措置をとらずに事故が発生した場合，損害を被った者は賠償を求めることすら厳しい。すなわち『落雪防止措置の費用負担という経済的損失』と，『万一事故が発生した場合の道義的非難』のいずれを甘受するかという二者択一の問題になるだろう。前者を選択した場合，事務管理が成立し，以後，雪囲いを定期的にメンテナンスする法的義務が生じる可能性もある。」と助言しました。

これに対し，Aは前者を選択しました。つまり，費用を投下して雪囲いを設置し落雪を防止しつつ，その費用については誰にも請求することなく財団法人の支出として計上したのです。

また，今後，雪囲いが老朽化するなどして機能しなくなった場合も，費用を投下してこれを交換することはやむを得ないということでした。

5　おわりに（本件を振り返って）

本件において，依頼者であるAは，入会団体としての立場上，落雪による事故を未然に防がなければならず，そのためには自らの費用負担も辞さないという事情がありました。

つまり，何人かに対して本件建物の管理義務，あるいは落雪事故に関する損害賠償義務を帰属させることが理論的に可能であるとしても，事故が発生するまで事態を放置することもできず，その意味で，Aの対応方針は最初から決まっていたようなものでした。

しかし，参考文献や参考判例がほとんどなかったこともあって，法的問題の分析・検討は困難を極めました。Aに対する説明は概ね上記のとおりでしたが，今でも，プロセスや結論がこれで正しかったのか甚だ心許ない限りですし，余りに保守的な助言ではなかったかと，今でも思い悩んでいる部分もあります。

とはいえ，私の拙い検討が，今後，似たような問題に逢着された方にとって何らかの指針となれば望外の幸せです。

【プライバシー保護のため事例の内容は変えております。】

事例14　会社更生法48条２項の制限の範囲を超える相殺の可否

事例 14　会社更生法48条２項の制限の範囲を超える相殺の可否

会社更生手続の開始申立てをした会社が賃貸人となっている事務所の賃貸借契約において，賃借人が主張した，保証金返還特約に基づく保証金返還債務と賃料債務との相殺の可否が争われた事例

● 概要図

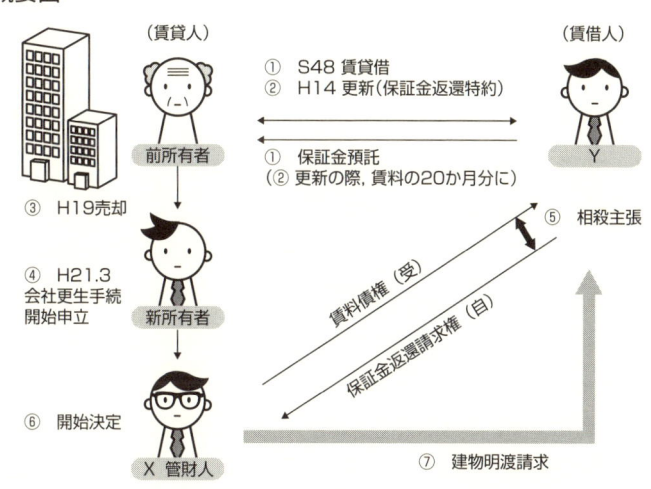

（賃貸人）
前所有者
① S48 賃貸借
② H14 更新（保証金返還特約）
保証金預託
（② 更新の際，賃料の20か月分に）
（賃借人）Y

③ H19売却

新所有者

④ H21.3 会社更生手続開始申立

⑥ 開始決定
X 管財人

賃料債権（受）
保証金返還請求権（自）
⑤ 相殺主張
⑦ 建物明渡請求

はじめに

　オフィスビルの賃貸借契約においては，住居の賃貸借契約における敷金とは異なり，賃借人から賃貸人に対し，月額賃料と比較して多額の保証金が預託されることが一般的です。そのような場合において，賃貸人に信用不安が生じるおそれがあるときに，保証金の返還に関する特約が締結されることがあります。本件では，従前の賃貸人の会社の経営が思わしくないという話があったことから，賃貸借契約の更新に際して，賃借人から賃貸人に預託される保証金を月額賃料の20か月分とし，一定の信用不安が生じた場合に保証金のうち月額賃料の18か月分を返還する旨の特約が締結されました（なお，残り２か月分の賃料については，賃貸借契約書上，明渡時に償

145

却される旨の規定があります。)。その後，従前の賃貸人が本件ビルを売却し，新しく賃貸人の地位を承継した買主も，リーマン・ショックの影響を受け，会社の経営が困難となり，会社更生手続の開始申立てを行いました。その際，賃借人から本件特約に基づき保証金の返還請求権を自働債権とし，賃料請求権を受働債権とする相殺が主張され，賃借人から賃貸人に賃料が支払われなくなりました。私が，賃貸人である更生会社の管財人代理として，かかる相殺の効力を認めずに，賃借人に対し賃料の不払を理由とする明渡請求訴訟を提起した事例を紹介しながら，実際にどのような解決がなされたか，ご説明していきたいと思います。

1 事例の概要

(1) 保証金の返還に関する特約が締結された経緯

本件ビルは，目黒区の首都高速中央環状線沿いに位置する9階建てのビルであり，前所有者が昭和48年に本社ビルとして建築し，子会社とともに同居していたオフィスビルになります。上場会社である賃借人も，前所有者と関連があったことから，本件ビルの建設に伴い本社を本件ビルに移転しました。契約した当時に，賃借人から賃貸人に預託されていた保証金が賃料の何か月分かは分かりません。ただ，平成元年頃のバブル景気時には，賃料も今より高かったのですが，現在の保証金の倍近い金額の保証金が預託されていたとのことです。その後，バブル景気がはじけ，賃料が大幅に下落するとともに，賃借人からの要請により，預託されていた保証金も減少することとなりました。平成14年の契約更新の際には，保証金は月額賃料（金約450万円）の20か月分に減らされるとともに，特約として「賃貸人に手形・小切手の不渡り，差押え，保全処分，破産・和議・会社整理等の申立てなど信用不安を生じた場合には，賃借人の請求により，賃貸人は直ちに保証金のうち月額賃料の18か月分に相当する額を賃借人に返還するものとし，賃借人はその賃料・共益費の支払債務をもって対当額に至るまで相殺することができる」ことを賃貸人は約束させられました。

(2) 賃貸人が更生会社に変更され，更生会社が会社更生の申立てをするに至った経緯

　不動産会社であった更生会社は，平成19年に，バブル経済の崩壊から経営不振に陥っていたビルの前所有者から本件のビルを買い取り，賃借人に対する賃貸人たる地位を承継しました。ところが，その後，更生会社も平成20年秋のリーマン・ショックの影響を受け，会社の経営が苦しくなり，平成21年3月に東京地方裁判所に会社更生手続開始の申立てを行い，同月31日に同裁判所より更正手続開始決定が発令されました。

(3) 賃料の未払による解除を理由に更生会社から建物明渡請求訴訟が提起された経緯

　更生会社の経営が厳しいことを風評として聞いていた賃借人は，平成21年2月分の賃料を支払いませんでした。その後，賃借人は，同年3月分の賃料は支払ったものの，保証金の返還に関する本件特約を主張して，保証金返還請求権と賃料の18か月分を相殺する旨を3月中旬に通知してきて，同年4月分以降の賃料を支払いませんでした。当初は，別の管財人代理の弁護士が，賃借人と連絡を取っていましたが，すぐに賃借人の代理人の弁護士が対応するようになり，本件特約に基づく相殺の有効性について電話で話をしましたが，話は平行線を辿ったままとなりました。そこで，更生会社としては，賃借人に対し，同年7月3日付け通知書において，同月15日までに滞納賃料全額を支払わないときは，賃貸借契約を解除する旨の最終通知をしましたが，その後も賃借人が滞納賃料の支払をしなかったことから，私が更生会社の本件の担当者として加わり，賃借人に対する明渡請求訴訟を提起し，進めることになりました。

> **本相談のポイント**
> ① 保証金返還請求権を自働債権とする相殺が認められるか否か。
> ② 賃貸借契約が存続しているにもかかわらず，保証金の返還債務を発生させる旨の特約が有効か否か。
> ③ 会社更生手続開始の申立てを理由として，保証金について直ちに

> 返還債務を発生させる旨の特約が有効か否か。
> ④ 賃料の6か月分を超えて賃料債権との相殺を認める特約が有効か否か。
> ⑤ 会社更生手続の開始決定の前に相殺が主張されていた場合には，会社更生法48条2項の規定が適用されるか否か。

2 受任に際しての注意点

私が本件の処理に際して留意したのは，以下の諸点でした。

(1) 特約が締結された経緯

賃借人は，本件の保証金の返還に関する特約は，既に平成14年当時バブル経済の崩壊に伴い，経営不振に陥っていた本件ビルの旧所有者が，保証金の減額に応じることができないことの代替措置として，自ら積極的に提案してきた条件であり，その特約の存在を十分認識した上で旧所有者から本件ビルを購入した更生会社は特約に拘束され，その無効を主張できないと主張していました。

しかしながら，既に本件ビルの旧所有者である会社は存在しておらず，具体的に本件の特約が締結された経緯を調査することはできない状況でした。もっとも，私は，一般的に考えれば，本件ビルの旧所有者が積極的に自らにとって不利になる本件の特約を提示したと考えられず，保証金の減額交渉の中でやむを得ず，本件の特約に応じることになったと考える方が合理的であると考えました。

しかも，更生会社が本件ビルの旧所有者から賃貸人たる地位を承継し，本件の特約も承継したとしても，管財人は，更生会社とは異なる第三者性を有していますので，私としては，本件の特約の有効性について争うことには問題がないと考えました。

(2) 保証金返還事由の制約

本件では，賃借人は，更生会社が会社更生手続開始の申立てをしたため，保証金返還に関する本件の特約に該当するとして，保証金返還請求権と賃

料とを相殺する旨の通知をしました。

民事再生手続や会社更生手続の開始を申し立てることが，契約の解除事由であったり，期限の利益の喪失事由であったりする特約が締結されることがよくあります。確かに，契約自由の原則を重視すれば問題ないとも考えられますが，このような特約が一般化してしまえば，重要な契約が解除されたり，期限の利益を喪失したりすることにより，会社の再生や更生が不可能になってしまうことが生じます。本件では，期限の利益の喪失を定めるものではなく，保証金の返還に関する条件の成就を定める内容の特約がされています。私としては，これらの特約の有効性は，法が民事再生や会社更生といった手続を定めていることの趣旨や目的も踏まえて判断しなければならないと考え，その有効性は疑問であると考えました。

(3) **敷金の本質との齟齬**

本件では，20か月の保証金のうち18か月分について，特約により期限の利益を喪失して直ちに返還することとされています。賃借人は，2か月分の保証金が残っているので，保証金を減額するものであると主張していますが，残り2か月分については償却することが予定されていますので，実質的には敷金としての性質を有する保証金について，明渡し前に全額返還する旨の内容になっています。そうだとすれば，本件の特約は，敷金返還請求権について，賃借物件の明渡しを条件として発生するという伝統的理論に反する内容となっていますので，このような特約が有効か否かについても議論の余地があると考えました。

(4) **本件の処理をめぐる経済的な背景**

本件では，更生会社は賃貸借契約の解除を主張して，貸室の明渡しを求めていますが，リーマン・ショック後の不動産不況の中では，仮に賃借人から明渡しを得られたとしても，新たに賃借人を見つけることは容易ではありませんでした（特に，本件ビルは耐震補強等の工事をしている途中で更生会社の更生手続が開始されたことから，工事が中断してしまっていたため，尚更，新たな賃借人を見つけることが難しい状況にありました。）。他方で，賃借人側でも，本社として使用している本件貸室を明け渡して他のビルに移転することにした場合には，原状回復費用や移転費用で多額の経費が発生するこ

とが予想されました。本件のように，賃料や保証金を争う事件においては，双方の折り合いがつくのであれば，判決で白黒をつけなくても，経済的には双方が利益を得るような解決が可能という事案も少なくはありません。私としては，本件では特に何とか話合いをつけられればと考えていました。

3 法的問題点の考察

(1) 保証金返還請求権を自働債権とする相殺の可否

敷金の法的性質については，賃貸借契約締結に際し，賃貸借契約が終了し，家屋の明渡しがなされるまでに生じた一切の損害金等を担保するために，賃借人から賃貸人に預託される金員であり，その返還請求権は，明渡しの時に，賃貸人としての一切の債権を控除し，なお残額があることを停止条件として，その残額につき発生することになるとされています（通説，最判昭48・2・2民集27巻1号80頁）。

したがって，停止条件付債権である敷金返還請求権は，会社更生手続においては，債権届出期間満了前に明渡しが完了し，条件成就により相殺適状にならなければ，これを自働債権として相殺することはできません（会社更生法48条1項）。民事再生手続の場合も同様です（民事再生法92条1項）。いずれの場合にも，円滑な賃料の弁済を促し，事業資金を確保するために，開始決定後に弁済金の到来する債務について弁済をしたときは，賃料の6か月分に相当する額の範囲内で，弁済額を上限として，敷金返還請求権が共益債権化されます（会社更生法48条3項，民事再生法92条3項）。

敷金返還請求権を自働債権とする相殺が認められないことは，破産手続の場合も同様ですが（破産法67条2項本文参照），破産手続では，賃借人が賃貸人である破産者に対し賃料債務を弁済した場合には，後日行う相殺の実効性を確保するために，破産債権額の限度で弁済額の寄託を求めることができるとされています（破産法70条後段）。

したがって，私は，本件の特約は，このように，敷金としての性質を有する保証金返還請求権について，これを自働債権とする相殺が認められないことから，これを回避するために，一定の場合に保証金返還請求権の発生を現実化させ，保証金返還請求権と賃料債権との相殺を認めることを可

能にしようとしたものであると考えました。

(2) 明渡し前に保証金の返還を認める特約の有効性

本件の特約が上記趣旨からなされたものであったとしても，本件では，20か月分の賃料相当額のうち18か月分が特約により返還されるものとされ，残り2か月分は償却が予定されていますので，賃貸人が有する賃料その他の損害金等に対する担保は一切なくなってしまうことになります。

契約自由の原則の下では，保証金の返還に関してかかる特約をすることも許されるとも考えられますが，通説・判例によれば，敷金返還請求権は，明渡しの時に，賃貸人としての一切の債権を控除し，なお残額があることを停止条件として発生するものとされていますので，明渡し前に返還を認めることは，敷金の本質からして許されないという考え方もありえます。私とともに本件を担当していた管財人代理の弁護士はこのように考えていました。

賃借人は，かかる批判も踏まえて，月額賃料の20か月分の保証金のうち，18か月分について返還することにしており，残り2か月分についてはまだ敷金として残存しており，明渡し後償却されるにすぎないと主張していました。たしかに，保証金の減額等を考えれば，保証金の一部を返還することには何ら問題がないと思われますが，私たちは，本件の特約に関し，賃借人がかかる主張をすることに対しては，余りに形式的な捉え方であり，実質的に見れば，保証金を全額消滅させていることには変わりはないと考えていました。

(3) 会社更生手続の開始申立てを保証金返還事由とする特約の有効性

賃貸借契約のみならず，各種の契約において，倒産手続の開始申立てが当該契約の約定の解除事由とされていることがあり，倒産解除条項といわれています。倒産解除条項については，その有効性が問題になることが多く，倒産手続の種類，契約内容，契約の目的物の属性等を考慮して個別的にその有効性を解釈することになりますが，一般的には再建型の倒産手続では倒産解除条項の有効性が否定され，清算型の倒産手続では倒産解除条項の有効性が肯定される傾向にあります。

所有権留保付動産売買の事案ですが，会社更生手続の開始申立てを解除

事由とする特約について,「利害関係人の利害を調整しつつ窮境にある株式会社の事業の維持更生を図ろうとする会社更生手続の趣旨,目的を害するものであるから,その効力を是認しえないものといわなければならない」として,その有効性を否定した最高裁判例があります(最判昭57・3・30民集36巻3号484頁)。また,ファイナンス・リース契約の事案ですが,民事再生手続の開始申立てを解除事由とする特約について,民事再生手続の趣旨,目的に反するとして,その有効性を否定した最高裁判例もあります(最判平20・12・16民集62巻10号2561頁)。

　他方で,破産手続においては,一般に破産手続開始申立てを解除事由とする特約は有効とされていますが,賃借人保護の観点から,賃借人の破産手続開始申立てを賃貸借契約の解除事由とすることは認められていません。

　本件では,倒産解除条項ではなく,倒産手続の開始申立てにより,保証金の返還に関する停止条件の成就があったものとして,その返還請求権を直ちに発生させる旨の特約の有効性が問題となっています。類似の条項としては,倒産手続の開始申立てにより,期限の利益の喪失を認める特約があります。

　一般的には,債務者の倒産手続の開始申立てを理由として,このような条件成就や期限の利益の喪失を認める特約も,債権回収の手段としてその有効性が承認されるべきものですが,倒産解除条項と同様に,倒産手続の種類,契約内容等により,当該倒産手続の趣旨に反するような場合には,安易にその効力を認めるべきではありません。私も,債権者間の平等性を維持するためにも,当該特約の有効性については慎重に判断する必要があると考えました。

　具体的には,会社の事業の維持更生を図るために,更生債権者,担保権者その他の利害関係人の利害を適切に調整することが必要な会社更生手続においては,これらの特約が無効とされることも多いと考えられます。別除権者には再生手続によらない権利の実行が許されている民事再生手続の場合には(民事再生法53条2項),これらの特約を無効とする必要性は会社更生手続の場合よりは乏しくなるとも考えられますが,それでも民事再生手続の趣旨や目的と矛盾するものではないか検討の余地はあるといえます。

他方で，破産手続の場合には，期限の利益喪失特約を認めたとしても，財産の適正かつ公平な清算を図る破産手続の趣旨，目的に反するものとまではいえないことが多いと考えられます。
　私は，本件における保証金の返還請求権の特約で，破産手続や和議手続（民事再生法施行前であったため）の開始申立てについては列挙されていましたが，会社更生手続については記載がされていなかったのは，そのような各種倒産手続の違いを考慮してのものではないかと考えました（本件では，賃借人は上場会社ですし，賃貸人自身は上場していませんが，その子会社は上場しているほどの会社ですので，双方の弁護士が賃貸借契約書を確認して作成していた可能性は高いです。）。
　そこで，私は，会社更生手続の場合については保証金返還事由に該当していないことを主張し，賃借人は，「破産・和議・会社整理等の申立てなど信用不安を生じた場合」の「等」に会社更生手続が含まれる旨主張し，保証金返還事由に該当するか否かが争われました。

(4) **会社更生法48条2項の期間を超えて相殺を認める特約の有効性**
　仮に，会社更生手続の開始申立てが保証金返還事由に該当するとして，本件特約に基づき，保証金返還請求権と賃料とを相殺することが認められたとしても，会社更生法48条2項において，更生債権者等が更生手続開始の当時に更生会社に対して負担する債務が賃料債務である場合には，更生手続開始決定後に弁済期が到来する賃料債務について，更生手続開始の時における賃料の6か月分に相当する額を限度として，債権届出期間内に限り，更生計画によらずに相殺できるとされていますので，私は，同項との関係が問題になると考えました。
　賃借人は，この点について，会社更生法48条2項が相殺の範囲を賃料の6か月分に限定している趣旨は強行規定ではなく，特約により拡張することが可能であると主張しました。
　しかしながら，私は，同項の趣旨は，会社の事業の維持更生を図るという会社更生法の目的から，賃料が相殺されることにより，更生会社としては収入が実質的に得られなくなるにもかかわらず，会社の財産を利用させる結果となってしまうことから，同項により，受働債権とすることのでき

る賃料債務の範囲について制限を設けたものと考えています。かかる趣旨からすれば，賃借人が主張するように，賃料の6か月分を超えて相殺を認めることは，賃貸目的財産の収益の確保を図った同項の趣旨に反し，許されないと考えることになります。

(5) 会社更生手続の開始決定前にされた保証金返還請求権と賃料債権との相殺の効力

会社更生法48条2項との関係は上記のとおりですが，そもそも同項は会社更生手続開始決定後の相殺についての規定になります。賃借人は，本件では会社更生手続開始申立後ではあるものの，開始決定前の保全期間中に相殺の主張をしたとして，本件では同条項の適用がないと主張して争いました。

私は，その時点では将来の賃料はまだ発生しておらず，相殺適状にはなっていないと考え，民法上の相殺ができない旨反論しました。もっとも，この点，賃料について将来の債権ではなく，期限付き債権として発生していると考えれば，期限の利益を放棄して相殺することが可能となります。

そこで，私とともに本件を担当していた管財人代理の弁護士は，更生手続の保全期間中には，会社更生手続開始の申立てに伴い，強制執行，仮処分，仮差押え，担保権の実行等を禁止する包括的禁止命令が出されているので，これらにより弁済を受けるのと同様の効力を生じる相殺の主張もそもそも禁止されているのではないかという反論も考えていました。

4 実際の解決までの実務

裁判においては，前項の(1)から(5)までの法的問題点について，双方から主張と反論が繰り返されました。

会社更生手続開始の申立てを理由とする期限の利益喪失特約が認められるかどうかは微妙なところがありましたが，本件では，特約において会社更生手続開始の申立てが明記されていないことから，本件の特約に基づき，保証金返還請求権が発生するかどうかは更生会社に若干有利な面がありました。

また，仮に，本件の特約に基づき，保証金返還請求権が発生したとして

も，それにより賃料と相殺しうる範囲は会社更生法48条2項により6か月分に制限されるのではないかという点についても，更生会社としては強く主張しました。

　他方で，リーマン・ショック後の不動産不況の状況下で，そして，前述のとおり本件ビルが耐震補強工事を中断したままであることも踏まえ，賃貸人としては新たな賃借人を見つけることが困難であることが予想されましたので，私は強行に解除を主張する必要はなく，和解による解決の可能性を探していました。

　そこで，事後的であっても，賃料が支払われるのであれば，当初から約定どおりに賃料が支払われていた場合と経済的に変わりはないとして，和解により月額賃料の6か月分について会社更生法48条3項で認められている共益債権として扱う方向で交渉を始めました。しかしながら，賃借人からは，その条件だけでは，賃貸人として経済的に譲歩しているといえないのではないかとの主張がありました。

　会社更生手続の趣旨からすれば，実質的に敷金について全額相殺が認められ，賃料が支払われないような特約には問題があることを理解して，裁判所は和解に協力的であり，賃借人も本社を移転することになるので，本件ビルから移転したくはないとの意向は有していたことから，積極的に和解の調整が行われました。

　本件では，更生計画による一般更生債権者に対する弁済率は僅か数パーセントに留まることが予想されたので，私は，解決金的な趣旨で，月額賃料の2～3か月分の金額について相殺を認める方向で更生裁判所と協議を始めました。

　しかしながら，賃借人からは，月額賃料の2～3か月の譲歩では和解できないとの話があり，和解の話合いが進みませんでした。そのような状況で，裁判所から，会社更生法48条2項について，受働債権である賃料債権は，まだ発生していない将来の債権であり，相殺適状にはないものを同項で拡張したものか，期限付き債権として既に発生しているものであり，本来，期限の利益を放棄して無制限に相殺することが可能なものかを検討してほしいとの依頼がありました。その点については，学説の中にも争いが

あることが明らかとなり（民事再生法92条2項についての議論であるが，八田卓也「倒産実体法の規律に関する理論的考察―特に，賃貸人倒産の場合の賃借人の賃料債務と敷金の扱いを中心に―」（ジュリスト1349号）の50頁以下が詳しい。），双方が更に譲歩することとなりました。

その上，数字を丸めるなどの作業をした結果，最終的には約4.8か月分の賃料について解決金的な趣旨で実質的に相殺を認める代わりに，支払が留保されていた残りの約13.2か月分の賃料を支払ってもらい，2か月分の賃料の償却は行わないことで和解が成立しました。また，保証金のうち賃料の6か月分については共益債権化されることになりましたが，現実化するのは明渡し時ですので，更生会社が窮境を脱した後になりますし，更生会社としては滞納賃料の大部分を回収することにより，弁済原資を得ることができ，共益債権化されなかった保証金については，更生計画により僅か数パーセントの弁済率である一般更生債権に権利変更されることになりました。

5 おわりに（本件を振り返って）

倒産手続の開始申立てがあった場合に，これを契約の解除事由としたり，期限の利益喪失事由としたり，本件のように条件成就の事由とする特約が付されていることがあります。

倒産手続において，これらの特約をどのように取り扱うかは難しい問題ですが，契約自由の原則を前提に安易にその特約の有効性を認めてしまうと，倒産手続の趣旨や目的が達せなくなってしまうことがあります。

特に，再建型の倒産手続においては，会社の事業の維持更生を目的としており，多数の利害関係人の利益を調整することが必要になります。債権者間の平等を図ったり，事業を維持して従業員を保護したりするためには，特約の効力について慎重に検討をしなければなりません。

他方で，理論的な問題にばかり拘泥してしまうと，多数の利害関係人の利益の調整が困難になってしまう事態にもなりかねません。そのような特約を締結した相手方も，言わば，利益の調整を図るべき利害関係人であると考えれば，法的問題点を十分に検討した上で，双方が利益を得られるよ

うな解決ができることが何よりです。

　本件では、オフィスビルの空室率が高くなっていた時期であり、耐震補強工事中に工事が中断されてしまったビルであったことからすると、更生会社としては優良なテナントを維持できたという点でメリットがあり、他方で、賃借人としても30年以上もの間本社を構えてきたビルから移転しないで済んだという点で有形無形のメリットがありました。私としては、更生会社に十分有利な内容で和解が成立したという点で、ほっとした事案でした。

【プライバシー保護のため事例の内容は変えております。】

COLUMN

コラム⑨
破産会社の根抵当権登記がされている不動産の売却

　ある会社が所有する不動産を売却しようとしたところ、かつての取引先の会社が根抵当権を設定していたことが分かりました。ところが、その会社は既に倒産して破産手続も10年以上前に終了していました。そこで、破産管財人を務めた弁護士に連絡を取ってどうしたらよいか相談しました。

　その弁護士によると、破産手続当時も取引はなく債権がなかったようなので根抵当権の存在も知らずに破産手続は終結したとのことでした。仮に当時債権が残っていたとしても、既に破産手続が終了してから10年以上経っているので消滅時効が成立しており、被担保債権がないことは明らかです。

　そこで、破産管財人から裁判所に対して事情を説明する報告書を提出して、既に終結した破産会社の管財人証明書を発行してもらい、根抵当権設定登記契約の合意解除証書を作成し、これにより根抵当権登記を抹消して、不動産を売却することができました。

第4章
不動産執行・保全処分に関する事例

第4章 不動産執行・保全処分に関する事例

事例15 法定地上権消滅請求と断行の仮処分

法定地上権消滅請求と断行の仮処分（いわゆる満足的仮処分）に関する事例

●概要図

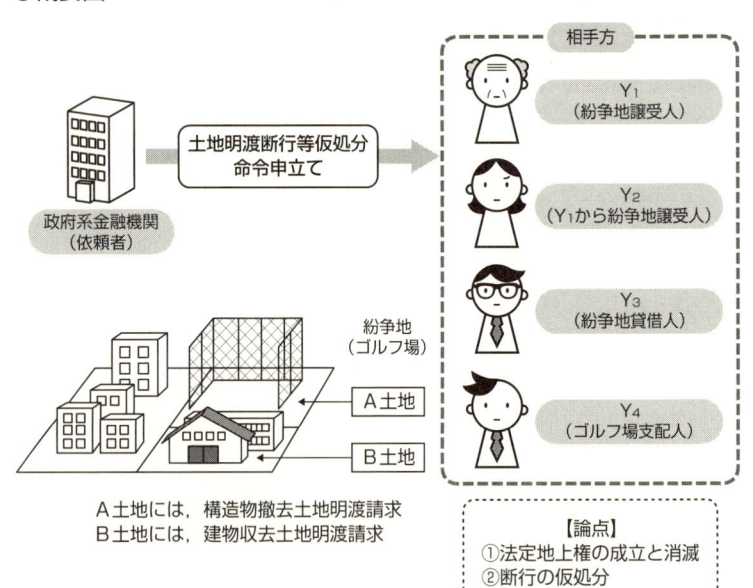

政府系金融機関（依頼者）→ 土地明渡断行等仮処分命令申立て

紛争地（ゴルフ場）
A土地には，構造物撤去土地明渡請求
B土地には，建物収去土地明渡請求

相手方
- Y₁（紛争地譲受人）
- Y₂（Y₁から紛争地譲受人）
- Y₃（紛争地貸借人）
- Y₄（ゴルフ場支配人）

【論点】
①法定地上権の成立と消滅
②断行の仮処分

はじめに

　本件は，バブル経済崩壊直後，私が政府系金融機関の顧問に就任した際の事件です。

　法律論としては単純な明渡請求事件と思われるかもしれませんが，政府系金融機関に持ち込まれるまでの経緯が複雑で，従来の金融機関では解決が難しかった事案です。特に関係する当事者の方々が「その業界で有名な……」，「新聞報道で有名な……」，「日本一の……」という形容詞が付けられることのある特殊事案です。

そもそも「不動産担保金融」という言葉が通常通用するのかどうか知りませんが，当時言われた「不動産担保金融」を業とされる方々との紛争でありました。当時の資料は膨大なものになりますが，法律論に限ってご紹介することにします。

いずれにしましても論点が多岐に及びますので単純化して論を進め，「法定地上権の成立と消滅請求」及び「断行の仮処分（満足的仮処分）」を中心に説明しようと思います。

1 事例の概要

(1) 当初の根抵当権設定

ある地方の開発業者がマンション用地として入手するため，都市銀行から約30億円の融資を得て，本件土地約１万坪強を入手しました。都市銀行は第１根抵当権者として，これらの土地及び主要な建築物については担保設定をしましたが，今回の紛争地に所在する建物群（未登記建物や倉庫があるため，以下「建物群」といいます。）についてのみ根抵当権の設定をしませんでした。全体の土地についても問題は多々起きましたが，今回紹介する事案は，この根抵当権設定から洩れた建物群により生じたものに限ります。

紹介する事案の紛争地は，全体の土地の半分近くを占めております。主要な会社建物や豪壮な建築物が所在する土地部分とは異なり，本紛争地は，従来ゴルフ練習場として利用されていましたが，根抵当権設定時には閉鎖されていたこと，当時の占有者と開発業者との間で即決和解が成立し明渡しの合意もなされていたこと，かつ未登記の建物・倉庫があったこと等から，結果として，ゴルフ練習場の付属建物，クラブハウス等の建物群について根抵当権が設定されなかったのです。

本紛争地は，ある地方の県庁所在地にあり，根抵当権の設定された豪壮な建物の窓からは，眼下に100万人の市街地が広がり，遠くには歌に歌われる川面がきらきらと輝き，見事な絶景が広がっておりました。

(2) 根抵当権設定後の経緯
ア　ゴルフ練習場関係施設の移転
　　ここからは根抵当権設定後，再度ゴルフ練習場として利用され始めた本紛争地に限定して，その変遷を辿ります。
　　前項の都市銀行の根抵当権設定後，バブル景気が崩壊しました。その影響を受けて，マンション開発計画は取止めになったようです。開発業者は，本紛争地を含む全土地の所有権を関係会社に移しました。ゴルフ練習場の施設及び設備一切と営業権は，幾度か譲渡された後，他の根抵当権未設定建物群とともに今回の紛争相手（以下「Y_1」といいます。）に譲渡されました。Y_1は，全体土地だけでなく，上記ゴルフ練習場再開にも関与していたと考えられていますが，未登記建物については保存登記をし，その他の建物群を含めて所有権移転登記の手続を終え，自己名義にしました。
イ　競売の申立てと建物収去・土地明渡等請求訴訟
　　上記経緯に納得できなかったのか，都市銀行は根抵当権に基づき競売の申立てをしました。上記競売に入札したのは，劣後して抵当権設定をしていた地方銀行であり，全体土地を20億近い金額で落札しました。当時の報道によりますと，何らかの思惑があったと種々言われておりますが，落札した地方銀行は，結局Y_1に対し建物収去・土地明渡等請求訴訟を提起したのです。
ウ　訴訟承継
　　本訴訟の終末になって，本事案の依頼者となる政府系金融機関に本訴訟が承継されました。結果は敗訴。本件ゴルフ練習場に関係する紛争地全体に法定地上権の成立が認定されました。この後の処理についても，私の前任者にて処理されたことでありますので，経緯を述べるのみとします。
　　論争は控訴審に移りました。しかし，地方銀行の入札した競売手続においては，ゴルフボールの飛球方向，つまり鉄柱とネットで囲まれた土地（以下「ゴルフボールの飛ぶA土地」といいます。）には法定地上権が成立しないことを前提とし，ゴルフ練習場のクラブハウス，練習場の打席

となっている付属建物そして駐車場部分の土地（以下「クラブハウスのＢ土地」といいます。）についてのみ法定地上権の成立を認め，その範囲で価格評価がなされ，競売されていたのです。

　前任者の必死の努力が実ったのでしょう。

　控訴審による認定は，競売評価の際に認定された法定地上権まで減縮されました。上告後控訴審判決は確定する（以下，この判決を「前任者控訴審判決」といいます。）のですが，法定地上権は，クラブハウスのＢ土地のみに成立することとなり，ゴルフボールの飛ぶＡ土地（面積割合としては本紛争地の３分の２）に関しては，明渡執行が可能な債務名義が取得されたのです。

エ　第一審判決と前任者控訴審判決の内容

　二つの判決で法定地上権の成立範囲が異なりますが，今後の法的判断をする際にその論拠が重要になります。ゆえに，二つの判決の主要部分を引用しておきます。

「第一審判決」

　「本件根抵当権設定当時，本件土地と本件各建物の所有者は同一であった。」

　「土地につき抵当権を取得しようとする者は，現実に土地を見て地上建物の存在を了知し，これを前提として評価するのが通例であり，競落人は抵当権者と同視すべきものであるから，建物につき登記がされているか，取得者が取得登記を経由しているか否かにかかわらず，法定地上権の成立を認めるべきである」。「本件競売によって所有者が異なることになった」。法定地上権の制度は「建物を存続させてその社会的効用を全うさせるという公益的理由を基礎とする」から「その成否は抵当権設定当時の土地及び建物の客観的状況に基づいて判断される」。

　「必ずしも建物の敷地のみに限定されるものではない」から「本件土地の全部につき，本件各建物のため法定地上権が成立する」。

「前任者控訴審判決」

　「法定地上権の及ぶ土地の範囲は，法定地上権制度が土地上の建物

を保護するという公益的要請と抵当権設定当事者の合理的意思を基礎とする」。「そして，本件建物も，ゴルフ練習場経営目的のために必要な施設であることはいうまでもないが，それは，右経営目的のために従として使用されるにすぎない施設であると認められる」。「このような施設にすぎない本件各建物を保護するために必要とする法定地上権の範囲は，その制度の趣旨に鑑み，先に説示した部分で十分である」と認定しました。限定した範囲，つまりクラブハウスのＢ土地のみに法定地上権の成立を認め，営業が可能となるゴルフ練習場の使用は認めなかったのです。

オ　地代確定訴訟

地代の確定訴訟までは前任者がしております。

記録をみておりますと，地代確定訴訟提起時から最高裁で確定するまで２年以上を要し，鑑定書だけでも２通，不動産鑑定士の先生が３名登場しております。

ちなみに控訴審が認定した地代金額は月額80万円近くであり，地方銀行が競落してからの地代合計金額は最低でも数千万円をはるかに超えます。

本相談のポイント

① 依頼者の基本方針

政府系金融機関には，紛争案件の処理について基本方針があります。紛争解決の前提として，適正な法の執行を目的としております。例えば，当時騒がれた「占有屋」と称される方々と談合することは，結果として違法を認めることになりますので許されておりません。

ゆえに，確定した法定地上権の範囲においてはその利用権を認めるとしましても，ゴルフボールの飛ぶＡ土地については，最終的には確定した前任者控訴審判決の債務名義で明渡執行ができるかどうかが論点となります。

② 前任者控訴審判決の債務名義

クラブハウスのＢ土地については，地代の支払請求が必要です。

支払がなされない場合には，法定地上権の消滅請求をすることになります。法定地上権が消滅するなら，新たな債務名義を取得するため，クラブハウスのＢ土地における建物収去土地明渡請求訴訟の提起が必要になります。

　その前提として，ゴルフ練習場の営業を止めてしまわないと徹底抗戦が予想されます。結論として，ゴルフ練習場の営業を止めるためには，ゴルフボールの飛ぶＡ土地について明渡執行ができるかどうかという前項と同様の論点になります。

　結論として，前任者控訴審判決の債務名義で，ゴルフネットを支える鉄柱等の除去に関する強制執行ができるかどうかが問題になります。つまり鉄柱等が定着物かどうか，不動産だとするなら，確定した前任者控訴審判決の債務名義では足りません。前任者は著名な弁護士の方々でしたが，どうして半端な訴訟追行になったのか何度か聞きたいと思いました。

　この論点は，「3　法的問題点の考察」に譲ります。

2　受任に際しての注意

　私が受任に際して注意したのは以下の諸点でした。

(1)　**チーム造り**

　依頼会社の私の担当部には，日本のトップ企業から多くの社員が派遣されていました。したがって，不動産，金融の専門家は大量に在籍していました。警視庁からも派遣されていたほどでしたから，チーム造りをするための社員スタッフは何の問題もなく集められます。

　問題は弁護士です。特に，現地での執行が多くなることを考えると，当該地方で活躍されている強力な弁護士の応援が必要です。私の仕事は，その任務分担可能なチーム作りが中心となります。

(2)　**リスク管理**

　本件は，相手が相手ですから，リスク管理は特に重要です。依頼会社に

おけるリスク管理と弁護士のリスク管理は別のものだと知っておいて下さい。

　私は当時から弁護士業務妨害委員会に所属し，相手側と会う際の準備（会う場所及び当方の人数等説明するときりがありません。）など簡単だと思っておりました。しかし，そうではなかったのです。

　本件が本案訴訟になってから，相手方は，私が相手方社長と組んで売却する話で纏まっていたという抗弁を主張し，それを反故にすることは信義則違反である，結論として，依頼会社は権利濫用をしているという主張をしてきました。本案訴訟となる第一審及び控訴審判決の双方において，私の信義則違反の有無を嫌になるほど吟味していることからも分かるとおり，大きな論点になってしまったのです。

　信義則違反の根拠として，相手方から私との会話録音テープの一部が証拠として提出されました。しかし重要な会話部分は提出されておらず，当方が全体の録音テープを提出するだけで論駁可能でした。更には，反論可能な他期日のテープも存在しているはずでした。

　当然，私は依頼会社社員にそれらのテープを出すよう指示しました。しかし依頼会社は，社員の連絡ミスで当該録音テープが他の利用に回されており，証拠として出せない状況になっていたのです。

　本当に驚きました。しかし，当時，私は依頼会社の中に机を与えられ，相手との面接も依頼会社の中で，しかも社員同伴で行っておりました。細かくチェックしなかった私のミスともいえると反省しました。弁護士の世界では，まず起こりえないことだと判断できますが，「怒れば負け」だと悲壮な決意をしました。外観からは，部下である弁護士諸君にも私の心の動揺は分からなかったはずです。

　いくら日本のトップ企業の社員といっても，リスク管理は別物です。リスク管理こそ弁護士の誇れる業務であるという認識を持って下さい。

3　法的問題点の考察

(1)　法定地上権の消滅

　法定地上権については，民法388条に定めがあり，当該条文では「その

建物について，地上権が設定されたものとみなす。」とされております。続いて「地代は，当事者の請求により，裁判所が定める。」とされております。

　地上権には，地代に関する規定として民法266条があり，同条1項では永小作権の消滅請求を規定した276条が準用されております。同条によると「永小作人が引き続き2年以上小作料の支払を怠ったときは，土地の所有者は，永小作権の消滅を請求することができる。」とされており，この請求権は形成権的な効果を持つ規定であるとされております。

　『新版注釈民法(7)』（川島武宜・川井健編，有斐閣，2007）でも「地代不払を理由に土地所有者が地上権を消滅させるためには，原則としては，その旨を意思表示すれば足りる（大判大7・5・23民録24輯931頁）」（881頁）とされております。

(2)　断行の仮処分

　ゴルフ練習場の付属施設には，ネットを支える数多くの鉄柱がありました。それらの鉄柱は，高さ32mもあり，深く埋め込まれたコンクリート基礎にボルトで固定されていたことから，土地の定着物と判断せざるをえません。さらに地面に埋め込まれた高さ1mの鉄構造のフェンスも同じく土地の定着物と判断されます。

　土地の定着物とは「土地に固定的に付着して容易に移動しえない物であって，取引観念上継続的にその土地に付着せしめた状態で使用されると認められる物をいう」とされており（林良平・前田達明編『新版注釈民法(2)』（有斐閣，1991）614頁），民法86条1項により不動産とされます。

　上記論点に関し相手側からの反論はなく，本案訴訟においても同様，前任者控訴審判決では債務名義が足りないという認定で終わっております。

4　実際の解決までの実務

(1)　法定地上権の消滅請求

ア　前提事実

　累積された地代は相当なものになりますが，当時は地代の支払がなされないとは予想しておりませんでした。

後に判明することですが，相手方は地代の支払に窮していただけではなく，新しい事業譲渡の相手を探すなどして，善意の第三者の登場を考えていたようです。事業譲渡の譲受人，あるいは競売の申立てによる競落人である第三者を新たに登場させ，地代の減額だけでなく，紛争地全体に法定地上権に準じた効果を狙う意図があったと推測できます。

イ　内容証明による地代請求

　会社内部で稟議を上げ，次の二つの内容を記載した内容証明をY_1に出しました。

　一つは，前任者控訴審判決で法定地上権の成立が否定されたゴルフボールの飛ぶA土地に関し，ゴルフ練習場として使用しないよう，かつ鉄柱，フェンス及びネット等を撤去して明渡しをするよう，二つ目には，法定地上権の成立が認められたクラブハウスのB土地に関し，過去数年分以上に上る地代及び将来の地代を支払うよう請求しました。

　なお，上記地代支払義務は物権として地上権の内容となっていますので，地上権の移転があっても，この義務に消長を及ぼすことはないという解説もあります。しかし，この時点では賃借人あるいは地上権者等の詳細が判明していなかったことから，Y_1の登場する期間に応じた地代請求としました。

ウ　地代不払と営業権譲渡の通知

　当方からの請求額が膨大でもありましたが，何とY_1は請求期間内に支払をしなかったのです。当方は，直ちに内容証明郵便にて地上権消滅の意思表示をしました。

　その直後，会社名で，「Y_1からゴルフ練習場の営業権を取得したので地代の支払について相談したい」という文書が送付されてきました（以下，この営業権譲受人を「Y_2」といいます。）。その後，Y_2から面談を要請されたことから，依頼会社社員2名立会いのもとで面談をしましたが，地代支払の相談ではなく，要するに地上げの相談でした。

　Y_2の上記文書は，Y_1に消滅請求の内容証明郵便が到達した僅か4日後に送られてきております。上記通知によって，法定地上権の消滅を主張することは信義則違反ではないかという本案訴訟での論点が増えました。

ここで当時の我々の立ち位置をご説明しておきます。

これ以前の社内打合せでは、断行の仮処分をすることについては否定的でした。今回、地上権の消滅を主張できるという、当方有利な新たな主張が付加されたこの時を契機にして、断行の仮処分が正面から論じられるようになりました。

(2) **占有移転禁止の仮処分**
ア 現地調査が主たる目的

次に行うべきは占有移転禁止の仮処分です。この仮処分は、現場での占有調査も兼ねて行いますが、そもそもは債務者の占有移転を禁止し、現状を保全するための仮処分です。

本件では、ゴルフ練習場の営業は誰がしているのか不明でありました。Y_1やY_2が現地で実際に営業しているとは考えられませんし、そもそも彼らが、別途の占有者を予定しているということは経験的に分かりました。

執行官による占有調査日の聞取り調査で、ゴルフ練習場の支配人が、経済的に独立して営業している事実が判明しました。独立の占有がなされていると確認されたことから、当該支配人(以下「Y_4」といいます。)について、債務名義を取得するべき対象者としました。

執行官のY_4に対する聞取り調査において、実際には、Y_4は曖昧な返答を繰り返しております。Y_1が、誰か間にかませていることまでは分かりました。しかし、実態については判明せず、その時点では、訴訟する相手方を3名にすることもやむを得ないと考えました。

ところが、Y_1グループから新たな対抗手段が出てきたのです。Y_1の関係者と推論できる債権者が当該ゴルフ練習場の施設について競売の申立てをしたのです。

競売に際しての裁判所の調査によって、別途賃借人なる人物が新たに判明しました。Y_1は、買受け直後、ゴルフ練習場の営業を任すという理由で賃貸借契約を締結していたというのです。もちろんY_1の関係者だと分かりました。

とにかく、その賃借人(以下「Y_3」といいます。)についても、債務名義を取得するべき対象者に加えました。

169

Y₃にも直ちに占有移転禁止の仮処分を追加して行い、競売の申立てについては、後日、異議の申立てをし、その法的効果をなくしております。

イ　決定の主文

仮処分決定の内容を見ておきましょう。

第1項は、債務者らに対して、各土地、各建物及び各工作物に関する占有を、他人に移転し、又は占有名義を変更してはならないというものです。第2項から以下に示します。

「債務者らは、右物件の占有を解いて、これを執行官に引き渡さなければならない。

執行官は、右物件を保管しなければならない。

執行官は、債務者らに右物件の使用を許さなければならない。

執行官は、債務者らが右物件の占有の移転又は占有名義の変更を禁止されていること及び執行官が右物件を保管していることを公示しなければならない。」

(3)　**断行の仮処分**

ア　総　論

民事法学辞典によりますと「断行の仮処分とは、土地や家屋の全面的な占有を取り上げる仮処分」と記載があります。前回行った占有移転禁止の仮処分は目的物の占有を執行官保管とするものの「債務者らに使用を許す」と主文が続きます。しかし、断行の仮処分では債権者に引き渡してしまうところに差異があります。

引き渡された債権者は自ら目的物を撤去してしまう方法を取ることが通常です。本件に則して言えば、ゴルフ練習場の鉄柱、フェンス、ネットその他の付属施設を債務名義なくして当方で撤去してしまうことができます。この意味において、断行の仮処分は債権者に著しい満足をもたらすことから「満足的仮処分」ともいわれております。ただし、断行の仮処分は、明渡執行で通常いわれる「断行」とは区別する必要があります。後者は明渡しの最終段階を意味するにすぎません。

本仮処分は、本来必要となる債務名義なくして最終的な解決を実現す

ることに引き換え，間違って発令された場合には債務者に深刻な損害を与えます。ゆえに，民事保全法23条4項によって審尋手続がなされることが通常です。

イ　決　定

今回の土地明渡断行等仮処分命令申立てにおいては，不動産部分については二つの債務名義を使うことになりました。ゴルフボールの飛ぶA土地については，法定地上権の成立を認めない前任者控訴審判決の債務名義により当該土地の明渡しを求め，鉄柱等については，本仮処分決定により仮の引渡命令発令により，債権者が，鉄柱の保管，撤去及び搬出をできるという内容としました。

これを実現するには裁判所との打合せが必要です。

裁判所とは申立直後に事前打合せをさせていただきました。2か月程度先の審尋期日が決まり，以上の内容が相手方に送達されました。相手方からは期日延期申請が出されましたが，長い期間を見込んでいたため延期はなされず，期限ぎりぎりに提出された答弁書の提出を待って，直ちに当方から反論し，審尋期日から1か月後，断行の仮処分は認められたのです。

以下，主文の重要な項目を示します。

「Y_2，Y_3及びY_4は，債権者に対し，この決定の日から7日以内に，別紙物件目録記載3のネットを撤去して，同目録記載2の各鉄柱（ネット支柱）及びフェンスを仮に引き渡し，同目録記載1の土地を仮に明け渡せ。

Y_2，Y_3及びY_4は，債権者が前項により引渡しを受けた同目録記載2の各鉄柱（ネット支柱）及びフェンスを保管，撤去及び搬出することを，通行の妨害となる物件を設置するなどして，妨害してはならない。

Y_2，Y_3及びY_4が，1項記載の期間内に，同目録記載3のネットを撤去しないときは，債権者は，○○地方裁判所執行官に，Y_2，Y_3及びY_4の費用で，同目録記載3のネットを撤去させることができる。」

ウ　執　行

その後の執行官との打合せに裁判官も出席いただいたことは大変感謝

申し上げます。決定書の送達等で日程を要することから，仮処分決定からちょうど14日後に断行執行することが決定されました。この間の裁判所との打合せや交渉は，その多くを現地の弁護士が負担して下さいました。裁判所との打合せは数回にも及んだと聞いております。

本件土地の管轄地方裁判所は，地方では大きな裁判所ですが，当時，執行官は数名しかおられませんでした。にもかかわらず，5日間のスケジュールをとられ，5名の執行官に立ち会っていただくという大がかりな執行予定になりました。

当日までに，近隣説明及び報道に対するコメント等準備をするべきことは多く，緊張の日々が続きましたが，幸い執行は4日間をかけて終了しております。

この時をもってゴルフ練習場の営業はできなくなりました。したがって，クラブハウスのB土地上の建物群は機能停止になりました。本件は事件としての山を越え，今後は訴訟手続において，我々の行った執行に関する法的チェックともいえる訴訟手続が続けられるのです。

当時は，今後の本案訴訟の行く末を考えると「負けたら地獄」という思いでした。Y_4からも，裁判で負けたら"どのように尻を拭くのか"と真剣に心配される（？）始末でした。

(4) **明渡しの債務名義**

ア　裁判所に対する明渡請求訴訟とその判決

断行の仮処分の申立ての約2か月前，当該管轄地方裁判所に対し，クラブハウスのB土地に関する法定地上権の消滅に基づく建物収去土地明渡請求及びゴルフボールの飛ぶA土地に関する鉄柱・ネット等の構造物撤去土地明渡請求を内容とする訴訟を提起し，前記断行の仮処分と並行して弁論手続を行ってきました。

論点についても折にふれ説明しておりますが，整理して以下に示します。

・本件法定地上権は消滅したか。

・前任者控訴審判決の既判力の範囲と法定地上権の成否（Y_2に対しての

もの)。
・私が相手方と話し合ったことに関する信義則違反の抗弁。
・断行の仮処分を行った鉄柱等の構造物は土地の定着物か。
・ゴルフボールの飛ぶA土地についての構造物撤去土地明渡請求の是非。

以上のほかにも論点はありましたが長くなりますので,本件判決主文の要約を記載します。

「Y_2は,原告に対し,(法定地上権成立部分の土地上にある)各建物を収去して同土地を明け渡せ。

Y_3及びY_4は,原告に対し,(前項記載の)各建物を退去して同土地を明け渡せ。

Y_1は,原告に対し,金○○円を支払え。

Y_2,Y_3及びY_4は,原告に対し,連帯して,金○○円を支払え。

Y_2,Y_3及びY_4は,原告に対し,連帯して,明渡済みまで一か月金○○円の割合による金員を支払え。

Y_2,Y_3及びY_4は,原告に対し,(法定地上権の成立が認められなかった土地上の)物件目録記載3の2記載のネットを撤去して同目録記載3の1記載の構造物を含む土地を明け渡し,かつ,原告に対し,各々明渡済みまで,連帯して,年○○円の割合による金員を支払え。」

イ　控訴審判決

控訴審判決の主文は,本件各控訴をいずれも棄却するというものです。争点は,次のとおりです。

・本件法定地上権は,被控訴人がした消滅の請求によって消滅したか。
・被控訴人が本件法定地上権の消滅を主張することは信義則に反しないか。
・被控訴人の請求は権利の濫用にならないか。

控訴審判決では,権利濫用の論点について,相手方提出の私との会話テープの内容等を2頁にも渡って吟味し,認定されております。

上記事実からも危機管理がいかに重要であるか認識せざるをえません。
ウ　明渡執行とその雑感
　前項の控訴審判決が，上告審の不受理決定により確定しました。
　やっとクラブハウスのＢ土地上に存する建築群の撤去執行を行うことができたのです。
　この執行にも4日間強を要しました。
　多くの動物や池の魚に迷惑が及ばないように配慮する依頼会社の社員の姿に，やさしさを感じる以上に，なぜか怒りを感じたことが今になっては不思議です。
　直接の相手方となったY_4からは，明渡執行のあらかたが終わった4日目の深夜，1万坪の土地の真ん中で，満天の星を見上げながら彼の青春時代の話を聞きました。小説よりもすさまじい彼の人生に驚きましたが，互いに通じ合うものがあったのでしょう。彼は，何台もの自動車やトラック何台分にもなる動産を処分してくれ，さらにその後，執行手続において手落ちのあった動産に関し，外国から放棄承諾書を送ってくれました。彼は，執行手続における保管・売却処分等の私の手間を省いてくれたのです。

4　終わりに

　本件は私が総責任者の役割を担いましたが，私一人で処理できるような案件ではありません。私の他に驚くほど多くの弁護士が関与しましたが，特に地元の先生には大変お世話になりました。この弁護士の方なくして，本件が処理できなかったことは明白です。
　優秀な弁護士を発見し，その弁護士を仲間に組み入れることが難事件を処理する際の要諦であります。多くの仲間に感謝の言葉を伝えるとともに，そのような仲間を見つけていただきたいと最後にお話しして終わりたいと思います。

【プライバシー保護のため事例の内容は変えております。】

COLUMN

コラム⑩
詐害行為取消権を被保全債権とする処分禁止の仮処分

　詐害行為取消権を被保全債権とする処分禁止の仮処分の申立てを東京地方裁判所にした際の担保金の額の一例をご紹介します（大筋に影響のない範囲で実際の事案とは変えています。）。

　本件は，8,500万円の被担保債権を有する債権者が，債務者がした不動産の処分行為が詐害行為であるとして詐害行為取消権を行使するにあたり，受益者（債務者がした処分行為の相手方）を仮処分の債務者（以下「仮処分債務者」といいます。）として処分禁止の仮処分を申し立てたという事案です。

　債務者が処分したのは，土地及び建物の共有持分2分の1で，固定資産評価額は，土地につき4,450万1,030円，建物につき907万3,900円です（仮処分の対象となる建物の評価額は，その1／2である453万6,950円です。）。

　詐害行為取消権に基づく場合，被保全権利の立証が比較的難しいため，債権者が用意しなければならない担保金は，一般的な処分禁止の仮処分の担保基準の中でも高めとなっており，司法研修所編『民事弁護教材民事保全〔改訂（補正版）〕』の29頁によると，20～40％とされています。

　本件の担保金は，1,200万円となりました。仮処分の対象土地建物の固定資産評価額合計4,903万7,980円の約25％に当たり，20～40％という範囲の中では，比較的低めに設定してもらうことができました。仮処分債務者の悪意を推認しやすい事案だったため，被保全権利の疎明の程度が比較的高いと評価してもらえたからだと思います。

　なお，仮処分決定においては，対象土地建物の固定資産評価額の合計額と同額の仮処分解放金が定められました。

第4章 不動産執行・保全処分に関する事例

事例16 工場の明渡しをめぐる紛争

機械工場を長年経営してきた会社の代表者が，工場の競落人が明渡しを求めたのに対し，親族や実体のない会社を複数使って賃貸借契約を仮装する方法で第三者の占有権を主張して抵抗したが，裁判，強制執行により，最終的に建物の明渡しを実現した事例

● 概要図

大田区内の2階建ての町工場

[1階図: D社が使用 工場b室／C社が使用 事務室a室／出入口／UP]
[2階図: 下屋／D社及びE氏が使用 洋室d室／給湯室／収納／D社が使用 事務室c室／玄関／DN]

a室の不動産引渡命令の執行でベニヤ板で間仕切した。

はじめに

　自らの意思によらず建物を手放さざるを得なくなった占有者等は，しばしば建物の明渡しの請求に対して，極めて強硬に抵抗します。

　本件は，強制競売により下町の金属加工工場を買い受けた不動産業者が明渡しを求めたのに対し，工場の経営者が，あらゆる手段で抵抗してきた事例です。

工場経営者は，建物内部を細分化してそれぞれに仮装の賃貸借契約，転貸借契約を主張し，その上に親族まで使って占有関係を複雑化し，挙句は依頼者に対する営業妨害等まで行うなど正に百花繚乱の妨害手段を講じてきました。

その一つ一つを解きほぐし，一切の譲歩をせずに最終的に強制執行により工場の明渡しを実現したのが本件です。

裁判所が，相手方の賃貸借や占有の主張を仮装だと認定した際に示したメルクマールは，執行妨害だけでなく，仮装された法律関係を主張された際の対処の参考になるでしょう。

1 本件事例の概要

(1) 依頼の経緯

本件は，顧問会社であるA社からの依頼です。

A社は，競売等で仕入れた不動産を転売して利益を得ている会社です。

A社の代表から，平成19年5月11日に電話がありました。

電話の内容は，更地にして転売する目的で平成19年1月16日大田区の小さな金属加工の町工場を安く落札したが，競売記録からは，建物について複雑な賃貸借の主張がなされていて，占有関係も錯綜しているので明渡しの手続を依頼したい，というものでした。

(2) 事情聴取の内容

平成19年5月11日に，A社の代表と担当者から聴取した本件の事実経緯は，以下のとおりでした。

……A社は，平成19年1月16日，大田区内にある強制競売にかけられていた2階建て総床面積約88㎡の建物とその敷地52㎡の小さな金属加工工場を買い受けた。

工場は，C社（代表は，B氏）が所有していたが，銀行の申立てにより平成16年3月19日強制競売が開始された。

現況調査報告書には，①1階の道路に面した事務室約9㎡（a室）をC社，奥の工場約35㎡（b室）をD社，②2階は道路側約24㎡の事務室（c室）と奥の約20㎡の居室（d室）に分かれていてc室はD社，d室はD社

とB氏の父親でC社の取締役のE氏が使用している，③元々，a～d室の全部をC社が金属加工工場として使用していたが，b～d室は平成12年10月30日ころからD社が，d室は平成16年2月19日ころからE氏が使用を開始し現在に至っている，と記載されている。

競売手続で現況調査に行った執行官には，全て前所有者であるC社の代表のB氏が現場で対応し，D社とE氏はC社から賃借，転借してそれぞれの部分を使用していると説明し，賃貸借契約書，転貸借契約書を提出している。

執行官は，D社の関係者やE氏とは直接会っていない。

A社は，買受け後不動産引渡命令の申立てをしたが，a室についてだけ命令が出た。

なお，物件明細書は，3度にわたって書き換えられたものが作成され，当初相手方主張の賃借権は買受人に対抗できないとされていたものが，相手方の裁判所に対する賃貸借契約書の提出等により3度目の書き換えで，遂にC社が占有するa室以外は相手方らが主張する賃借権や転借権が買受人に対抗できるとされてしまった。

(3) **A社からの依頼**

A社から，建物全体の明渡しを受けた後，建物を取り壊して更地として転売したいので，法的手続を取ってほしい，との依頼を受けて引き受けることにしました。

> **本相談のポイント**
>
> ① **占有関係の把握**
>
> 相手方は，総床面積約88㎡の2階建ての町工場の内部を4部分に細分化し，それぞれについて，C社，D社，E氏が占有していると主張しています。
>
> 相手方の念入りになされた準備の状況からみて，本件は，話合いによる解決は困難で，最終的に判決，強制執行で決着されることが予想されました。

A社は，工場内部の様子を競売記録からしか窺い知ることができませんでした。
　　　明渡しの強制執行では，執行官が現場で占有認定をしますが，その際，請求の趣旨記載の占有状況と一致しなければ，判決は執行不能になってしまいます。
　　　したがって，工場内部の占有状況の正確な把握が必要となります。
　② **賃貸借等の主張に対する反論**
　　　本件では，それぞれの占有者が，極めて不自然な賃貸借，転貸借を占有権限として主張しています。
　　　相手方が主張している賃貸借等が実体のない仮装の契約であることを証明していくことが，本件の主要な争点となります。

2 受任に際しての注意点

　本件は，賃貸借契約等が仮装されたものであることの証明，執行を見据えての実際の占有状況の特定に重点を置いて処理を行いました。

(1) 現実の占有関係の調査

　工場は，公道に面していて，1階のa室だけはガラス戸越しに内部の状況を見ることができます。
　A社のこれまでの調査では，工場には日中B氏と思われる40～50歳の男性と職人風の60歳くらいの男性が出入りしていて，夜間はB氏と思われる男性が2階奥のd室に寝泊まりしているようだ，とのことでした。
　買受け後，A社の担当者が工場に行って，B氏と思われる人物に，買い受けたことを告げ，「工場の内部を見せてほしい。」と頼んだことがあったが，体よく拒否された，とのことでした。
　私も依頼を受けて早速現場に行って，工場の前を何度か歩き，あるいは離れたところから工場の様子を観察しました。
　現場は，最寄駅から歩いて10分くらいの住居と町工場が共存する雑然とした下町風の場所にありました。

工場には，2階部分の公道に面した外壁に「D社」と大書された新しい看板が設置され，また2階部分の右端には全面が白いペンキで無造作に塗りつぶされた袖看板が設置されていました。
　袖看板をよく見ると，塗りつぶされた下に「C社」と書いてあるのが透けて見えました。
　しばらく遠くから工場の様子を見ていると，40～50歳くらいの男性が，紙袋を下げて反対方向から公道を歩いてきて，1階のa室に入って行きました。
　工場の前を通りながらa室の様子を見ると，その男性はテレビを見ながら，食事をしているようでした。
　30～40分現場にいましたが，工場に出入りしたのは，その40～50歳の男性一人だけで，工場として実際に稼働しているかは分かりませんでした。
　本件では，C社が占有していると主張しているa室については不動産引渡命令が既に出ていたので，その執行の際に内部の他の部分の占有状況を確認することにして，不動産引渡命令の確定を待ってその執行を先行させることにしました。

(2) C社とD社の実態調査
　工場の前所有者のC社と相手方が現在工場を実際に稼働させていると主張しているD社については謄本を取り寄せて実態を調べました。
　C社は設立後50年以上の歴史を持つ機械加工の会社でした。
　C社から賃借して，現在工場を稼働しているというD社は設立後20年の元は生鮮食料品の販売を目的とする会社で，工場所在地には平成13年に本店を移転していましたが，それまでの本店は文京区白山にありました。また，平成12年D社に名称を変更する前は「Mフード」といういかにも八百屋さんらしい名称でした。
　早速，文京区白山にあるD社の以前の本店所在地に行ってみましたが，広い道に面した2階建ての木造建物は商店の外観ですが，シャッターを閉め長く放置されたままの様子でした。
　相手方は，文京区で「Mフード」の名前で八百屋さんをやっていた会社が，現在は，大田区でD社に商号を変更して金属加工工場を経営している，

と主張していることになります。

(3) Ｂ氏とＥ氏の住所等の調査

住民票を取り寄せてみると、Ｃ社の代表のＢ氏は現在も工場に住民票上の住所を置いていました。

Ｂ氏の父親であるＥ氏は、以前は工場に住民票を置いていましたが、平成16年10月14日に大田区内の都営住宅に住民票を移転していました。

先に述べたように、実際に工場に昼夜出入りし、寝泊まりしているのはＢ氏で、Ｅ氏らしい人物が工場に出入りする姿を見かけた人はいません。

(4) ライフラインの契約者の調査

Ａ社の担当者に、東京電力、東京ガス、水道局に行ってもらい、建物所有者であることを説明して現在の契約者の確認をしてきてもらったところ、いずれも契約はＣ社が行っている、とのことでした。

明渡しの執行の現場での執行官による占有の認定は、現実の占有状況から判断されますが、その際現場にいて占有を主張している者の説明はあくまで一つの判断資料にすぎません。

執行妨害が疑われる事件の執行では、室内に置いてあるものの所有状況、特に書類等の名義人や郵便物の宛名等が重要な判断材料で、相手方がライフラインの契約者となっているかも重要な判断資料となります。したがって、ライフラインの契約者の把握は、是非事前に行っておくべきです。新たな賃借人が、前の賃借人の名前のままで電気代を支払っていることは、普通はありません。

本件では、Ｃ社が契約者であることが確認できましたが、Ｃ社はいまだ本件建物の一部であるａ室を使用し、また、相手方はいずれもＣ社からの賃借や転借を主張しているので、「大家さんが電気代を払って、別途精算している。」との主張が予想されます。

(5) 弁護士費用、強制執行費用の概算の説明

依頼者には、弁護士費用の説明をしておくことは当然必要ですが、本件は、相手方が、控訴、執行抗告等で徹底的に争ってくることが想定されたので、それぞれの状況で追加してもらう弁護士費用の説明もしておきました。

また，本件は，当然明渡しの断行の強制執行が想定されたので，執行に掛かる費用の概算も説明しました。

　ただ，本件は，町工場とはいえ現況調査報告書の写真から１階の工場には，旋盤，圧延機械，溶接機械等の大型の機械類が所狭しと置いてあり，搬出には当然重機が必要となり，アパート一室の明渡しのように50～100万円という話ではなく，数百万円は覚悟するよう説明しました。

3　法的問題の考察

(1)　所有権に基づく建物明渡請求に対しての賃貸借，転貸借の対抗力

　本件は，仮装された賃借権や転借権の対抗力の排斥が争点となります。

　特に本件では競売手続の中で物件明細書が何回か書き直され，最終的には，Ｄ社やＥ氏の主張する賃借権や転借権が「対抗できる賃貸借，転貸借」として，「買受人が引き受ける」と記載されてしまっています。「長期賃貸借」，いわゆる「ちょうちん」の認定です。

　普通は，物件明細書にこんな記載のある競売物件は買い受けないのですが，依頼者のＡ社に言わせると，このような物件だから廉価に買い受けることができ，利益も上がるのだそうです。苦労するこちらの身も考えてくれ，と言っても後の祭りです。

　ちなみに，Ａ社は，この物件を更地で時価評価した金額の約10分の１で買い受けています。

　競売手続で作成される物件明細書の記載には公信力がなく（金融法務事情1209号21頁），本訴の裁判所が，物件明細書の記載にとらわれず，本件で主張されている賃借権や転借権を対抗力のないものと認定することは理論的に可能ですが，限られた資料の中でとはいえ，一度「裁判所」が判断している対抗力の認定を覆すには，相応の主張，立証が必要となります。

　本来は，競売の申立人である債権者が債権の保全の観点から，競売手続の中で作成される３点セット（現況調査報告書，評価書，物件明細書）に常に目を光らせ，債務者，所有者，占有者らによる執行妨害の徴表があれば，直ちに異議，抗告手続等によりその都度裁判所等の判断を正し，できるだけ高い評価をさせてゆくべきです。

私の経験でも，バブルが崩壊し，執行妨害が多発し始めた平成5年ころから，裁判所も執行妨害の排除にはかなり理解を示すようになり，それまでは民事執行法に条文上の手続としては存在していてもほとんど発令されたことがなかった「売却のための保全処分」（同法55条）も積極的に発令するようになりました。

　そのころは，私も東京地裁の民事21部に絶えず出入りして，競売申立人の立場から「売却のための保全処分」の要件について，裁判所と随分議論をしました。

　本件でも，競売申立人が，物件明細書の記載に対し異議等を申し立てて，D社らの主張を競売手続の中で排斥する努力をすべきでした。しかし，本件もそうですが，競売の申立人が銀行の場合には，概して，競売は「申し立てっぱなし！」で，そのようなフォローをしない例がほとんどです。

　銀行は，私から見ると，執行妨害行為にある意味「寛容」で，債権回収はおざなりだったと思います。

　愚痴を言っていてもしようがありませんが，本件を引き受けた以上，作成されてしまっていてもはや変更ができない「物件明細書」に買受人の立場から，遅まきながら，「楯ついていく」ことになったのです。

　当然のことながら，執行妨害目的で設定された賃貸借については本件に類似する過去の判例の調査を行い，何件かは裁判の中で証拠としても提出しました（東京地判平10・1・28判タ984号180頁，東京高決平9・12・3判タ1632号24頁等）。

(2)　執行に際しての占有の認定の問題

　繰り返しますが，本件は明渡しの断行執行を見据えての占有者の特定と被告の選択が必要で，これを誤ると，せっかく判決を得て，勇んで執行に臨んでも，執行不能ですごすご退散することになります。

　本件では，基本は，現況調査報告書の中での占有認定に従って占有者，被告を選定して訴えを提起することにしました。現況調査を行った執行官と本件について断行執行を行う執行官は同じ東京地方裁判所の民事21部の執行官で，後者が現況調査のときとは別の占有者を認定することはないだろうと見越しての判断です。

また，既に1階のa室はC社に対して不動産引渡命令が出ていたので，この執行もD社とE氏に対する明渡しの裁判と並行して進めることにしました。a室の明渡しの断行執行の際に最新の占有状況が確認できるであろうとの見込みもあったからです。その際に，新たな占有者が確認できたら，被告に追加していこうと考えました。

4 実際の解決までの実務

(1) D社とE氏に対する内容証明郵便の発信

平成19年5月24日，D社，E氏に対し内容証明郵便を発信しました。

物件明細書の変更の経緯等からD社らが主張する賃借権等は買受人であるA社に対し対抗できないこと，二次的に賃料の支払を求め，不払の場合に賃貸借契約を解除することを通告しました。

任意の明渡しに応ずることなどを全く期待できない相手方でしたが，内容証明郵便の発信を先行させたのは，本件の仕掛け人であるB氏に対する「挨拶」代わりと，この時点で賃料支払の意思がないことを相手方から表明させておくことが後々の本訴の中で裁判官の心証をこちらに有利に導けるだろうと考えたからです。

裁判官の「正義の天秤」へのささやかな期待です。

もちろん，訴状の作成のための時間稼ぎという意味合いもあったことは正直認めます。

内容証明郵便に対し，相手方から，平成19年6月18日付けで「回答書」が来ました。

4枚に及ぶ詳細な反論で，要旨は，物件明細書で相手方の主張が認められていること，賃貸借契約書等は公正証書で作成してあること，賃料は賃貸人と3分の2に減額合意済みであり，更に減額した賃料についてもC社に対する貸付債権との相殺で10年間分は前払済みである，等の内容でした。

B氏のこれまでの苦労が伺われる労作です。

予想していたとはいえ，相手方は，執行妨害目的の賃貸借の徴表を見事なまでに主張（自白）してきました。

(2) b～d室についての建物明渡請求訴訟の提起

平成19年7月13日,東京地裁に,D社に対してb～d室,E氏に対してd室の明渡しを求める訴えを提起しました。

請求原因は,物件明細書には公信力がないこと,被告ら主張の賃借権等は,実体のない執行妨害目的の仮装のものであることです。

賃借権が執行妨害目的で設定されたことの具体的な理由としては,

① 賃借権が,競売の債務者かつ所有者であるC社が税金等による差押えを受けた前後に設定されていること,
② 賃借期間が15年間という長期間であること,
③ 敷金が異常に高額であること,
④ 賃料の不自然な減額がなされていること,
⑤ 賃料が極めて長期間前払されていること,
⑥ 譲渡転貸を認める特約があること,
⑦ 親族間で転借権の設定がなされていること,
⑧ 賃借ないし転借の範囲が1棟の建物の中で不自然に細分化され,しかも,それぞれの対象部分が建物として独立した使用収益に適しないこと,等です。

(3) a室についての不動産引渡命令の執行

本訴の提起と並行して,C社が占有するa室に対する不動産引渡命令の執行の申立てを行い,平成19年7月5日催告執行,同月24日明渡しの断行執行が行われました。

対象は,本件建物の1階の道路に面したわずか10㎡の事務所仕様の部屋で,奥の約35㎡の工場部分と薄っぺらなベニヤ板で間仕切りされた部分です。

以前,私が外部からみたところ,B氏が出入りしていました。

平成19年7月3日,執行官面接をし,状況を説明し,2日後の7月5日午後2時30分から催告執行を行うこととなりました。

私から,執行官に,これまで何度も明渡しの執行の際に執行補助を依頼しお世話になっているK氏と打ち合わせをする予定であると話すと,執行官からは,執行補助とよく打ち合わせをしておくようにとの指示を受けま

した。

　この辺りは，「阿吽の呼吸」です。

　執行補助のＫ氏との打ち合わせの結果は次のような内容でした。

①　催告執行の費用は，執行補助者３万5,000円×２人と鍵屋費用３万円となる。

②　断行執行については，ａ室の動産を搬出後，公道から奥のｂ室（工場）への通路を確保するため合板のパネルでｂ室へ入れるよう独立した通路を作り，ａ室の道路からの出入口の鍵を替えてａ室だけを封鎖する方法で執行する。

　断行費用は，鍵屋費用３万円，トラック５万円，作業人費用３万円×４人，執行補助者費用３万円×１人，工事資材10万円の見込みとなる。

　ア　催告執行

　　平成19年７月５日午後２時30分から，ａ室について催告執行が行われました。

　　執行補助のＫ氏と本件建物の近くで20分ほど前から待機し，執行官の到着を待ちました。

　　ａ室には，本件の首謀者のＢ氏が椅子に座ってリラックスしてテレビを見ている様子が見えます。

　　執行官が来たので，挨拶の上，執行官に続いてａ室に入りました。

　　Ｂ氏は，少し驚いた様子でしたが，執行官の説明に，「はい，分かりました。」と答え，執行官が20日後の７月24日午後３時から断行を行うことを告げて，10分ほどで当日の手続は終わりました。

　　Ａ社の担当者が７月24日までの間に何度か本件建物の様子を見に行きましたが，Ｂ氏は任意に退去する様子は全くありませんでしたので，24日の前日に，執行官と補助者のＫ氏に予定どおり断行を行う旨連絡しました。

　イ　断行執行

　　平成19年７月24日午後３時からａ室の明渡しの断行執行が行われました。居合わせたＢ氏も，執行の様子を興味深そうに見ていました。

　　執行は打ち合わせ通り，合板パネルで前面道路から奥のｂ室への幅１

mくらいの通路を作り，a室は道路に面したガラス戸の鍵を替えて出入りできないようにして封鎖しました。

通路は，当初，幅50cmくらいにする予定でしたが，B氏は，「それでは工場への資材の搬入ができなくなる。」と抗議してきたので，幅は1mとしました。

B氏に奥の工場と2階を見せてほしいと申し出ると，B氏は，「どうぞ。」と応じたので，1階と2階の他の部屋の様子を見せてもらいました。

1階b室は工場で1トンを超えそうな金属加工の機械類が所狭しと設置されていました。

2階c室は，机，書類棚，本箱，応接セット等が置いてある事務室で給湯室とトイレがありました。

本棚には，私も持っている民事執行関係の加除式の書式集が何冊か置いてありました。横にいた会社の担当者と互いに「苦笑い」をしました。

2階d室は，20㎡程度で簡易ベッドが一つ置いてある居室でした。

執行は1時間ほどで無事終わり，B氏は，a室内の私物を紙袋に入れ，私に，「今後とも宜しく。」と言って立ち去って行きました。

内心は，「面倒をかけやがって！」でしたが，「こちらこそ，宜しくお願いします。」とにこやかに答えておきました。

A社の担当者と，「10㎡くらいで狭いですが，明渡しが終わったから，A社の支店か出張所でも置きますか。」，「日当たりが良いから，先生が使ってもいいですよ。」などと冗談を言いながら帰りました。

(4) **本訴事件の進行**

明渡しの本訴事件は，被告側が本人訴訟で進行しました。

高齢のE氏（B氏の父親）には妻が付き添い，本件の仕掛人であるB氏は補助参加してきました。

「賃借人」D社の代表と名乗るT氏も出頭しましたが，裁判官の質問には何も答えられず，本件の仕掛人のB氏があわててフォローするという被告側の準備不足を露呈する様相で，さすがのB氏も「まずいな！」との表情を隠せませんでした。

187

平成19年8月31日から平成20年8月20日までに4回弁論手続が行われ，その間裁判所が調停に付したため平成20年1月17日から4月11日までの3回の調停手続が行われました。
　調停手続は，被告側が本人訴訟であったことから争点整理の色彩が強かったのですが，一応被告側から和解するなら営業補償も含めて数千万円の立退料を請求するとの意向が伝えられました。
　原告側は，当初から和解する意思はなかったので，これを拒否し弁論手続に戻してもらいました。
　この間，被告側は，11通の詳細な準備書面を提出してきました。
　平成20年10月1日，A社の担当者の証人尋問とD社の代表T氏の本人尋問手続が行われました。
　T氏に対する被告側の尋問はB氏が行いましたが，予想どおり「誘導」が多く，その都度異議を申し立てると，B氏はペースを乱し，こちらに助けを求める視線を送ってきました。

(5) 一審判決

　平成21年1月21日，原告の請求を全面的に認容し，しかも主文全体に仮執行宣言が付された判決が言い渡されました。有難いことです。
　判決は，被告らの主張する賃貸借契約の内容は極めて不自然であり，また，被告らが実際に使用収益をしていた事実も認められない。したがって，C社が主張する賃貸借契約は，競売等を予期し，執行妨害を目的として仮装されたもので通謀虚偽表示により無効で，これを前提とする転借権も原告には対抗できない，と判示しました。
　なお，判決は，以下の点から，本件の賃貸借契約を不自然であると認定しました。
　① 賃借権の設定が，C社が多数の債権者から差押えを受けた前後になされている。
　② 賃借権が，本件建物の構造上から独立して使用収益するには不自然に分離して設定されている。
　③ 賃料の減額が賃借面積の変更に連動しないで不自然になされている。
　④ 賃貸期間の変更の過程が不自然である。

⑤ 約10年の賃料の前払と約521か月分の高額な敷金の設定は通常の賃貸借契約では考えにくい。

⑥ b室では，C社が工場を稼働していたときと変わらずC社の従業員が金属加工の仕事に従事していて，D社がb室を工場として使用しているとは認められない。

⑦ D社は，賃貸借契約の締結直前に，目的を生鮮食料品の販売から機械設計，加工に変更し，商号も機械加工業に適した名称に変更し，同時に役員全部を入れ替えT氏一人が取締役に就任していることから，D社に本件建物で新規事業を行い，真に本件建物を利用する目的があったのかにも疑義が残る。

(6) **被告側の控訴**

被告側は，平成21年1月28日，一審判決に対し控訴しました。

しかし，後述のとおり，控訴審の第1回口頭弁論の開かれる前に，第一審の仮執行宣言に基づいて一審判決の強制執行がなされていたので，高等裁判所に対して，和解の意思がないことを告げ，東京高裁は平成21年4月21日控訴を棄却しました。

(7) **一審判決に基づく強制執行**

一審判決には主文全部に仮執行宣言が付されていたので，被告らへの送達を待って，平成21年1月30日，東京地裁に強制執行の申立てをしました。

執行官は，a室の明渡しの執行のときと同じ執行官です。執行官は，a室の執行のことを覚えていたので催告執行の打ち合わせはスムーズに進みました。

ア 催告執行

平成21年2月5日午前10時30分から催告執行が行われました。

執行の開始時点ではB氏が不在でしたので1，2階を隅々まで見て，片っ端から写真を撮っておきました。

しばらくすると，B氏が帰ってきました。

B氏は，「あれ？ 控訴してるのにできるの？」などと言っていました。

断行執行を平成21年2月27日午前10時30分から行うことを告げて催告

執行は終わりました。

早速，執行補助者のＫ氏に断行執行の費用の見積りを出してもらいました。

当然のことですが，執行費用は，断行当日に現金払いです。

見積もりの合計は，206万8,500円で，キャンセル料は，前々日までは０円，前日午前中は30％，前日午後は70％，以降は100％です。

断行執行は，当日までの間に任意に明け渡されて中止されることも多く，その場合にはキャンセル料の支払が必要になるので，依頼者に事前に説明しておくことが必要です。

本件の実際の見積書の写しを末尾に添付したので参照して下さい（193頁参照）。

イ　断行執行

Ｂ氏が待ち構える中，平成21年２月27日午前10時30分から本件建物ｂ，ｃ及びｄ室の明渡しの断行執行が開始されました。

執行は数時間掛かるため，執行官は，執行の開始を宣言すると，他所の執行に行って，執行が終了するころを見計らって現場に戻ってくることになりました。

その間は，執行補助者のＫ氏が執行の具体的な指示をしました。

私は，Ａ社の関係者５～６人と現場に張り付いていましたが，動産類も含めて，建物内の物には一切手を触れないようにしました。これは，動産等が損壊したときなど，執行補助者側が責任を負うことになるからです。

10人以上の作業員の手で，重量のある機械類がクレーン等を使って次々に運び出され，４トントラックに乗せられていきます。

執行補助者のＫ氏が，建物から出てきて，私に，「先生，まずいものがあります。」と言いました。２階に行ってみると，ｃ室に，ａ室の不動産引渡命令の執行の際にはなかった「神棚」が設置されていました。「あーっ。見たくないものを見てしまった。」と思いました。

執行の際に困るのは猫などのペットを置いて行かれることです。以前，金魚鉢を置いて行かれてしまい，執行補助者が持ち帰り，家で飼育して

もらったことがありました。億ションに住んでいた女性の居室の執行では，一部屋丸々にシャネルのバッグ等の高級ブランド品が山のように積まれていたことがあり，その時は，一つ一つ丁寧に梱包して大切に倉庫に保管してもらいました。

　仏壇や神棚，遺骨なども執行が難しいものです。この時の神棚は，前回不動産引渡命令の執行のときにはなかったので，B氏が，何らかの意図をもって設置した可能性があると思いました。単なる，「苦しい時の神頼み」であれば幸いですが。

　執行官は，これを，「目的外動産目録（遺留品）」欄に「神棚神具一式入段ボール箱　売却に付さず」，特記事項欄に，「売却に適さないので売却しないこととし，債務者が3月23日までに引き取らないときは適宜処理をするよう債権者（代理人）に指示した。」と記載しました。

　午後1時45分，本件建物から全ての動産類が運び出されて，取り換えた鍵で施錠して，執行は終了しました。

　神棚は，嫌がるA社の担当者に，3月23日までは会社で保管しておいて，その後で「適宜処理」するように頼みました。A社の担当者は，笑いながら，「せいぜい，会社の無事安全を頼んでおきますよ。」などと言っていました。

5　おわりに（本件を振り返って）

　A社は，平成19年1月16日に本件建物を競売により買い受けた後約2年かけて，平成21年2月27日本件建物の全面的な明渡しを受けることができました。

　その間の費用も，結果的には500万円弱掛かりました。

　A社は，その後直ちに本件建物を取り壊し，更地として，建売業者に売却して，当初の目的を達することができました。

　本件建物は，何回か物件明細書が書き直され，最終的には長期賃貸借として買受人が賃貸借を引き受けるものとされ，これに対応して最低売却価格（売却基準価格）も何回か減額され，誰もが敬遠する中で，A社はかなり低額で本件建物を買い受けたので，それでも利益を上げることができた

そうです。

　工場の敷地は52㎡で16坪に満たない広さですが，Ａ社は，更地の時価評価では２坪分にも満たない10分の１の価格で買い受けていました。

　Ｂ氏は，裁判中も含めて，Ａ社，Ａ社の代表，代表の奥さん，関係会社に，暑中見舞い，年賀状類を多数送りつけ，それには「これからも宜しく。」，「誠」などの添え書きがしてありました。その都度，これらは私の事務所にファックスされてきました。Ａ社には，放っておくように指示し，裁判外で圧力をかけているとして裁判所に証拠として提出しました。

　Ａ社は，本件の経験を踏まえ，その後も，権利関係の複雑な物件を競売で買い受け，私のところに持ち込んできて，ますます元気な様子です。

　　　　　　【プライバシー保護のため事例の内容は変えております。】

御 見 積 書

弁護士　　　　　　殿
（株）　　　　　　殿

　債務者　　　　　　　　　　　　に対する強制執行費用を見積りましたので，御検討の程，宜しくお願い申し上げます。

金2,068,500円也

１階部分

執行補助者（目録作成等）	２名	a）35,000円	70,000円
執行作業員	７名	a）30,000円	210,000円
解錠技術者（２ヶ所解錠・交換含）	１名		45,000円
電気専門業者	１名	a）35,000円	35,000円
機械評価人	１名	a）45,000円	45,000円
重量物専門業者	４名	a）40,000円	160,000円
同上資材車及び工具損料	一式		50,000円
車両（４ｔ※ユニック及び平車）	４台	a）50,000円	200,000円
ラフター車	１台	a）80,000円	80,000円
通行警備員	２名	a）30,000円	60,000円
梱包資材	一式		25,000円
保管費用	15BOX	a）25,000円	300,000円
後払い		①	小計1,280,000円

２階部分

執行補助者（目録作成等）	１名	a）35,000円	35,000円
執行作業員	12名	a）30,000円	360,000円
搬出用車両（２ｔロング）	２台	a）40,000円	80,000円
梱包資材	一式		40,000円
保管費用	７ボックス	a）25,000円	175,000円
後払い		②	小計 690,000円

　　①＋②　1,970,000円×消費税５％＝98,500円
　　　　　　　合計　2,068,500円

　尚　売却代金・廃棄処分費用は別途実費請求となります。

※　キャンセル料
　　　２月24日　迄　　　　０円
　　　２月25日　午前中　30％　　500,000円
　　　２月25日　迄　　　50％　　900,000円
　　　２月26日　午前中　70％　　1,300,000円
　　　以降　　　　　　100％　　1,970,000円
　　となります。

　　　　　　　　　　　　　　　平成　年　月　日
　　　　　　　　　　　　　　　　執行補助者

COLUMN
コラム⑪
保全処分

1 民事訴訟の判決においては，当事者恒定効が否定されている（民事訴訟法115条1項・3号）ことから，例えば不動産の明渡請求訴訟において，訴訟係属中に占有者Aがその占有を第三者Bに移転してしまうと，Aに対する勝訴判決を取得しても現実に占有をしているBに対しては執行不能となり，無駄な裁判をしたことになります。

　ここに保全処分制度（仮差押え・仮処分）の意義が存します。上記の例では，Bへの占有移転前に占有移転禁止の仮処分（民事保全法23条1項）をしておけば，Aに対する勝訴判決でBに対しても強制執行できます（民事保全法62条2項・1項1号）。

2 保全の実務で一番問題になるのは，担保の額でしょう（民事保全法14条）。

　この点についての資料はあまり見当たりませんが，司法研修所編『民事弁護教材民事保全〔改訂（補訂版）〕』(29頁以下。日本弁護士連合会刊）があります。

　ただ，当該資料は何分にも古く，また，個別的な紛争内容や証明の程度等により，実際には大きく変動することがあります。

　例えば，執行妨害が明白ないわゆる占有屋に対する占有移転禁止の仮処分では，一律10万円とか，首謀者の補助者と見られる場合は5万円という担保額ということもあります。同様に，反社会的勢力に対する街宣活動禁止の仮処分では，僅少な金額での決定を得ることがあります。逆に抵当権実行禁止の仮処分では，民法94条2項の類推適用がうかがわれるとして，債権額の50％もの担保額を要求され，申立てを取り下げたこともあります。

　このような意味で，前出資料の基準も一つの目安に過ぎないことを依頼者に説明して，担保を用意してもらうことが必要です。また，代理人としては，保全の必要性についても十分な立証活動が重要です。

3 担保に関して裁判官と折衝することは，保全申立ての醍醐味ですが，担保額を低額にすることだけに特化した活動は逆効果でしょう。

　むしろ，本訴提起した場合に立証上弱いと思われる点について保全段階での裁判所の心証を探る，又は，他の法律構成の可能性を探る，あるいは，より効果的な立証方法を探る，など本訴での準備活動ができる場面として，活用することも視野に入れて行動すると良いのではないでしょうか。

第5章
マンションに関する事例

第5章 マンションに関する事例

事例17　火災にあったマンションを不動産強制競売で処理した事案

管理費等や税金の滞納者所有のマンションが半焼し放置したまま所有者が所在不明となったが、強制競売で無剰余取消しを免れ処理した事例

●概要図

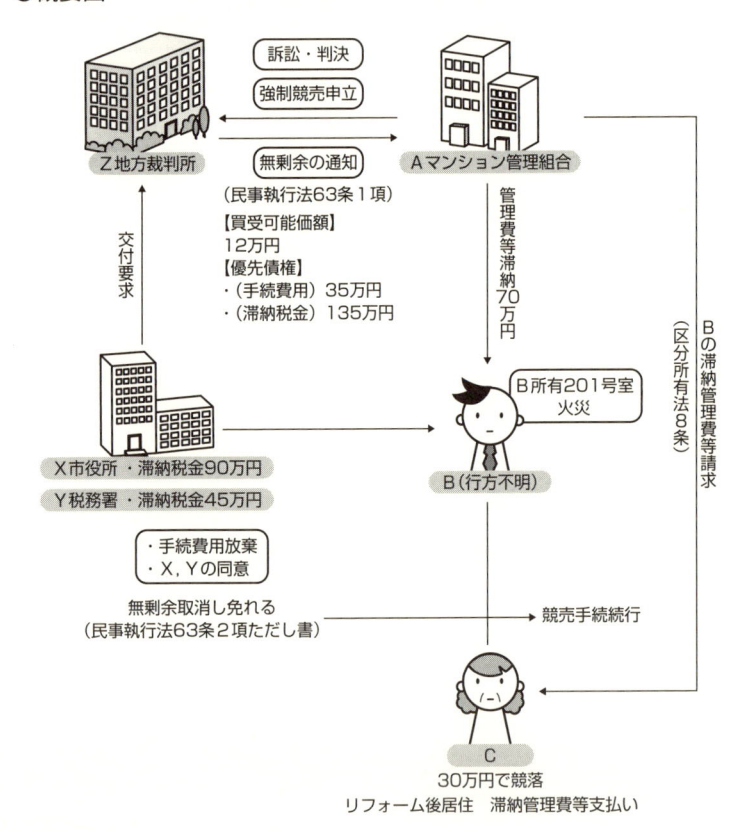

```
                    訴訟・判決
    Z地方裁判所  ←  強制競売申立  →  Aマンション管理組合
                    無剰余の通知
                   （民事執行法63条1項）             │
                   【買受可能価額】                  │管理費等
                    12万円                           │滞納
                   【優先債権】                      │70万円
                   ・(手続費用) 35万円               ↓
                   ・(滞納税金) 135万円
       │                                     B所有201号室
       │交付要求                              火災
       ↓                                         │
    X市役所・滞納税金90万円  ←───────  B(行方不明)
    Y税務署・滞納税金45万円

    ・手続費用放棄
    ・X,Yの同意
    無剰余取消し免れる          競売手続続行
    （民事執行法63条2項ただし書）    →
                                        C
                                    30万円で競落
                                    リフォーム後居住　滞納管理費等支払い
```

（Bの滞納管理費等請求（区分所有法8条））

はじめに

マンションの一室が火災で焼損し，到底居住できる状態でなくなったが，

事例17　火災にあったマンションを不動産強制競売で処理した事案

　管理費や税金を滞納していたその所有者が，専有部分を焼けたまま放置し，所在不明となった場合で，管理費等請求訴訟で判決を得て，その判決を債務名義として強制競売申立てをしましたが，多額の税金等の交付要求がなされ，反面その専有部分の評価が著しく低く，競売の手続費用にも充たないという状況でした。この場合に，どのようにして無剰余取消しを免れ，競売手続が続行された結果，買受人が現れ滞納管理費等の回収やそれ以後の管理費等の滞納を回避し，リフォームによる環境改善がなされ，問題が解決されたかを説明します。

1　事例の概要

(1)　Aマンションの概要

　首都圏から電車で1時間，最寄り駅までバス便の郊外に，4階建全50戸のAマンションがあります。Aマンションは，築40年で老朽化しており，住民もほとんど高齢化しています。

(2)　区分所有者Bの生活状況

　Aマンションの区分所有者B（以下「B」といいます。）は，10年ほど前に50㎡ほどの専有部分201号室（以下「201号室」といいます。）を購入して引っ越してきました。

　Bは一人っ子で両親も他界し，これといった親類もありません。また，Bは独身で音楽関係の仕事をして日銭を稼いでますが，持病のほか，うつ病もかかえているため，定期的にも安定した収入はありません。

　そのためBは，入居後間もなくから，管理費，修繕積立金（以下「管理費等」といいます。）を滞納し始め，これらの未払についてAマンション管理組合（以下「A管理組合」といいます。）から度々催促されていました。また，その催促の際，Bは税金や公共料金の滞納もあると言っていました。

(3)　201号室からの火災発生

　平成22年12月にB所有の201号室から火災が発生し幸い発見が早かったので他の専有部分への類焼は免れましたが，201号室は半焼しました。出火原因はBのタバコの火の不始末でした。

　Bは火災後10日ほど後始末に来ていたものの，その後，行方が分からな

くなり、全く連絡が取れなくなってしまいました。翌年3月、火災後3か月になるも、焼損した201号室は焼けたまま放置されており、悪臭もあり、マンションの他の住人からA管理組合へ苦情が殺到していました。この時点で、Bには管理費の滞納が70万円ほどありました。そこで、A管理組合は201号室を処分し、環境改善と滞納管理費の回収を図りたいと考えました。

なお、共用部分の修理は、A管理組合の火災保険金で完了していました。

(4) Aマンションの価値

Aマンションは築40年でエレベーターもなく、駅からも遠いため、201号室と同じ面積の他の専有部分でも通常の売買価格は300万円程度なのに、201号室は焼損してこのままでは到底居住できる状態ではないので、その価値はあっても相当低いと思われます。

また、業者に居住できるようにリフォームをするといくら掛かるかの見積りを出してもらったところ、200万円以上掛かるとのことでした。

本相談のポイント

① 201号室が火災で焼損し、放置されたままであり、その価値が著しく低いこと。
② 税金等の滞納もあり、競売をしても無剰余取消しが十分考えられること。
③ リフォーム費用が掛かるため競売をしても買受人がないおそれがあること。

---

2 受任に際しての注意点と相談者への対応

(1) 相　談

火災発生から3か月ほど経った平成23年3月にA管理組合の理事長と事務局の方が相談に来て、前記「事例の概要」のとおりの説明を受けました。

A管理組合の相談及び依頼の目的は二つありました。

事例17　火災にあったマンションを不動産強制競売で処理した事案

一つは，Bの滞納管理費等の回収です。A管理組合は資金力がなく，費用をかけられないのでBから管理費等の滞納金をできるだけ費用をかけずに回収できる方法の相談でした。

もう一つは，焼損したまま放置されている201号室のリフォームによる環境改善です。

(2) **焼損した唯一の資産と滞納管理費等**

滞納した管理費等ですが，相談を受けた時点で滞納額は70万円となっていました。また，このまま放置すると滞納額は増加していくばかりです。

「事例の概要」で述べたようにBは所在不明であり，仮に所在が明らかになったとしても，Bの今までの生活状況から推測するとBからの任意の支払を受けることは不可能と思われます。

Bは音楽関係の仕事をしていたので室内には目ぼしいものとしてピアノがありましたが，それも焼損しており全く使いものにならず単なる粗大ゴミで，他の家電品や家具も焼損しているか水を被って全く価値がありません。そうすると，201号室がBの唯一の資産となります。

しかし，その唯一の資産は焼損しており，200万円以上かけてリフォームしなければならない物件で，果たしてどれだけの価値があるか否か心配です。

また，Bは税金等の滞納があると言っていましたが，その額が不明でそのことも気になるところです。

Bはマンションをローンではなく現金で購入したらしく，マンションの登記事項証明書を確認しましたが，抵当権等の担保権は一切設定されておりません。

(3) **競売手続の利用**

Bに資力がなく，所在不明であり，Bからの任意の回収やBによる201号室の任意売却はできません。

そこで，Bの滞納管理費等の回収と焼損したまま放置されている201号室の環境改善というA管理組合の二つの要望を満たすには，競売手続を利用して，第三者に買い受けしてもらうことに尽きます。そして，滞納管理費等は区分所有法8条で特定承継人であるその買受人に対して請求しその

回収を図り，またその買受人がリフォームをし今後の管理費等を支払ってくれることを期待することとしました。

このように，実際には，滞納管理費等を不動産競売手続において当該専有部分の売却代金から回収するのではなく，当該専有部分の買受人から回収することを期待して不動産競売の申立て等がされることもあるとのことです（東京地方裁判所民事執行センター「滞納管理費等の回収を図るために区分所有建物の競売を申し立てる場合等における留意点」金融法務事情1906号63頁）。

3 実際の解決までの実務と法的問題点の考察

(1) 滞納管理費回収のための不動産競売手続

滞納管理費等の回収を図るために不動産競売手続を利用する方法は次のとおりです。

---
① 他の債権者の申立てにより既に開始されている不動産競売手続において民事執行法51条1項の配当要求をする方法（以下「配当要求」といいます。）
② 自らが不動産競売の申立てをする方法
　ⅰ 管理費等請求訴訟の認容判決等に基づく不動産強制競売の申立て（以下「不動産強制競売」といいます。）
　ⅱ 区分所有法7条の先取特権に基づく担保不動産競売の申立て（以下「7条の不動産競売」といいます。）
　ⅲ 区分所有法59条に基づく不動産競売の申立て（以下「59条の不動産競売」といいます。）

上記の競売手続内で配当を受けられず滞納管理費等の回収ができなかった場合，いずれの方法によっても最終的に当該不動産に買受人がいて買い受けさえしてもらえれば，区分所有法8条によりその買受人が特定承継人として，滞納した管理費等を支払う義務がありますので，その買受人から回収することができます。

(2) 各不動産競売手続の概要
ア　配当要求

　　ローンでマンションを購入し，抵当権が設定されている場合ですと，滞納管理費等の回収は比較的容易です。管理費等の滞納が長期化していると住宅ローンも滞納している場合がほとんどで，銀行などの金融機関，ローン保証会社等の抵当権が競売手続に入るので，それを待ち，区分所有法7条の先取特権に基づき配当要求をし配当を受けるか，この配当要求を行わなかった場合でも，区分所有法8条により，滞納管理費債権について特定承継人である買受人に対して請求できます。

　　また，仮に配当要求できる場合であっても抵当権者や公租公課への配当をした上で剰余がなければ配当を受けることはできません。

イ　各種不動産競売手続
　① 不動産強制競売

　　　当該区分所有者に対し，この競売の申立てをするには，管理費等請求訴訟の認容判決等の債務名義が必要となります。また，この債務名義があれば，預貯金，給料等マンション以外の他の財産に対する強制執行も可能となります。

　② 7条の不動産競売

　　　区分所有法7条は，管理費等について先取特権を認めており，判決等の債務名義がなくても不動産競売申立てができます。その意味では，当該マンションやそれに備え付けた動産のみを執行対象にするのであれば訴を起こして判決をとることは不要です。

　　　しかし，本条による先取特権は，共益費用の先取特権とみなされることから（区分所有法7条2項），当該先取特権の対象となる建物に備え付けた動産から弁済を受け，なお，不足がある場合でなければ不動産から弁済を受けることができません（民法306条，335条1項）。

　③ 59条の不動産競売

　　　区分所有法59条の競売請求は，共同生活の円満な維持・継続を図るための最終手続で，当該区分所有者の区分所有権を「剥奪」するものなので，厳格な次の要件が必要となっています。

ⅰ　共同利益背反行為による区分所有者の共同生活上の障害が著しい。
　　ⅱ　他の方法では，障害が除去できず，区分所有者の共同生活の維持を図ることが困難である。

　この競売請求は「訴えをもって」すなわち裁判上行使しなければならず，また集会において区分所有者及び議決権の各々4分の3以上の多数による賛成がないと訴えは提起できません（区分所有法58条2項の準用。59条2項）。
　もし，競売請求の訴えが認められ，これによる競売手続が開始されたとしたら，最大のメリットは，無剰余取消し（民事執行法63条）の適用がないことです。
　そして，当該区分所有権の上に存する抵当権，先取特権などの担保権を売却により消滅させる消除主義（民事執行法59条）が適用されます。
　区分所有法59条の競売請求についての詳細は本書の別稿（事例19＝227頁）に譲ります。

(3)　**不動産強制競売を選択**

　本件では，上記の競売を利用する方法のうち，次の理由で不動産強制競売を選択しました。
ア　配当要求については，前述したとおり，Bは現金でマンションを購入し，抵当権等の担保は設定されておりませんので，他の担保権者の競売申立てを期待できる場合でなく，そもそもこの配当要求の方法をとることはできません。
イ　7条の不動産競売申立ては，債務名義が不要ですが，先取特権の及ばないもの（例えば自動車，預金等）に対して執行をしようとする場合には判決等の債務名義が必要です。また，本条による競売申立てに際しては，建物に備え付けた動産に対する担保権の実行では請求債権額に足りないことを主張立証する必要があります。
　本件では，建物内の動産も焼けて価値がないのでこの主張立証は容易ですが，一般には少し面倒です。
ウ　59条の不動産競売は，無剰余取消し（民事執行法63条）の適用がない

ことが最大のメリットですが、この競売請求は厳格な要件があり、特に上記(2)イ③のⅱの「他の方法では、障害が除去できず」の要件から、この競売請求の手続をとる前に例えば、裁判外で和解を試みるとか、滞納管理費等の請求訴訟や預金や給与等の債権差押えをするなど種々の手続をとったがそれでも障害が除去できないということが必要なため手間や費用が掛かることが難点です。

なお、本件の場合、単なる長期間の管理費等の滞納だけでなく、Bの所在不明、火災による焼損という事情が加わるので、他のケースよりもこの競売請求が認められやすいのではないかと思いますが、類似の関連判例・裁判例は見当たりません。

エ　不動産強制競売は、7条の不動産競売と異なり判決等の債務名義が必要ですが、本件の場合、Bに他の財産があるかもしれないこと、また、万一、少しでもBの他の財産から滞納管理費等が回収できれば買受人の負担する滞納管理費等も少なくなり、買受人が出る可能性も高まるのではないか等々も考え、まず、訴えを起こし、判決をとり、それを債務名義として強制競売を申し立てるという極めてオーソドックスな方法をとることにしました。

また、Bの管理費等の滞納は、4年8か月前からでした。

管理費等の消滅時効期間が一般の債権としての10年なのか、短期消滅時効として5年なのかは争いがあり、判例も分かれていましたが、最高裁第二小法廷平成16年4月23日判決（民集58巻4号959頁）は、この争いに決着をつけ管理規約に基づく管理者用及び修繕積立金の支払請求権は、「基本権たる定期金債権から派生する支分権として、民法169条所定の債権に当たる」とし、5年の時効で消滅するとしました。したがって、もう少しで最初の延滞月から5年となり、以後順次5年の時効が完成することとなっていました。

そこで、まず、訴えを提起し、時効を中断し確定判決を得て時効期間を10年（民法174条の2）とする必要もありました。

(4)　**訴えの提起**

相談を受けて2か月後の5月に強制競売申立ての債務名義をとるため、

管理費等の支払を求めてＺ地方裁判所へ訴えを提起しました。

　滞納管理費等が約70万円であり、訴額が90万円以下ですので、本来の管轄は簡易裁判所ですが、管理規約で管理組合と組合員間の訴訟はＺ地方裁判所が合意管轄となっておりました。

　Ａ管理組合は、法人格のない管理組合ですが、管理規約で管理者には理事長を充てるものと定めており、区分所有法26条4項により理事長が管理者として原告となることができます。ただし、管理組合を代表して、管理者が訴えを提起するには、管理規約に管理者が原告又は被告になるとの規定がある場合を除き、区分所有法26条4項に基づき集会の普通決議を得ておかなければなりません。

　なお、管理組合が法人の場合は法人を代理する理事、法人格のない管理組合で規約で管理者を定めていなければ、総会で管理者を選任してこれに当てるか、又は、他の区分所有者全員が原告となります。

　本件ではＢが所在不明ですので、被告の住所、居所その他送達すべき場所が知れず通常の手続で訴状等の送達ができなかったので、公示送達の申立をし、そして、判決を得ました。

(5)　**不動産強制競売**

ア　Ｂ所有マンションに対する強制競売の申立て

　　判決を債務名義とし、Ｚ地方裁判所へ201号室に対する強制競売申立てをし、Ｚ地方裁判所から命じられた民事執行予納金60万円を納付し、強制競売開始決定を得ました。強制競売手続においてもＢへの送達はもちろん、公示送達です。

　　なお、競売申立ての際、「入札又は競り売りの方法により売却を実施しても適法な買い受けの申出がなかったときは、他の方法により売却することについて異議ない」旨の特別売却に関する意見書を添付しました。

　　特別売却については後述します。

イ　執行官の現況調査

　　競売開始決定から約1か月後に2回執行官がＡマンションへ現況調査に訪れ、Ａ管理人と面談し、状況説明を受け、201号室の状況を確認していきましたが、そのときの執行官の感想は、「予想以上に酷いですね。

リフォーム費用も掛かるので価格は相当安くなりますね。」とのことでした。

ウ　交付要求

　執行官の現況調査から１週間ほどしてＸ市役所やＹ税務署から相次いでＢの滞納税金に対する交付要求通知書がＡ管理組合に届きました。

　火災発生直後には，Ｂは税金の滞納額は少額であると言っていたそうですが，この交付要求通知書によると延滞税を含めてＸ市役所分90万円，Ｙ税務署分45万円で総額135万円ほどになり，Ａ管理組合で想定していた以上の金額です。この交付要求通知書から，無剰余取消しの可能性が大となりました。

エ　評価額

　不動産鑑定士の評価書が執行官の現況調査から１か月後に出されましたが，執行官の感想どおり評価額は予想以上にかなり低く201号室は，建物と敷地権で合計15万円でした。

　評価書の特記事項として，「火災により半焼の状態である。建物内部は煙と消火活動による物理的損傷が大であり，再利用するためには内装及び住宅機器の大規模修繕を要する。」と記載され，評価が下がるのは予想していましたが，結果は予想を超えるものでした。

　滞納管理費等は買受人に請求できますので（区分所有法８条），買受人が不測の損害を被らないようにするため，東京地裁では不動産競売において，当該専有部分を評価し，売却基準価額を決定する際には，滞納管理費等が少額である場合を除いて評価時点での滞納管理費等の予想額を当該専有部分の価額から控除する扱いとなっています（東京地方裁判所民事執行センター・前掲63頁）。

　本件では，不動産鑑定の評価時点では15万円でしたが，無剰余通知書記載の買受可能価額（売却基準価額）は評価時点以後の滞納管理費等の予想額を控除して12万円となりました。

(6)　無剰余について

ア　無剰余の通知（民事執行法63条１項）

　案の定，Ｚ地方裁判所から無剰余の旨の次のような通知がきました。

> 『別紙物件目録記載の不動産の買受可能価額金12万円が，手続費用及び差押債権者の債権に優先する債権（以下「優先債権」という。）の合計額金170万円（見込額）に満たないので通知する。』

※　「手続費用」は35万円，「優先債権（税金等）」は135万円です。

イ　手続費用及び優先債権

　手続費用とは，競売手続のために要した費用（執行費用）のうち，全債権者の共同の利益のために必要とされたことをなすのに要した費用（民事執行法63条1項1号では「共益費用」ともいっています。）のことです。

　この手続費用は，既に支出したことが記録上明白な差押登記のための登記免許税，現況調査手数料，評価料等と，事後支出が当然予定される競売手数料等です。競売手続において他に先立って配当をすることになっています。

　この手続費用の見込額は，売却期日に最低売却価額で売却された場合の見込額で計算されます。

　優先債権とは，差押債権者より先順位の抵当権（仮登記も含む。），不動産質権及び担保目的である仮登記の被担保債権，配当要求をした一般先取特権の被担保債権，交付要求をした法定納期限が優先する租税債権等です。

　この債権額は，民事執行法50条1項，188条により届け出られた債権届出書，交付要求書，届出がないときは登記簿上の債権者等によるなど執行記録上明らかな債権のみに基づいて判断することになります。

ウ　無剰余売却の禁止

　執行裁判所は，評価人の評価に基づいて最低売却価額を定め，換価手続を進めることになるのですが，その定められた最低売却価額が低く，執行費用のうちで共益費用（手続費用）であるものと，差押債権者の債権に優先する債権の額の合計額を弁済して剰余を生ずる見込みがないと認めるときは，場合によっては執行手続が取り消されることがあります（民事執行法63条）。これは，他人の財産を換価しても自己の債権につい

事例17　火災にあったマンションを不動産強制競売で処理した事案

て何ら得るところがないのみでなく，無益な手続と費用と日時を費やすにすぎないことになるし（無益執行の禁止），優先債権者や債務者にとっても競売の時宜を得ない等のため不利益をもたらすこともあるところから（優先債権者の保護），このような無益，かつ無意味な執行は許すべきでないとして設けられた規定です。

　裁判所は，最低売却価額と，手続費用の額及び優先債権とを比較して，後者の方が大きく，競売による売却代金をもって弁済しても剰余を得る見込みがないと認めるときは，その旨を差押債権者に通知します（民事執行法63条1項，188条）。

　この無剰余の判断は，不動産の最低売却価額を基準として行われます。

　剰余を生ずる見込みのない場合というのは，差押債権者が売却代金より弁済を受けられる見込みがないことをいうのであって，手続費用と優先債権の見込額の合計額と最低売却価額とを比較して最低売却価額の方が小さいか又は同額である場合は剰余を生じないことになります。

エ　Z地方裁判所からの無剰余の通知書には無剰余取消しを免れるための措置として，民事執行法63条2項を説明した下記の（注）書が付記されておりました。

（注）　差押債権者が，この通知を受けた日から1週間以内に，手続費用及び優先債権の見込額の合計額以上の額を定めて，民事執行法63条2項各号に掲げる区分に応じ，それぞれ当該各号に定める申出及び保証の提供をしないときは，執行裁判所は，差押債権者の申立てに係る強制競売・担保不動産競売の手続を取り消すことになります。

　　ただし，上記の期間内に
　　　・不動産の買受可能価額が手続費用及び優先債権の見込額の合計額に満つる
　ことを証明したとき
　　又は，
　　　・不動産の買受可能価額が手続費用の見込額を超える場合に

207

おいて，不動産の売却について優先債権を有する者（買受可能価額で自己の優先債権の全部の弁済を受けることができる見込みのある者を除く。）の同意を得たことを証明したときは，この限りではありません。

(7) 剰余を生ずる見込みのない場合の措置
ア　無剰余取消しを免れるための措置
　Ｚ地方裁判所の無剰余の通知書の「注書」を本件にあてはめると次のようになります。
　つまり，無剰余の通知を受けた日から１週間以内に次の①②③の手続をとることによって無剰余取消しを免れ，競売手続を続行するこができます。
①　Ａ管理組合は，手続費用（35万円）及優先債権（税等135万円）の合計170万円を超える申出額を定め，（例えば171万円以上），その額に達する買受申出がないときは，Ａ管理組合がその額（例えば前記171万円以上）で買い受ける旨の申出をし，かつその額に相当する保証を提供する。
　Ａ管理組合は資金力がないと相談を受けた際に言われましたので，この方法をとることはできません。
②　前記①でＡ管理組合が買受申出をしないときは，剰余を生ずる見込みのあることの証明をする。
　剰余を生ずる見込みがあることの証明としては，理屈では買受可能価額（売却基準価額）が低すぎることを証明することが考えられるが，この場合，適正な買受可能価額のみならず，その額が手続費用及び優先債権を超えることまで証明しなければなりませんし，それよりも通知を受けてから１週間以内にそれを行うのは不可能です。
　また，その他の証明としては，優先債権である税等の交付要求の額に誤りがあり，それよりも低額であるため，買受可能価額を超えない

ことなどがありますが，それを証明するのは一般的に困難です。また，本件は買受可能価額（12万円）が手続費用（35万円）にもはるかに下回る場合なのでそもそも問題になりません。
③　不動産の買受可能価額が手続費用の見込額を超える場合で，優先債権を有する者の同意を得たことを証明する。

　無剰余取消しを免れる措置をして前記①，②の方法をとることはできないので，私は，A管理組合が手続費用を放棄することで，X市役所とY税務署の同意を得て，競売手続続行を進めてもらうことにしました。

　つまり，A管理組合がその手続費用を放棄することで，手続費用見込額が0円となり，不動産の買受可能価額（12万円）が手続費用の見込額（0円）を超えることになり，X市役所，Y税務署へ配当ができるようにすることでX市役所，Y税務署からの同意を得る道を選択しました。

　これで，民事執行法63条2項ただし書の買受可能価額（12万円）が手続費用見込額（0円）を超える場合で優先債権を有する者（X市役所・Y税務署）の同意を得たことの証明とすることができます。

イ　競売手続の続行
①　優先債権者の同意を得ていることの証明
　裁判所からの通知を受けた日から1週間以内に無剰余取消しをされないための措置を講じなければ取り消されることになりますので，全く余裕がなく，時間との競争です。

　早速，X市役所とY税務署へ連絡し，A管理組合は手続費用の請求権を放棄するので，買受可能価額12万円による売却手続を実施することに同意してほしいとお願いし，X市役所，Y税務署からその同意をしてもらい，Z地方裁判所宛てにAマンション管理組合は優先債権のうち手続費用の請求権を放棄する旨の上申書とX市役所等の同意書を添付して「民事執行法63条2項ただし書所定の優先債権者の同意を得ていることの証明」書を提出し，無剰余取消しを免れました。

　競売手続は続行され，ようやく期間入札の公告がなされました。入

札期間とともに，入札がなかったときの特別売却実施期間も定められました。

② 特別売却について

特別売却とは，入札又は競り売りの方法により売却を実施しても適法な買受申出がなかった場合に，再売却として実施する売却方法です（民事執行規則51条1項）。

執行裁判所から特別売却の実施を命ずるには，事前に差押債権者の意見を聴取しなければならないとされており（同条2項），通常は競売申立てを受理する際に本件のように特別売却に関する意見書を提出させて処理する扱いです。

③ 無剰余取消しと時効中断の効力

本件では無剰余取消しを免れましたが，仮にこの無剰余を理由として競売手続が取り消された場合であっても，民法154条の適用はなく，消滅時効中断の効力はさかのぼって消滅するものではないとされています（水戸地判平7・7・10金法1447号55頁）。

そして，差押取消決定確定日まで時効中断の効力が継続し，確定の翌日から時効が新たに進行します。

(8) **買受人がいないときの課題と対応**

競売手続は続行されたもののマンションの焼損状況から果たして買受人が現れるかが大変心配となりました。

買受人がいないときについての課題と対応は次のとおりです。

ア 売却の見込みのない場合の手続の停止・取消し

執行裁判所は，入札等の方法による売却を3回実施しても買受けの申出がなかった場合において，不動産の形状，用途，法令による利用の規制その他の事情を考慮して，更に売却を実施させても売却の見込みがないと認めるときは，強制競売の手続を停止することができ，この場合，差押債権者に対し，その旨の通知をしなければなりません（民事執行法68条の3第1項）。

そして，差押債権者が停止の通知を受けた日から3か月以内に買受希望者がいることを理由として売却実施の申出をしたときは，再度売却を

実施します（同条2項）。

　しかし，差押債権者が上記の売却実施の申出をしなかったとき及び売却を実施しても買受けの申出がなかったときは，強制競売の手続を取り消すことができます（民事執行法68条3第3項）。

　差押債権者は，自ら買受けの申出をする予定であるとして売却実施の申出をすることもできます。

　ところが，Ａ管理組合は法人格はないので，買受人が誰もいないときは，次に述べるとおりＡ管理組合を法人化して，Ａ管理組合が買受けの申出をし取得することも覚悟しました。

　イ　Ａ管理組合の法人化

　競売事件の買受人は，権利能力を有する者でなければなりませんので，自然人や法人で競売事件の債務者以外の者であれば買い受けすることができます。

　そこで，Ａ管理組合は，競売で買受人がいなかった場合に備えて通常総会に先立ち管理組合法人設立総会を開催する準備をすることとしました。

　つまり，仮に買受人がいなかったときに，Ａ管理組合がとろうとしていた方法はＡ管理組合を法人化し，Ａ管理組合が買受人となるというものでした。

　したがって，Ａ管理組合を法人化すれば，Ａ管理組合として買い受けができ，また，法人化した管理組合名義で登記ができます。リフォームして区分所有者のために集会所等で使用するか，そのままにして気長に買主を探して売却するかをすることになりますが，この方法は，Ａ管理組合がお荷物を抱えることになるので，できるだけ避けたいものです。

　管理組合を法人にしているところは少ないそうですが，Ａ管理組合のような問題を抱えた管理組合が止むなく法人に組織を変えていることがあるようです。

(9)　競　落

　とにかく，誰でもよいから買受人が現れることを願っていたところ，30万円で落札されＡ管理組合は法人化せずに済みました。

買受人は不動産業者ではない一般の方Cで，Cはリフォームをし，C本人が居住するということで，後日，Cはリフォーム業者を伴ってAマンションへ来てくれました。

そして，火災発生から1年半を経てリフォームがなされ，Cが居住し，Bの滞納管理費等もCに支払ってもらい，これで，A管理組合の所期の目的である滞納管理費等の回収とマンションの環境改善は達成できたわけです。

なお，後日競売手続完了後，Z地方裁判所に納付した民事執行予納金60万円のうち約25万円がA管理組合に還付されました。

4 おわりに

Bの怠納管理費等の回収と焼損したまま放置されている201号室の環境改善という二つの要望を満たすために競売手続を利用しましたが，債務名義（判決）をとり，201号室の強制競売申立てをしたとして，次の二つのハードルをクリアしなければなりませんでした。

一つは，無剰余売却の禁止に該当とするときは競売手続が取り消されること（民事執行法63条）であり，もう一つは，競売手続が無剰余で取り消されず競売手続が続行されたときでも買受人がいないことです。

本件は，競売の無剰余取消しを免れるため，資金力のないA管理組合にとって手続費用の放棄という出血を伴うものではありましたが，不動産競売手続を続行したことで幸い201号室の買受人が現れ，滞納管理費の回収やそれ以後の管理費等の滞納を回避することができ，また，本件の場合，リフォームによる環境改善もでき，一気に問題が解決し，Aマンションの住民にいつもの平穏な生活が戻りました。

【プライバシー保護のため事例の内容は変えております。】

コラム⑫
マンションにおける漏水事故

1　マンションにおいて，自室の天井から漏水があったという相談については，漏水の原因について故意・過失がある者に対して，損害賠償請求等をすることが考えられますが，マンションには，専有部分と共用部分があり，どちらから漏水したかにより損害賠償請求の相手方が異なります。

　すなわち，損害賠償請求の相手方は，専有部分からの漏水では，その専有部分の区分所有者，共用部分からの漏水では，通常は，共用部分を管理しているマンションの管理組合となります。

　そこで，マンションの漏水事故において損害賠償請求をするには，まず，漏水の原因箇所を調査する必要があります。

2　この点，屋上，外壁のクラックからの雨水の浸入を原因とする場合，屋上，外壁のクラックは共用部分なので，損害賠償請求の相手方は，マンション管理組合となります（福岡高判平12・12・27判タ1085号257頁）。また，この場合，工作物責任（民法717条1項）を問える可能性もあります。

3　給排水管からの漏水の場合，その給排水管が専有部分か共用部分かについての判例の判断は細かいので注意が必要です。

　例えば，①503号室の床板と床下のコンクリートスラブとの間の空間にある床下給排水管は，503号室の区分所有者の専有部分に当たるとした判例（上記福岡高裁判例），②607号室の天井裏に配された枝管（以下「本件枝管」といいます。）から漏水した事例において，707号室から出る汚水が，同室の床下にあるコンクリートスラブを貫通して階下の607号室の天井裏に配された本件枝管を通じて本管に流される構造となっており，本件枝管の点検，修理を行うためには，607号室からその天井板の裏に入って実施するしか方法がない場合において，本件枝管を共用部分に当たるとした判例（最判平12・3・21判時1715号20頁）などがあります。

4　なお，専有部分である部屋から漏水している可能性がある場合には，そこの区分所有者に対して，原因調査のための立ち入りを請求することができます（区分所有法6条2項前段）。

5　このように，マンションにおける漏水事故において，損害賠償請求等をするためには，専有部分からの漏水か共用部分からの漏水かを確定する必要があります。マンションの事案においては，この他にも，専有部分か共用部分かが問題となるものがありますので，マンションに関する法律相談の際は，注意するとよいでしょう。

第5章 マンションに関する事例

事例18 管理費及び修繕積立金の滞納に対する法的解決の一事例

マンション管理組合が，滞納管理費及び修繕積立金の回収を図った事例

● 概要図

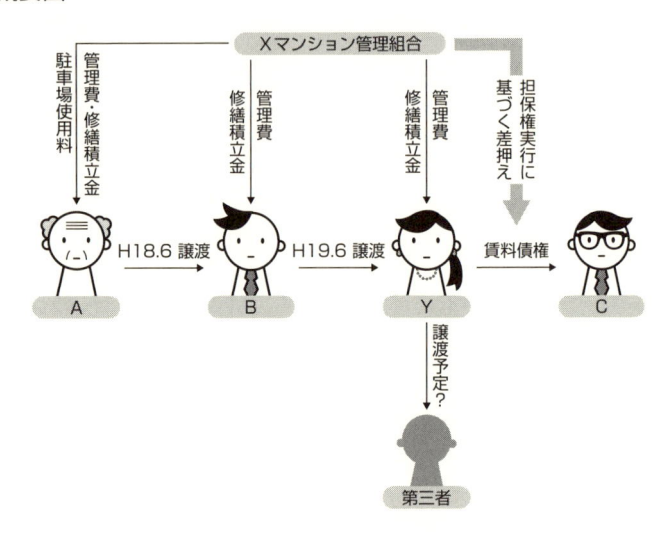

```
                    Xマンション管理組合
  駐車場使用料     管理費       管理費          担保権実行に
  管理費・修繕積立金 修繕積立金   修繕積立金      基づく差押え
       │          │           │               │
       ↓          ↓           ↓               ↓
      (A) ─H18.6譲渡→ (B) ─H19.6譲渡→ (Y)  賃料債権  (C)
                                        │
                                   譲渡予定？
                                        ↓
                                      第三者
```

はじめに

　折からの不景気及びこれに追い打ちをかけるかのごとく発生したリーマン・ショックにより，経済状況が悪化したこともあって，分譲マンションにおける管理費及び修繕積立金が滞納されるケースは，少なくありません。

　ここでは，とある分譲マンションにおいて，区分所有者が滞納した管理費及び修繕積立金につき，訴訟をせずに回収を図った事例を通じて，実際にどのような方法で，滞納した管理費及び修繕積立金の回収を図ったのかについて，以下にご説明したいと思います。

1 事案の概要

(1) **本事案の前提事項**

　相談者は，神奈川県のある市に所在する全戸分譲型の大規模マンションX（以下「X」といいます。）のマンション管理組合です。

　このマンション管理組合（以下「X管理組合」といいます。）は，Xの区分所有者が組合員となって構成されています。

　X管理組合の管理規約によると，組合員は，毎月，管理費として20,000円，修繕積立金として5,000円を，前払にて，X管理組合に対して納入することが定められています。また，Xの区分所有者が同マンションの駐車場を使用するに際しては，X管理組合を賃貸人，当該区分所有者を賃借人として，賃貸借契約を締結することとなっています。

(2) **区分所有者Aによる管理費及び修繕積立金並びに駐車場使用料の滞納**

　Xの区分所有者であるAは，平成7年4月に，Xの1番街303号室（以下「303号室」といいます。）を新築で購入してXの区分所有者となり，以後，Xに居住していました。AがXに居住するに際し，Aは自動車1台を所有していたことから，X管理組合とAは，Aの申出によって，平成7年4月から，Xの駐車場についての賃貸借契約を締結しました。

　Aは，当初，X管理組合に対し，管理費，修繕積立金及び上記賃貸借契約に基づく駐車場の賃料（以下「駐車場使用料」といいます。）について，遅滞することなく支払っていましたが，平成15年ころから，年に1〜2回程度，これらの費用の支払が遅滞するという事態が発生しました。そうであるとはいえ，Aは遅滞した月の翌月又は翌々月までには，その月に支払うべき管理費，修繕積立金及び駐車場使用料と，遅滞した月の管理費，修繕積立金及び駐車場使用料を合わせた全額を支払っていましたので，X管理組合としても，特段，問題視することはありませんでした。

　しかしながら，平成18年の1月になると，Aは，とうとう，管理費，修繕積立金及び駐車場使用料を全く支払わないようになりました。

　X管理組合は，しばらく様子を見ていましたが，Aが管理費，修繕積立金及び駐車場使用料を滞納するようになってから約3か月が過ぎたころに，

Aに対し，滞納分を支払うよう，書面で通知したものの，Aからは何の連絡もありませんでした。

その後も，X管理組合は，書面や電話によって，何度も管理費，修繕積立金及び駐車場使用料の支払を求めましたが，Aとは全く連絡がつかない始末となってしまいました。風の噂によると，Aは，精神的な病気を患ったことにより，これまで勤めていた有名企業を退職すると同時に，家庭不和により，離婚協議をしている様子であるとのことでした。

(3) AからYへの303号室の譲渡

X管理組合がAへの対応について困り果てていたところ，平成19年6月ころ，同組合の理事の1人が，偶然にも，Aが転居し，Aとは異なる新たな者が入居してきたとの情報を得たため，念のため，Aが区分所有する303号室の登記簿を取り寄せたところ，Aは，平成18年6月に，X管理組合に何ら届出することなく，303号室をBに譲渡し，さらに，Bも，平成19年6月に，X管理組合に何ら届出することなく，303号室をYに譲渡したことが分かりました。

そのため，X管理組合は，平成19年6月に入居してきたのはYであると考え，さっそく303号室の新所有者であるYを訪ね，Yに対し，X管理組合の管理規約に基づく管理費及び修繕積立金の支払を求めたところ，Yはこれを了承しました。そして，X管理組合は，Yに対し，駐車場の要否について尋ねたところ，Yは自動車を所有していないため，駐車場を使用する必要はないとのことでしたので，X管理組合とYは，駐車場に関する賃貸借契約を締結しませんでした。

(4) Yによる管理費及び修繕積立金の滞納

しかしながら，Yも，303号室を区分所有した後程なくして，管理費と修繕積立金を滞納するに至りました。

X管理組合は，Aの場合と同様に，当初は様子を見ていたものの，滞納から約3か月が経ったころに，Yに対して，書面で，毎月送付する請求書とは別に，303号室の前前所有者であるA及び同室の前所有者であるBの分も合わせた滞納管理費及び修繕積立金の支払とAによる滞納分の駐車場使用料の支払を求めました。すると，Yは，X管理組合が書面を送った翌

月には，管理費及び修繕積立金の一部を支払いましたが，またも，管理費及び修繕積立金を滞納しました。

　X管理組合は，なるべく穏当に解決したいと思い，しばらく様子を見ては，書面で催促するということを繰り返し，Yも，書面が届くと，その翌月に管理費及び修繕積立金の一部のみを支払うということを繰り返すといった状況が約3年続きました。

　そうであるとはいえ，滞納分の管理費及び修繕積立金は膨れ上がる一方であったことから，いよいよX管理組合の総会で，Yによる管理費及び修繕積立金の滞納が問題となり，X管理組合は，平成22年9月に，当職に，303号室の滞納の対応を相談するに至りました。

本相談のポイント

① X管理組合が，平成22年9月時点において連絡を取ることができるのは，Yのみであり，303号室の前所有者であるB及び同室の前々所有者であるAの所在は不明である。
② X管理組合がYに対して支払の督促をしていたのは，Y自身の滞納管理費及び修繕積立金に加えて，A及びBの滞納管理費及び修繕積立金とAの滞納駐車場使用料であった。
③ X管理組合としては，穏当な方法でかつ迅速に，滞納管理費及び修繕積立金の解消を図ることを希望している。

2　受任に際しての注意点

(1)　Yが支払義務を負う滞納費用の範囲

ア　まず，当職は，X管理組合との法律相談に際し，X管理組合がYに対し送付していた管理費及び修繕積立金に関する請求書（以下「本件請求書」といいます。）を拝見しました。すると，本件請求書には，X管理組合のYに対する請求額として，①Yが請求月に支払義務を負う管理費及び修繕積立金のほか，②Yが303号室を区分所有した平成19年6月以降

にYが滞納している管理費及び修繕積立金，さらには，何の断りもなく，③A及びBが滞納した管理費，修繕積立金及びAが滞納した駐車場使用料が記載されていました。

　建物の区分所有等に関する法律（以下「区分所有法」といいます。）8条において，Yは303号室の前所有者であるA及びBが滞納した管理費及び修繕積立金の支払義務を負う旨が定められています。そのため，X管理組合が，Yに対し，A及びBが滞納した管理費及び修繕積立金についても請求していたことは何ら間違いではありませんが，一般の方からすれば，なぜ，自分が，前所有者だけでなく，前々所有者が滞納した管理費及び修繕積立金を負担しなければならないのか，理解していない場合も多いのではないかと思います。

　そのため，当職がYに対して受任通知書を送付する際には，Yが，Y自身によって滞納した管理費及び修繕積立金だけでなく，AやBが滞納した管理費及び修繕積立金の支払義務を負う根拠についても，説明する必要があると考えました。

イ　次に，X管理組合は，区分所有法8条，7条1項に基づき，AがX管理組合と契約していた駐車場の賃貸借契約に基づく駐車場使用料も，Yが支払義務を負うものと考え，Yに対し請求していたようです。

　しかしながら，区分所有法8条に基づき特定承継人も負担することとなるのは，同法7条に定める債権，すなわち，主に1棟の建物全体の維持管理に必要となる費用に関する債権であることを考えると，駐車場使用料は，個別の債権債務関係に基づき発生する費用であり，1棟の建物全体の維持管理費用との性質になじまないことから，駐車場使用料は，区分所有法8条に基づき，特定承継人が負担する費用には含まれないものと解されます。なお，裁判例の中には，東京地裁平成20年11月27日判決（ウエストロー・ジャパン2008WLJPCA11278043，平20（ワ）9871号）のように，駐車場や駐輪場の賃料についても，区分所有法7条1項に定める債権であると判示するものもありますが，同裁判例は下級審裁判例であり，上記の解釈に従えば，同裁判例の判示内容は確定的なものであると言い難いことから，本件では，同裁判例に従うこととせず，上記解釈

に基づき，駐車場使用料は，区分所有法8条，同7条1項に基づき，特定承継人が負担する費用に含まれないものとして取り扱いました。

　そのため，当職からＹに対して受任通知を送付するに際しては，従前の請求内容を改め，Ｙに対し，滞納管理費及び修繕積立金のみを請求することとしました。

(2) 滞納管理費，修繕積立金及び駐車場使用料の請求の相手方
ア　管理費及び修繕積立金について

　管理費及び修繕積立金については，前述のとおり，区分所有法8条，7条1項により，Ｙが，Ｙ自身が滞納した管理費及び修繕積立金のほか，Ａ及びＢが滞納した管理費及び修繕積立金の支払義務を負うこととなります。

　また，Ａ及びＢも，それぞれ，自身が滞納した管理費及び修繕積立金の支払義務を負います。

　そこで問題となるのが，Ｂは，前所有者のＡが滞納した管理費及び修繕積立金の支払義務を負うのか否かという点です。

　この点は，裁判例によって判断が分かれていますので，以下にご紹介いたします。

① Ｂについて，Ａの滞納分の支払を否定した裁判例（大阪地判昭62・6・23判時1258号102頁。以下「裁判例①」といいます。）

　裁判例①は，区分所有法改正前の旧15条が問題になったものですが，特定承継人が負担することとなるべき共用部分についての債権（本裁判例①においては，管理費を指します。）は，区分所有権がその引き当てとなっており，かつ，特定承継人の債務負担は，その限りにおいてのみ意味があるものと解するべきであるとして，中間特定承継人であるＢは，既に区分所有権をＹに譲渡しているために，引き当てとなる区分所有権を有していないことから，Ａの滞納分の支払を否定しました。

② Ｂについて，Ａの滞納分の支払を肯定した裁判例（大阪地判平21・3・12判タ1326号275頁。以下「裁判例②」といいます。）

　裁判例②は，中間取得者といえども，その所有期間においては，建

物全体の価値を享受していたこと，売買等の換価処分の際には，建物に化体した価値に対応する利益を享受していたことから，中間取得者に対して債権の行使を認めたとしても，必ずしも不当とはいえないこと，区分所有法8条の文言は，現に区分所有権を有している特定承継人に限定しているわけではなく，他方，中間取得者が，同条に定める「特定承継人」に該当しないとすると，区分所有権さえ譲渡すれば中間所有者はその責任を逃れることとなり，管理組合等の管理費の負担者側の実質的保護に欠けることとなりかねないことを理由として，中間取得者であるBも，区分所有法8条に定める「区分所有者の特定承継人」に当たるというべきであると判示しました。

当職は，上記の裁判例を参考に，本事案での対応を考えましたが，X管理組合は，現在，Bと音信不通の状況にあることを踏まえると，当職においても，Bの居所を突き止め，連絡を取ることは難しい可能性が高いと考え，本事案においては，BにはAが滞納した管理費及び修繕積立金を請求することはしないこととしました。

イ　駐車場使用料について

駐車場使用料については，前述のとおり，Aの滞納分についてはAに請求することとしました。

なお，Bが303号室を区分所有していた期間における駐車場使用料は，駐車場の使用実績が確認されなかったために，Bは駐車場を使用していなかったものとして取り扱い，Bに対して請求しないこととしました。

(3)　Yによる管理費及び修繕積立金の一部の支払についての充当関係について

Yは，これまで，X管理組合が滞納分の管理費及び修繕積立金の支払を求めるたびに，それらの一部を支払っていましたが，X管理組合は，これを，古い滞納管理費及び修繕積立金から順に，すなわち，X管理組合は，まず，平成18年1月末日が支払期限である同年2月分の滞納管理費に充て，これが充当されると，次に，同年1月末日が支払期限である同年2月分の滞納修繕積立金に充て，これが充当されると，今度は，同年2月末日が支払期限である同年3月分の滞納管理費に充てるということをしていたとの

ことでした。

　本来，Yが支払義務を消滅させるに足りない場合においては，Yが何に充てるかを指定することができますが（民法488条1項），Yは，特段，何も指定せずに管理費及び修繕積立金の一部に当たる金額を支払ってきているとのことでしたので，民法488条2項に基づき，X管理組合において，充当すべき費目を指定することができるため，X管理組合のように，古い滞納管理費及び修繕積立金から順に充当していくことも許容されます。

　しかしながら，この充当の具体的指定内容については，Yが異議を述べる機会を与えるためにも，X管理組合が充当するたびに，Yに対し，通知することが望ましく，当職は，X管理組合に対し，毎月の管理費及び修繕積立金の請求書を送付する際に，具体的指定内容を通知するよう，アドバイスしました。

3　受任後の対応

(1)　受任通知の送付

　以上の点を踏まえて，当職は，①Yに対して，Yが滞納している管理費及び修繕積立金とA及びBが滞納している管理費及び修繕積立金の支払を求めると同時に，これまでXが受領した管理費及び修繕積立金の一部については，Aが滞納した管理費及び修繕積立金のうち，月毎に，管理費，その後修繕積立金という順で充当することを内容とする受任通知を送付すると同時に，②A及びBに対しては，念のため，住民票上の住所に，それぞれ，各人が滞納している管理費，修繕積立金及び駐車場使用料の支払を求めることを内容とする受任通知を送付し，X管理組合の希望である，穏当な解決に向けて，A，B及びYに対し，協議を求めました。

(2)　強制執行の申立て

ア　しかしながら，A及びBへの受任通知に関しては，A及びBが所在不明となっており，結果として送達されるに至りませんでした。

　他方，Yに対する受任通知は，Yの元に送達されましたが，Yは，当職からの受任通知に対して，何ら連絡することなく，依然管理費及び修繕積立金の滞納を継続していました。

これを受けて，X管理組合は，滞納管理費及び修繕積立金の回収につき，穏当な解決を図ることを断念し，法的手続をもって解決を図ることとしました。
　すると，X管理組合の理事の1名から，区分所有法59条に基づく競売ができないかとの提案がありました。しかし，当職は，本件のような管理費及び修繕積立金の不払については，まずは，同法7条によって解決がなされるべきと考えられており，同法7条に基づく先取特権の実行やその他財産に対する強制執行によっても，管理費及び修繕積立金の回収を図ることができない場合に初めて，同法59条に基づく競売を検討すべきであって，本案件において，同法59条に基づく競売をするのは極めて困難であるとの見解を示しました。
　これを受けて，当職及びX管理組合も，まずは，区分所有法8条が引用する同法7条に基づき，先取特権の実行を行うことにしました。しかしながら，X管理組合が先取特権の実行を行おうにも，そもそも，同法7条1項，同条2項，民法335条1項に定める建物に備え付けた動産はおろか，管理費及び修繕積立金の回収先であるYの目ぼしい財産が判明せず，法的手続に踏み切ることができない状況にありました。
　そうしたところ，Cを名乗る者から，X管理組合に対し，Xの303号室への居住者変更届が提出されるに至りました。
　これを契機として，当職及びX管理組合は，YがCに対して，Xの303号室を賃貸していることが分かったため，当職は，X管理組合を代理して，区分所有法7条1項，民事執行法193条1項に基づき，被担保債権・請求債権を，Yが支払義務を負うA，B及びYについての滞納管理費及び修繕積立金，差押債権を，YがCに対して有する303号室の賃料支払請求権として，担保権の実行としての強制執行手続を行うこととしました。
　この点，読者の方々の中には，滞納管理費及び修繕積立金の支払請求権に関して，判決を得ていないため，債務名義がなく，いきなり強制執行することはできないのではないかとお考えの方もいらっしゃるかと思います（現に，実務家が執筆しているコラム等にも，本件のようなケー

スについて、まずは、判決等を得て債務名義を得るべきであるとの解説がなされているのを目にしたことがあります。)。しかし、管理費及び修繕積立金は、前述のとおり、区分所有法7条1項及び同条2項により、共益費用の先取特権とみなされるため、債務名義なくして、強制執行手続が可能となりますので、裁判上の和解等の席において、区分所有者との話合いの場を設けることを期待しないのであれば、特段、訴訟は不要となります。

イ　さて、担保権の実行としての強制執行手続においては、疎明資料として、担保権の存在を証する文書が必要となり、X管理組合のケースでは、管理規約や、管理費及び修繕積立金の算定根拠となっている規約、総会議事録等の提出が求められました。

　これに加えて、区分所有法7条1項、民法355条1項に基づき、「本件建物に備え付けた動産に対する担保権の実行では請求債権額に満たないこと」についても疎明しなければならず、この疎明資料として、報告書の提出も求められます。しかしながら、X管理組合としても、303号室に、動産執行の対象となるべき動産が存在するのか否か分からず、当職としても、報告書では、本件建物に備え付けた動産は不明であると記載するほかありませんでした。

　また、管理費及び修繕積立金を被担保債権・請求債権とする担保権の実行としての債権執行手続は、比較的大規模な裁判所であっても、その利用が少ない手続であるのか、通常の債権執行手続に比べ、決定が発令されるまでの時間を要するとのことでした。そのため、申立代理人としては、通常の債権執行に要する期間より余裕をもって、担保権の実行としての債権執行の申立てをすべきです。

ウ　当職は、裁判所から指示があった疎明資料等の追完を行った後、無事に、債権差押命令が発令されるに至りました。そして、第三債務者であるCからも、YのCに対する賃料債権がある旨が記載された陳述書が届きました。このことにより、CからYに支払われていた賃料が、平成23年1月から、CからX管理組合に対して、直接、支払われることとなり、Yが支払義務を負う滞納管理費及び修繕積立金が徐々に弁済されること

(3) 303号室の売却予定の発覚

ア　X管理組合が、Cから、Yに支払うべき賃料を直接収受するようになってから約3か月が経過した平成23年4月、これまでX管理組合が連絡を求めても連絡をすることがなかったYが、突如、X管理組合に対し、303号室を第三者に売却する予定がある旨を申し入れるに至りました。

　これを受けて、当職は、X管理組合から、Yが303号室を第三者に売却することで、YのCに対する賃料債権への差押えの効力が影響を受けるのかについて、相談を受けました。

　当職は、確かに、X管理組合は、Yが第三者に対して303号室を売却すること自体を止めることはできず、これによって、303号室の賃貸人はYから第三者に変更することとなるものの、債権差押えの効力は、差押債権者の債権及び執行費用の額を限度として、建物所有者が将来収受すべき賃料に及んでいる（民事執行法193条2項が準用する同法151条）ことから、差押えの効力は、303号室の新所有者である第三者にも及ぶこととなり、当該第三者は、X管理組合に対して、Cの賃料債権を取得したことを主張して、債権差押えの効力が及ばないことを主張することはできず、Yが303号室を第三者に売却することで、YのCに対する賃料債権への差押えの効力に影響が及ぶことはないと説明しました（最判平10・3・24民集52巻2号399頁参照。）。

　これに加えて、当職は、X管理組合に対し、実際に、Yが303号室を第三者に売却する場合には、新所有者である第三者にとって、売買対象物件に、滞納管理費及び修繕積立金が存在することは大きなリスクであることから、通常は、売買代金の決済時に、第三者を通じて、滞納管理費及び修繕積立金が精算されることが多く、その意味で、Aから303号室を譲り受けたB、そして、Bから同室を譲り受けたYが、その時点での滞納管理費及び修繕積立金を精算しなかったのは疑問であるとも述べました。

イ　X管理組合は、当職からのアドバイスを受け、303号室が第三者に売却されようとも、YのCに対する賃料債権への差押えの効力は何ら影響

を受けないことが分かり、しばらくYの動向を静観することとしました。

そうしたところ、やはり、滞納管理費及び修繕積立金の滞納がある物件であることがネックとなっているのか、Yによる303号室の第三者への売却の話は頓挫してしまったようで、その後も、依然、303号室の所有者はYのままであり、X管理組合が、Cから、Yに支払うべき賃料を直接収受することで、滞納管理費及び修繕積立金を完済するに至りました。

4 おわりに

本事例においては、Yが303号室を賃貸していることが判明したために、担保権の実行としての強制執行手続によって、滞納管理費及び修繕積立金を回収することができましたが、区分所有者による管理費及び修繕積立金の滞納は、頻発し得る事象ではあるものの、滞納金額が多額となった場合には、区分所有者の有する財産が明らかではなく、滞納分の回収に困難を極めることとなります。

これに対する対応策としては、滞納金額が少額のうちに、債権者が、債務者である区分所有者と緊密に接触を図って、支払を促すと同時に、定期的に居住者の調査等を通じて、区分所有者や居住者に関する情報収集を怠らないようにするほかないものと考えます。

また、債務者と連絡が取れなくなったり、同人が正当な理由なく債権者との協議を拒絶する等した場合には、債務名義の取得ではなく、話合いの場を設けることを目的として、民事調停や裁判を提起するのもやむを得ないかもしれません。

【プライバシー保護のため事例の内容は変えております。】

COLUMN

コラム⑬
マンション管理組合の理事長の交代

　弁護士が相談を受けたある都心の借地上のマンションでは、古くからの住民である区分所有者が長年にわたり管理組合の理事長を続け、地主から地代の値上げを要求された際に、勝訴の見込みが低いにもかかわらず訴訟に持ち込んだり、マンションの大規模修繕工事を行った際に理事長がその工事に瑕疵があると主張して代金の支払を一部留保したために管理組合が訴えられたりして、無駄に思える訴訟費用の負担を強いられました。その他にも、一部の区分所有者に対して横暴な振る舞いをしたりと理事長に不適任な行動が目立つのですが、本人は理事長を継続するつもりでした。

　そこで、区分所有者の一部が別の区分所有者を役員に選任しようと思い立ちましたが、それまでの管理組合の総会では、ほとんどの区分所有者が議案への賛否を議長（現理事長）に一任する旨の委任状を提出していました。そのため、反対派の区分所有者は、各部屋に居住している区分所有者を訪問して、理事長を変更する必要があること、そのためには理事長から送られた委任状を提出せず、総会に出席するか反対派に委任状を提出するようにお願いして回りました。また、部屋を賃貸に出している区分所有者については、登記されている住所宛てに、反対派に委任状を提出するように依頼する手紙を出しました。

　ところが、マンションの規約には、管理組合の役員になるには、現にマンションに居住する区分所有者でなければならないという限定がつけられていました。反対派の活動をしている方たちには、親族が所有しているマンションに居住していたり、マンションを事務所に使用していて住んでいない方だったりで、4名いる役員の全員を反対派でそろえることは不可能でしたので、役員の半分を交代して理事長の暴走をとめることを目標としました。その結果、現理事長は自ら退任し、反対派から2名が役員となり、組合運営を正常化することに成功しました。

　自分の大切な財産であるマンションを守るためには、区分所有者全員が管理組合の運営に注意を払う必要があります。

事例19 長期間滞納されたマンション管理費等の回収

長期間滞納されたマンション管理費等を建物の区分所有等に関する法律59条の競売申立てなどをすることにより回収した事例

● 概要図

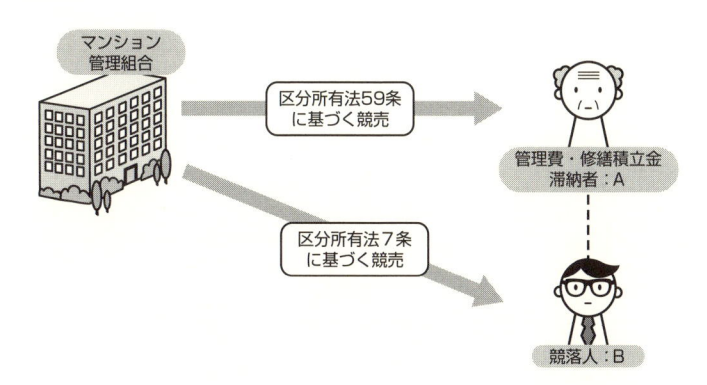

[概要図：マンション管理組合から、区分所有法59条に基づく競売により管理費・修繕積立金滞納者：Aへ、区分所有法7条に基づく競売により競落人：Bへ]

はじめに

　マンションの管理費とは，共用部分や敷地などを日常的に管理する費用をいい，修繕積立金（特別修繕費）とは，共用部分や敷地などについて，計画的に行う大規模修繕に備える費用をいいます（管理費及び修繕積立金を併せて，以下「管理費等」といいます。）。

　管理費等を長期かつ多額に滞納する区分所有者がいることは珍しくありません。

　そのような区分所有者から，どのようにして管理費等を回収すれば良いでしょうか。

　管理費等を滞納するような区分所有者は，強制執行できるような財産を有しないことが多く，マンション管理費等請求訴訟の勝訴判決を得たとしても，それに基づいて預金の差押えなどの強制執行を試みても全額回収することは難しいです。

227

また，そのような区分所有者が所有するマンションは，オーバーローン（住宅ローンの残債務額が，マンションの現在の価額を超えていること。）になっていることがほとんどなので，建物の区分所有等に関する法律（以下「区分所有法」といいます。）7条による競売は無剰余となり，原則として，目的不動産の換価は許されない場合がほとんどです（無剰余執行禁止の原則，民事執行法63条，188条）。

しかし，滞納管理費等の債権については，区分所有法59条，同法8条という債権回収を容易にする規定があることから，他の債権とは異なり，回収することが全く不可能ということはありません。

以下，解説します。

1 事例の概要

小さな居酒屋を経営するAは，平成2年に北関東の地方都市にあるマンション（以下「本件マンション」といいます。）の一室（以下「本件物件」といいます。）を新築で購入しました。

しかし，Aは，平成8年から管理費等（毎月約2万円）を全く支払わなくなりました。

そのため，本件マンションの管理組合（以下「本件管理組合」といいます。）の当時の代理人は，Aと平成15年に裁判外で分割弁済の和解をしました。

しかし，その後も，Aは，数か月支払っただけで，すぐに支払わなくなりました。

そこで，本件管理組合の当時の代理人は，平成19年に，Aに対し，マンション管理費等請求事件を提起しました。このとき，管理費等元金の滞納額は約100万円，遅延損害金は約40万円でした。

その結果，本件管理組合は，上記訴訟において，管理費等元金及び遅延損害金の全て及び将来請求の2年分について認められるという一部勝訴判決を得ました。

マンション管理費等請求事件において，将来請求が認められるかについては，認められる判例が多いですが，このように，期間を区切って認める

判例のほか，認めなかった判例も少数はあります（京都地判平13・10・16裁判所ウェブサイト）。

　本件において，Aは，判決後も支払いませんでした。

　もっとも，同じ頃，本件管理組合の当時の代理人は，Aが本件物件を賃貸していることを突き止め，上記訴訟の判決のすぐ後，上記訴訟の判決にはよらずに，区分所有法7条による債権差押命令申立てをしました。

　その結果，本件管理組合は，上記差押えの結果，約60万円を取り立てることができました。

　しかし，その後，本件物件の賃借人が，Aとの賃貸借契約を解約して出て行ってしまったことから，全額回収するには至りませんでした。

　その後，平成23年，私は，本件管理組合から，本件事件を受任し，区分所有法59条の競売請求・競売申立てにより，滞納管理費等を回収することになりました。

　本件管理組合のAに対する債権は，競売請求訴訟の提起の時点で，滞納管理費等元金は約230万円，遅延損害金は約140万円の合計約370万円になっていました。

> **本相談のポイント**
> ① 区分所有法59条の競売請求の要件
> ② 区分所有法59条の競売申立ての要件
> ③ 区分所有法59条に基づく競売と無剰余執行禁止の原則との関係
> ④ 区分所有法8条の特定承継人に対する請求
> ⑤ 区分所有法7条の競売申立ての要件

2　受任に際しての注意点

　私が本件管理組合から本件を受任するに際して留意したのは，以下の諸点でした。

第5章　マンションに関する事例

(1) 管理費等の時効消滅

　判例は，管理費等の債権は，基本権たる定期金債権から派生する支分権として，民法169条所定の債権（定期給付債権）に当たるとして，管理費等の債権の消滅時効を5年とします（最判平16・4・23民集58巻4号959頁）。

　このように，管理費等の債権は，短期消滅時効により5年で消滅してしまうので，受任をする際は，管理費等の債権が消滅時効期間を経過していないかを確認する必要があります。

　また，仮に，管理費等債権が，消滅時効期間を経過していても，区分所有者が，マンション管理組合又はマンション管理会社の請求に対し，一部弁済をしたり，弁済計画を提出したりすることは，よくあることですので，それらの事由により，時効の中断がしていないかも確認する必要があります。

　本件においては，私が受任した平成23年当時，本件管理組合の当時の代理人が平成19年に過去の滞納分の全額及び将来の管理費等2年分の判決を得ていたことから，本件管理費等債権の消滅時効の問題はクリアしていました。

(2) 競売請求訴訟の原告，競売申立ての申立人について

　競売請求訴訟の原告となり得るのは，管理費等を滞納している等の違反行為者を除く区分所有者の全員又は管理組合法人です（区分所有法59条1項）。

　そこで，法人格のない管理組合が，競売請求訴訟の原告となることはできませんが（東京地判平18・8・30判例集未登載），管理者又は集会において指定された区分所有者は，集会の決議により，他の区分所有者の全員のために，競売請求訴訟をすることができます（区分所有法59条1項，57条3項）。

　よって，管理組合が法人でない場合は，実際上の便宜から，集会の決議により管理者（多くの場合，マンション管理組合の理事長）を原告とすることになります。

　そして，競売請求訴訟の原告が競売申立ての申立人となります。

　管理組合の管理者は，マンションの区分所有者が持ち回り制で理事長と

なった人が多く，競売請求訴訟の原告及び競売申立ての申立人となるのは，負担に感じる方も少なくありません。

その上，後述するように，区分所有法59条は形式的競売であり，民事執行法63条の適用はされませんが，売却代金から手続費用すら捻出できない場合，執行裁判所に競売手続を取り消されないようにするためには，申立人は，申出価額を決定して不動産買受の申出をし，同額の保証金を支払わなければならず，入札者が誰もいなかった場合，申立人自身が上記保証金の金額で物件の買受けの申出をしなければなりません（民事執行法63条2項参照）。

そこで，競売手続の取消しを回避するために，申立人である管理者が物件の買受人となる可能性は捨てきれません（その際，管理費等の回収をどのように図るかは，とても難しい問題となりますが，マンション管理の正常化のためには，競売手続の取消しを回避し，管理者が買受人となった後，第三者に物件を売却する必要があります。）。

よって，法人でない管理組合において，管理者を競売請求訴訟の原告及び競売申立ての申立人とする場合には，上記の点について説明をし，了解を得ておく必要があります。

(3) 競売請求の要件

競売請求訴訟で勝訴するためには，後述する実質的要件を備える必要があります（3(1)参照）。

そのうちの，②他の方法によってはその障害を除去して共用部分の利用の確保その他の区分所有者の共同生活の維持を図ることが困難であることという要件を満たすためには，民事上のとりうる手段をほとんど全てする必要があります。

すなわち，区分所有法59条に基づく競売請求をするためには，民事上の他の法的方法，例えば，訴訟外の和解の試み，マンション管理費等請求訴訟，預金債権等の差押命令申立て，区分所有法7条の先取特権の実行などをしてからでないと，敗訴してしまうことから，他の法的方法がある場合には，まず，そちらから試みる必要がある旨説明する必要があります。

もっとも，民事上とりうる手段が他に一つでもあったら，その手段の実

231

効性がないことが明らかな場合にもその手段を試みなければならないわけではありません。

詳しくは，後述の3⑴②で述べます。

(4) 競売申立てにおいて，競落者がいなかった場合の処理

インターネットで検索すると，不動産会社のホームページに，本件マンションにおける売却希望の部屋及び賃貸希望の部屋とも多数情報があり，数か月売却（賃貸）されない部屋ばかりであることから，本件マンションは人気がないことが分かりました。

また，本件マンションの滞納管理費等及び遅延損害金の合計金額は，前述したとおり，約370万円と多額であり，その支払債務は，後述するように，特定承継人に請求できることから，本件マンションの入札者が誰もいない可能性は，低くはありませんでした。

そして，前述したように，売却代金から手続費用すら捻出できない場合で，かつ入札者がいない場合，申立人が不動産の買受けをしなければ，競売手続は取り消されてしまいます。

しかし，不動産の買受けは，申立人であるマンション管理組合又はその管理者にとって，大きな負担となりますので，避けなければなりません。

そこで，区分所有法59条の競売申立てにおいて，入札する者がいない場合がないように事前に打ち合わせておく必要がありました。

どのような打ち合わせをしたかについては，後述します。

3 本件における法的問題点の考察

(1) 区分所有法59条の競売請求訴訟の要件について

手続的要件としては，訴訟による必要があります（区分所有法59条1項）。

実質的要件としては，①区分所有法6条1項に規定する行為（共同利益違反行為）又はそのおそれがあり，その行為による区分所有者の共同生活上の障害が著しく，かつ，②他の方法によってはその障害を除去して共用部分の利用の確保その他の区分所有者の共同生活の維持を図ることが困難であることを満たす必要があります（区分所有法59条1項）。

① 区分所有法6条1項に規定する行為（共同利益違反行為）又はそのおそれがあり，その行為による区分所有者の共同生活上の障害が著しいこと

　マンション等の共同住宅には，区分所有者自身の居室のほかに，他の区分所有者と共同使用する設備や施設等の共用部分が存在します。

　そして，管理費等は，他の区分所有者と共同使用する設備や施設等の共用部分を維持管理するために必要不可欠であり，管理費等の支払義務は，建物等の管理に関する最も基本的な義務となります。

　そこで，一区分所有者による長期間にわたる管理費等の不払は，管理組合による適切なマンション管理を妨げるものであり，究極的には，管理費等制度の目的が達せられなくなる結果他の区分所有者の使用に支障を来す可能性が極めて高いです。

　このような観点から，長期かつ多額の管理費等の滞納は，区分所有法59条1項所定の共同利益違反行為に当たるということができます。

② 他の方法によってはその障害を除去して共用部分の利用の確保その他の区分所有者の共同生活の維持を図ることが困難であること

　「他の方法」は，民事上の他の法的方法に限定され，民事上以外の方法は含まれないと解されます。

　ここで，民事上の他の法的方法として，どの程度までする必要があるかが問題となります。

　この点，私は，裁判外での分割弁済和解の試み，マンション管理費等請求訴訟，預金債権，給与債権，賃料債権に対する債権差押命令申立ては，いずれも検討し，可能であれば行い，また，区分所有法7条の先取特権に基づく競売申立てができないかを確かめた上で，区分所有法59条の競売請求訴訟をするよう心がけており，今のところ，全て勝訴しています。

　この際，例えば，オーバーローンであることが明らかな場合には，区分所有法7条による競売申立てをすることなく，その旨を区分所有法59条に基づく競売請求訴訟の中で主張立証すれば足りるというように，民法上の他の法的方法を全て試すことまでは要求されていません。

　この点に関する棄却判例としては，区分所有法7条による先取特権の

実行の方法により解消することができないものとまではいえないとし，請求棄却した判例（東京地判平20・6・20ウエストロー・ジャパン2008WL JPCA 06208006），債権執行の余地がないかが明らかでなく，また，被告が分割弁済の和解を希望している場合に和解の中で管理費等を回収する途を模索することが考えられるとして，請求棄却した判例（東京地判平18・6・27判時1961号65頁）があります。

ただ，この点に関する判例は，いまだ少なく，原告が，他の法的方法による滞納管理費等の回収の余地がないことの主張立証をどの程度する必要があるかについては，今後の判例の集積が待たれます。

(2) **区分所有法59条に基づく競売申立ての要件**

前述した区分所有法59条に基づく競売請求訴訟の勝訴判決の確定により，競売権が形成され，上記競売請求訴訟の原告は，競売の申立てをすることができます。

この競売は，民事執行法195条に規定する「民法，商法その他の法律の規定による換価のための競売」に当たり，形式的競売といわれます。

形式的競売とは，特定の財産を換価する必要がある場合に，それを適切な手続に委ねてその財産の権利者を保護するため，裁判所又は執行官の手続によって換価を行う競売をいいます。

これに対して，担保権の実行としての競売とは，目的物の強制処分を行うことによって自己の債権の満足を図る競売をいい，区分所有法7条の先取特権に基づく競売は，これに当たります。

なお，区分所有法59条に基づく競売の申立ては，同条に基づく競売請求訴訟の判決が確定した日から6か月を経過したときはすることができなくなるので注意して下さい（区分所有法59条3項）。

(3) **区分所有法59条に基づく競売と無剰余執行禁止の原則との関係**

裁判例では，区分所有法59条に剰余主義が適用されるかについて，民事執行法63条の適用を否定しています（東京高決平16・5・20判タ1210号170頁，東京地方裁判所民事執行センター実務研究会編著『民事執行の実務〔第3版〕不動産執行編（下）』383頁（金融財政事情研究会，2012））。

もっとも，売却代金から手続費用すら捻出できない場合には，入札者が

誰もいなかった場合，申立人自身が保証金の金額で本件物件の買受けの申出をしなければ，執行裁判所に競売手続を取り消されてしまいますので（民事執行法63条2項），申立人は，競売手続の取消しを避けるためには，申出価額を決定して不動産買受けの申出をし，同額の保証金を支払わなければなりません（前掲東京高決平16・5・20）。

　本件物件の区分所有法59条に基づく競売での買受可能価額は，滞納管理費等の合計金額が，本件物件の競売における査定額を超えてしまったため，自動的に8,000円になってしまいました。

　ここに，買受可能価額は，売却基準価額からその10分の2に相当する額を控除した価額以上でなければならないところ（民事執行法60条1項・3項），競売における査定額がゼロ又はマイナスになってしまった場合，裁判所の運用として，売却基準価額を1万円とし，よって，買受可能価額を8,000円とする裁判所があります。これは，法律上の扱いではなく，単なる運用ですので，裁判所により異なります。ちなみに，東京地方裁判所の民事執行センターも，本件の裁判所と同様の運用をしています。

　本件においては，売却代金から手続費用（約32万円）が捻出できないことから，申立人は，申出価額を決定して不動産買受けの申出をし，同額の保証金を支払いました。

(4)　**区分所有法8条の特定承継人に対する請求**

　滞納管理費等については，その債務者本人だけでなく，債務者たる区分所有者の特定承継人に対しても請求することができます。

　ここに，特定承継人とは，個別的に権利を取得した者をいい，売買などの取引のほか競売や公売により買い受けた者も含みます（競売については，東京地判平9・6・26判時1634号94頁）。

　なお，区分所有者が滞納した駐車場賃料や駐輪場賃料についても，区分所有法8条の「債権」にあたるとした下級審判例もあります（東京地判平20・11・27ウエストロー・ジャパン2008WLJPCA11278043）。

(5)　**区分所有法7条に基づく競売申立て**

　区分所有者は，管理費等債権について，債務者の区分所有権及び建物に備え付けた動産の上に先取特権を有します。

よって，区分所有法7条の先取特権に基づいて，競売申立てをすることができます。

もっとも，無剰余の場合には，目的不動産の換価は許されません（無剰余執行禁止の原則，民事執行法63条，188条）。

4 実際の解決までの実務

(1) 区分所有法59条に基づく競売申立て

前述したとおり，本件マンションは，人気がない物件であり，かつ，滞納管理費等及び遅延損害金も多額であることから，区分所有法59条に基づく競売申立てにおいて，競落人が現れない可能性が低くありませんでした。

しかし，本件において，Aには，財産がないことから，預金等の財産を差し押さえることができず，また，自営業者であるため，給与の差押えもすることはできません。

また，訴訟外の分割弁済の和解も，Aの「支払う金がない。」の一言で実現できませんでした。

さらに，本件物件はオーバーローンであったことから，区分所有法7条に基づく競売をしても，無剰余を理由に取り消されてしまいます。

そこで，区分所有法59条に基づく競売をするほかにとれる手段は，もう残っていませんでした。

このような理由から，私は，本件物件について，区分所有法59条に基づく競売請求をすることにしました。

しかし，やはり，誰も競落しなかった場合の処理についても考えないわけにはいきません。

そこで，私は，知り合いの不動産業者甲に最低金額で入札するよう依頼することにしました。

そして，仮に，不動産業者甲が，本件物件を競落した場合，不動産業者甲に対し，本件滞納管理費等について，どの程度請求するかについて，本件管理組合の了解を取り，詳細に決めました。

不動産業者甲にしてみれば，本件物件を競落することは，儲けが出ないどころか，手間ばかり掛かり，赤字になるような話でした。

しかし，不動産業者甲は，私の事務所と以前から仕事をしていた馴染みの業者であるということもあり，何とか引き受けてもらうことができました。

(2) **本件物件の競落及び滞納管理費等の請求**

もっとも，競落者がいないのではという私の考えは杞憂にすぎず，自称不動産業を営んでいるという個人のBが本件物件を競落しました。

本件物件は無剰余でしたので，競売による配当を受けることはできませんでした。

そこで，私は，区分所有法8条により，特定承継人であるBに対し，滞納管理費等及び遅延損害金を支払うよう催告しました。

ところが，Bは，自称不動産業者でありながら，不動産競売に関する知識はほとんどないらしく，「滞納管理費については，支払わなくていいと思っていた。裁判所の人もそのようなことを言っていた。安いから，つい買ってしまった。」などと言い，滞納管理費等を支払う様子はありませんでした。

不動産競売は，一般の中古物件売買で購入するより，不動産を安く購入することができることから，Bのような不動産について知識の乏しい素人が競落することが珍しくありません。

このような場合，競落人に対し，区分所有法8条について，説明する必要があります。

また，競落人は，滞納管理費等元金については支払義務を負うが，遅延損害金や違約金（弁護士費用や督促費用・徴収費用等の実費など）を支払う必要はないと考えていることも，よくあります。

しかし，区分所有法8条により，遅延損害金や違約金についても，特定承継人である競落人に請求することが認められますので，この点は，注意して下さい（東京地判平22・3・23ウエストロー・ジャパン2010WLJPCA03238015）。

私は，Bに対し，区分所有法8条について説明しました。

すると，Bから，本件物件を任意売却してそれで支払うから減額してほしい旨の申出がありました。

この頃，管理費等元金は約260万円，遅延損害金は約190万円になっていました。
　しかし，前記不動産業者甲に聞くと，本件物件を売却し，450万円の利益を出すことは到底無理であるとの意見だったので，本件管理組合の管理者（理事長）らと相談し，管理費等が滞納している状態をなくすことにより，マンション管理を正常化するためには，ある程度，元金割れしても仕方がないという結論に至りました。
　そこで，私は，Bとの間で，3か月先の支払期日に金200万円を一括で支払うのであれば，残額は免除するとの合意書を締結しました。
　しかし，その後，Bは，支払期日に支払うことなく，そのうち，連絡も取れなくなりました。
　Bは，もはや支払う気も話し合う気もないようでした。

(3) 区分所有法7条の先取特権に基づく競売申立て

　そこで，私は，今度は，区分所有法7条の先取特権に基づく競売の申立てをしました。
　Aが本件物件の区分所有者であるときは，Aの住宅ローンがオーバーローンであり，無剰余であったことから，区分所有法7条の先取特権に基づく競売の申立てはできませんでした。
　しかし，Bは，本件物件の競落代金を現金で支払っており，本件物件に抵当権はついていなかったことから，区分所有法7条の先取特権に基づく競売申立てをすることができたのです。

(4) 滞納管理費等の回収

　競売申立てされたことが分かると，Bは，弁護士に委任をし，本件物件を任意売却して，本件滞納管理費等を清算したいと言ってきました。
　この時点で，滞納管理費等元金は約280万円になっていました。
　その上，Bは，市の税金を滞納しており，市から滞納した税金約110万円の交付要求通知が裁判所に提出されたため（国税徴収法82条3項），申立人は，約36万円の共益費用（手続費用）を放棄しなければなりませんでした。
　ここに，交付要求とは，滞納者の財産に対して既に強制執行・滞納処分

等の強制換価手続が開始されている場合に，その執行機関に対して，換価代金のうちから滞納税額に相当する金額の配当を求める行為をいいます。交付要求に掛かる租税は，換価代金から，その手続費用に次いで徴収されるため，今回の競売申立ても，事後的に，無剰余になってしまいました。

 もっとも，この場合でも，「不動産の買受可能価額が手続費用の見込額を超える場合において，不動産の売却について優先債権を有する者の同意を得たことを証明したとき」には，競売手続の取消しを免れることができます（民事執行法63条2項ただし書後段）。

 そのため，交付要求した市の同意を得るとともに，不動産の買受可能価額が手続費用の見込額を超えないようにするため，手続費用を放棄しなければならなかったのです。

 そこで，私は，Bの代理人に対し，前回和解後，さらに滞納額が増えている上に実費も嵩んでいるため，前回提案した和解金額のままでは和解できない旨を主張し，最終的には，前回の和解金額に金50万円を上乗せした金250万円で和解することになりました。

 こうして，多少元金割れはしましたが，ようやく本件物件の管理費等を回収することができました。

5 おわりに

 このように，本件においては，マンション管理費等請求訴訟，区分所有法7条の先取特権に基づく賃料差押え，区分所有法59条に基づく競売請求訴訟及び競売申立て，区分所有法8条に基づく特定承継人への請求，区分所有法7条の先取特権に基づく競売申立てと，数々の手続をすることにより，ようやく，滞納管理費等を回収することができました。

 本件事案を解決するのに，私の前代理人と私で合わせて約10年掛かりました。

 結局全額を回収することはできませんでしたが，新しい区分所有者は，滞納することなく，管理費等を支払っているようです。

 マンションの滞納管理費等については，区分所有法59条及び同法8条があることから，どんな事案でも，通常の債権回収よりは，回収可能性が高

いといえます。

　ただ，マンションの管理費等の回収においては，管理費等が滞納されている状態をなくすことにより，マンション管理を正常化するということが最終目的なのですから，滞納管理費等元金の全額回収することにこだわりすぎることはないと思います。

　また，滞納している区分所有者も，マンションの管理組合の一員であり，滞納分を支払い終えたときは，一区分所有者として，当該マンションに住み続けるのだという点も頭の片隅におきつつ，交渉をすべきだと私は考えます。

【プライバシー保護のため事例の内容は変えております。】

COLUMN コラム⑭
マンションの専用駐車場

　マンションの敷地の元の所有者（地権者）とマンション開発業者とが共同で建設して，地権者がマンションの部屋を何室か所有するとともに，駐車場の専用使用権を有しているマンションがあります。売り出された他の部屋を購入した区分所有者は，当初は納得して購入したものの，マンション内の駐車場の台数が少なくてマンション外で賃料を払って車を駐めている人の中には，地権者だけが駐車場の専用使用権を持っていることに対して不満を持つこともあり，専用使用権を認めた管理規約を変更して，無償の専用使用権を廃止する決議が有効かどうか争われたこともあります。この点について最高裁判所は，専用使用権を有する者に特別な影響（不利益）を与える決議であり，その者の承諾がなければ専用使用権廃止の決議は無効であるとしました。また，無償の専用使用権について有償化する決議については，新たに設定した使用料の額が相当かどうかといった事情を総合的に考慮して判断する必要があるとしています（以上について，最判平10・11・20判タ991号121頁）。

第6章
境界・近隣関係に関する事例

第6章 境界・近隣関係に関する事例

事例20 境界をめぐる紛争

隣家に対して裁判で確定された境界に界標や塀の設置を求めて裁判を提起したところ，あらゆる手段を講じて抵抗されたが，最終的には界標と塀の設置が認められた事例

● 概要図

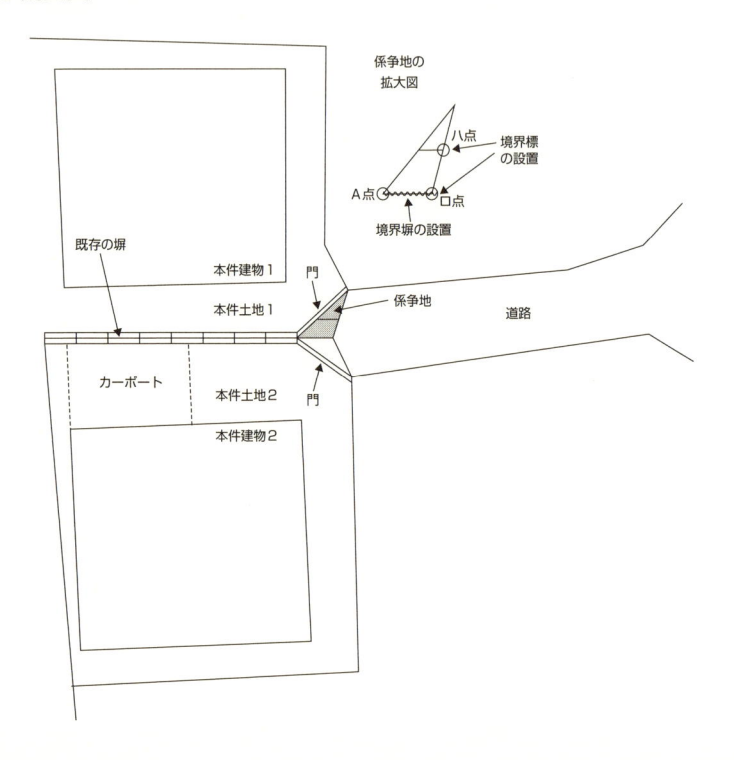

はじめに

　住宅地での境界をめぐる争いは，毎日のように顔を会わせる隣家同士が当事者となることから，しばしば行き着くところまで感情が対立してしまいます。

事例20　境界をめぐる紛争

　私が最近扱った境界をめぐる争いを例に，弁護士が依頼者との関係を保ちながら紛争の解決までに至った経緯をご説明いたします。

1 本件事例の概要

(1) 依頼の経緯
　本件は，何度か事件処理を依頼されたことのある不動産業者から，隣家とのトラブルで困っているAさんという人がいるので相談に乗ってやって下さい，との電話から始まりました。
　Aさんからの電話で相談の日時を決めて事務所に来ていただくことになりました。

(2) Aさんからの事情聴取
　約束の日時に，Aさんは，事務所に来られました。
　Aさんは，当時65歳の男性で，金融機関に定年まで勤め，現在は退職して奥さんと娘さんの3人で世田谷区上北沢の自宅で暮らしています。
　Aさんは，金融機関に長く勤めていたこともあって，とても几帳面で，不動産の知識も豊富でした。

(3) 依頼までの事実経緯
　Aさんからお聞きした依頼までの本件の経緯は次のようなものでした。
　……Aさんは，神奈川県藤沢市に長年住んでいたが，娘2人も社会人として独立した。
　次女が多忙もあって東京での同居を希望し，また夫婦としても便利な東京での生活を考え，東京の住宅地の戸建て住宅を探した。
　静かな住宅地で，駅にも近く，比較的建物も新しかったことで平成18年7月19日にCさんから購入したのが現在居住している世田谷区上北沢の築約15年の2階建て総床面積180.2㎡の本件建物1と160.20㎡の面積の本件土地1である。
　売買契約は平成18年4月19日に締結したが，その際，仲介業者の話では，本件建物1の南隣の本件建物2と本件土地2を所有するBさんだけが土地の境界の確認の書面に印を押してくれてないが，Bさんも境界については争っているわけではないので決済までには印を押してもらえるとのこと

243

だった。

　Ａさんは，境界を確定して引き渡すことを条件として，手付金を支払って売買契約を締結した。

　ところが，仲介業者の話では，Ｂさんは一度認めていた境界を認めなくなり，決済期限である平成18年７月19日までにＢさんとの境界は確定できなかった。

　Ａさんは，藤沢の住居も売却先が決まっていて引っ越さなくてはならなかったこともあって，とりあえず決済期限に本件建物１の引き渡しは受けることにし，Ｂさんとの境界の確定は売主Ｃさんの側の費用で売主側が責任を持って行う条件で残金のうち100万円だけ留保して残りの代金を支払って本件建物１の引渡しを受けて，平成18年７月中に本件建物１に引っ越した。

　留保した100万円は，境界が確定したときに支払うこととした。

　その後，仲介業者の関係のＤ弁護士がＡさんの代理人としてＢさんと交渉したが，Ｂさんは本件土地１内の三角形部分は自分の所有地だなどと言い出して譲らないため，Ｄ弁護士は平成19年３月に境界確認の調停を申し立てたが，平成19年６月調停は２回で不調になった。

　Ａさんは調停の詳しい内容は聞いていないが，Ｂさんは，調停の中でも，本件土地１内の三角形部分は自分の所有だなどと言って譲らなかったとのことである。

　Ｄ弁護士は平成19年７月Ｂさんを被告として所有権確認裁判を申し立てたが，Ｂさんはこの時点でＥ弁護士を代理人に選任して裁判の中では本件土地１内の台形部分は自分が所有しているなどと言ってやはり一切譲らなかったが，結局，平成21年６月証人尋問も行わないままＡさん側の請求を認める判決が出て本件土地１と２の境界は確定した。

　その後，Ｄ弁護士は，Ｂさんに対して，判決で認められた境界に境界標を共同して設置するよう求めた。

　しかし，Ｂさんは，境界標をＡさんの敷地内に設置するのであれば認めるとか，裁判で争点だった本件土地１内の台形部分の自動車による通行権を認めるなら境界標の設置に協力する等の条件を次々に提示してきた。

ここに至って，業を煮やして，Ａさんが先の不動産業者に相談したところ，私を紹介された。

(4) Ａさんの希望

　Ａさんは，平成22年４月13日に私のところに相談に来られましたが，この時点で既に本件建物１の引渡しを受けた平成18年７月19日から約４年経過していました。４年もの間，弁護士を通してとはいえ，隣のＢさんと調停，裁判で争ってきたのです。

　Ａさんは，金融機関を定年で退職し，定年後の人生を悠々と新居で暮らそうと考えていたのに，たまたま隣人が抗争を厭わない人であったため，４年間法的争いを余儀なくされ，いまだ境界標１本も打てていない状況で，憔悴しきった状態で私のところに来られました。

　Ａさんは，私に対して，次のような依頼をしました。

① 判決で認められた境界線上に地面から突き出た形でコンクリート杭製の境界標を設置する。
② 判決で認められた境界線上に境界塀を設置する。
③ Ｂさんのこれまでの抗争態度から，交渉で解決する見込みはないので，できるだけ早く裁判を提起する。

　本件土地１と本件土地２との間には，既に境界塀がありましたが，裁判で認められた本件係争地部分には塀がありませんでした。

　Ａさんは，以前は境界標さえ設置できれば良いと考えていたのですが，判決で認められた境界に境界標を打つことまでも拒否したＢさんに対して，今後本件建物に長く居住していく子供のためにも悔恨を残さないため，既存の塀を延長して，裁判で認められた境界に境界標とともに塀を設置したいとのことでした。

本相談のポイント

① 境界を確定させ，その後も境界標の設置の請求を依頼していたＤ

弁護士との関係にしっかりけじめをつけること。
　Aさんは，売主側の紹介とはいえ，調停，裁判をD弁護士に依頼してきたので，D弁護士との委任契約を解消しなくては，私は仕事を始めることができません。
② Aさんに，隣家同士で裁判，更に強制執行手続を進めていくことの心理的負担についての覚悟をあらかじめもってもらうこと。
　本件では，これまでのBさんの抗争状況から，裁判もある程度長期化することや，また，判決が出ても，Bさんの任意の履行は期待できず，強制執行手続を取る可能性があり，隣家に対する強制執行手続を行うことの心理的負担について相当の覚悟がいることなどを事前にAさんに説明しておきました。
③ Aさんが境界にBさんと共同の費用で境界標や塀を設置することは，民法223条から228条までの規定により認められていますが，境界標や塀は実際には，ほとんどは裁判を経ないで話合いで設置されています。
　後に述べますが，境界標や境界塀の設置を認めた裁判例は数件しかなく，しかも，先例が強制執行までなされたものかが不明なため，請求の趣旨は強制執行を見据えて慎重に検討する必要がありました。

2　受任に際しての注意点

(1) 既に依頼している弁護士に対する関係

　Aさんは，これまでの手続をD弁護士に依頼してきました。
　D弁護士は，売主側が境界確定の義務を負っていた関係で，仲介業者から紹介され，Aさんの代理人として手続を行ってきました。弁護士費用も全て売主側が支払っていました。
　しかし，Aさんは，買主であり，本件建物1の建築の経緯や本件土地1の過去の形状，隣家のBさんの本件土地2や本件建物2の過去の状況はほとんど知らないため，D弁護士との打合せは実際には売主のCさんや仲介

業者が行い，Ｄ弁護士からの報告は，事後的に文書で行われていました。

私は，Ａさんに対して，これまでの経緯を知らない私が新たに手続を行うより経緯をよく知っているＤ弁護士に今後の手続も引き続き依頼した方がスムーズに事が運ぶとアドバイスしたのですが，Ａさんは聞き入れず，結局私が今後の手続を行うこととなりました。

Ａさんは，売主側に任せてきた結果，４年間も経過しているのに境界標も打てていないこと，それも裁判で境界標の設置も合わせて請求していれば一挙に解決できたはずなのにこれをしなかったのがそもそもの原因であること，報告も事後的で断片的なものであったことなどが不満で，これからは自らが主導で手続を進めたいとの強い希望をお持ちでした。

私は，Ａさんに，私が引き受けても構わないが，ＡさんがＤ弁護士に会って，事情を説明して，全ての書類も返してもらってから正式に受任することにします，と伝えました。

(2) 裁判を起こす心構えの確認

Ａさんは，これまでのＢさんとの交渉や法的手続を全て，売主側で選任した，Ｄ弁護士に任せてきました。

したがって，Ａさんは交渉や裁判の打合せに自らは関わってきませんでした。

しかし，これからは，私が代理するにしても，Ａさんが，真の当事者として，自ら隣家との抗争の矢面に立つことになります。

相手のＢさんは，これまでの経緯からみても，あらゆる主張や反論をしてくることが予想されます。これに対して，Ａさんは，その都度いちいち反論していくことになります。

文章になると，表現もきつくなりがちで，裁判の当事者は，相手方の書面を読むたびに，感情的になります。特に，本件は，毎日顔を会わせる隣家との抗争で，それも実際に，境界標や境界塀という有形物の設置を相手の目に見える形で設置することになるのです。

私も，これまで騒音トラブルなどの隣家との事件を処理してきましたが，できるだけ穏便かつ短期間での処理を心掛けてきました。借家人同士のトラブルなら，依頼者か相手方が引っ越してしまえばそれまでですが，所有

しているマンションや戸建て住宅の間での争いではそうもいきません。

したがって，私は，所有者同志の近隣トラブルでは，よほどのことでなければ，本人から相手に直接穏便な形でお願いするか，黙って我慢した方が良いとアドバイスしてきました。

弁護士が代理して何らかの請求をしたり，まして，裁判，更に強制執行まで行えば，後に取り返しのつかない感情的な対立が残ってしまう可能性があります。

私は，Aさんに，これまで私が経験した中で裁判の当事者になったときの依頼者の種々の苦悩等を説明し，ご本人にあらかじめ覚悟をもってもらうようにしました。

また，強制執行が実際にどのように行われていくかも説明しました。

しかし，Aさんの裁判で決着させたいという意思は最後まで変わりませんでした。

(3) **現場の確認**

本件は，境界に界標と塀の設置を求める請求で，事前に現場の確認をする必要があります。

Aさんは，打合せに際して，自分で撮った写真を持参し，またこれまでの訴訟記録からも現場の状況はほぼ把握できました。

しかし，私は，不動産に関する事件を受任するときは，余程のことがない限り，自ら現場に足を運び，できるだけ多くの写真を撮ることにしています。

他人が撮った写真や当事者の説明だけでは感じ取れない現場の雰囲気や周辺の状況を知るためです。

最近は，グーグルのストリートビューなどでもある程度周辺の状況等を知ることができますが，やはり現場に実際に行って感じ取るのとは質的に違います。

特に本件では，境界に新たに塀を設置することまで請求するので，設置する場所を自分の目で確かめ，設置した後の状況を想定しておく必要があります。

後ほど説明しますが，本件では，塀まで設置することの必要性が，Bさ

んからだけでなく，裁判所からも指摘されたので，現場で事前にAさんやご家族に会ってAさんの目線で確認しておいたことが，反論等に実際相当に役に立ちました。

現場を実際に見ているかは，裁判官とのやり取りに際して，主張の迫力が違います。

また，事前に現場を見ておくことで，Aさんとの今後の打合せでも，現場をイメージし，頭の中で再現しながら説明を聞くことができるようになりました。

3 法的問題の考察

(1) **所有権の範囲と境界は確定済みで，境界標と境界塀の設置自体は認められる可能性が高い**

境界標や境界塀の設置については，民法223条以下が要件を定めています。

ア 境界標については，民法223条により，本件土地1の所有者であるAさんと本件土地2の所有者であるBさんが，共同の費用で境界標を設置でき，設置費用は，民法224条で平等に負担することになります。

　これらの条文については，Bさんに設置の協力を求め，拒否されたとき，Aさんが自分で境界標を設置して，費用をBさんに請求すればよいと解釈する余地もあり，この解釈に従えば，費用倒れを覚悟すれば，境界標だけは簡単に設置できそうです。しかし，この解釈はあまりとられていないし，これまで徹底的に争ってきたBさんが相手であることを考慮すると，この解釈に従うのはやめた方がよさそうです。

　一歩間違えると，自力救済とされてしまいかねません。

　少し横道にそれますが，長期間賃料を延滞し，かつ長期間不在の賃借人に対し，大家さんから「自分で荷物を運び出してしまってもいいか。」との相談を受けることがしばしばあります。

　私人であっても自力救済は許されず，当然のことながら，弁護士として，「いいですよ。」というアドバイスはできません。

　弁護士としては，①賃料支払の催告，賃貸借契約の解除を内容証明郵

便で行う、②任意に明け渡さないときは、建物明渡しの裁判を提起する、③判決が出ても任意の明渡しがされないときは、明渡断行の強制執行を行う、との説明をすることになります。

相談者からは、期間と費用の質問がなされ、①の解除までに2～3週間、②の裁判確定まで早くて4～6か月、③の強制執行の完了までさらに3～4か月、費用としては、弁護士費用として最低でも60～70万円、執行費用として裁判所に支払うのが建物の広さにもよるが1DKの貸室でも50万から100万円、戸建てなら軽く100万円を超えると説明します。

このような説明をすると、大抵の相談者はだんだんと表情が暗くなります。私も、説明しながら、弁護士の仕事にむなしさを感じます。

「先生、そんなことでいいんでしょうか。」、などと聞かれますが、「日本は、法治国家だから。」等話して納得してもらいます。

しかし、私の知るところ、過去に、自分で荷物を運び出してしまったという大家さんも何人かいました。

1つは、長期間賃料を延滞し、部屋も何か月も不在にしている店子を抱えた大家さんが、①貸室のドアに、2週間以内に賃料を支払って下さい、支払わないときは解除します、との内容の貼り紙をして写真を撮った、②2週間後、さらに、2週間以内に荷物を出さないときは、荷物は運び出す、との内容の貼り紙をして写真を撮った、③2週間後、合鍵で部屋に入り写真を何枚も撮ってから、荷物を業者に運び出させ、同じアパートの他の空き室に移動し、鍵を変え、ドアに、荷物は2週間だけ保管するが、取りに来ないときは廃棄する、との内容の貼り紙をした、④2週間後、書類関係だけは取り分けて、あとの荷物は業者に引き取らせた、⑤2週間後、内装工事をして新たに賃貸したというものです。

また、別の大家さんの例ですが、大家さんが自分で鍵を変えてしまったところ、部屋に入れなくなった借家人が警察にねじ込んで警察官を連れてきたが、警察官には賃料を何か月も払ってもらえなくて困っている、等説明したところ、警察官は、「警察は、民事には介入できないので、当事者で話し合って下さい。」と言って帰ってしまった。大家さんは、「賃料を全部払えば部屋を開けるが、払わないなら、後で必要な荷物だ

け外に出しておくから，部屋の前まで取りに来て下さい。」と言って，衣類等を段ボール箱に入れて置いておいたら，その借家人が取りに来て，そのまま出て行ったというものでした。

緊急やむを得ない特別の事情の存する場合には，例外的に自力救済が認められるとする裁判例もありますが（東京高判昭41・9・26判時465号46頁，東京高判昭51・9・28判タ346号198頁），上記の大家さんのような事例では，緊急やむを得ない場合と認められるのは難しく，損害賠償請求をされる恐れがありますし，弁護士として関われば，懲戒になる危険もあります（座談会407頁参照）。そのため，「自分で荷物を運び出したい。」と言う相談者には，その点，丁寧に説明するほかないと思います。

横道はこれぐらいにしておきます。

イ　境界塀についても，民法225条で，本件建物1の所有者であるAさんと本件建物2の所有者であるBさんが，空き地に平等の費用で高さ2メートルの「板塀又は竹垣」等の囲障が設置できるとされています。

塀の設置についても，自分で設置して費用だけ請求するとの解釈の余地もありますが，本件では，相手がBさんなのでこの解釈に従うことは危険と判断しました。

ただ，相手方によっては，この解釈で強行することも考えてもよいと思いました。

(2) 早期決着に向けて

Aさんは，4年間毎日のように顔を会わせる隣のBさんと抗争を続けてきました。Aさんは，裁判で決着をつける固い決意ですが，私としては，Aさんの内面の苦悩を考え，早期決着のための方策を考えることが必要と考えました。

第1に，請求原因を要件事実に絞った簡潔なものにする。

請求原因は，判決で土地所有権の範囲は確定していること，建物も所有していてその間に空き地があることだけで，A4用紙の1枚に満たないものです。

Bさんもこの請求原因は認めざるを得ません。

第2に，Bさんの主張に引きずられて争点を拡散されたり，ずらされな

いようにする。

　これは，Ｂさんのこれまでの抗争態度から，Ｂさんが「あらゆる主張」をしてくることが予想されることから，その都度，上記のような単純な請求原因に引き戻すことを心掛けていくようにするしかありません。

(3) **強制執行を想定しておく**

　本件は，判決がでても，Ｂさんが任意に履行してくる可能性は極めて少なく，強制執行を前提として手続を進めることになります。

　また，本件で求める境界標や境界塀の設置を認めた判例が極めて少ないこともあり，請求の趣旨の定立は執行の可能な確実なものにする必要があります。執行不能の事態だけは避けなくてはなりません。

　判決が得られても執行ができないことはあります。

　例えば，建物の一部の明渡しの強制執行で，明渡しの対象となる建物の部分が請求の趣旨から特定できなければ，執行官は「執行不能だ。」などと言ってさっさと帰ってしまいます。私も，以前，競売妨害のためビルの一部の明渡しの判決を得て，執行のため初めて執行官とビル内に入ったとき，建物の内部が事前の調査とは異なった「間仕切」になっていて，執行官に執行部分を特定してもらうのに苦労したことがありました。競売妨害事件では，執行官は，自らも競売での現況調査で占有者の特定等で苦労しているからか，申立人に協力的なことが多いようですが，本件のような事件では，Ｂさんから執行に際して執行抗告等による徹底抗戦が予想されます。

　過去に，境界標や境界塀の設置を認めた判例を調査したところ，①東京地裁昭和44年7月21日判決（判時574号42頁），②静岡地裁浜松支部昭和37年1月12日判決（下民13巻1号1頁），③東京地裁昭和39年3月17日判決（下民15巻3号535頁）等ほんの数例の判決しか見つかりませんでした。

　判決例が少なかったのは意外でしたが，「確定した境界」への境界標や境界塀の設置は，隣家同志での後々のお付き合い等を考えて，ほとんどが話合いで解決されるのだろうと考えれば先例の少ないことも納得できました。

　先例が少ないだけでなく，先例も果たして実際に「強制執行」までなさ

れたかは分かりません。

　そこで，私は，上記の先例を参考に本件の請求の趣旨を作り，訴状提出前に東京地裁の執行官に相談してみることにしました。

　執行官室に行って，執行の受付で来意を告げると，受付係もこれで執行可能とは言ってくれません。書記官何人かで話していましたが，「例がないんですよねー。」という始末です。こんなやり取りをしているとき，奥の執行官室に，少し前に建物明渡しの断行執行を頼んだ執行官の顔が見えたので，思い切って，執行官室に入って行って，本件の請求の趣旨を見せて聞いてみました。

　執行官は，「先生，今度はなんなの。」などと聞いてきましたが，「いやー，さっき受付で聞いても先例がないなんて言われて困っちゃって。」などと言いながら請求の趣旨を見せると，「これならやってあげるよ。」とのうれしいお言葉を頂きました。これで，執行の心配をしないで裁判が進められる，と気持ちが本当に軽くなりました。判決が取れても，執行不能では弁護過誤は必至ですから。

　こうしてできたのが，次の請求の趣旨です。

　今後の参考にしていただければと思い，原文のまま挙げておきます。

1　被告は，原告に対し，被告の費用負担を1，原告の費用負担を1とする割合の費用負担をもって，別紙図面1及び2の点ロと点ハ上にコンクリート杭製の境界標を設置せよ。
2　被告は，原告に対し，被告の費用負担を1，原告の費用負担を1とする割合の費用負担をもって，別紙図面1及び2の点ロと点Aを直線で結ぶ線上に，点ロを起点として既存のブロック塀が存する地点まで，高さ1.62メートル，幅0.1メートルの八段積みブロック塀を築造せよ。
3　訴訟費用は，被告の負担とする。
との判決並びに仮執行の宣言を求める。

---

(4)　Bさんの通行権の主張を想定して反論を用意しておく

　これまでのAさんとの事前の交渉等から，Bさんが境界標や境界塀の設

置に極めて強い拒絶反応を示すのは，感情的な反発だけでなく，敷地内のカーポートからの自家用車の出入りが，Ａさんの求める地表から出っ張る形のコンクリート製の境界標や境界塀の設置で，多少やりにくくなるということにあるようでした。

　Ｂさんは，そのために，本件係争地について，当初は「所有権」を主張し，所有権が確定したあとは「通行権」を主張するようになりました。

　今後の裁判の中では，「所有権」は既に確定されているので，「通行権」，それも自動車による本件係争地の通行を強く求めてくることが想定されました。

　通行権の先例を調べると，人の通行は認める傾向があるのですが，自動車による通行は容易には認めていません。しかし，Ａさんには，Ｂさんの主張を想定して，Ｂさんの日常のカーポートからの自動車の出入り状況をチェックし，できれば本件係争地内を通過しないでＢさんが車を出し入れしている状況を写真かビデオで撮っておくよう指示しました。

　これは，後で裁判の中でＢさんが境界塀を作られると自動車の出入りができなくなる，と主張して，ことさら本件係争地内を車が通過している写真を証拠として提出してきたときの有力な反論の根拠となりました。裁判を提起した後では，Ｂさんも警戒するので，Ｂさんの平時の車の出入りの状況の写真やビデオは撮れなかったと思います。

4　実際の解決までの実務

(1)　内容証明郵便による請求

　本件では，既に土地の境界を認めた判決確定後の境界標の設置の請求に対し，Ｂさんから本件係争地の通行を認めることを条件としてのみ認めるとの事実上の拒否の意思表示がなされていました。

　Ａさんとしては，Ｂさんの条件を到底認めることはできず，私への依頼には更に境界塀の設置が追加され，この意味でも裁判提起前に交渉を呼び掛けても拒否は必至でした。しかし，私が，これまでのＤ弁護士に代わって受任したことをＢさんに知らせ，また，何らの挨拶もしないで裁判を提起して後々無礼者扱いをされるのも嫌でしたので，とりあえず，境界標と

境界塀の設置への協力を求める内容証明郵便を平成22年6月30日に発信しました。

予想どおりBさんの代理人のE弁護士から平成22年8月12日付けで両者の設置を拒否するとの回答が来ました。特に，境界塀の請求に対しては，「自分たちを困らせることを目的とするとしか思えない。」という強烈な拒絶反応が示されました。

予想していたとはいえ，今後の進行が思いやられました。

ただ，裁判で，実際，Bさん側から「権利濫用」等Aさん側の態度を散々となじる主張が出されたときは，内容証明郵便で事前に「挨拶」だけでもしておいてよかったと思いました。

(2) 裁判の提起

上記の請求の趣旨で，平成22年9月10日，Bさんを被告として「境界標等設置承諾請求事件」を提起しました。

請求原因は，先にも述べましたが，① 境界標の設置については，Aさんは本件土地1，Bさんは本件土地2を所有しその間の境界は判決で確定している（民法223条），② 境界塀の設置については，Aさんは本件建物1を所有し，Bさんは本件建物2を所有し，その間に空き地がある（民法225条）というＡ４用紙１枚にも満たないもので，Bさんもこの請求原因は認めざるを得ないものと考えました。

しかし，Bさん側は，請求原因については，判決で所有権の範囲が確定しただけで「公法上の境界」が確定したわけではない，空地もプライバシー保護という囲障設置の目的から見れば民法225条にいう空地には該当しないなどと主張してきました。

また，境界標の設置については，Bさんは（条件付きではあるが）認める意向を示したのに裁判を提起することは「権利の濫用」であり，「訴権の濫用」である，境界塀の設置については，相隣関係の互譲の精神からまず協議がなされるべきで，協議のなされなかったままの境界標の設置請求は「権利の濫用」であり，また本件係争地は昭和40年代からBさん側が通路を開設し，平成10年にカーポートを本件土地2内に作ってからは自動車の出入りの際に通行してきたもので本件係争地の三角形部分には「通行地

役権」が成立している等の抗弁を主張してきました。

　さらに，Bさん側は，①通行地役権の確認，②通行権（人格権）に基づく妨害排除請求，及び③不法行為に基づく損害賠償請求（訴権の濫用，不法行為）の反訴を提起する予定であるとまで言ってきました。

　Aさんは，判決で確定した境界に境界標と塀を設置したいので協力してほしいと言っただけなのに，このとおり百花繚乱，桜の花も満開状態です。ここまでやるかと思いました。

　Aさんもあきれていましたが，あくまで冷静に対処していこうと，できるだけ客観的に反論していくことにしました。

　反論の要旨は以下の通りです。

① 　Bさんは，カーポートからの自動車の出入りに本件係争地を通過しなくても公道に出ることができる。
　　　Aさんに事前に頼んでおいた，Bさんが平時には本件係争地を通過しないで出入りしている状況を映したビデオが有力な証拠となりました。
② 　境界標や境界塀の設置請求では，事前の協議は要件とされていない。
③ 　Bさんは，Aさんが以前所有権の確定を求めた裁判において，本件係争地の三角部分について「所有権」従って「自主占有」を主張していたもので地役権の時効取得に必要な「他主占有」（民法163条）の主張と矛盾する主張をしている。
　　　また，地役権設定の合意も，これまでの自主占有の主張と根本的に矛盾する。

(3)　**審理の進行**

　裁判所は，3回目から弁論準備手続を指定しました。
　裁判所は，設置の要件は満たすことは認めたのですが，境界塀の設置の必要性について主張を補充するよう指示しました。
　Aさんは，境界に塀を設置することは，プライバシー保護や防犯のために必要であること，Bさんが本件建物2を建てるまで本件係争地の境界に

は門柱が存在し，Bさんが建替えの際に門柱を壊して空地となったにすぎないこと，これまで4年以上抗争してきたBさんとは一切の係争の余地を残さない形で境界に塀を設置して子供たちに引き継がせたいと考えている等説明しました。

また，Bさんは拒否するだろうとの見込みのもとで，和解案として，高さの低い塀の設置等の提案もしてみました。当時の私のメモには，階段状のものや，半円形のもの等提案した塀の形状が書かれています。

案の定，Bさんは，はなからAさんの提案を拒絶してきました。Aさんとは，これも儀式のようなものですね，などと話しました。

(4) Bさんからの反訴の提起

Bさんは，その言葉通り，平成24年1月11日，本件係争地の三角部分について地役権を有することの確認，通行妨害の禁止，本訴の提起が訴権の濫用であるとして金165万円の損害賠償を求める反訴を提起してきました。

単に，裁判で確定した境界に境界標と塀の設置を求めたことに対して，この反応です。

この時点で，Bさんとは絶対に和解はせず，判決で請求通りの境界標と境界塀を設置しようと話しました。

(5) 証人尋問の実施と判決

平成24年4月23日AさんとBさんの本人尋問が行われ，判決言渡し期日が1回延期され，平成24年7月13日に，Aさんの本訴請求を全て認め，Bさんの反訴請求を棄却する判決が言い渡されました。

(6) Bさんからの控訴

一審判決に対して，Bさん側は控訴しました。

控訴審では，平成24年10月18日第1回弁論，同年11月5日弁論準備手続が型どおり行われました。

Aさんと相談して，実際の強制執行までの期間を考慮して，境界標と境界塀の設置まである程度の猶予期間を置くことでの和解の提案をしましたが，Bさん側は，この時点でも両者の設置は全面的に拒否するとの態度を崩さず，和解手続は1回で打ち切られました。

Bさんは，印紙代まで使って何のために控訴したのでしょうか。この段

階でも勝訴を確信していたのでしょうか。
　平成25年1月18日，Ｂさんの控訴を棄却する控訴審判決が言い渡されました。

(7) **控訴審の確定とＢさんの死亡**
　控訴審判決を受けて，強制執行の準備をしながら，判決の確定を待ちました。
　控訴審判決は，さすがのＢさんも上告することなく確定しました。
　平成25年2月12日に執行文を取得し，強制執行に向けて，Ａさんと打ち合わせを重ねている矢先でした。
　Ａさんから，平成25年2月25日，「隣のＢさんの家で葬儀の準備をしている，どうもＢさんが亡くなったようだ。」との電話がありました。
　Ｂさんの戸籍を取り寄せてみたところ，Ｂさんは平成25年2月21日に死亡していました。
　私は，取りあえず，3か月後の相続人の確定を待って承継執行文の付与手続をすることにしました。
　Ｂさんの戸籍謄本の取寄せと相続放棄の調査が必要でした。

(8) **解決へ**
　Ａさんにとっては，3か月の熟慮期間の経過も待ちきれないようで，早く境界標と境界塀を設置するよう矢の催促です。
　私は，Ａさんに，今回の強制執行は代替執行の手続で，債務者の意見聴取手続を経ての授権決定，実際の執行手続，事後的な費用の償還手続までが必要で，(民事執行法171条)，申立てをすれば「はい，あしたやります。」というものではないことを説明しました。
　私が行ったことのある代替執行手続は，大きなパチンコ店の建物の取壊しで，取壊し費用の資料の提出，債務者の意見聴取手続を経ての授権決定の取得，執行官との打合せ，執行業者の手配，実際の数日間にわたる執行手続と現場での立会い，執行完了後の執行費用の償還手続等，申立てから執行完了まで2か月以上の時日を要しました。
　私は，Ａさんに，Ａさんの急ぐ気持ちは分かるが，実際の代替執行には相当の期間を要すること，Ｂさんが亡くなってまだ3か月で遺族の感情も

考慮する必要があること，今後Ｂさんの遺族と隣人として付き合っていくことを考えて，強制執行の着手の前にＢさんの遺族に最後の和解の提案をしてはどうかとアドバイスしました。

強制執行の手続に入るにしても，この程度の挨拶はしておいた方が良いと思ったのです。

Ａさんは，和解の提案をすることは納得してくれましたが，とにかく急いでくれとのことでした。

私は，熟慮期間が経過した平成25年５月22日，裁判のときのＢさんの代理人であったＥ弁護士に境界標と境界塀の設置にＢさんの遺族の任意の協力が得られないか，という内容の丁重な申入れの手紙を出しました。

これに対し，同年６月６日，Ｅ弁護士から，自分はもう代理はしていないが，Ｂ氏側の遺族に問い合わせたら話合いの意向があるようで，窓口に不動産コンサルタント業者のＦ氏がなるとの回答がありました。

その後は，Ｆ氏がＢさんの遺族の窓口となって，工事業者の手配，費用の見積もりが行われ，平成25年９月26日，Ａさんの希望通りの境界標と境界塀が設置されました。

工事費用は，８万1,700円で，双方で折半されました。

Ａさんからは，平成25年10月３日，お礼の手紙を頂きました。

5　おわりに（本件を振り返って）

こうして，ＡさんとＢさんの隣家同志の７年間の抗争は，終わりました。

強制執行直前のＢさんの死亡という突発的な出来事により事態が大きく変化し，最後は，遺族との話合いでの境界標と境界塀の設置というＡさんの目的は達せられました。

現在，Ａさんには，平穏な暮らしが戻っています。

もし，Ａさんに最後の話合いの機会が訪れないで，強制執行手続により境界標と境界塀の設置という目的を実現していたとしたら，現在Ａさんに平穏な生活が訪れていたかは疑問です。Ａさんの解決直前の様子から考えると，Ａさんは，本件の解決後に自宅を売却して引っ越してしまった可能性が高かったと思います。Ａさんは，「境界標と境界塀の設置」という目

的を達したとしても,「自宅での平穏な生活」という本来の目的を失っていたのではないでしょうか。

　私としては,隣人同士の抗争は,できるだけ穏便な話合いによる解決を目指し,弁護士が代理しての交渉やまして裁判等の法的手続はできるだけ避けるべきと考えています。

　法的手続を取るとしても,本人の申立てによる民事調停手続を薦める程度にとどめるべきでしょう。

　それでは解決できないではないかと言われるかもしれませんが,毎日のように顔を会わせる隣人同士が裁判所で主張をぶつけ合うことの感情的な負担を考えれば,いっそ我慢してしまった方が良いことが多いのではないでしょうか。

　一度裁判を起こせば,もう後戻りはできず,やらなかった方がましだったなどと言って後悔しないためにも。

　しかし,これも,程度の問題であり,また,隣人から裁判を起こされたときは別とは思いますが。

　　　　　　　　【プライバシー保護のため事例の内容は変えております。】

事例21 眺望が阻害されることによる建物売買契約の解除等

その良さを購入条件としていた眺望の悪化を理由に，建設中の購入マンションに係る売買契約を白紙に戻すことを争った事例

●概要図

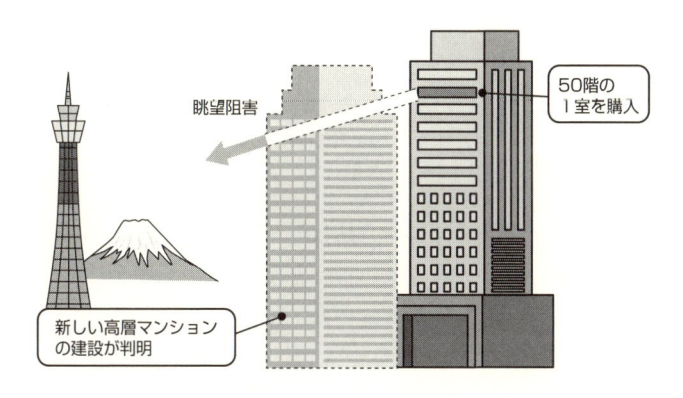

（図：眺望阻害、新しい高層マンションの建設が判明、50階の1室を購入）

はじめに

　眺望が良いということでマンションの一室を購入しましたが，当該マンションの一室の引渡しを受ける前に眺望が悪化した場合又は契約時において売主がいうほどの眺望ではなかったことが引渡し前に判明した場合等について，事例を紹介しながら，どのような法的解決が可能かを探ってみたいと思います。

1 事例の概要

　横浜に住むA氏は，B業者から，富士山と横浜のシンボルタワーである横浜マリンタワーが良く見えるということで，地上60階建ての高層マンションの50階にある1室を購入しました。

　購入したときには，当該マンションはまだ建築中でありましたので，50階にある当該1室からの眺望は，Bからは，文章と想像の写真・絵による

261

説明しかありませんでした。

しかしながら，他の高層マンションが建築されることになったことから，当該一室から富士山や横浜マリンタワーがほとんど見えなくなることが判明しました。

そこで，A氏は，Bに対し，建築中の本件マンションの1室の購入契約を白紙に戻すことを考え，Bに伝えましたが，Bは全く取り合ってくれません。

困り切ったA氏は，弁護士に依頼して，本件問題の解決を図ることにしました。

本相談のポイント

① 本件購入契約を白紙に戻す方法は。
② 眺望権というものが存在するのかどうか。
③ 本件眺望が購入契約の条件等になっていたといえるか。
④ 本件眺望が実現しないことについてBに責任があるか。
⑤ 他の高層マンションが建築されることについて，本件契約時点でBが知っていなかった場合はどうか。
⑥ 売主の説明義務の範囲は。

2　受任に際しての注意点

弁護士が本件を受任するに当たっては，A氏がBに対し法的に責任を追及する（契約を白紙に戻す）根拠があるかどうかを慎重に見定める必要があります。

特に，本件のような眺望については契約書に明示されていないのが普通ですので，なおさらです。

私は，本件について慎重に検討した結果，法的な追及の可能性ありと判断しました。

3 本件における法的問題点の考察

(1) 契約解除の方法

　契約を白紙に戻す方法としては，契約の債務不履行解除や合意解除が考えられます。まず，債務不履行とは，債務者が正当な事由がないのに債務の本旨に従った給付をしないことをいいます。そして，債務不履行には，履行遅滞，履行不能及び不完全履行の3種類があります。

　また，民法541条は，当事者の一方がその債務を履行しない場合において，相手方が相当の期間を定めてその履行の催告をし，その期間内に履行がないときは，相手方は，契約を解除することができる，と定めております。

　さらに，履行不能となったときは，催告せずに解除をすることができる（民法543条）とされております。

　ところで，「債務を履行しない場合」とはどういう場合をいうのでしょうか。

　今日では，契約の本来の給付義務に付随する説明義務や情報提供義務等の付随義務の違反も含まれるとされております。

　次に，合意解約が考えられますが，合意解約は契約当事者双方の合意が必要で，一方だけの意思のみでは成立しません。

(2) 眺望権

　眺望権という権利があるかどうかについては議論があるところでありますが，存在するというのが一般的な見解だと考えます。

　眺望権に関する判例は余りありませんが，ここに，数少ない判例の中から，札幌地裁平成16年3月31日判決（裁判所ウェブサイト）についてご紹介します。なお，当該マンションは，札幌市内の中心部に位置する15階建てのマンションでありますが，原告らは，当該マンションの13階にある1室を購入したものであります。

　判決は，「被告らはXシリーズの一環として本件マンションを建築し，特に高層階については，その利便性とともに眺望もセールスポイントとして販売し，価格にも反映させている。そして，ここに居住する原告らは，

この眺望も高層階の区分建物購入の重要な動機としており，被告らもそのことは了解していたはずである。そうすると，被告Yは，本件マンション建築をし，被告Zともども販売を進めた者として，原告らに対し，信義則上その眺望を害しないよう配慮する義務があるといわなければならない。」と判示しております。眺望権を認めた判決と考えられます。

(3) 眺望が購入契約の条件となっているか

次に，本件眺望が購入契約の条件等になっていたといえるかどうかです。

普通は，契約書では眺望について直接触れておりません。しかしながら，直接触れていない場合でも，他の事実から，購入契約を締結するための条件等になっているかどうかの検討が必要です。

上記の札幌地判では，「本件マンションのパンフレット……には，……『札幌の風物詩を，特等席から眺める。』，『豊平川の夜空に咲く，花火。』といった記載があり，花火の写真や大通公園の夜景を上から撮影した写真も掲載されている。……『札幌の風物詩を，特等席から眺める。』といったパンフレットの文言は，本件マンションの高層階からは，本件マンションが都心部に建っているにもかかわらず，その眺望が良いことを意味していると考えざるを得ない。そして，被告らはこのパンフレットを作成していることから，都心部にありながら本件マンションの高層階からの眺望が非常に良好であることを十分認識し，本件マンションのセールスポイントにしていたと認められる。」と判示し，パンフレットの文言や写真によって当該物件の購入が促されていたことを認めております。

また，上記判例は，「眺望は本件で問題になっているような遠方までの眺望ばかりか，近い場所の眺望も含まれるところ，この点からも高層階の方が眺望が良く，実際に1階から15階まで順次価格差がある（筆者注：上層階ほど価格が高くなっている。）。したがって，本件マンションの階層の上下によって，その重要性の多寡はあるものの，眺望という要素が価格設定の要素になっていることは否定できない。」と述べております。

要するに，眺望について契約書に触れられていなくても，パンフレットの記載文言や掲載写真，さらには，価格の設定方法等によって眺望が契約の条件，要素等になっているかを判断すべきということになります。

(4) 売主の責任の有無と内容

　それでは，本件眺望が実現しないことについて業者に責任があるのでしょうか。あるとしたら，どのような責任でしょうか。

　上記判例は，業者に責任があることを前提に，「眺望の障害の有無により上記時価の差額が発生することは容易に予測できるところではあるが（被告らも眺望の要素を価格に反映させている。），眺望は主観的なとらえ方にも影響され得る事項であるから，本件の証拠からその客観的時価の差額を正確に算出することは困難である。したがって，こうした経済的損失は，次の慰謝料で斟酌するのが相当である。」として，諸般の事情も総合考慮して，「11階との価格差」欄の価格差の半分程度の金額の慰謝料を認めております。慰謝料という形で，業者に対する損害賠償責任を認めたのであります。

(5) 他の高層マンションの建築についての業者の認識

　それでは，他の高層マンションが建築されることについて，契約時点で業者が知っていなかった場合はどうでしょうか。

　上記判例は，被告ら自身が，新たに当該マンション南側に近接して15階建てマンションを建築した事例でありますが，被告らとは全く無関係の不動産業者が他の高層マンションを建築した場合において眺望が悪化した場合はどうでしょうか。また，その場合において，当該眺望が悪化することを当該業者が知らなかった場合はどうでしょうか。

　まず，当該マンションの建築業者自身と全く無関係の不動産業者が他の高層マンションを建築したことにより眺望が悪化した場合には，当該マンションの建築業者がその情報を知っていたか又は容易に知り得たかによって責任の有無が変わってくるでしょう。知っていてその内容を買主に説明しなかった場合や容易に知り得た場合には，買主に対する損害賠償責任が発生するでしょう。容易に知り得なかった場合には，原則として，売主の責任は生じないでしょう。

(6) 売主の説明義務

　(5)とも関連しますが，さらに，売主の買主に対する説明義務の範囲はどの程度のものでしょうか。

上記判例は,「……ところが,被告Yは本件新マンションの建築を担当者レベルで計画したものの,上記障害により具体化が進まず,原告らが契約を締結する段階では本件新マンション建築の計画を説明することは不可能であったこと,……そうすると,被告Zは,原告らに対し,原告ら主張のような説明義務を負っていたということはできない。」と判示しております。計画の熟度等によるということでしょうが,しかしながら,判例は,前述したとおり,慰謝料は認めております。

4 本事例の解決

A氏から依頼された私は,横浜地方裁判所に対し調停の申立てを行いました。

(1) 双方の主張の内容

A氏の主張は,次のとおりです。

① A氏は,Bのモデルルームでの写真や担当者からの説明により,その部屋からは富士山や横浜マリンタワーがよく見えると確信し,当該部屋を約1億円で購入する契約をBと締結し,手付金として,500万円(当該部屋売買代金の5%相当額)をBに渡しました。

② しかしながら,その後,Bからの情報により,Bが関与している不動産会社が新たな建物の建築を計画しているため,本件の部屋からの富士山や横浜マリンタワーの眺望がほとんど見えなくなることが判明しました。

③ Bは,本件契約の締結時に,本件部屋からの眺望が著しく損なわれることを知っていたにもかかわらず,そのことをA氏に説明しませんでした。

④ そこで,A氏は,説明義務は付随義務とはいえ,その説明は本件売買契約締結の重要な要素であることから,Bからその説明がなかったことをとらえ,本件契約の債務不履行解除の請求を行いました。そして,手付金の返還と違約金(当該部屋売買代金の20%相当額)の支払を請求しました。

Bの主張は，次のとおりです。
① 富士山と横浜マリンタワーが良く見えると説明したことは一度もありません。したがって，説明義務違反もありません。
② 仮に説明義務違反があったとしても，説明義務という付随義務の違反で契約解除はできません。
③ Aがどうしても契約を解除したいというのであれば，手付金を放棄するしか方法はありません。

(2) 調停の内容

結局は，調停が成立し，売買契約の合意解除と手付金（500万円）の返還で解決しました。

5 おわりに

法律行為の要素の錯誤を主張して売買契約の無効を主張する等の方法もあったと思いますが，眺望という，人によっては重要ではありますが，曖昧模糊としたものでもありますので，錯誤無効の主張は無理と考え，このような解決になりました。眺望権に対する更なる検討が必要だと感じました。

なお，上記判例とは，一見，全く逆の判例もありますので，下記に記しておきます。

もっとも，本事例の場合は，下記判例の「その場所からの眺望の点で格別の価値をもち，このような眺望利益の享受を一つの重要な目的としてその場所に建物が建築された場合」に該当する可能性もありますので，その場合には，上記判例の場合と同じ結論が得られることになります。

(参考：大阪地判平成20年6月25日判時2024号48頁)
眺望利益なるものは，建物の所有者ないしは占有者が建物自体に対して有する排他的，独占的支配と同じ意味において支配し，享受しうる利益ではない。元来風物は誰でもこれに接しうるものであって，ただ特定の場所からの観望による利益は，たまたまその場所の独占的占有者のみが事実上これを享受しうることの結果としてその者に独占的

> に帰属するにすぎない。したがって，眺望利益は，特定の場所がその場所からの眺望の点で格別の価値をもち，このような眺望利益の享受を一つの重要な目的としてその場所に建物が建築された場合のように，当該建物の所有者ないし占有者によるその建物からの眺望利益の享受が社会観念上からも独自の利益として承認せらるべき重要性を有するものと認められる場合に限って，法的に保護される権利となるものと考えられる。……その住民である原告らが，たまたま周辺に同程度の高さの高層マンションが存在していなかった結果として，良好な眺望を独占的に享受していたのだとしても，その享受が社会通念上独自の利益として承認されるべき重要性を有し，法的保護に値するものであったとは到底認められない。

【プライバシー保護のため事例の内容は変えております。】

第7章
不動産登記に関する事例

第7章　不動産登記に関する事例

事例22　遺産分割登記の更正登記に関する訴訟

土地・建物の遺産分割登記が行われた後に，法定相続人の一人が遺産分割協議は無効であるとして行われた更正登記について，申請者の意思に基づかない無効な登記であるとして元に戻すように請求した事例

●概要図

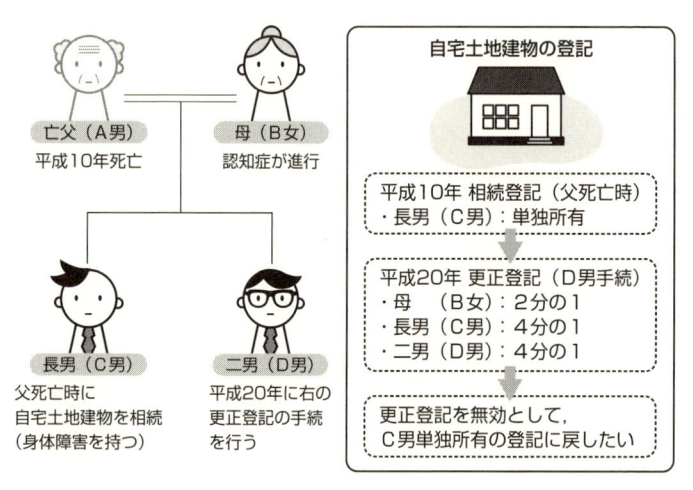

亡父（A男）
平成10年死亡

母（B女）
認知症が進行

長男（C男）
父死亡時に
自宅土地建物を相続
（身体障害を持つ）

二男（D男）
平成20年に右の
更正登記の手続
を行う

自宅土地建物の登記

平成10年 相続登記（父死亡時）
・長男（C男）：単独所有

↓

平成20年 更正登記（D男手続）
・母　　（B女）：2分の1
・長男（C男）：4分の1
・二男（D男）：4分の1

↓

更正登記を無効として，
C男単独所有の登記に戻したい

はじめに

　親が死亡した際に，様々な事情により，子供の一人が実家の土地建物を単独で相続する場合があります。しかしながら，その後の家族関係の変化により，他の兄弟との関係が悪化し，遺産分割協議の内容に不満を募らせて何とか覆すことができないかと考えることもあります。

　本件では，不満が増大した法定相続人の一人が，無理やり遺産分割登記を更正して，法定相続分で土地建物を共有する形の登記に変更してしまいました。しかしながら，別の法定相続人の意思に基づかない登記であるとして，更正登記を更正して，元どおり当初の遺産分割協議のとおりの登記を回復した事例を紹介します。

1 事例の概要

(1) 父親の死亡と遺産分割協議

　A男とB女の夫婦は，C男とD男の二人の息子の4人家族でしたが，長男のC男は脳性麻痺が原因で身体が不自由でした。若い頃は普通に生活することができたのですが，だんだん病状が悪化してきて，成人後に身体障害程度は1級となり，働くことができず，手足を動かすこともできない程度になりました。次男のD男の方は特に病気等もなく，高校を卒業後，自宅を出て働いていました。

　A男が平成10年に70歳で死亡しました。A男の遺産は，自宅の土地建物と預貯金でした。A男の死亡当時，自宅にはA男・B女夫婦とC男が三人で住んでいました。A男の葬儀が終わり，しばらくして，B女・C男・D男の3人は，A男の遺産をどのように分けるかについて話をしました。その際，B女は，身体障害者で働くことのできないC男のために自宅はC男に譲りたいと話し，D男もそれでいいとすぐに承諾しました。預貯金については，若干をD男に分けて，ほとんどはB女が取得することになり，遺産分割は全く揉めることなく決まりました。3人は一緒に司法書士事務所を訪れ，自宅の土地建物はC男が相続する旨の遺産分割協議書を作ってもらい，それに基づいて相続登記も完了しました。以降，自宅にはB女とC男が住み，D男は別に住んでいます。

(2) 遺産分割後の生活

　その後もC男の障害は悪化し，身の回りの世話はB女が行っていましたが，B女も高齢になり，介護サービスを利用するようになりました。さらに，B女はだんだん物忘れがひどくなっていき，認知症も疑われる状態になりました。B女・C男の生活費は，B女の遺族年金とC男の障害者年金で賄うことができましたので，ヘルパーを頼んで，自宅で二人暮らしを続けていました。

　他方，D男の方は，就職していた会社が倒産したり，転職先で人間関係がうまくいかなかったりしたため，自営で運送業を営んでいましたが，景気の悪化により収入が激減し，生活に困窮するようになりました。独身で

扶養家族はいないものの，家賃の支払も負担でした。また，B女も高齢になり大病して手術を受けるなどしましたが，体の不自由なC男はB女の世話をすることができず，それにもかかわらずD男との同居を拒否しているため，D男は，B女の生活が劣悪な状態になっていると感じました。そのため，C男に自宅を単独相続させたことが悔やまれてきました。

　A男の死亡後も，D男は年に何回かは実家を訪れ泊まっていったのですが，A男の死亡から5年くらいたったころに実家に泊まって食事をしていた際に酒に酔ってC男と口論になり，C男に対して暴言を吐き，障害者だからといって自分ばかり勝手な生活をして母親の面倒を見ていない等々とC男をなじりました。さらに，酒に酔った際に，障害者であるC男に対して暴力も振るいました。

(3)　D男による遺産分割登記の更正登記

　D男から暴力を受けた以降は，C男はD男が泊まりに来ると非常に恐怖を感じましたが，身体が不自由なため，D男の訪問を拒否することもできずに耐えていました。

　すると，D男は，平成10年に自宅をC男に譲ったことは間違いだった，自宅は母親であるB女の名義にすると主張し，勝手に手続を進めてしまいました。C男はD男に逆らうことができませんでしたが，D男が具体的にどのような手続を行っているのか，自宅が本当に母親の名義になっているのかといったことを自力で確かめることもできませんでした。そのため，懇意になった介護サービス会社のヘルパーに頼んで，弁護士に相談に行き，調査してもらったところ，C男に相続登記された自宅の土地建物について，平成20年に，「錯誤」による更正登記がなされ，所有権は法定相続分に従って，B女が2分の1，C男・D男がそれぞれ4分の1の共有の名義になっていることが判明しました。

(4)　弁護士への依頼

　弁護士に相談に行った当時には，B女は足を骨折して歩くことができなくなっていた上，認知症も進んでいて，"寝たきり"の状態でしたので，弁護士への相談・依頼は全てC男の判断のもと，ヘルパー同伴で弁護士事務所を訪問して行っていました。C男の依頼は，自宅の名義を元に戻して，

3人で相談して決めたようにC男の単独所有にしてもらいたいということでした。

> **本相談のポイント**
> ① C男の説明のとおり，更正登記はB女・C男の意思に基づかずにD男が勝手に申請したもので無効であるといえるかどうか。
> ② 兄弟間の紛争であるので，できれば金銭支払により登記を戻すといった和解が可能かどうか。
> ③ 和解がまとまらなければ提訴もやむを得ないのではないか。その場合の請求方法。

2 受任に際しての注意点

私がC男から本件を受任するに際して確認したのは，以下の諸点でした。

(1) 更正登記手続の経緯の確認

C男は弁護士に対し，平成20年に申請された更正登記については，D男が勝手に行ったものであると説明していました。ところが，訴訟を提起後にD男が主張した事実及びD男が書証として提出した登記申請書類を検討していくうちに，C男が弁護士に全ての事実を説明していなかったことが判明しました。実際は，D男から「相続登記は間違いだった。自宅は母親の名義にするから。」と強圧的に言われて，C男はやむなく印鑑証明書等の書類を区役所へ取りに出向いていた事実が明らかになり，本心からではないものの登記手続をすることに同意・協力していたと認めざるを得なくなりました。この点については，提訴する前にC男に対してもっと事実関係を掘り下げて事情聴取し，登記申請書類等も事前に精査すべきでした。

(2) 和解の意向及び条件の確認

仮にD男が行った更正登記が無効だったとしても，C男とD男は実の兄弟であり，今後も母親の介護等に関して相談しながら関係を持たなければならないこと，C男は父親の遺産の大部分を取得したのであるから，D男

の生活が困窮している以上，可能であればC男が一定額の金銭の支払をして円満に解決するべきではないかと話したところ，C男としてもある程度の貯金があるので，何とか和解をしたいとの意向でした。

(3) **訴訟の提起**

和解が成立するかどうかは不確定ですので，D男が全く和解に応じない場合や，金額的な折り合いがつかない場合には訴訟で解決することもあり得るということを説明し，C男からはその場合には提訴してほしいと頼まれました。

(4) **B女の能力**

本件の登記にはB女も関わっており，その判断能力の有無も問題となります。また，当初は予定していませんでしたが，母親のB女も訴訟の当事者となる場合には訴訟無能力者への提訴の方法も問題となります。

3 本件における法的問題点の考察

(1) **更正登記について（不動産登記法66条）**

本件では，D男は自宅の相続登記が完了してから5年ほど経ってから，自宅をC男に相続させたことを後悔して，「自宅は母親の名義にする。」と主張して，法務局に赴いて相談を重ねた結果，錯誤を原因として，自宅はB女，C男及びD男の3人の法定相続人が法定相続分どおりに共有する旨の更正登記を行いました。

更正登記とは，既に存在する登記について，その当初の登記手続において錯誤又は遺漏があったために，登記と実体関係の間に原始的な不一致がある場合に，この不一致を解消させるために既存登記の内容の一部を訂正補充する目的でなされる登記です（幾代通『不動産登記法』有斐閣法律学全集，大判大4・12・23民録21輯2173頁参照）。権利に関する登記の更正の登記が認められるための要件としては，①当該登記に錯誤又は遺漏があったため，登記と実体関係との間に原始的な不一致があることと，②更正の前後を通じて登記の同一性が認められることとされています（幸良秋夫『改訂 判決による登記』230頁（日本加除出版，2012））。

登記先例では，甲単独所有名義の登記を甲・乙共有名義の登記に更正す

ること，又は，甲・乙共有名義の登記を甲単独所有名義の登記に更正することは更正の前後で登記の同一性が認められるから許されるとするのに対し，甲所有名義の登記を乙所有名義に更正すること，あるいは甲・乙共有名義の登記を丙の単独所有名義に更正することは同一性の要件を欠き許されないとしています（昭33・9・3民事甲1822号民事局長回答，昭36・10・14民事甲2604号民事局長回答）。

本件では，平成20年にD男が申請した更正登記は，相続によりC男が単独所有名義でされていた登記を，B女，C男及びD男の共有名義に登記するというものですので，上記の基準に照らして同一性があると判断されて認められたものと思われます。

(2) **判決による登記について（不動産登記法63条）**

本来，権利に関する登記は，登記権利者と登記義務者とが共同して申請しなければなりませんが（共同申請主義），不動産登記法63条1項は，「……申請を共同してしなければならない者の一方に登記手続をすべきことを命ずる確定判決による登記は，当該申請を共同してしなければならない者の他方が単独で申請することができる。」と規定しています。すなわち，同法60条は「権利の登記の申請は，法令に別段の定めがある場合を除き，登記権利者及び登記義務者が共同してしなければならない。」という"共同申請の原則"を規定していますが，その例外として，判決による登記は，登記申請に協力しない当事者の一方の登記申請行為に代えて，その者に対して登記手続をすべきことを命ずる確定判決により単独で申請できるとする制度です。登記申請行為は，登記官に対し一定内容の登記をすべきことを求める手続法上の意思表示ですので，当事者が共同して登記を申請すべき場合において，その一方が他方に対し負う登記義務の内容は，いわゆる"意思表示をすべき債務"に分類されます。これに関し，民法414条2項ただし書は，「法律行為を目的とする債務については，裁判をもって債務者の意思表示に代えることができる。」と規定しており，さらに，その執行手続を定める民事執行法174条1項本文では，「意思表示をすべきことを債務者に命ずる判決その他の裁判が確定し，又は和解，認諾，調停若しくは労働審判に係る債務名義が成立したときは，債務者は，その確定又は成立

の時に意思表示をしたものとみなす。」と規定されていることから，現実の執行手続を要せずに単独申請ができることを明らかにしたのが不動産登記法63条です。

同条に規定されている「確定判決」とは，登記権利者及び登記義務者が共同して権利に関する登記を申請すべき場合又は抵当権の順位の変更の登記など複数の登記名義人が共同で申請者となるいわゆる合同申請の場合において，その主文で当事者の一方に登記手続をすべきことを命じた給付判決です。したがって，係争不動産について，原告の所有権を確認する判決や登記手続に必要な書類を交付する旨の和解条項はこれに該当せず，単独登記申請はできません。具体的には，「被告は，原告に対し，別紙物権目録記載の不動産につき，○○を原因とする○○登記手続をせよ。」といった主文・和解条項等であることが必要です（以上について，前掲・幸良25頁以下）。

(3) **抹消登記請求訴訟について**

抹消登記とは，既存の登記について，当初から存在する原始的な事由又はその後に発生した後発的な事由によって，登記された事項の全部が実体関係と一致していない場合に，その不一致を解消するために，既存の登記の全部を消滅させる目的でする登記をいいます（不動産登記法68条）。

所有権移転の登記の抹消は，抹消により所有権の登記名義を回復する者（登記権利者）と抹消される所有権の登記の現登記名義人（登記義務者）との共同申請によりますが，登記義務者が共同申請に応じない場合には，同人に対し，当該所有権移転登記の抹消登記手続を求める訴えを提起し，これを認容する確定判決を得て，登記権利者が単独で申請することができます。

本件においては，提訴の前に司法書士に相談したところ，D男に対する更正登記の抹消登記請求を認める判決とB女の同意書があれば更正登記の抹消が可能であるとの意見だったため，これに基づいて，C男からD男のみに対する更正登記の抹消請求訴訟を提起しました。仮にD男に対する勝訴判決を取得した場合には，D男との関係では不動産登記法63条に基づく単独申請，B女との関係では共同申請を行うことになったはずです。

ところが，訴訟の審理過程においてB女が認知症のために判断能力ないことが主張・立証され，また，C男とD男との対立が極めて激しく，B女の財産を管理するために成年後見をつける必要があることが判明したこともあって，B女から有効な同意書を取得して登記することは不可能になりました（その後の訴訟の推移については，下記の4項を参照して下さい。）。

　なお，本件のように不動産が共有名義になっている場合に，その抹消登記を求める訴訟は必要的共同訴訟（民事訴訟法40条）かどうかという問題もありますが，本件では特に問題とされませんでしたので詳述しません。

(4) 訴訟無能力者に対する訴訟

　本件は実質的にはC男とD男との間の紛争でしたが，D男が行った更正登記によりB女も不動産の共有者として登記されていたことから，最終的にB女についても更正登記を行う必要が生じました。ところが，B女は認知症で判断能力を失っていたことから，登記申請書類に署名することも，訴訟の当事者になることもできない状況でした。それにもかかわらず，D男はB女に更正登記申請の委任状に署名させて登記を行ったことから，B女に対してその登記の更正登記を請求することになりました。

　訴訟能力のない相手に対して提訴する場合に，①成年後見人を選任する方法と，②特別代理人を選任する方法が考えられます。成年後見人が選任されると訴訟のみならず日常的な財産管理等も全て本人に代わって法定代理人である成年後見人が行うことになります。他方，特別代理人の場合は，当該訴訟の代理人となるだけで，それ以外の財産管理行為は行いません。

　訴訟の提起・遂行のみが目的である場合には特別代理人の選任を申し立てることになります。本人の親族が，訴訟のみならず将来的・継続的に本人の財産管理等を任せるために後見人が必要であると判断すれば，成年後見を申し立て，家庭裁判所が選任した後見人を法定代理人として訴訟提起することになります。なお，成年後見を申し立てることのできる親族の範囲は4親等内です。

4 本事例の解決

(1) 和解交渉のための連絡

　C男から依頼を受けた弁護士は，ある程度の金額の支払により登記を元に戻すという内容の和解を成立させることができるのではないかと考えて，D男宛に手紙を書いて配達記録付きの郵便で送りました。ところが，D男は弁護士からの手紙に対して受け取り拒否をしたため，そのまま返送されてきました。弁護士は，念のために同一内容の手紙を普通郵便でも送ってみたのですが，いったんD男に郵送された封筒の封を切らずに，赤字で「受領拒否」と記載されてポストに投函されたものが再度戻ってきました。

　そのため，D男にはC男の弁護士からの連絡を受ける気持ちが全くないことが分かり，金銭支払の提示をする機会もなく，解決のためには訴訟を提起せざるを得ないと判断しました。

(2) 訴訟提起

　C男から聞き取ったところによると，C男は更正登記申請には全く関与せず，D男が全て勝手に手続したとのことでした。申請の当時，C男は既に手足が完全に不自由で字を書くこともできず，ヘルパーが自宅を訪問して介護している時を除いては終日ベッドに寝ている状態でした。また，B女も骨折により寝たきりの状態で，認知症も進み，やはり寝たきりの生活でした。登記申請に必要なC男の実印と印鑑証明書については，いつもしまってあるタンスの引き出しをD男が知っていて，印鑑登録カードと実印を勝手に持ち出して使用したのだと言っていました。以上の状況であれば，更正登記は登記義務者であるC男の意思に基づかないものであり，この更正登記を抹消することによりC男の単独所有の登記に戻すことができると考え，「所有権更正登記の抹消登記手続をせよ」との請求の趣旨で提訴しました。

　ところが，被告であるD男から準備書面が提出され，D男は更正登記申請についてC男と事前に話合いをしてC男の承諾を得ていることを強く主張しました。また，印鑑証明書についてもC男が自ら取得してD男に渡したものであり勝手に持ち出した事実を完全に否定しました。さらに，D男

から法務局に保存してある登記申請書類の写真が書証として提出されました。その写真を見ると，登記申請の書類は全てＤ男が手書きで作成しており，委任状のＢ女とＣ男の住所・氏名はＢ女の字でした。また，登記申請に必要なＢ女の住民票もＣ男が取得してＤ男に渡したものであると主張しました。

そこで，Ｃ男に依頼して，ヘルパーと一緒に印鑑証明書を発行した区役所へ行ってＣ男の「印鑑登録証明書交付申請書」とＢ女の「住民票写し等交付申請書」のコピーを取得してもらって確認したところ，どちらもＣ男本人が区役所の窓口に赴いて申請して取得したものであることが分かりました。Ｃ男は字を書くことができないため，その当時Ｃ男に付き添って区役所へ行ったヘルパーがＣ男のために代筆して申請しましたが，Ｃ男の障害者手帳により本人確認したとの記載がありました。

これらの証拠により，訴状に記載した"Ｄ男がＣ男に無断で勝手にＣ男の印鑑証明書等を使用して更正登記手続を行った"とのＣ男の主張は事実に相違することが判明しました（Ｃ男も弁護士に，登記申請に関して虚偽の説明をしたことを認めましたが，以前Ｄ男から暴力を受けたことがあるため，Ｄ男の要求を拒否すると何をされるか分からないという恐怖から不本意ながら要求に応じたとのことでした。）。

しかしながら，遺産分割協議の当事者の一人であり，更正登記により２分の１の共有者として登記されているＢ女については，更正登記の申請当時，既に認知症が進んでいて判断能力が不十分な状況でした。そのため，仮にＣ男については更正登記に同意していたとされたとしても，少なくともＢ女については更正登記の意味を正確に判断して同意していたとはいえません。当時の状況からも，Ｂ女が自ら提案して行ったＣ男への相続登記を覆すことに同意するような事情はありませんでした。

そこで，Ｂ女の主治医に依頼して，更正登記が行われた平成20年当時のＢ女の判断能力について診断書を作成してもらったところ，"平成19年ころから，多発性脳こうそくによる脳血管性と思われる認知症を認め，記憶力・理解力・判断力は障害されている"旨の診断書を取得することができました。これを証拠として提出するとともに，訴状の請求原因に加えて，

予備的な請求原因として，①Ｃ男が同意したのは，Ｃ男の単独所有名義をＢ女の単独所有名義に変更することであり，Ｂ女Ｃ男Ｄ男三者の共有名義にすることには同意していないこと，②平成10年の遺産分割協議が有効に成立しこれに基づく相続登記が有効になされているのであるから，更正登記により相続登記を抹消するにはＢ女Ｃ男Ｄ男の三者による合意が必要であるが，Ｂ女に判断能力が存しない以上三者による合意は成立していないのであるから更正登記は無効であると主張しました。

　第一審の裁判所は，②の主張を認めて，平成10年の"所有権更正登記の抹消登記手続をせよ"という判決を下しました。

(3)　**控訴審での審理・判決**

　第一審の判決を不満として，Ｄ男が控訴しました。

　控訴審では，Ｃ男が更正登記の抹消登記を請求したことについて疑問が呈され，検討の結果，予備的請求をＤ男の共有持分として登記されている4分の1についてＣ男へ更正登記手続の請求に訂正することとしました。

　そして，控訴審においても当事者の尋問等の証拠調べを経て，平成10年の遺産分割協議においてＣ男が単独で自宅の土地建物を相続することとした合意は有効なものであり，そうであれば登記と実体関係との間に原始的な不一致は存しないのであるからＤ男が行った更正登記手続は無効であること，さらに，Ｃ男からＤ男に共有持分権が移転したということもないのでＣ男が所有権を有しているのであると認定されました。その結果，Ｃ男はＤ男に対して4分の1の共有持分について登記名義の回復を求めることができるとして，所有権更正登記手続の請求を認めました。これにより，自宅の土地建物は，Ｂ女持分2分の1，Ｃ男持分2分の1の共有名義となりました。

(4)　**Ｂ女に対する訴訟**

　自宅の土地建物からＤ男の持分はなくなりましたが，このままでは将来Ｂ女の相続が発生した際にＤ男が法定相続分を取得したと主張する可能性がありますので，Ｂ女の持分についてもＣ男の名義に戻す必要がありました。

　しかし，この当時はＢ女には全く判断能力はありませんでしたので，Ｂ

女に事情を説明して登記申請書類に有効な署名・押印をもらうことができませんでしたし，訴訟を提起するにも訴訟能力がないと考えられました。そこで，もともと必要だと考えていたこともあり，B女に成年後見を家庭裁判所に申し立てたところ，B女の成年後見開始の審判がなされ弁護士がB女の成年後見人に選任されましたので，法定代理人成年後見人を相手方として提訴しました。

　成年後見人の弁護士に事前に事情を説明しておいたところ，訴訟においては全く争われずに，B女の共有持分について所有者をC男とする所有権更正登記手続をせよとの判決がされました。その判決が確定後に更正登記手続を行い，土地建物はC男の単独所有名義となりました。

5　おわりに

　本件では，受任時に想定していた事実関係・法律構成とは異なったものとはなりましたが，最終的にはC男が依頼したとおりの結果，すなわち，自宅の土地建物をC男の単独所有名義に戻すことが実現でき，依頼者との関係では"失敗"ということにはなりませんでしたが，振り返ってみるとヒヤヒヤの連続でした。

　特に，不動産登記については，事前に知り合いの司法書士に相談して，大丈夫ですとの回答をもらって提訴したものの，もし第一審判決が確定していたら判決によって登記できたかどうか不明です。

　当事者間の紛争が激しく，執行が必要になる場合で未経験の類型の訴訟を提起する場合には，よくよく調査・検討して提訴しなければいけないとの教訓を得た思いです。

【プライバシー保護のため事例の内容は変えております。】

COLUMN コラム⑮
勝訴判決を得たのに登記手続できない？

　一筆の土地の一部について，時効取得していると主張する方から依頼を受けたことがあります。
　この事案では，勝訴判決を得た後，一筆の土地を分筆し，所有権移転登記をすることになります。
　そこで，訴状のとおりの勝訴判決を得たときに，きちんと登記をすることができるかについて，気をつける必要があります。
　不動産を対象とする事件において勝訴判決を得たのに，判決のとおり登記することができなかったなんて，ありそうもない話ですが，意外とこのような事態は多いようです。
　では，どうすれば，このような事態を避けることができるでしょうか。
　私は，対象土地の管轄の法務局に相談しました。具体的には，訴え提起前に，当該法務局に電話をし，訴状を担当者にファックスをして，請求の趣旨について問題がないかを確認してもらいました。また，念には念を入れようと思い，訴え提起後に，証拠を持参して，判決に添付しなければならない図はどれかについてもアドバイスをしてもらいました。
　そうしたところ，私が，訴状に添付した実測図には分筆する際の境界の座標が記載されていないことから，これだけでは，登記手続ができないことが判明しました。
　そこで，私は，後日の裁判の期日において，裁判官に，「判決には，訴状に添付した実測図だけではなく，甲〇号証の求積図（こちらには，分筆する際の境界の座標が記載されていた。）も添付して下さい。」と伝えました。
　裁判官が，判決を書く際に，登記手続ができるかも確認してくれるだろうと考えるのはやめたほうがいいと思います。
　弁護士も裁判官も，登記手続について熟知していないからこそ，勝訴判決を得たのに登記手続できない事態が生じるのです。
　管轄の法務局に相談する以外にも，判決後に登記手続を委任する司法書士が決まっている場合には，その司法書士に添削してもらうという方法もよいと思います。
　このように，登記請求訴訟をする際は，勝訴判決後に登記手続をすることができるのかについて，しっかりと確認することをお勧めします。

第8章
不動産の相続に関する事例

第8章 不動産の相続に関する事例

事例23 行方の分からない相続人がいる場合の不動産相続

相続人の一人が長年行方不明である中で，亡父名義の不動産につき名義変更するため，不在者財産管理人選任審判申立てを経て行方が分かり，相続分の譲渡を受けて解決した事案

● 概要図

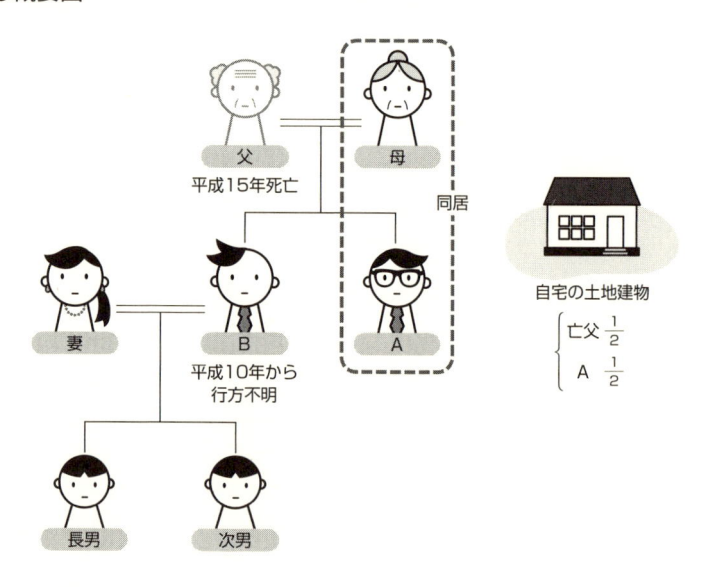

[概要図：父（平成15年死亡）と母の間にB（平成10年から行方不明）とA。母とAは同居。Bは妻との間に長男・次男。自宅の土地建物は亡父 1/2、A 1/2]

はじめに

　本事例では，亡父名義の自宅不動産の名義変更をしたいという単純な相談から始まりながら，相続人の一人がどこにいるのか分からない，連絡が取れないという事情があり遺産分割協議を行うことが難しいという場合に，どのように目的を達成したかについてご紹介します。

　不動産に関する法律相談というテーマですが，その実質は，遺産分割や失踪宣告，不在者財産管理人選任申立てなどが問題になっています。

1 事例の概要

(1) 相続の対象となる不動産

相談にみえたのは60代の男性Aさんとその母親で，2人が住んでいる自宅不動産の名義が亡父のままになっているので，名義変更の登記をしたいというお話でした。

Aさんには4歳上の兄Bさんがいます。長男のBさんは結婚して子供が2人います。Aさんは独身で，両親と一緒に実家（東京都江東区所在の戸建て。土地120㎡，2階建の建物合計60㎡）で生活していたところ，父親が平成15年に亡くなりました。Aさんと母親が住む自宅の土地建物は，昭和57年に，父親とAさんが2分の1ずつの持分で購入したものです。

(2) 長男が行方不明となった経緯

長男のBさんは，結婚して家族4人で千葉市に住んでいましたが，Bさんの家族と，実家の両親及びAさんは，Bさんが結婚して間もなく，次第に関係が希薄になっていきました。平成15年に父親が亡くなった時にAさんがBさんの家に連絡をしたところ，実の息子であるBさんは父親の葬儀に参列せず，Bさんの妻及び子供たちだけが参列しました。その際，Bさんの妻から「Bさんは5年前くらいに勤めていた会社が倒産した時に突然，家を出て行ってしまって，行方が分からなくなっている」との話を聞かされました。

それ以来，Aさんは，相続協議をしなければいけないと思いながらもどうしたらよいか分からず，放置していました。

父親の葬儀の3年後（平成18年ころ）に，Aさんが重い腰を上げてBさんの自宅に電話を掛けたところ，Bさんの妻からは「今もあの人はどこにいるか分かりません。あの人の携帯電話番号を教えるから自分でなんとかして下さい。」という冷たい対応を受けてしまいました。Aさんが気を取り直して，教えてもらったBさんの携帯電話に電話を掛けましたが，呼出音は鳴るものの全く出ないため，その後もやはり放置していました。

(3) 長男との連絡を取るための手掛かり

平成18年ころにAさんがBさんの妻から教えてもらったBさんの携帯電

話番号が，確かにBさんのものなのか，そうだとして，いつの時点でBさんが使用していた番号なのかははっきりしません。相談を受けた平成25年1月時点（Bさんが家を出て行ってから約15年が経った時点）で，AさんがBさんの携帯電話だという番号に掛けてみたところ，呼出音はするのですが本人と話すことができません。

(4) **依頼者の希望**

　父親の遺産は自宅不動産の持分だけですし，Bさんは長年所在が不明で，Bさんの妻も疎遠で非協力的という状況から，Aさんは，父親名義の不動産持分を全て相続したい，そしてできれば代償金を支払いたくないという希望をお持ちでした。Bさんが突然家を出ていってしまうような性格ですから，Aさんがそのように考えるのも当然でしょう。なお，Aさんの母親（80代）は，これまでと同様Aさんと一緒に生活して面倒を見てもらうので，父親の遺産相続については一切権利主張しないという意向でした。

> **本相談のポイント**
>
> ①　代償金を支払わずに父親の全遺産である不動産を単独相続することができるか。
> ②　手続選択の前提として，事実関係の調査をどのように行うか。
> ②　失踪宣告制度又は不在者財産管理制度のどちらを選択すべきか。
> ④　「不在者」の要件該当性。

2　受任に際しての注意点

(1) **手続及び費用に関する説明**

　依頼者であるAさんは，もともとBさん及びその家族と疎遠だったため，AさんがBさんの失踪について知っている情報は断片的で不確かなものでした。そこで，適切な手続を選択する前提として，受任後に事実関係の調査を行う必要がありました。ですので，依頼者に対しては，失踪宣告審判の申立て（民法30条1項，家事事件手続法39条別表第一56項，同法148条）か，

不在者財産管理人選任審判申立て（民法25条1項1文，家事事件手続法39条別表第一55項，同法145条）をし，場合によっては遺産分割調停の申立て（民法907条2項，家事事件手続法244条）をする必要が出てくること（その場合には別途申立てにあたり着手金を請求する可能性があること），無事に不動産の名義変更ができた場合には，経済的利益（亡父名義となっている土地建物の固定資産評価額は合計750万円）を基準に成功報酬が発生すること等を説明し，まずは失踪宣告審判の申立てを一件行うことを内容として委任を受け（手続の選択については後述します。），着手金を受領しました。

(2) **遺産分割の方法と代償金の問題**

Bさんに対して失踪宣告の審判が出される場合は，Bさんの相続人（妻及び子供2人）との間でAさんの父親の遺産分割協議をする必要があります。他方，失踪宣告の要件を充たさない場合は，不在者財産管理人の選任申立てを検討することになります。その場合は裁判所から選任された不在者の法定代理人たる不在者財産管理人との間で遺産分割協議を行う以上，Bさんの法定相続分に従った利益は確保しなければならず，代償金を支払わずに全財産を相続する余地はなくなります。そこで，できる限り，Aさんが代償金を支払わずに自宅不動産を相続できる道を探っていくことにしました。

3　本件における法的問題点の考察

(1) **失踪宣告について**

ア　失踪宣告の要件

本件は危難に遭遇した場合ではありませんので，民法30条1項によると，「不在者の生死が7年間明らかでないとき」が失踪宣告の要件となります。

イ　長男の住所地（居所地）の調査

まずは，受任後すぐの平成25年1月にBさんの戸籍の附票を取り寄せました。そうしたら，Bさんは，妻と子供とともに，平成17年10月に千葉市のマンションに住所を定め，現在もそこにBさんの住民票があることが分かりました。15年前から行方が分からないと聞いていましたが，

287

相談時の約7年前に引越及び住民票の移転がされているようなので，もしこれにBさん本人が関わっている場合には，その時点で生きていることになって失踪宣告の要件は充たさないかもしれないな，と思いました。
　いずれにせよ，やはりBさんの妻が何らかの事情を知っている可能性が高いと思いましたので，Bさんの妻宛てに手紙を書いて事情を説明しつつ，回答書を同封して期限までに返信してもらうことにしました。その回答書は，「①Bさんの現在の住所や勤務先，連絡先の電話番号は分かりますか。分かる場合は具体的にご記入下さい。②Bさんから最後に音信があった時又は最後にBさんに会われた時はいつですか。③Bさんから最後に音信があった時，又は最後にBさんに会われた時の状況を具体的に教えて下さい。④警察にBさんの捜索願を出しましたか。出された場合は提出日を教えて下さい。⑤その他ご意見等がございましたらご記入下さい。」といった内容のもので，返信用封筒も同封し，1か月の回答期限を設けて平成25年2月上旬に発送しました。
　しかし，私から手紙を発送した5日後にAさん本人のところにBさんの妻から電話があって，「一切関わりたくない。電話番号を知っているなら自分で掛けてみたら？」と言われたそうです。それで，AさんがBさんの携帯電話に電話を掛けたところ，驚いたことにBさんが電話に出ました。「今静岡にいる。」ということまでは聞いたそうですが，現在の居所は聞き出せなかったそうです。ちなみに，Bさんの妻から回答書が返送されて来ることはありませんでした。

ウ　長男の生存の確認
　この時点（受任後の平成25年2月時点）で，AさんがBさんと直接電話で話ができたので，Bさんが静岡かどこかで生きていることが判明し失踪宣告の要件は充たさなくなりました。
　失踪宣告審判の申立てをする予定で委任契約を締結し，着手金を受領していたのですが，受任後1か月程度で申立て前にこのようなことになって，正直，さあどうしようかという気持ちでした。

(2) **不在者財産管理人選任について**
ア　不在者財産管理人選任申立ての要件

　民法25条1項によると，不在者とは「従来の住所又は居所を去った者」と定義されていますが，不在者財産管理制度の趣旨からして，容易に帰来する見込みのない者であるとされています。つまり，その者の住所や居所が分かる場合や容易に連絡が取れる場合には不在者には当たらないと解されています（野々山哲郎ほか編『相続人不存在・不在者財産管理事件処理マニュアル』191頁（新日本法規出版，2012））。

　また，不在者財産管理人選任申立ては，利害関係人又は検察官が請求できるので（民法25条1項），利害関係人といえるかどうかも一応問題になります。利害関係人とは，不在者の財産管理について法律上の利害関係を有する者をいい，財産管理について直接間接の利益を有する者であれば広く認められます（野々山ほか・前掲202頁）。

イ　本事例における申立ての可否

　Aさんは，被相続人たる父親の遺産分割においてBさんの共同相続人という立場にあるので，Bさんの財産管理について法律上の利害関係を有することには問題ありません。

　他方，Bさんが不在者といえるのかどうかは微妙なところがありました。

　AさんがBさんと一度電話で話すことができた直後に，私からもBさんの携帯電話に電話を掛けたところ，Bさんが出ました。その時は手が離せないということで，仕事が休みの日に電話を下さいと言われ，指示通りに電話したところ，またBさんが電話に出ました（この時の会話の内容については次項で述べます。）。

　約1週間のうち3回電話で通話ができたので，この時点で「容易に連絡が取れる」といえ，不在者の要件にも該当しなくなると思われました。

　ただ，その後再び全く電話に出てくれなくなり，留守番電話にメッセージを残しても折り返してくれないという状態になりましたので，不在者の要件を充たす可能性も浮上し，微妙な状態でした。結局は不在者に該当するか否かは裁判所の判断になりますので，どうにもならなく

なった後に不在者財産管理人選任審判の申立てを行いました（最終的には取下げをしましたが）。

最終的な解決までの流れについては次の項で書かせていただきます。

4　実際の解決までの実務

(1)　直接の交渉

失踪宣告の要件は充たさないことが早期に明らかになり、次に不在者の要件を充たすかどうか微妙な状態になりましたが、不在者財産管理人が選任されると、Ａさんは不動産を全て相続する代わりに代償金を支払わなければならなくなってしまいます。そこで、せっかくＢさんと電話で連絡が取れるようになったことから、Ｂさんと直接交渉する方針に変更しました。

平成25年3月上旬に私がＢさんと電話で話したときに、「現在の住所を教えていただけませんか。」とお願いしたのですが、「それはちょっと……。」などと言って教えてくれませんでした。ただ、私が「実家の土地建物をＡさんが単独で取得することに同意いただけますか。」と尋ねると、Ｂさんは、「父親の相続については関わりたくないんで。いいですよ。」などとあっさり同意してくれました。「これなら審判の申立てをしなくても、交渉で代償金なく名義変更するというＡさんの目的を達成できるかも！」と内心喜びつつ、「それでしたらＢさんの相続分をＡさんに無償で譲渡するという相続分譲渡証書に実印を押して、印鑑登録証明書を交付してくれれば手続が終わるので協力していただけますか。」とお願いしたところ、「いいですよ。」と快く承諾してくれました。ただ、Ｂさんは「実印はないかもしれない。」とのことでしたので、私は、「実印を紛失している場合には、現在住民票を置いている千葉市の区役所で、実印の紛失届を出すとともに新しい印鑑の印鑑登録をしていただければ大丈夫です。1か月くらいでご用意いただけますか？　実印と印鑑登録証明書の用意ができたら私にお電話下さい。」と依頼しました。Ｂさんはあまりきちんとしたタイプの人間ではなさそうだったので、手続が良く分からなくて面倒くさくなってしまうのではないかという心配が頭をよぎりましたが、まずはＢさんの任意の協力を期待するしかありません。Ｂさんの現在の居所は静岡のどこか

のようで、住民票を置いている千葉市ではないことから、1か月の準備期間を設けることにしました。

　Bさんの居所を教えてもらえず郵送で文書のやり取りができないため、どこかで待ち合わせをして、印鑑登録証明書を受け取りつつ書面に実印を押してもらうつもりでいました。

　なお、Bさんの実印を押してもらう書類は、Aさん、Bさん及び母親を当事者とする遺産分割協議書でもよかったのですが、一切関わりたくないというタイプの方の場合は相続分自体をAさんに無償で譲渡してもらう相続分譲渡証書の方が簡便だと思ったので、その方法にしました。Bさんから実印の押捺をもらう時点で遺産分割協議の内容がきっちり決まっていなくてもよく、後にその他の相続人（Aさんと母親）との間で協議内容を変更することができるからです。

　ところが、Bさんに実印等の用意をお願いした期限である平成25年4月上旬を過ぎてもBさんから連絡は来ず、何度か電話をしても出なくなってしまいました。その後2か月ほど、1～2週間に1回程度の頻度で時折Bさんの電話にかけて留守番電話にメッセージを吹き込んだりしていたのですが一度も連絡が取れませんでした。Bさんの任意の協力を得て本件を解決できるかもしれないと期待していたのに、がっかりでした。

(2)　Bさんの妻に対する再度の協力要請

　平成25年6月、再び電話で話ができなくなった状況をもって不在者財産管理人選任申立てをしようと思ったのですが、代償金を支払わずにAさんが相続する方法をもう一度探るため、再度、Bさんの住民票上の住所に宛てて、「B様（ご家族の皆様）」という宛名で手紙を送ることにしました。私がBさんと電話で話ができた時に、Bさんが千葉の家に月に1、2回帰っていると言っていましたし（真偽のほどは分かりませんが）、以前Bさんの妻に手紙を出したところ、その直後にBさんが電話に出るようになったという経緯がありましたので、ひょっとしたら千葉の家に手紙を送れば状況を打開できるかもしれないという考えもありました。

　平成25年7月にBさんの妻に宛てて発送した手紙には、相続分譲渡証書、印鑑の紛失届や印鑑登録の手続を説明した区役所のHPをプリントアウト

したもの，印鑑登録のできる印鑑とできない印鑑を説明した資料を添付し，「ア　お手元に実印・印鑑登録カードがある場合，イ　お手元に実印・印鑑登録カードがない場合」というように場合分けして，かなり丁寧に説明しました。本件は，Bさんの「手続を取ること自体が面倒くさい」という心理が解決を遠ざけていると思われたからです。

　Bさんの住民票上の住所に宛ててこの手紙を送った1週間後に，私が送った手紙（開封済み）がそっくりそのまま，Aさんの自宅に郵送されてきました。相続分譲渡証書に署名・捺印はなく，印鑑登録証明書の添付もない，ただ，印鑑が2本同封されていました（どちらかが実印だから，Aさんの方でなんとかしてくれ，というメッセージのようです。）。ただ印鑑だけ送られてきても，役所で他人が印鑑登録証明書を取得することができない以上，本件を解決することはできないのですが……。

(3)　不在者財産管理人選任審判の申立て

ア　事実関係の調査

　　Bさんの携帯電話番号について（番号及び留守電のメッセージでauだということは判明していました。），弁護士会照会で契約者の氏名・住所等を照会することも検討していました。しかし，もし運良くBさんの現在の居所が分かったとしても，任意の協力を得るのはBさんの性格（おそらくかなり面倒くさがり屋）からして無理だろうと思い，しませんでした。費用は，第一東京弁護士会の場合，申立手数料7,350円，郵券770円（平成26年4月からは申立手数料7,560円，郵券794円）ですので，やるだけやってみればよかったかなと思います。

　　Bさんの妻に再度手紙を送って協力を要請したにもかかわらず，功を奏しなかった平成25年7月の時点で，もはや不在者財産管理人選任審判の申立てをしてみるほかないと考えました。そして，やはりBさんの妻から少しでも話を聞いて，代理人名義で報告書を付ける必要があると思い，Bさんの妻の自宅へ何度か電話を掛けたところ，Bさんの妻から直接話を聞くことができました。Bさんは，15年ほど前に勤めていた会社が倒産した後，「自由に生きる」と言い残して出て行ってしまったそうです。どんな事情があったのかは分かりませんが，世の中いろんな人が

いるものだな、と思いました。

　その他、Bさんの妻は、「7年前に現在の住所地に引っ越す時にあの人の住民票も一緒に移しましたけど、そのずっと前から家に帰ってきてませんよ。今どこにいるかなんて分かりません。印鑑登録カードもこの家にはないですよ。本人が持って行っているんじゃないですか。あの人の携帯電話の番号は分かりますけど、掛けても出ないし、連絡は取れませんよ。あの人はとにかく勝手な人なので、本当に迷惑しているんです。職場に知られたくないので離婚はしていませんけど、本当にもう、実家の方とも関わりたくありません。」等と捲し立てられてしまいました。この時、Bさんの妻から聞いた話をA4・2枚の報告書にまとめました。

イ　申立てにあたってのその他の問題点

　管轄は、不在者の従来の住所地又は居住地を管轄する家庭裁判所（家事事件手続法145条）なので、千葉家庭裁判所本庁となります。この家事審判の係に問い合わせて、遺産分割時の代償金や予納金等について相談しました。

　まず代償金については、Aさんが父親の遺産を単独で取得したい場合、原則として、遺産分割成立後、直ちにAさんが管理人に対して代償金を支払い、7年間管理人が代償金を管理する（生死が不明となり7年間帰来しなければ、その時点で失踪宣告の申立てをし、失踪宣告後はBさんの相続人に代償金が帰属する。）ことになりますが、一定の基準を充たせば、Bさんが帰ってきたときに代償金を支払えばよいという帰来時弁済型を取ることも可能とのことでした。帰来時弁済型を取る基準は、Aさんの資力、Bさんの帰来可能性、代償金の額（通常100万円以下）等により判断する、代償金の額は、今は時価と固定資産評価額にさほどの開きはないので固定資産評価額を基準にしているとのことでした。問合せをした時にたまたま対応してくれた書記官が、親切に、比較的具体的なことまで教えてくれたのでとても助かりました。

　本件の場合、父親名義の不動産持分の固定資産評価額が土地建物合わせて約750万円だったため、Bさんの法定相続分4分の1に相当する代償金は約188万円になります。よって、100万円を上回っていますし、半

年ほど前に何度か電話がつながったことを考慮してもBさんの帰来可能性がそこまで低いとはいえないと思われました。ですので，不在者財産管理人が選任されれば，Aさんはすぐにこの金額を支払わなければならないと思われました。

　他方，予納金（管理人の報酬）については，Bさんの子供に管理人にならないか裁判所から照会をかけてみます，とのことで，もしBさんの子供が管理人にならない場合でも，事務の内容や被相続人の財産状況（自宅の土地建物の持分のみ）からして低額に抑えることは可能ということでした（確か，私から「数万円程度に抑えられますか。」と聞いたと思うのですが，具体的な金額は教えてくれませんでした。）。自薦で管理人の候補者を立てれば選任されることが多いそうで，Aさんの本人申立ての形を取って私が管理人候補者になるという方法も考えましたが，Bさんの子供が管理人になって報酬を請求しない場合を除き，Aさんが一定の報酬を負担することに変わりはないと考え，管理人候補者は立てずに申立てをすることにしました。

ウ　申立後の展開

　受任してから8か月が経過した平成25年9月，ようやく不在者財産管理人選任審判の申立てを行いました。

　申立後，書記官から不在者が家出した時の住所が分かったら上申書を出してほしいとの連絡がありました（申立書の最後の住所地欄には，現在住民票が置かれている住所地を書いていました。）。実は，不在者財産管理人選任審判の申立てをするという方針をAさんに説明した際に，実はかつて，Bさんの子供に申立人になってもらって，失踪宣告か不在者財産管理人選任か，どちらかの手続を取ろうとしたが頓挫してしまったという話を聞き，その時の作成途中の申立書を受け取っていました。その記載によると，不在者の最後の住所地として千葉市内の別の住所が書かれていたため，そこを記載してA4・1枚の上申書を出しました（今思えば，Bさんの戸籍の附票を遡って取得してもよかったかもしれません。戸籍の附票の保存義務は5年ですが，本籍の異動を行っていない場合にはそれ以前の履歴も取れる場合があります。）。

上申書を提出した10日ほど後、書記官から連絡があり、Ｂさんの自動車免許証の登録で、上申書に書かれた住所地と途中までは同じだが部屋番号が異なっている住所地が出てきたとのことで、これからその住所地へ手紙を出して調査するとの報告をいただきました。

　今回は、こちらから尋ねる前に電話をくださって教えてくれる本当に親切な書記官にあたったのですが、どのような方にあたっても、「教えていただけませんか。」という丁寧な姿勢でいろいろ質問してみることにしています。そうすると親切に教えていただけることが多いように思います。

　その約１か月後、書記官から電話があり、前記の住所地に出した手紙は「あて所尋ね当たらず」で返送されたが、その後電話でＢさんと連絡が付いて、Ｂさんの現居所を教えてもらった、現在その居所に事務連絡の書類を送って返送を待っている、不在者かどうか微妙な状況になってきているが、最終的には裁判官の判断になる、ということでした。

　私からＢさんに尋ねても現居所は教えてもらえませんでしたが、裁判所からの照会では現居所を教えてくれたとのことでしたので、この点だけでも裁判所に申立てをした意味があったなと思いました。不在者に該当しない可能性が出てきたとはいえ、ある意味では大きな進展がありました。しかし、そうすると申立てを取り下げて、このＢさんを相手に今度は遺産分割調停をしなければいけないのか、Ｂさんは出頭しないかもしれないな、また手続に手間と時間が掛かりそうだな……と不安になりましたが。

エ　現地調査

　居所が判明したという書記官からのお電話で、Ｂさんから聞いた居所をお伝えするので、その場所にＢさんが実際に住んでいるのか現地調査をしてほしいと言われました。その際、同居者がいるようなので、もし同居者に会った場合には申立ての内容等について伝えていただくのもやむを得ないと思う、というお話でした。

　そこで、私は、申立ての約３か月後である平成25年12月某日、Ｂさんの居所に出向いて現地調査を行いました。静岡ではなく横浜でした（比

較的近くで助かりました。)。マンション名やその所在地が分かる写真等を撮影しつつ，いったいどんな人がどのような態度で出て来るのかとドキドキしながらその部屋のインターホンを押したところ，女性の声で応答がありました。「Ｂさんの弟のＡさんから，亡くなったお父様の相続について依頼を受けている弁護士です。Ｂさんはそちらにお住まいですか？」と尋ねると，その女性は「はい。住んでます。裁判所から書類が来ているみたいです。」と言われ，オートロックのドアを開けてもらって部屋の前でお話することになりました。化粧っ気のない50代くらいの女性で，確かにＢさんはそこに住んでおり，一応毎日帰ってくるということでした。詳しくは聞きませんでしたが，この時点で書記官がＢさんから聞いた居所が確かにＢさんの居所であることが明らかになったので，「不在者」に該当しないことが判明しました。ですが，この時私は，なんとかＢさんの居所を突き止めたこのチャンスを使って早期解決を図れないか，ということに意識が向いていました。

　この現地調査の時，運よくＢさんに会えたらその場で手渡そうと思い，以前Ｂさんの住民票上の住所地に宛てて送った相続分譲渡証書，印鑑登録の手続の説明等の書類一式（返信用封筒も含む。）を持参していましたので，この女性からＢさんに直接言ってもらえば，Ｂさんも重い腰を上げてくれるかもしれないと思い，女性に書類一式を手渡しました。そして，もしこれを返送しない場合は，遺産分割調停の申立てをすることになって，裁判所に何回も来ていただくことになるかもしれないので，どうかＢさんに協力してくれるようお願いして下さい，と頭を下げてきました。何とかうまくいけばなぁ，と祈るような気持ちでした。

オ　不在者財産管理人選任審判申立ての取下げ

　現地調査の後，不在者財産管理人選任審判の申立ては取下げをしました。

(4) 母親に遺言書の作成を依頼

　Ｂさんが相続分譲渡証書を作成してくれるまでに万が一母親が亡くなってしまった場合，再度，母親の相続にあたって同じような苦労をしなければならなくなるため，途中で，Ａさんの母親に，Ａさんに全財産を相続さ

せる内容の公正証書遺言を作っておいてもらいました。この遺言作成については，簡単な内容なので関与する必要はないだろうと思い，Ａさんと母親に任せました。結果的に現時点でもお元気で問題はありませんでしたが，いつ何が起こるか分かりませんので，依頼を受けた時点で気付いて指示しておけばよかったと思います。

(5)　Ｂさんからの相続分譲渡証書の返送

　申立ての取下げの１週間後，Ｂさんから，実印が押された相続分譲渡証書及び印鑑登録証明書が届きました。あまり期待していなかったのですが，結果的に遺産分割調停をせずに本件が解決できることになりました。Ｂさんの同居人の女性に働きかけてもらったのが効いたようで，本当によかったです。

　その後直ちに，知り合いの司法書士に頼んで，Ａさんが単独で相続する内容の遺産分割協議書（Ａさんと母親のみが署名捺印）及びＢさん作成の相続分譲渡証書並びにそれぞれの印鑑登録証明書等を添付して，相続を原因とする持分全部移転登記の申請をしていただきました。そして，平成26年１月に，相続登記が完了しました。

5　おわりに

　このように紆余曲折を経て，無事に，亡き父親名義のままであった不動産持分の名義をＡさんに移転させることができました。依頼を受けてから全てが完了するまで１年以上掛かりましたが，手続をどう選択をしたらいいか悩んでいる間に時間が経ってしまった期間があり，もう少し早く決断して早く進行させることができたかなという反省もあります。依頼者自身が事実関係を把握していませんでしたので，私が自分で関係者に電話を掛けたり手紙を書いたり現地調査に行ったりして事実関係を調査しなければならなかった点には苦労しました。結果的に上記のタイミングで解決したのは，たまたま現地調査の日にＢさんの同居人が在宅していた等，運の要素も大きいのですが，任意の交渉で必要書類を手に入れる（代償金を支払わずに全財産を相続する）チャンスを常に視野に入れて行動したのが功を奏したように思います。

少しでも皆様の参考になれば幸いです。

【プライバシー保護のため事例の内容は変えております。】

事例24 相続財産管理人と不動産の明渡し

事例24 相続財産管理人と不動産の明渡し

相続財産管理人が，被相続人の不動産の占有者への明渡請求で苦労した事例

● 概要図

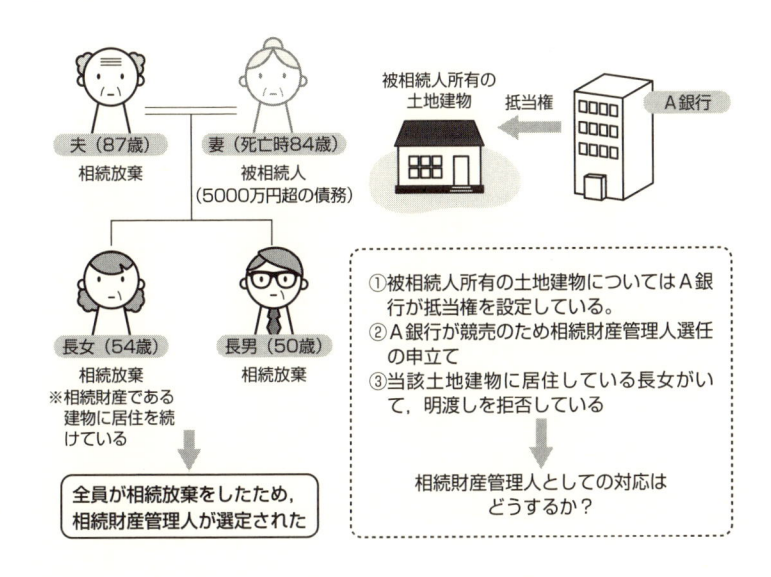

```
                    被相続人所有の
                     土地建物        抵当権
  夫（87歳）   妻（死亡時84歳）      ←――――   A銀行
   相続放棄      被相続人
              （5000万円超の債務）

                                ①被相続人所有の土地建物についてはA銀
                                  行が抵当権を設定している。
  長女（54歳）  長男（50歳）        ②A銀行が競売のため相続財産管理人選任
   相続放棄      相続放棄            の申立て
  ※相続財産である                   ③当該土地建物に居住している長女がい
   建物に居住を続                      て，明渡しを拒否している
   けている
                                         ↓
        ↓                        相続財産管理人としての対応は
  全員が相続放棄をしたため，          どうするか？
  相続財産管理人が選定された
```

はじめに

　相続財産管理人（以下「管理人」といいます。）は，被相続人が死亡し，相続人がそもそもいないか，又は相続人が全員相続放棄（民法915条1項）をしたため相続人が不存在のときに，残された相続財産について管理処分するために開始する手続です。このとき相続財産を法人として相続財産管理人がその代理人となり（民法951条），相続財産の管理・清算（同法957条），相続人の捜索（同法958条）をして，特別縁故者への分与（同法958条の3）又は国庫への帰属（同法959条）により相続財産の清算と処分をする手続です。
　ただし，相続人の捜索の公告は，債務超過が明らかになった場合や，相

299

続債権者等に対し弁済した結果，相続財産が皆無になったりした場合，相続人の捜索をする意味がないので相続人捜索の公告手続をすることなく管理業務は終了するとされています（片岡武ほか『新版家庭裁判所における成年後見・財産管理の実務』390頁（日本加除出版，2014））。

　相続人は，相続放棄をすれば相続財産に対し権利を失いますから（民法939条），建物に被相続人の死亡前から被相続人と同居していても，相続人が被相続人から特に使用貸借ないし賃貸借の権利の設定を受けていない限り，被相続人所有の財産に居住を継続する権原はありません。しかし，相続人が被相続人に多額の債務があるなどを理由として相続放棄をしながら，一方で相続財産の建物にそのまま居住して建物を明け渡さないことがあります。ここでは，相続財産管理人の権限や義務に触れつつ，相続財産を権原なく占有する者への明渡しについて実務的な解決方法を考えていきたいと思います。

1 事例の概要

(1) 交渉の経緯

　本件被相続人（平成23年10月10日死亡時84歳）の長女（54歳）は，被相続人である母が5,000万円を超える多額の債務を負担したため，他の相続人（87歳の父や50歳の長男）とともに相続放棄をしました（民法915条1項）。全ての相続人が相続放棄をして相続人がいなくなったものの，被相続人は東京の多摩地区にある土地建物を所有していたので，その管理者がいなくなりました。A銀行は被相続人の生前に貸付をしてその担保として，同人の土地建物に抵当権を設定していましたが，相続財産法人名義への変更登記がされていないと競売開始決定はできても差押えができないことになるので，競売手続の実行をするために相続財産管理人の選任が必要となりました。そこでA銀行が，平成24年12月に相続財産管理人の選任を東京家庭裁判所に申立てをして，平成25年2月に私が管理人に選任されました。

　一方，長女は相続財産である母の建物に母の死亡前の平成14年ころから母と同居していましたが，書面によって賃貸借契約や，使用貸借契約を締結していませんでした。同人は母と同居しており口頭での使用貸借契約が

成立したとして建物の居住を続けました。
　私は、管理人に選任され長女に建物の明渡しを求めるための交渉を開始しました。

(2) 管理人の長女に対する建物明渡しの説得
　私は、長女の主張する使用貸借の成立時期が不明確であり契約書面がないこと、長女が相続放棄をした趣旨に本件建物を使用する権利の放棄も事実上含まれるから居住を継続する正当な権原がないことを理由に長女に任意の明渡しを口頭で求めました。使用借権は、相続財産に含まれず相続放棄の対象の財産でありません。ですから後者は理由になりませんが、私は長女に対する実質的な説得材料に用いました。私は長女に事務所に来てもらい話をしましたが、長女は移転先がないことや引っ越し費用がないことを縷々話すだけで建物からの退去に応じませんでした。
　そこで、私は、長女の建物の明渡しのための方法を検討しました。

> **本事例のポイント**
> ① 相続財産管理人の管理下にある不動産を占有する者に対する明渡しの実務的解決方法。
> ② 上記占有者が相続放棄した相続人であるときの明渡交渉のポイント。

2　交渉のための方法

(1) 交渉の難航
　私は、長女がこのまま建物使用を続けるなら法定単純承認（民法921条1号から3号）に該当しその結果せっかくの相続放棄による利益を失うことになる、と説得できないかを検討しました。しかし、長女の単純な建物使用が法定単純承認による相続財産の「処分」（同条1号）とも「私にこれを消費し」た（同条3号）と解することは困難と思われました。
　また私は長女に対し、仮に明渡しをしなければ不法占拠期間中賃料相当

損害金を請求すると警告しましたが，長女は引っ越し先がないとして，また賃料相当損害金を支払う資力がないとして動じる気配もありませんでした。

(2) 明渡料の提供による交渉方法

　私は長女に相当額の明渡料を支払って売却に協力してもらう方法を検討しました。相続財産として他に現金等の財産があれば，その中から明渡料を支払うことが考えられます。しかし，本件のように相続財産が土地建物だけの場合，管理人は明渡料を用意できません。

　ところで，相続財産管理人の選任申立ての際，裁判所は，事務処理を行うための直接必要な管理費用を当事者に予納させるのが一般的です（片岡ほか・前掲331頁）。東京家庭裁判所では，原則として100万円の予納を依頼しているようです（片岡・前掲332頁）。本件では100万円が予納されていました。

　私は，この予納金から明渡料を支払えないか裁判所の書記官と相談しましたが，裁判所はあまり先例がないとのことで消極的でした。

　また，私は，抵当権を設定しているA銀行に明渡料の支払ができないか打診しましたが，同銀行はこれを断りました。

　私は明渡料を売買契約前に用意できないことになるので，仮に本件建物等の購入希望者が現れればその代金の一部から支払う以外なく，明渡料の支払時期を売買契約調印時ないしその後の明渡時とせざるを得ません。

　しかし，長女が売買契約時にまだ建物を使用しており退去していない状態で，買主が売買契約の調印をするのか，また売買契約を締結できたとしても，長女が代金決済時までに本当に退去する保証はあるのか，という不安が残りました。

　こうした事情もあり私の長女への任意の明渡交渉は平成25年8月に決裂してしまいました。

(3) 明渡訴訟の提起の方法

　私は，家庭裁判所の許可を得た上で（民法953条，28条による権限外行為の許可）長女に対し明渡訴訟を提起して，その認容判決を受けて明渡しの強制執行をすることを検討しました。

しかし，仮に明渡しを求めて訴訟提起をしても抵当権者の競売手続が進行すると，買受人が建物等を取得してしまいますから，訴訟の維持ができなくなります。そのため訴訟の決着まで競売手続を実行しないなどの抵当権者の協力が必要ですが，抵当権者であるＡ銀行の協力を得られませんでした。また，私が管理人として訴訟提起するには，裁判費用を負担する必要も障害となりました。

私は，Ａ銀行に対し訴訟費用の負担ができないかも打診しましたが，同銀行はこれを断りました。

こうしたことから私は長女に対する明渡訴訟の提起を断念せざるを得ませんでした。

(4) 競売手続の進行と競落により管理手続を終了させる方法

私は，長女への建物の明渡請求を諦めて，競売手続の実行をＡ銀行に促して，競売手続の進行，買受人による買受けで相続財産を被相続人の財産から喪失させる方法を検討しました。仮に，建物の競売で剰余金が生じ，また他に相続財産があるなら，債権者への配当手続を実施することになります。逆に建物の競売で剰余金が生じることなく，かつ他に相続財産がなければ，相続人の捜索公告の申立てをすることなく，早期に手続を終了させることになります（片岡・前掲390頁）。

仮に不動産に剰余価値がなく，明らかにオーバーローンの状態であれば，妥当な方針と考えられました。

しかし，本件では任意売却をすれば余剰財産が生じるかもしれず，その場合抵当権者以外の一般債権者への配当ができる可能性があり，他方競売手続では余剰が生じない可能性もあるという判断に迷う事例でした。私は，Ａ銀行の意向を確認することにしました。

3　本事例の解決

結局私は，Ａ銀行と協議したところ，前述のとおり訴訟費用及び明渡費用とも負担する意思がなく，競売手続を実行するとの意向であったため，同銀行により競売手続が開始されました。競売手続の差押えには，所有者名義について相続財産法人名義への登記名義人表示変更登記を付記登記で

する必要がありますが，私は選任後に既に登記名義の変更登記申請をしていましたので，競売手続の申立てが可能な状況でした（登記名義人は，「亡○○相続財産」となります。片岡・前掲355頁）。

平成25年9月にA銀行の申立てにより競売手続が開始され，それが進行する間に私は長女と再度任意の交渉を継続したところ，長女は競売手続が進んだことで態度を軟化させ買受人が出現するまでに建物等の明渡しをすると確約しました。

競売手続が進行し，平成26年3月に買受人による買受申出があったときに，ようやく長女は建物を明け渡しました。本件土地建物は，東京の高級住宅街にあったことから，買受希望者がすぐに出現しました。土地建物は任意売却でなく競売手続により処分されたことになり，買受人の代金納付により買受人に取得されました（民事執行法78条）。平成26年5月の「弁済金交付日」に代金額がA銀行へ支払われて幸い剰余金（民事執行法84条2項）が生じました。私は，東京地裁の民事執行センターから剰余金と「売却代金交付計算書」の写しの交付を受けると，同年6月に家庭裁判所に対し上記計算書等の資料を添付した管理報告書を提出し，同時に報酬付与審判の申立てをしました。申立後1週間ほどで報酬額が決定されると，私は直ちに相続財産から報酬額等を控除した残額を按分割合により相続債権者へ送金しました（民法957条1項）。

管理業務は，土地建物の任意の売却をしなくても配当が可能となったのであり，残念ながら任意売却交渉は必要なかったことになりました。私は配当後，家庭裁判所に対し最終管理報告書と「管理すべき財産がなくなった」ことを理由に相続財産管理人選任処分の取消しの申立てをすると，すぐに裁判所から選任処分を取り消すとの審判がなされて（家事事件手続法208条，125条7項），私の相続財産管理人としての業務はようやく終了しました。

なお，本件の管理人の報酬は，43万円と決定されています。私は長女との明渡交渉で，同人に翻弄され苦労もあったものの，結局長女への明渡訴訟を提起したわけではありませんし，また相続債権者への配当手続を実施したものの管理人として積極的に相続財産を増殖させたわけでもありませんから，正直相応の金額と思っています。

4 相続財産管理人と破産管財人との相違点

(1) 破産手続における破産者の義務

相続財産管理人の管理業務は，相続財産をもって債権者への配当をする場合があることから破産手続と類似する点がありますが，破産者のように手続の中核となる者が死亡して実在しませんから，本件のように相続財産に利害関係がある関係者が手続に協力しないなどの抵抗にあうと管理人は大変苦労することになります。

また，破産者は，破産管財人に対する説明義務，協力義務がありますし（破産法40条等），破産財産に属する建物等の引渡しを拒むとき，管財人の申立てにより裁判所から引渡命令を発令されることもあります（同法156条1項）。仮に破産者が破産管財人の明渡しを不当に拒否し続けるなら，不正の手段により管財人の職務を妨害したとして免責不許可になることもあります（同法252条1項9号，平井直也「東京地裁破産再生部における近時の免責に関する判断の実情（続）」判例タイムズ1403号5頁，特に10頁）。したがって，破産管財人は，破産者に対し不当に建物使用を続けることの法的不利益を説明することで明渡しを迫ることができます。

(2) 相続財産管理における相続人の義務

しかし，相続財産管理人は，こうした制度的手当を有していないため相続放棄者等関係者の手続協力や不動産の任意売却への協力等が得にくいといえます。

本来相続放棄をした相続人は，被相続人の親族が多いでしょうから管理人の実施する被相続人の債務の整理や清算について合理的範囲で管理人に協力する義務があると思うものの，破産法のような規定がなく必ずしも協力が得にくいのが実情ではないでしょうか（注1，2）。

5 管理人の義務と責任

(1) 占有者がいる場合の対応

管理人は相続財産について適正な管理をする善管注意義務がありますから（家事事件手続法208条，125条6項，民法644条），相続放棄しておきなが

ら長女が不法に建物の占有を継続するなら,「占有権原を明らかにできなければ,速やかな立ち退きを求めるのが相当である」(片岡・前掲353頁)ことが,実務的に要請されています。

(2) **管理方針**

不動産売却にあたっても相続財産管理事件の類型として3つのパターンがあるといわれ(片岡・前掲350頁),それに従って管理方針も以下のように異なるとされています(片岡・前掲376頁)。

①　債務超過型は,「清算を重視して短期間で進めることが望まれるので,相続財産総額の把握に努めながら,物件を効率的に換価していくべきである。」
②　縁故分与型は,「相続財産を現状有姿のままで分与審判をして引き渡すことが多いので,換価処分を試みる必要は少ないといえる。」
③　国庫帰属型は,「国は,境界争いがある物件,地積が少ない物件,土壌汚染の可能性のある物件等については国庫として受け入れないことが多いので,紛争性等のある不動産はできる限り換価する方向で進行することになる。」

本件は,①の債務超過型ですから,物件を効率的に換価することが要請されると思われます。

(3) **売却方針**

売却方針についても,「より高価に,より迅速に換価するという視点に基づいて,売却先である買受人の資力,売却価額の適否,売却代金の支払方法等を検討しなければならない。実務においては,権限外行為許可審判を求めるに当たり,売却価額の適否を判断する資料として,固定資産税評価額又は路線価に関する資料,不動産業者の査定書,不動産鑑定士の評価書等を提出させている」(片岡・前掲377頁)とされています。

したがって,本件でも管理人は長女に対し建物等の明渡し及び賃料相当損害金の支払を求めて訴訟提起等断固とした対応をすべきであり,その上で高額で任意売却をすることが要請されており,相続財産を競売手続で処分されることを過度に期待すべきでないとの考えもありうるかと思います。

(4) 相続債権者の意向の確認

　しかし，管理人は，前述のとおり破産管財人のような権限を有していないことから明渡交渉にも限界がありますし，相続財産が乏しく費用の支出が困難な事案も多いと思われます。

　管理人は事案によるでしょうが，相続財産について最も利害関係を有する相続債権者等に対し，手続費用の原資がないことや破産手続と同様の処理が困難であることなどを率直に説明し，費用負担や進行について意見照会をするなどして，関係者の同意と納得を得ながら法的処理をするのが妥当な場合もあるかと思われます。

　管理人は，相続債権者又は受遺者の請求があるときは，その請求をした者に相続財産の状況を報告する義務があります（民法954条）。この規定からも管理人として一般の相続債権者の意向は無視できません。

　本件で管理人である私は，Ａ銀行に意向を確認したものの，他の相続債権者の意向確認まではしませんでしたが，債権者が高額な相続債権を有しており手続進行について何らかの意向が予想される場合など，その同意と協議が必要となりうるかもしれません。

　以上，実務的に迷った事例としてご紹介させていただきました。

（注１）　相続財産による債権者に対する適正かつ公平な配当は，本来破産手続によるべきであり，管理人は相続財産に対する破産申立てをして，破産手続に移行するべきとも考えられます（破産法224条１項）。
　　　しかし，実務的には相続財産の破産事件は，債権者に申立手数料や予納金の費用負担を強いることや管理人が善管注意義務をもって清算業務を行っており破産手続へ移行させる必要性に乏しいこと等から，その例が極めて少ないとされており（片岡・前掲407頁），破産手続に移行することは実務的には困難と思われます。
　　　例外的に，破産手続に移行するのが妥当な事案として，個別的な執行がなされ，各債権者に対する公平な配当ができないような場合や，多数の債権者がおり，債権の存否，額に争いがあるような場合など，さらに相続債権者が破産手続開始決定の申立てをし，破産手続開始決定がなされた場合，が例として挙げられています（片岡・前掲408頁）。
　　　本件では，仮に破産に移行しても占有者への引渡命令（破産法156条１項）を発動できないので，破産手続に移行する実益はなかったと思われま

す。

（注２） 旧破産法136条２項は，相続財産管理人が相続財産について債務超過を発見したときは，破産申立てをしなければならないと規定していましたが，実際破産手続を利用せずとも債務超過型の相続財産管理事件として，清算，配当を行うことが可能な場合が圧倒的に多く，相続財産管理人に申立義務を課しておく必要まではないとして平成17年１月施行の現行破産法においては，申立義務の規定が削除されました（片岡・前掲407頁）。

【プライバシー保護のため事例の内容は変えております。】

事例25 遺産分割の共有分割における使用貸借の設定について

相続人の1人が生活する自宅の不動産について，3年間の使用貸借が設定された上で共有分割の審判がなされた事例

● 概要図

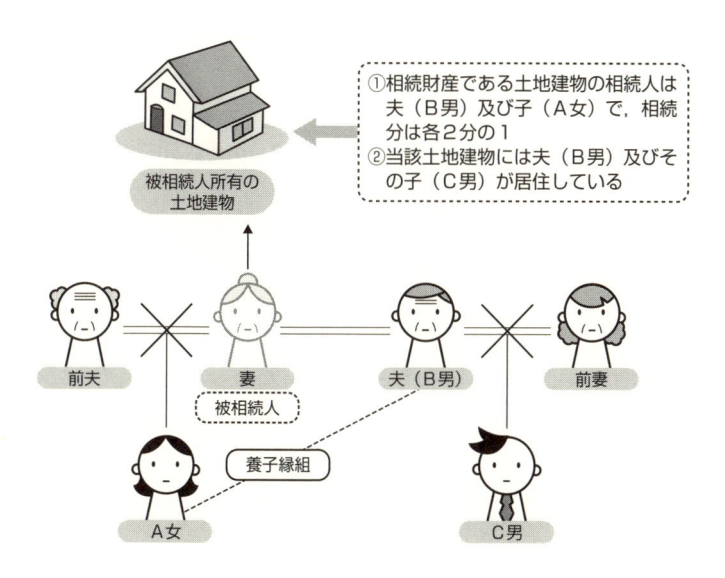

①相続財産である土地建物の相続人は夫（B男）及び子（A女）で，相続分は各2分の1
②当該土地建物には夫（B男）及びその子（C男）が居住している

前夫 ✕ 妻（被相続人） ─ 夫（B男） ✕ 前妻
　　　　　　　　│ 　　　　　　│
　　　　　　　A女 ┄養子縁組┄ C男

はじめに

　不動産の遺産分割の方法は，①現物分割，②共有分割，③代償分割，④換価分割（価額分割）の4つの方法があります。

　少なくとも，建物については，現物分割は不可能ですので，遺産分割の方法としては共有分割，代償分割，換価分割しかありません。

　しかし，遺産が不動産（土地と建物）しかない場合には，預金や現金，有価証券等の換価しやすい他の財産で調整することもできず，遺産である不動産に相続人が生活している場合には，売却するのも容易ではありません。

309

第8章　不動産の相続に関する事例

遺産が不動産しかなく，かつ不動産に相続人が生活しているケースで，審判にて，共有分割とし，3年の使用貸借を認めた事例がありますので，ご紹介します。

1　事例の概要

(1) 相続関係

　被相続人（昭和10年生）は，昭和35年4月に前夫と婚姻し，相続人A女を昭和35年4月に出産しましたが，昭和40年には離婚し，昭和55年6月に相続人B男（昭和2年生）と再婚しました。A女は，実父と一緒に生活をした記憶がなく，遺産分割調停申立てのために私が申請した戸籍から初めて実父の本籍地を知ったような状態でした。被相続人は，おとなしい感じの女性であったようで，B男とはご近所の付き合いで知り合って結婚したようです。

　A女は，被相続人とB男との再婚から数か月して，昭和55年10月にB男と養子縁組を結びましたが，B男と折り合いが悪く，B男から殴る，蹴る等の暴力を受けていたこともあり，A女は，20歳になり，就職するのと同時に，家を出ました。仕事等で地方（新潟）に住んだようです。A女は，はっきりと諾否の態度を明らかにできるくらいに気の強い方ですが，家庭裁判所でB男の姿を見ただけでも，震え出すくらいで，小さい頃の暴力で傷付いているようでした。

　B男の前妻との間に生まれた連れ子（C男，昭和38年生）も，自宅で一緒に生活をしておりましたが，被相続人はC男と養子縁組をしませんでしたので，相続人は，A女（子）とB男（配偶者）の2人でした。

(2) 遺産である自宅について

　被相続人とB男，C男が生活していたこの自宅は，被相続人がB男と再婚する前の昭和53年に住宅ローンで取得し，名義は被相続人でした。B男が裁判官から指摘を受けて提出した資料によると，住宅ローンを組んだ金額は920万円のようでした。A女は，20歳になって家を出ていましたので，被相続人の住宅ローンに関する資料は手元になく，後述のとおり，被相続人は，平成15年に住宅ローンを完済していたので，住宅ローンに関する資

料が金融機関に残っていないと言われていました。

　B男は，昭和44年に，近くに土地を購入して一戸建てを建てていて家を持っていましたが，再婚に伴い，自己所有の不動産は他人に貸して賃料を取得し，被相続人名義の自宅にて生活をするようになりました。ただ，被相続人が死亡した時点では，B男所有の不動産は物置として使用されていたようで，B男が，いつからいつまで，いくらで他人に貸していたのかは，A女には分かりませんでした。

　被相続人が所有していた自宅には，再婚後の昭和55年8月頃から被相続人が亡くなる2か月前（平成23年3月）までは，被相続人，B男，C男の3名で生活していましたが，被相続人は，末期癌で，亡くなる2か月前に，A女とその子（つまり被相続人の孫）と一緒に暮らしたいと望み，平成23年3月に，入院中の病院（埼玉県内）を退院して，東京都内のA女の家で生活をし，在宅診療にて緩和ケアを受け，A女に看護されながら，平成23年5月に亡くなりました。

　被相続人が亡くなった後も，B男とC男は，この被相続人名義の自宅で生活をしておりました。B男は87歳で，上場会社の運転手として60歳の定年まで勤め上げた後無職で，年間約300万円の年金しか収入がありませんでした。C男は会社員でした。2人とも遺産分割の審判時も，この自宅で生活をしておりました。

　なお，被相続人は，住宅ローンを支払い，平成15年に完済しています。

　被相続人の遺産は，この自宅しかありませんでした。預金は，被相続人が亡くなる前に入院費用や自宅看護等のために費消され，現金としても残っておりませんでした。死亡生命保険金（300万円）の受取人について，被相続人は，A女の家で生活するようになった後，被相続人が亡くなる2週間程前に，B男からA女に変更をしていました。この保険金をA女が受け取ったことについて，B男から特別受益等の主張がなされることはなかったので，審判の審理の対象になっていません。

　私は，平成23年6月にA女から相談を受けました。そして，A女の代理人として，法テラスの援助（着手金15万7,500円，代理援助実費3万5,000円）を受けて，被相続人や相続人の戸籍等を取得して，平成23年10月に，被相

続人の自宅の不動産のみを遺産として，遺産分割調停を申し立てました。

(3) **遺言書の存在，遺産であることの確認**

　調停を申し立てた後，第1回調停期日は，平成24年1月に指定されました。この調停期日にて，B男（代理人は付きませんでした。）より，被相続人の自筆証書遺言があると言われ，検認の手続のため，次回期日が数か月後になりました。

　そして，東京家庭裁判所にて，B男による検認手続はなされたのですが，A女には，検認手続の連絡はなされていません。A女は，同居していた際にB男より殴る，蹴る等の暴力を受けていたので，被相続人と同居した以降の平成23年3月以降は，その子らとともに，居住地の区役所に対し，ドメスティックバイオレンス及びストーカー行為等の被害者保護に関する支援措置を申し出て，支援措置がなされていたため，B男は，A女の住所を知ることができないためでした。調停期日には，B男には，私の事務所を連絡先にしてほしいとお願いしておりましたが，かかる措置はなされませんでした。

　遺産分割調停が係属している家庭裁判所にも，B男が検認したという遺言書が提出されました。B男の話では，被相続人の自筆証書遺言は，全てB男が作成したとの説明で，遺言書の本文にも，B男が代筆した旨の記述があり，文面も，A女が生命保険と自宅を狙っているから心配していること，被相続人名義の財産は全てB男に「贈呈いたします」という文面でした。また，遺言書の最後には「裁判所のみなさまえ」とのタイトルの下に，A女を批判する文言もありました。B男の説明は，被相続人は字が書けないから全てB男が代筆したという理由でしたが，家庭裁判所の調停委員も裁判官と評議した結果，さすがに全てが代筆された自筆証書遺言は無効であると判断し，遺言書がないことを前提に，遺産分割の協議を進めることとしました。調停委員の話では，B男は遺言書を無効と考えるのはおかしいと，調停委員にかなり怒鳴ったようですが，遺言書の有効性を争うなら調停は進行できないこと等を説明して，B男に納得してもらったようです。

　また，B男から，自宅の住宅ローンは自分が働いて払ってきたので，被相続人の所有ではなく，遺産ではないとの主張がなされました。B男の主

張は，専ら自分の家であるというもので，A女と自宅を分割するという発想が全くありませんでした。このB男の発想は，その後審判に移行し，審判官が直接B男に話をするようになっても，変わることはありませんでした。

遺産ではないという主張に対しては，被相続人が働いて住宅ローンを払っていたという事実を立証することといたしました。

2 事件遂行に際しての注意点

(1) 遺産であることの立証

まず，B男は被相続人名義の自宅は遺産ではないという主張に対し，被相続人が住宅ローンを支払ってきた事実を立証する必要がありました。

これについては，被相続人が自宅を購入した昭和53年当時は，被相続人は，二部上場会社の工場の給食係として働いていました。前夫と離婚後，被相続人が働いてA女を1人で育てていましたので，住宅ローンを組むことができたわけです。

被相続人は，B男と結婚をした後の昭和55年7月末に退職していたので，当時の勤務先に依頼をして，退職金額の証明書を交付していただきました。残念ながら，退職金額しか分からず，昭和55年までの賃金台帳は処分されて残っていなかったため，在職時の給与額は分かりませんでした。退職金額は，142万円余でした。

また，A女は，自宅を出てからも，被相続人と電話で話をしていて，パート（工場の給食係）で働いていることを聞かされていました。しかし，被相続人名義の通帳やキャッシュカード，印鑑は，全てB男に取り上げられ，自分が自由に払い戻すこともできないとも聞かされていました。そのため，A女は，被相続人名義の過去の通帳は持っておらず，金融機関から，10年以上も前の預金の取引履歴を取り寄せることはできなかったので，被相続人が住宅ローンを支払うことができる程度に資産を有していたことを立証するものは，A女の手元にはありませんでした。

遺産分割の審判時に，裁判官から，住宅ローンの支払や被相続人に収入があったのかどうか確認したいとの指摘があり，B男から，ごく限られた

期間についての住宅ローンの返済状況や昭和56年以降の被相続人名義の通帳が証拠として提出されました。被相続人名義の通帳には，不定期に5万円や10万円の入金はありましたが，賃金と思われる振込ではありませんでした。住宅ローンの支払は，口座からの引落しではなく，現金で振込みにより支払っていたようで，その振込みの手続は，B男が行っているようでした。

しかし，被相続人名義の通帳からは，市民税の引落しの記録がありました。被相続人とB男が生活していた市の条例（昭和29年11月の制定）では，給与所得に係る個人の市民税は，特別徴収することになっていました。B男は，上場会社（メーカー）にて運転手として勤務していましたので，住民税も特別徴収されていたはずであること，B男は給与以外の収入（家賃収入）がある旨の確定申告をしていないので，住民税の普通徴収がなされていたとは考えにくいこと，仮にB男の住民税が被相続人名義の通帳から引き落とされているとすると被相続人が支払うこと自体が適切ではないことから，この市民税の引落しは，被相続人が払っていたもので，パート収入があったと主張しました。市の条例も，遺産分割の審判で証拠として提出しました。

しかも，被相続人は，昭和59年に生命保険に加入しておりました。生命保険会社が，被相続人の生命保険申込書の写しを保管しておりましたので，A女が生命保険会社からその写しを取り寄せたところ，生命保険の申込書の被保険者の職業欄には，被相続人の勤務先の記載があり，A女が被相続人から聞いていたとおり，仕事の内容として給食係と記載されていました。つまり，被相続人は，B男と再婚後も働いていました。被相続人は，働いて収入を得ているから，生命保険料を支払うことができると思い生命保険に加入したという事実を推定させました。この生命保険申込書の写しも，遺産分割の審判で証拠として提出いたしました。ただ，この昭和59年当時の勤務先は，現在はどこにあるのか分からず，いつからいつまで働いていたのかという確認をすることができませんでした。

また，被相続人は，2か月に1度，21万円から22万円の厚生年金を受給していること（おそらく60歳になった平成7年頃から受給）が，被相続人名

義の通帳の入金から確認できました。

　こうした審理の中で、裁判官からは、B男に関し、「自宅に関する寄与があると思われるから、寄与分を定める調停を申し立ててはどうか」と示唆され、書記官からも説明をしていたようですが、B男は、最後まで寄与分を定める調停の申立てをしなかったので、寄与分の判断はなされていません。寄与ではなく、あくまで被相続人名義の自宅は、B男のものであるという主張を維持したいということのようでした。

　平成25年12月に告知された遺産分割の審判書では、「本件に現れた一切の資料を総合すると、本件遺産（自宅のこと）は被相続人が昭和53年に売買によりその所有権を取得したものと認められ、被相続人の遺産となるものである」と判断されました。

(2) **遺産（不動産）の分割方法**

　前述のとおり、A女は、同居期間中にB男から殴る、蹴る等の暴力を受けていたという事情もあり、B男と折り合いが非常に悪く、B男と接触したくないという思いもあって、遺産である自宅を売却して相続分により分配することを希望しました。そのため、代理人としても、共有状態にすることは避けたい間柄でした。

　しかし、B男は、自宅の売却を望みませんでした。自宅は全て自分のものであると思っていることに加え、自己が所有している自宅（1戸建て）は物置になっていて、いまさら、その自己所有の家では生活はできないとのことでした。審判官も、B男は、87歳で引っ越すのも大変であると思ったようで、換価分割は難しいと判断されました。

　また、B男は87歳で、年金しか収入がなく、年金の源泉徴収票（年間約300万円）を提出し、代償金を支払ってA女の持分を買う意思はなく、お金もないとのことでした。

　そして、家庭裁判所の審判官は、後述のとおり、事実関係の調査のためにC男も呼び出し、C男が働いて収入を得ていることから、「C男さん、A女の自宅の法定相続分（2分の1）を買い取るという解決ができるか検討することはできますか」と、C男に働きかけました。

　C男は、審判官に言われた直後は、「はい、可能だと思います。検討し

ます」と言っていたのですが，横で苦々しい表情で聞いていたB男から家に帰って何か言われたようで，次の審判期日におけるC男は，「自分がA女に，2分の1相当のお金を払って家を取得することはできません」と答えました。B男も，C男の横で，「家は私がローンを払ってきたのだ」と発言していました。

　C男は，代償金を払ってA女の自宅の法定相続分を取得することに反対するB男の意向に逆らうことができず，C男が代償金を支払ってA女の自宅の法定相続分を取得するという解決はできませんでした。

　すると，残るは法定相続分どおりの2分の1の共有分割しか残されていませんでした。

(3) 被相続人とB男間の使用貸借について

　金銭解決が難しいと判断されたことから，審判官から，「裁判所は，被相続人とB男との間の使用貸借が気になっていることを伝えておきます」と言われました。審判官の考えは，被相続人を貸手，B男を借手とする使用貸借が成立していることから，その使用貸借が終了しているといえるか，終期はいつかという点にあったようでした。

　私は，A女の代理人として，被相続人が亡くなる2か月前に自宅を出た経緯から，被相続人は，遺産分割が終了した後にもB男に使用貸借をさせる意思はなかったと主張しました。すなわち，被相続人は，抗癌剤等の癌の治療を受けていましたが，体調が芳しくないのに，B男が無理にでも家事をさせる等をし，ゴミを捨てに行った被相続人が，あまりの体調の悪さにゴミ捨て場で倒れているのを近所の人に助けられることがあったこと，食事は作らず，外で購入してきたものばかりを食べさせていたこと，ひどい言葉も浴びせられ，B男は体調の悪くて動けない被相続人を蹴飛ばすこともあったと被相続人から聞かされていたこと，被相続人の通帳，印鑑，キャッシュカードはB男が全て保有していて，B男が被相続人の知らない間に勝手に払い戻していたこと，被相続人は癌で体調も悪くで，B男に抗議することもできず我慢をしていたこと，被相続人は，A女に対し，以上のB男から受けたひどい扱いを話し，家を出たいと言い出したこと，被相続人が家を出たいと言い出した当初は，A女は仕事をしていて，自宅で看

護できる余裕もなかったが，被相続人からＡ女のもとで生活したい，二度とＢ男のところには戻らないと繰り返し言われたことで，被相続人を引き取る決意をし，末期の癌患者を診てくれるクリニックも探し，Ｂ男に相談することもなく被相続人を連れて病院を出たこと，被相続人は，Ａ女の家に行った後，亡くなる10日くらい前ですが，Ａ女の自宅にＣ男を呼び，自宅を売りたいと思っていること，ただすぐには売ることはできないであろうから，自宅の使用料（賃貸料）として５万円を払ってほしいと言い，Ｃ男から５万円を取得したこと，亡くなる前に自宅に公証人を呼んで公正証書遺言を作成しようとし，公証人と面談の約束までしていたが，残念ながら作成する前に亡くなってしまったこと，亡くなる２週間前に被相続人は死亡保険金の受取人をＢ男からＡ女に変更しているが，これは，Ｂ男のもとには二度と戻らないという意思の現れであること，実際，被相続人はＢ男と死ぬまで会っていないこと，そして被相続人は，Ａ女の家に移った約１か月後の平成23年４月には自宅の登記名義上の住所をＡ女の住所に変更しており，売却の準備をしていたと認められること等を主張し，よって，貸主である被相続人はＢ男に無償で自宅を使わせる意向はなく，少なくとも賃貸借契約にしてほしい，自宅を返還してもらって売却したいという意向を持っていたから，被相続人とＢ男の使用貸借は，被相続人が家を出た時点で終了しているというべきだと主張しました。少なくとも，遺産分割終了後まで使用貸借を維持する考えはないとも主張しました。

　しかし，審判の調査期日において，Ｃ男は，被相続人が亡くなる10日くらい前にＡ女の自宅に行ったことは認めましたが，Ａ女が主張するような被相続人の話は否定し，５万円を払ったことも否定をしました。また，Ｃ男は，被相続人に対するＢ男の扱いについても，知らないとのことでした。また，Ｂ男は，事前の相談もなく，被相続人が病院を出たことは認めましたが，全てＡ女の計画によるものであると主張をしておりました。つまり，録音テープや手紙，メモ，日記，５万円の領収証等，被相続人の思いを客観的に立証できるものは，何もありませんでした。Ｂ男は，被相続人は字が書けないと主張していましたが，さすがに被相続人は，生命保険申込書や受取人変更等の書面に自分の名前や住所等を書いていました。ただ，Ａ

女の説明では，被相続人には，日頃から物を書くという習慣がなかったそうです。被相続人が従事してきた仕事（給食係）を考えても，かかるＡ女の説明は理解できるものでした。

審判書では，「被相続人の意向としても，自己の死亡の後，相手方がその意思に反し本件遺産から退去することを余儀なくされるなど，従前からの使用を失わせることを意図し承認していたものであることをうかがうことはできない。申立人は，被相続人が申立人の世話になるなどするようになってからの被相続人の姿勢，意向等を見れば，被相続人の死亡に近い時期には，相手方の本件遺産での居住，使用を終了させる意思であり，それに沿う処分行為もあった旨主張するところ，本件における全資料を検討するも，被相続人のそのような意思，処分とすべき事実を認めることはできない」と判断され，「本件遺産については，相手方のための使用貸借権が，遺産分割終了後もなお継続して存在すると認めるのが相当であるから，その旨の相手方の使用貸借権の存することを共有者相互の間に明確にすべく，これを遺産分割の方法と併せて審判することとし，同使用貸借の期間は，相手方の年齢，収益，家族構成，他に有する資産の内容等の本件に現れた一切の事情を考慮し，本件遺産分割審判の確定した日から３年間と定めるのが相当であると判断した」と判示し，遺産である自宅については，２分の１ずつの共有取得で，併せて，審判確定日から３年間の使用貸借を定めた審判を言い渡しました。

3　本件における法的問題点の考察

(1)　不動産の分割方法

預金のような金銭債権は可分債権ですので，相続人が数人ある場合において，その債権は法律上当然分割され，各共同相続人がその相続分に応じて権利を承継するものと解されています（最判昭29・4・8民集8巻4号819頁）。

しかし，不動産の場合には，相続人間で共有の状態にありますので，遺産分割にて分割内容を決める必要があります。

分割の方法としては，①現物分割，②共有分割，③代償分割（家事事件

手続法195条)，④換価分割又は価額分割（家事事件手続法194条）の4つの方法があります。

現物分割が最も原則的な分割方法とされていますが（民法258条2項参照)，本件不動産である木造2階建の家屋を2つに割ることはできませんし，土地も30坪弱で広くないので，現物分割は困難でした。

また，共有分割を採用すると，改めて共有物分割をしなければならないという課題を残し，問題を複雑にし，問題の解決を先送りするにすぎないとして，安易に共有分割をすることは適切でないと言われています。

同様の趣旨で，遺産の一部を換価分割にし，残りを共有分割にした審判を取り消した裁判例（東京高決平3・10・23判タ786号256頁）や，遺産を共有取得とする分割方法は，現物分割や代償分割はもとより，換価分割さえも困難な状況にあるときに選択されるべき方法であって，共有・準共有状態の解消が比較的容易なのであれば遺産分割においてその解消を行うべきであるとし，ほぼ全部の遺産を各共同相続人の法定相続分割合に応じて共有・準共有取得させた原審判を取り消した裁判例（大阪高決平14・6・5家月54巻11号60頁・判タ臨増1125号114頁）もあるところです。

本件でいえば，A女とB男で共有分割とすると，後日，共有物分割訴訟（民法258条）が必要となり，紛争解決を先延ばしにするだけとなります。しかも，本件のA女とB男との間の関係は，前述のとおり，決して良好ではありませんでした。A女とその子らは，B男のことを恐れ，被相続人がA女の自宅で過ごすようになった平成23年3月には，居住地の区役所に対し，ドメスティックバイオレンス及びストーカー行為等の被害者保護に関する支援措置の申出をしていました。審判書に記載するべきA女の住所も，私の事務所を連絡先として表記するほどでしたので，代理人としては，A女がB男と接触しないですむように，共有分割を避けたいと思っていて，換価分割が相当であると主張しました。

代償分割については，「家庭裁判所は，特別の事由があると認めるときは，遺産の分割の方法として，共同相続人1人又は数人に他の共同相続人に対し債務を負担させて，現物をもってする分割に代えることができるが（家事審判規則109条)，右の特別の事由がある場合であるとして共同相続

人の１人又は数人に金銭債務を負担させるためには，当該相続人にその支払能力があることを要すると解するべきである」とされています（最決平12・9・7家月54巻6号66頁）。本件のＢ男は，87歳という年齢と年間300万円程度の年金しか収入がなく，その余のＢ男名義の預貯金の残高は明らかになっていないこと，Ｂ男にはその所有する自宅を売却する考えもないこと，Ｂ男には代償金の支払意思が全くなかったこと，また預金その他の遺産を利用した調整方法もないため，審判書のとおり，代償分割は困難と判断される事案でした。

換価分割については，遺産の競売を命じるものです。家事手続法194条2項により，任意に売却して換価することを命ずることもできます。競売によるときは民事執行の手続に従って競売手続が進められ，競売費用又は任意売却に要した売却費用を控除した残りの換価代金を当事者全員の具体的相続分に応じ分配することになりますが，本件の審判書は，「申立人の意向のとおりの換価分割とした場合，相手方の前記のとおりの意向に反して，相手方は本件遺産での居住ができなくなり，その年齢，収入等からして，大きな不利益，障害が伴うことになる」とし，さらに後述の使用貸借を認めて，共有分割としました。使用貸借の判断については理論的には納得していませんが，事案からして共有分割を認めた点については，やむを得ないと考えています。

(2) **遺産分割手続中及び手続後の使用貸借について**

最高裁第三小法廷平成8年12月17日判決（民集50巻10号2778頁）は，共同相続人の１人が相続開始前から被相続人の許諾を得て遺産である建物において被相続人と同居していたときは，特段の事情のない限り，被相続人と右の相続人との間で，建物について相続開始時を始期とし，遺産分割時を終期とする使用貸借契約が成立していたものと推認させると判示しています。この最高裁判決は，建物が同居の相続人の居住の場であり，同人の居住が被相続人の許諾に基づくものであったことからすると，遺産分割までは同居の相続人に建物全部の使用権原を与えて相続開始前と同一の態様における無償による使用を認めることが，被相続人及び同居の相続人の通常の意思に合致するといえるからであるとしています。

私は，A女の代理人として，特段の事情がなければ，被相続人の意思は，遺産分割時を終期とする使用貸借であると認められるべきであること，特段の事情は，B男が立証するべきであること，本件においては，被相続人が死亡の2か月前にB男に話もしないで自宅を出てB男と生活をせず，生命保険金の受取人もB男からA女に変更し，自宅の登記名義の住所もA女の自宅に変更する等の事実は認められることから，被相続人の意思は，遺産分割終了後までB男の使用貸借を認める意思はなかったと認めるのが相当だと主張しましたが，前述のとおり，審判では認められませんでした。

使用貸借は，当事者が返還の時期を定めなかったときには，借主は，契約に定めた目的に従い使用及び収益を終わった時に返還をしなければならず（民法597条2項），返還の時期並びに使用及び収益の目的を定めなかったときは，貸主は，いつでも返還を請求することができると定めています（民法597条3項）。被相続人がC男に自宅を売りたいと言ったという事実はC男から否認されましたので，認定されませんでしたが，被相続人が夫であるB男に何も言わずに退院して，死ぬまでB男と会おうとしなかったという事実からすれば，果たして，審判書の認定のとおり，本件遺産については，相手方のための使用貸借権が，遺産分割終了後もなお継続して存在すると認めるのが相当かどうかは疑問を持っています。

また，遺産分割に関する不動産の分割に関し，使用貸借の定めが可能なのかという点については，遺産の分割は，遺産に属する物又は権利の種類及び性質，各相続人の年齢，職業，心身の状態及び生活の状況その他一切の事情を考慮して行われるので（民法906条），遺産分割の方法を定めるものとして，可能だと思われます。

4 本事例の解決

前述の審判は，A女とB男の双方から即時抗告の申立てがなかったので，確定しました。私は，A女に即時抗告を勧めましたが，A女は，B男の年齢等を考え，3年待てば共有物分割の訴えを起こせるし，賃料の請求もできること等を考えたようです。また，A女は，被相続人がB男からどんなひどい扱いを受けてきたのか，どんなに主張をしても，裁判所から認めて

もらえなかったことを残念に思っていました。A女は，即時抗告をしても，被相続人とB男の会話，被相続人がC男に言った言葉や5万円の賃料を受領したこと等のやり取りを録音した録音テープや日記，手紙，近所の方からのヒアリング等の証拠をそろえることができなかったので，結論は変わらないであろうと思ったようでした。

5 おわりに

　遺産が不動産しかなく，しかも相続人が高齢で引っ越しもできず，売却も難しいときの解決は困難であると思いました。弁護士が介入するような遺産分割は，相続人間の関係が悪いことが多く，代理人としては，共有分割は避けたいと思う事案が多いと思います。

　こういうケースの場合の解決の方法としては，私は，一定期間（1年程度）の使用貸借を認めて引っ越しのための準備期間を設定した上で，換価分割（任意売却，最終的には競売）にできないかと試みています。本件は，共有分割を認め，3年の使用貸借を認めた事例です。3年経過後に共有物分割の訴えを起こさないといけませんので，B男が自宅にて生活できる期間がそれだけ長くなることになります。1つの事例として参考になるものと思います。

　B男も，87歳という年齢ながら，最後まで，被相続人名義の自宅は自分のものだと言い続け，審判官にも抗議をするほどでした。A女とB男は，顔を合わせると，裁判所で口論になったり，A女は体が震えたりするような状態でしたので，審判廷では，A女とB男が顔を合わせないように配慮して座ることもありました。

　こういうB男を見ていると，A女が主張した被相続人に対する酷い扱いもあり得るところで，証拠がなかったことが本当に残念だと思った次第です。

【プライバシー保護のため事例の内容は変えております。】

事例26 相続税に関する小規模宅地等の特例

事例26 相続税に関する小規模宅地等の特例

相続案件の土地について，二世帯住宅に関連して小規模宅地等の税務上の特例が受けられるかについて，国税局と折衝して成功した事案

● 概要図

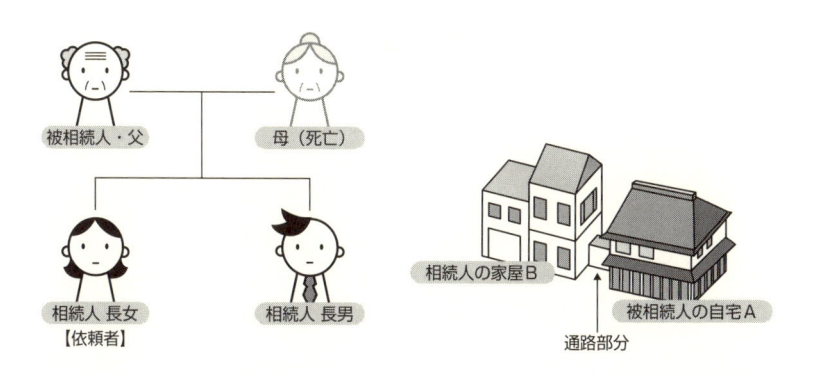

```
被相続人・父 ─── 母（死亡）
        │
   ┌────┴────┐
   相続人 長女   相続人 長男
   【依頼者】
```

相続人の家屋B　　被相続人の自宅A
　　　　　　　通路部分

はじめに

　弁護士が相続案件を取り扱うことは多々ありますが，相続税を直接対象とする案件に取り組むことは特に税務を専門とする弁護士以外では多くありません。しかし，相続案件は常に相続税の負担を考慮しながら解決の方策を模索すべき典型的な領域であるため，税務上の知識を具備すべき必要性は高いといえます。私が経験した相続事案では，後日，国税局の資料課の調査を受けることになり，小規模宅地の特例を適用した相続税申告において小規模宅地の特例適用を否認されました。そこで，急遽，私が通知税理士としての登録手続を行い，書面を提出してこちらの主張を認めさせたことがあります。税務を専門とする弁護士にとっては特段新たな情報を得るための事案ではないかもしれませんが，普段頻繁に相続を扱わない弁護士，租税が専門でない弁護士及び若い弁護士にとっては有益な情報が含まれているかもしれないので，本書にて説明する次第です。

第8章 不動産の相続に関する事例

1 事案の概要

　依頼人は，被相続人の長女です。もう一人の相続人は，被相続人の長男（依頼人の弟）です。被相続人は，長年著名な経済学者として活躍されており，世田谷区の一等地に約90坪の自宅敷地（以下「本件土地」といいます。）とその敷地上に建つ日本家屋（以下「被相続人の自宅A」といいます。）を所有していました。依頼人は，経済学者である被相続人父と母の日常の生活援助のために，被相続人の自宅敷地の前面道路を隔てた向かいにあるごく普通の一軒家に居住していましたが，年取った父と母が道路を渡って夕食に来ることが大変難儀なことであると考え，被相続人の自宅に隣接していた同じく約90坪くらいの広さの土地を夫に夫名義で購入してもらい，同土地上に同じく夫名義で洋風の2階建て家屋（以下「相続人の家屋B」といいます。）を新築しました。被相続人の自宅Aと相続人の家屋Bとは，前面道路から見た限りでは別棟に見えるものの，道路から奥まった箇所で自由に行き来できる通路で接続されており，その通路に施錠設備は施されていませんでした。その通路を使って，相続人の家屋Bにて調理した食事を摂るために，被相続人の父と母は毎日被相続人の自宅Aから相続人の家屋Bに移動していました。

　平成19年12月に被相続人の妻が亡くなりましたが，平成20年10月には続いて被相続人が逝去しました。依頼人が依頼したA税理士は，死亡後10か月後の申告期限までに提出すべき相続税申告書で，小規模宅地の特例（租税特別措置法69条の4）における「特定居住用宅地等」（同条1項1号）に該当するとして，本件土地の課税価額として本件土地の価額の100分の20を算入して申告しました。ところが，東京国税局課税第一部資料調査第二課による税務調査が入り，国税局は本件土地が「特定居住用宅地等」に該当せず，同項2号により100分の50を算入すべきである（同項2号）と指摘しました。

> **本相談のポイント**
> ① 国税局の税務調査で否認された「小規模宅地の特例の適用」につき，適用を認めさせるためにどうすべきか。
> ② 国税庁資料課の査察に，弁護士として同席し交渉を行うためには，どのような手続をとるべきか。

2 受任に際しての注意点と本事案の対応

　小規模宅地等についての相続税の課税価格の計算の特例，いわゆる小規模宅地等の特例とは，個人が，相続又は遺贈により取得した財産のうち，その相続の開始の直前において被相続人等の事業の用に供されていた宅地等又は被相続人等の居住の用に供されていた宅地等のうち，一定の選択をしたもので限度面積までの部分（以下「小規模宅地等」といいます。）については，相続税の課税価格に算入すべき価額の計算上，一定の割合を減額するという制度です。対象となる小規模宅地の種類には，特定事業用宅地等，特定居住用宅地等，特定同族会社事業用宅地等の3つがあります。

　比較法的に述べますと，相続による相続税の支払が他国に比べて重い国である日本においては，居住空間をどのように相続によって承継していくかはとても重要な考慮対象になります。したがって，相続案件を受任する際には税理士が付いている事案であろうと付いていない事案であろうと，小規模宅地等の特例が適用されるのか否かの調査が必要不可欠であります。

　本件事案では，後日，国税局の資料課の調査を受けることになり，小規模宅地の特例を適用した相続税申告において小規模宅地の特例適用を否認されました。そこで，急遽，私が通知税理士としての登録手続を行い，書面を提出してこちらの主張を認めさせることとしました。

3 小規模宅地等の特例

(1) 小規模宅地等の特例の歴史と意義

　小規模宅地等の特例は，昭和58年3月31日法律第11号により創設された

制度ですが，昭和63年改正，平成4年改正，平成6年改正，平成11年改正，平成13年改正と幾度もの改正を経て，平成22年改正（平成22年4月1日以降が改正後の法律適用）においては同居の親族が取得した場合においても申告期限まで居住を継続していることが要件になり，また保有の継続も要件とされるなどの要件の厳格化が図られました。

(2) **小規模宅地等の特例の適用法条**

平成20年当時の租税特別措置法69条の4第3項2号イ，ロ，ハは，「特定居住用宅地」を次のように定義していました。

> 二 特定居住用宅地等 被相続人等の居住の用に供されていた宅地等で，当該相続又は遺贈により当該宅地等を取得した個人のうちに，当該被相続人の配偶者又は次に掲げる要件のいずれかを満たす当該被相続人の親族（当該被相続人の配偶者を除く。以下この号において同じ。）がいる場合の当該宅地等（政令で定めるものに限る。）をいう。
> イ 当該親族が相続開始の直前において当該宅地等の上に存する当該被相続人の居住の用に供されていた家屋に居住していた者であって，相続開始時から申告期限まで引き続き当該宅地等を有し，かつ，当該家屋に居住していること。
> ロ 当該親族（当該被相続人の居住の用に供されていた宅地等を取得した者に限る。）が相続開始前3年以内に相続税法の施行地内にあるその者又はその者の配偶者の所有する家屋（当該相続開始の直前において当該被相続人の居住の用に供されていた家屋を除く。）に居住したことがない者（財務省令で定める者を除く。）であり，かつ，相続開始時から申告期限まで引き続き当該宅地等を有していること（当該被相続人の配偶者又は相続開始の直前においてイに規定する家屋に居住していた親族で政令で定める者がいない場合に限る。）。
> ハ 当該親族が当該被相続人と生計を一にしていた者であって，相続開始時から申告期限まで引き続き当該宅地等を有し，かつ，相続開始前から申告期限まで引き続き当該宅地等を自己の居住の用に供していること。

これらの租税特別措置法69条の4第3項2号イ〜ハ（特定居住用宅地等）については，路線価の100分の20の係数を乗じた額を相続税の課税価格に

算入すべきことになる。租税特別措置法69条の4第3項2号イ～ハのいずれかに該当しない場合には，路線価の100分の50の係数を乗じた額を相続税の課税価格に算入することになります。

4 国税庁資料課の査察

　国税庁からは，申告期限であった平成21年8月から約1年数か月経過した同22年11月に申告の代理人であるA税理士事務所に査察の連絡がありました。査察を受ける日をA税理士と日程を調整し，11月のとある日と設定されました。晩秋の日だまりの依頼者自宅の部屋で，資料課の2名の職員とA税理士が会合し，質問を受ける形式で査察が開始されました。2人とも40歳代くらいのベテランの方で，とても調査には慣れた様子でした。私は，代理人弁護士として同席を希望したところ，「弁護士さんの場合，税理士業務については通知税理士の手続を取っていない以上取り扱えないので，同席はできません。」とのきついお言葉を頂きましたが，「通知税理士の手続をとるのであれば，その手続の完了を待って交渉に応じてもいいですよ。」という意向が私に示されました。

　そこで，私は早急に第一東京弁護士会の事務局に所定の郵券を添えて国税局への通知を申し込み，数日中に通知税理士としての許可を国税局から取得することができました。通知税理士としての事業開始日は，事務局への申込みから1週間後くらいでした。私はA税理士とともに国税庁の同じ担当職員2名と面談した結果，本件相続に関する宅地が小規模宅地の特例の「特定居住用宅地等」に該当しない理由として，相続人である依頼者と被相続人である父とが「生計を一にしていた者」（租税特別措置法69条の4第3項2号ハ）に該当しないことを挙げました。その理由として国税庁が挙げたものは，次のとおりでした。まず，相続人が起居していた相続人の家屋Bは被相続人の自宅Aとは全く別棟であり，依頼者である相続人は被相続人とは別居していたと考えられる。次に，国税庁は相続人の家屋Bと被相続人の家屋Aに係るライフライン（水道，ガス，電気）の料金を事前に調査したが，それぞれの家屋において独立した調理，洗濯，入浴をするために水道，ガス，電気の金額がそれぞれ幾ら掛かっているかの数年分の

327

数値をエクセル表にした証拠を提示してきました。ここまで調べてくるとは，私は，本当に驚きました。確かに，生計を一にしていれば，相続人の家屋Bと被相続人の家屋Aのそれぞれに一所帯相当のライフラインの経費が掛かるはずはなく，いずれかの家屋に掛かる経費が一戸分の金額になり，他方の家屋の経費は微小なものになるはずです。「生計を一にする」という要件をここまで実数ベースで反論してくることの国税庁のパワーを感じました。その会議の席で，反論するための書面を準備して提出することを約束して，国税庁職員との会議を終了しました。

5　通知税理士

　ここで通知税理士の制度について一言触れておきます。

　公認会計士はもちろんのこと税理士になる資格を有しています。しかし，公認会計士は税理士業務をするには税理士登録をする必要があるものの，弁護士は税理士登録しなくとも通知税理士という制度を利用すれば税理士登録なしで税理士業務ができます。税理士法での根拠規定は下記のとおりです。

第3条（税理士の資格）　次の各号の一に該当する者は，税理士となる資格を有する。ただし，第1号又は第2号に該当する者については，租税に関する事務又は会計に関する事務で政令で定めるものに従事した期間が通算して2年以上あることを必要とする。
一　税理士試験に合格した者
二　第6条に定める試験科目の全部について，第7条又は第8条の規定により税理士試験を免除された者
三　弁護士（弁護士となる資格を有する者を含む。）
四　公認会計士（公認会計士となる資格を有する者を含む。）

第51条（税理士業務を行う弁護士等）　弁護士は，所属弁護士会を経て，国税局長に通知することにより，その国税局の管轄区域内において，随時，税理士業務を行うことができる。
2　前項の規定により税理士業務を行う弁護士は，税理士業務を行う範囲において，第1条，第30条，第31条，第33条から第38条まで，第41条から第

41条の3まで，第43条前段，第44条から第46条まで（これらの規定中税理士業務の禁止の処分に関する部分を除く。），第47条，第48条，第54条及び第55条の規定の適用については，税理士とみなす。この場合において，第33条第3項及び第33条の2第3項中「税理士である旨その他財務省令で定める事項」とあるのは，「第51条第1項の規定による通知をした弁護士である旨及び同条第3項の規定による通知をした弁護士法人の業務として同項の業務を行う場合にはその法人の名称」とする。
3　弁護士法人（弁護士法に規定する社員の全員が，第1項の規定により国税局長に通知している法人に限る。）は，所属弁護士会を経て，国税局長に通知することにより，その国税局の管轄区域内において，随時，税理士業務を行うことができる。
4　前項の規定により税理士業務を行う弁護士法人は，税理士業務を行う範囲において，第33条，第33条の2，第48条の16（第39条の規定を準用する部分を除く。），第48条の20（税理士法人に対する解散の命令に関する部分を除く。），第54条及び第55条の規定の適用については，税理士法人とみなす。

6　「生計を一にしていた者」（租税特別措置法69条の4第3項2号ハ）の解釈

「同一生計」については，相続税法では特に規定されていないので，所得税法の規定が準用されます。「生計を一にする」の意義ですが，所得税基本通達2-47によりますと，法に規定する「生計を一にする」とは，必ずしも同一の家屋に起居していることをいうものではないから，次のような場合には，それぞれ次によるとされています。

㈠　勤務，修学，療養等の都合上他の親族と日常の起居を共にしていない親族がいる場合であっても，次に掲げる場合に該当するときは，これらの親族は生計を一にするものとする。
　イ　当該他の親族と日常の起居を共にしていない親族が，勤務，修学等の余暇には当該他の親族のもとで起居を共にすることを常例としている場合

329

> ロ　これらの親族間において，常に生活費，学資金，療養費等の送金が行われている場合
> ㈡　親族が同一の家屋に起居している場合には，明らかに互いに独立した生活を営んでいると認められる場合を除き，これらの親族は生計を一にするものとする。

　生計を一にするとは，一緒に住んでいるかどうか，つまり同居でなく，「ひとつのお財布で生活しているか」ということです。依頼者のことを考慮してみると，棟は別のものといえそうな異なる家屋にそれぞれ被相続人と依頼者が起居していたわけですので，典型的な同居ではありません。相続人の家屋Bでは依頼者は料理をして夫と食事をし，入浴もそこでします。しかし，被相続人の自宅Aでは依頼者は被相続人とその妻（依頼者の母）のために雇用している家政婦と交代でかなりの時間を介護しており，事実，夜を徹して介護しているため半同居状態ともいえるのです。しかし，家計は別々なのであり，「明らかに互いに独立して生活を営んでいる」と認定される状況であると言わざるを得ません。

7　「同居の親族」（租税特別措置法69条の4第3項2号イ）による巻き返し―法令解釈通達69の4-23（当時）

　そこで，措置法69条の4第3項2号イ（特定居住用宅地等）の同居の親族の規定に立ち戻って考えた場合にどうなるかを再考することとしました。
　租税特別措置法の法令解釈通達69の4-23は，租税特別措置法69条の4第3項2号イの「被相続人の居住の用に供されていた家屋に居住していた者」の範囲について以下のように規定しております。

> 69の4-23　措置法第69条の4第3項第2号イに規定する当該被相続人の居住の用に供されていた家屋に居住していた者とは，当該被相続人に係る相続の開始の直前において当該家屋で被相続人と共に起居していたものをいうのであるから留意する。この場合において，当該被相続人の居住の用に供されていた家屋については，当該被相続人が建物でその構造上区分され

> た数個の部分の各部分（以下69の4-23において「独立部分」という。）を独立して住居その他の用途に供することができるもの（以下69の4-21において「共同住宅」という。）の独立部分の一に居住していたときは，当該独立部分をいうものとする。……

　この独立部分という概念に着目すると，相続人の家屋Bと被相続人の自宅Aは，完全なる独立部分であり，原則として措置法69条の4第3項2号イの「同居の親族」には該当しないことになります。しかし，法令解釈通達69の4-23には，なお書きがありました。

> なお，同号イに規定する親族で，被相続人の居住に係る共同住宅（その全部を被相続人又は被相続人の親族が所有するものに限る。）の独立部分のうち被相続人が当該相続の開始の直前において居住の用に供していた独立部分以外の独立部分に居住していた者がいる場合（当該被相続人の配偶者又は当該被相続人が居住の用に供していた独立部分に共に起居していた当該被相続人の民法（明治29年法律89号）第5編第2章に規定する相続人（相続の放棄があった場合には，その放棄がなかったものとした場合における相続人）がいない場合に限る。）において，その者について同号イに規定する当該被相続人の居住の用に供されていた家屋に居住していた者に当たる者であるものとして申告があったときは，これを認めるものとする。

　このなお書きは，主に二世帯住宅で親夫婦と子夫婦が1階と2階に別れてそれぞれの独立部分に居住している場合に有効であり，二世帯住宅についての同居の特例的性格を有するものと理解されていました。本件は，典型的な1階と2階に分かれた二世帯住宅ではなく，隣接した家屋同士の二世帯ですが，このなお書きは本件に使えないものかを考察してみました。

　そこで，依頼者と会議を持って，どのような経緯で被相続人の自宅Aに隣接する形で相続人の家屋Bが建てられたかを伺いました。すると，前述したとおり，依頼人は被相続人父と母を手助けするために，被相続人の自宅敷地の前面道路を隔てた向かいにある自宅に居住していたが，被相続人である父と母が道路を渡って夕食に来ることが大変難儀なことであると考

え，被相続人の自宅に隣接していた土地（以下「相続人敷地」といいます。）を夫に夫名義で購入してもらい，同じく夫名義で家屋（「相続人の家屋B」）を新築したのですが，その新築時に，一級建築士の先生が「○×家の二世帯住宅建築の提案」と題する設計図付きの提案書を作成してくれており，本件の補助をしてくれていた事務局のお陰でその書面が手許に残っていたことが分かりました。私は，思わず絶好の証拠が発見されたことに沸き立つような高揚感を覚えました。

そして，その提案書の中には，被相続人の自宅Aと相続人の家屋Bが通路で連結されており，その通路を使うためには被相続人の自宅Aにあるドアを開ける必要があるが，このドアには鍵が付けられておらず施錠できないために自由に行き来することができました。まさに，二世帯住宅で1階，2階が自由に行き来できることとパラレルの状況があったのです。

さらに，もう一つ判明したことは，相続人の家屋Bを建設した当時，上記の一級建築士は被相続人の自宅Aの増築部分と考えていたために，相続人の家屋Bを未登記のままにしておいたのです。まさに設計当時に平面上の二世帯住宅と考えていたことの証左でありました。

これらの事実調査を基に，私は上申書を作成しました。そこにおいては，依頼者の父母の介護に関する貢献の歴史を書き，「生計を一にしていた者」（租税特別措置法69条の4第3項2号ハ）の適用を主張するのではなく，租税特別措置法69条の4第3項2号イの「同居の親族」の適用を主張していることを記載し，その根拠事実として，一級建築士作成の「○×家の二世帯住宅建築の提案」と題する設計図付きの提案書を添付した上で，自由に行き来できる通路が存在する（上下ならぬ）平面上の二世帯住宅であることと，その当事者の主観を補助する事実として付属建物と考えて未登記であったことを記しました。

8 事件の解決

これらの上申書を国税局に提出した後僅か数日で私の事務所に電話連絡があり，租税特別措置法69条の4第3項2号イの適用を認める旨の連絡がありました。余りにあっけない結末でありましたが，国税局の判断の迅速

さと的確さに感心いたしました。依頼者の方からは「税理士さんのできないことを良くやってくれて，本当にありがとうございます。」と，とても感謝され，税務のことだから税理士に全面的に任せようとせずに通知税理士として努力したことの成果があったことを人知れず喜びました。この案件を一緒に考えてくれたアソシエイトの弁護士と女性の事務局員には今でも感謝しています。

【プライバシー保護のため事例の内容は変えております。】

第8章 不動産の相続に関する事例

事例27 土地の使用借権の価値と取扱いについて

被相続人名義の土地上に存在する相続人名義の建物にいかなる権利があり，その権利の価値はどのように考えるべきかという事例

● 概要図

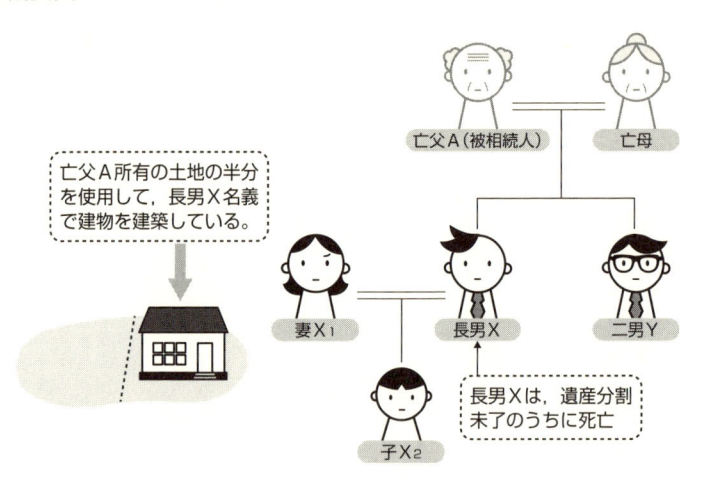

亡父A（被相続人）― 亡母

亡父A所有の土地の半分を使用して，長男X名義で建物を建築している。

妻X1 ― 長男X ― 二男Y

子X2

長男Xは，遺産分割未了のうちに死亡

はじめに

　核家族化が叫ばれ，三世代の同居が少なくなってきた昨今ですが，たとえ同居でなくとも，二世帯住宅であるとか，同一の敷地内の別建物で居住をしているという事例はまだまだあるようです。

　その場合，親子間で土地の利用に関する契約をきちんと結んでいる人はどれほどいるのでしょうか？　そのことが，後に発生する相続紛争において，共同相続人の兄弟から敷地を明け渡すように求められたり，無償使用していたことが特別受益に該当するのではないか，などのトラブルになったりする可能性もあることから，たとえ親子間であっても，その使用権原や内容などは明らかにしておくことが望ましいといえるでしょう。なお，このことと直接的に関連するわけではないのですが，相続人以外の者が，

相続物件を使用していた場合の使用権原そのものの問題については、内縁の夫婦が夫所有の建物に居住しており、夫が死亡した後に、その内縁の妻が、夫の相続人である子から明渡請求を受けたのに対し、夫と妻との間には使用貸借契約が黙示的に成立していたと判断された事例（大阪高判平22・10・21判時2108号72頁）、内縁の夫婦が居住建物を共有しており、夫が死亡した際に夫の相続人である子から居住益に関して不当利得返還請求を受けたのに対し、一方が死亡した場合には他方の単独使用の合意が成立していたとする事例（最判平10・2・26民集52巻1号255頁）が参考になると思います。

また、相続が発生したことを機に、代償分割などのために不動産を売却しようということもあり得ます。その場合、もともと被相続人の敷地に自己所有の建物を建てて住んでいた者としては、建物自体の価値を評価するにあたって、当該建物が存在していた敷地を使用する権利の価値をも含めての評価を求めることになります。建物自体の価値は、固定資産税評価等で客観的根拠を求めやすいものの、使用貸借が成立している場合の使用借権の評価は容易ではありません。本稿では、仮に親子間の敷地使用に関し、使用貸借関係が成立していた場合、その居住利益の金銭的価値をどのように考えればいいのかについて検討します。

1 事案の概要

土地の所有者である男性Aが、92歳で亡くなりました。その子であり、63歳の会社員で長男のXは、それまでAの面倒をみるべく、本件土地の約半分を利用し、自身の名義である建物を建築し、家族とともに生活をしていました。長男X及びその家族は、亡父A及び二男のYとの関係も良好でしたが、亡父Aの遺産分割について、二男Yとの協議を進めていたものの、不幸にも長男Xに末期癌が見つかり、長男Xは亡父Aの遺産分割未了の間に亡くなってしまいました。

長男X名義の建物は、長男Xと同居をしていた妻のX$_1$及び同居していないXの子X$_2$が相続することになりました。長男Xが亡くなったものの、ずっと専業主婦でやってきた妻のX$_1$には年金以外の収入の目処がありま

せん。また、長男Xの子X₂も、大学を卒業して就職したばかりで、今後支払が予想される相続税を賄えるだけの収入もありません。さらに、Aには本件土地以外に預貯金等の財産はあまりなく、相続税の支払手段に窮する状況でした。そこで、二男Yは、自身の相続税負担、及び支払手段確保のために、本件土地を売却し、売却代金を分割するという遺産分割方法を提案し、これを受け入れるよう強く求めてきました。

妻X₁及び子X₂は、何とか妻X₁が本件土地に居住できるようにと努力したものの、叔父である二男Yからの度重なる催促と、「もし住み続けるというならこれまでのものも含めて地代を請求する」などの言葉を受け、結果的に売却自体については、やむを得ず同意するに至りました。

もっとも、妻X₁及び子X₂としては、今後の生活や住み替え先住居の購入のためにも、本件土地の売却代金から可能な限りの利益を確保したいと考え、当職の元に相談に訪れました。

2 受任に際しての注意点

亡父Aとしては、何らの遺言も残していなかったことから、本件土地の売却代金は、法定相続分として均等に分割することを前提としつつも、当職としては、本件土地における長男X保有建物の土地に対する権利及びその価値の存在を主張し、本件土地の売却代金から自身の当該権利を控除した上で分割することの提案をし、実現する方向性で受任しました。

Xは本件土地に自身名義の建物を有していたものの、借地権登記などはしていません。また、亡父Aに対する地代の支払の事実もありませんでした。そのため、本件土地について亡父Aと長男Xの間には使用貸借契約に基づく使用借権が存在するという前提に立ち、この使用借権の経済的価値の存在を主張することで、解決を試みることになりました。

そこで、使用借権の価値について、以下検討します。

> **本相談のポイント**
>
> ① X所有建物の土地に対する権利の性質を確定すること。

② 使用借権だとした場合に，同権利の特徴を事案にどう生かすかを考えること。

3 敷地権としての使用借権の意義

　使用借権とは，借主が貸主から無償で物を借り受けて使用する権利のことをいい，土地の使用貸借の場合には，借地借家法の適用は受けないこととされています（借地借家法1条，2条1号参照）。そして，使用借権の目的物の返還時期は，①契約に定めた時期，②時期を定めなかった場合には目的に従った使用収益の終了時とされ，③当事者が返還時期並びに使用収益の目的を定めなかったときには，貸主はいつでも返還を請求できることとされています（民法597条）。

　建物所有を目的とした土地の使用借権の場合，当該建物の性質にもよりますが，特にその建物に居住する目的があった場合には，土地所有者としては容易に返還を求めることはできないものと思われ，土地賃借権に近い性質を有しているといえます（ただし，実際の使用貸借契約の解約判断は個別具体的な事情に則して行われます。詳細は後述。）。そして，使用貸借は，使用借主が使用貸主の死亡という不測の事態によって不利益を被らないように，使用貸主の死亡では消滅しないとされています。

　他方，使用借権は，借主の死亡によってその効力を失うとされており（民法599条），相続の対象とはなりません。また，使用借権は譲渡することもできず，借地借家法の適用がないことから，譲渡に関して地主の承諾に代わる許可（借地借家法19条）を得ることもできません。このように，事実上の流通性がないという点で，使用借権は土地賃借権とは大きく異なります。

　このように，土地の使用借権は，使用借主自身が使用収益する場合には，土地賃借権に近い性質を有するといえます。その点に着目すれば，土地の使用借権にも財産的性質があるといえることになると思います。他方，使用借権には流通性がなく，金銭的価値に換える機会がないという点では財

産的性質に欠けるということもできます。相反する性質を有しているということができるでしょう。

4 使用借権の財産的価値に関する各種取扱い

(1) 判例における判断

　土地の使用借権をめぐる過去の裁判例等で，最高裁第三小法廷平成6年10月11日判決（裁判集民173号133頁）において，使用借権の価値があるものと明確に認めました。事例の概要は以下のとおりです。

　土地上に建物が朽廃，滅失するまで所有する目的で，当該土地を使用貸借した使用借主Xが，自身の建物を保有し，同建物を賃貸に出していました。しかし，土地上の自身の建物の賃借人Yが，当該建物を失火により全焼させました。Xは，これによって使用借権を失ったことから，本件土地の使用権原そのものに関する経済的利益を喪失したことによる損害を賠償するよう求めた事案です。

　原審は，使用借権そのものには独自の財産的価値があることを前提とする損害賠償を否定しました。しかし，最高裁は，「地上の建物が朽廃，滅失するまでこれを所有するという目的でされた土地の使用貸借の借主が契約の途中で右土地を使用することができなくなった場合には，特別の事情のない限り，右土地使用に係る経済的利益の喪失による損害が発生するものというべきであ」ると判断し，土地使用借権の財産的価値を認め，使用貸借が成立している土地上の建物には，焼失した建物の価値と，土地使用借権の価値の双方について価値があるものと認めました。

　しかし，実際の価値の算定に当たっては，訴訟当事者が親子関係にあったことや，建物が老朽化しており耐用年数に限りがあること，賃料が低額に据え置かれてきたことなどが考慮され，土地使用借権の価値は，結論として，更地価格の5％として認定されました。

　同判例は，個別の事情に応じて使用借権の性質や価値を丁寧に認定しておりますが，その分使用借権の価値一般を更地価格の5％として認定したわけではなく，事例に則した判断にすぎないということもいえます。

　また，東京地裁平15年11月17日判決（家月57巻4号67頁・判タ1152号241

頁）では，相続人たる子の間で，遺留分減殺請求権を行使した事案において，不動産鑑定士による取引事例比較や収益還元法に基づき算出された更地価格の15％を使用借権の価値として認定していますが，必ずしも使用借権一般に関する価値を認めたとまでいうことはできないのではないかと思われます。

(2) 国税不服審判所における判断

相続税法上の評価としては，国税庁長官昭和48年11月1日「使用貸借に係る土地についての相続税及び贈与税の取扱いについて」において，使用貸借による土地の借受けがあった場合には，「当該土地の使用貸借に係る使用権の価額は，零として取り扱う。」とされており，実質的に価値はないものとして取り扱われています。

これを受けて，国税不服審判においては，使用借権の価値は低く見られており，財産的価値が認められないとしています。

例えば，親が所有する土地の使用貸借について，土地上に子の所有にかかる建物が存在していたことについて，使用借権と認定しながらも，相続財産評価に当たっては自用地と評価すべきものとした事例があります（昭47・12・22裁決・裁決事例集№6-57頁）。また，同様に，生前に親が子に土地を贈与し，親が当該土地を無償使用し続けた事例において，当該土地の贈与価額の評価に当たっては，使用貸借について評価を行わず，自用地として評価しています（昭48・12・9裁決・裁決事例集№7-41頁）。他にも，たとえ敷地上に建物を保有し，当該建物を賃貸に出して収益を得ていたとしても，土地上の権利が使用借権である場合には自用地であるとの認定がなされるなど（昭61・12・2裁決・裁決事例集№32-269頁），国税不服審判においては，使用貸借であることの認定がなされた事例については，権利性が薄弱であることを理由として，価値を否定しています。

(3) その他の判断

不動産鑑定士が鑑定評価の際に用いる国土交通省策定「不動産鑑定評価基準」では，使用借権は何ら触れられていません。かかる事実を，使用借権はそもそも財産的価値がないがゆえに触れられていないととるのか否かは必ずしも明らかではありませんが，そもそも検討の対象外とされている

ようです。なお、鑑定評価を求められた場合には、財産評価基準による借地権割合を求め、これに、次に述べる損失補償基準に定める3分の1を乗じる場合もあるようですが、画一的に過ぎて疑問が拭えないのもまた事実ですので、今後より詳細な検討が待たれます。

また、政府が土地収用をした際の補償の基準を定める「公共用地の取得に伴う損失補償基準」によれば、使用貸借による権利に対する補償として、「使用貸借による権利に対しては、当該権利が賃借権であるものとして前条の規定に準じて算定した正常な取引価格に、当該権利が設定された事情並びに返還の時期、使用及び収益の目的その他の契約内容、使用及び収益の状況等を考慮して適正に定めた割合を乗じて得た額をもって補償するものとする。」（同13条）とされ、賃借権の一定の割合の限りにおいて、財産的価値があるものとして取り扱われ、同基準の細則では、当該割合を、「賃借権に乗ずべき適正に定めた割合は、通常の場合においては、3分の1程度を標準とするものとする。」（第3）と定められています。

このように、土地の使用借権の価値については、それぞれの立場から大きく判断が分かれ、一般化していないのが現状です。

5 使用借権の存続可能性

本件では、亡父Aの土地上の使用借権を有していたのはその子である長男Xではあったものの、本件土地の売却交渉時において、既に長男Xは亡くなっておりました。本件土地上の建物に居住し、本件土地を使用収益するのは長男Xの妻X_1のみであり、亡父Aの相続については、直接的に相続権はありません。そこで、そもそも本件では、亡父A及び長男X間の使用貸借契約は既に終了しているのではないかということも論点となりました。そこで、使用借権の終期について、触れたいと思います。

そもそも使用借権は、その返還時期が来れば目的物を返還しなければならないこととされています。とすれば、使用借権の存続時期について明確に定められていない場合、終期はいつと判断されるのでしょうか。

土地の使用借権の場合、建物所有を目的として契約が締結されることから、所有者が速やかな返還を求めたとしても、それが直ちに認められるわ

けではありません。先に述べたとおり，民法は，その終期（返還時期）について，①契約に定めた時期，②時期を定めなかった場合には目的に従った使用収益の終了時とされ，③当事者が返還時期並びに使用収益の目的を定めなかったときには，貸主はいつでも返還を請求できることとされています（民法597条）。建物所有の場合，①の事由が存在する場合は格別，②の事由の際は，土地上の建物が居住用建物だった場合，建物が朽廃するときや，居住を終えるときなどとされる場合もあります。他方，当事者の合理的意思や，客観的事情を斟酌して，結果として短期間で終了する場合もあります。

過去の裁判例をみても，使用貸借契約締結後約4年しか経過していなかったにもかかわらず，当事間の信頼関係破壊を理由として解約を認めた事例（東京地判平3・5・9判タ771号189頁）がある一方で，自ら固定資産税相当額を負担していたことを理由に，使用貸借契約締結後，約38年間が経過しても解約を認めなかった事例（名古屋地判平2・10・31判タ759号233頁）などがあり，使用借権の終期については，いずれも個々の事情に応じ，大幅に異なる判断をしています。

また，「使用貸借は，借主の死亡によって，その効力を失う。」（民法599条）とされていることから，原則として借主が死亡した場合には相続の対象とはならないものですが，東京地裁平成5年9月14日判決（判タ870号208頁）では，「土地に関する使用貸借契約がその敷地上の建物を所有することを目的としている場合には，当事者間の個人的要素以上に敷地上の建物所有の目的が重視されるべきであって，特段の事情のない限り，建物所有の用途にしたがってその使用を終えたときに，その返還の時期が到来するものと解するのが相当である」として，例外的に相続を認めたものもあります。

このように，土地の使用借権の終期については，その個別具体的な事情に応じ，形式的な条文の解釈にとらわれることなく，極めて幅広い判断がなされているといえます。

本件においても，相談当初は，二男Yから既に本件土地の使用権原は失われているのではないかという指摘があったものの，長男X保有にかかる

建物が完成してから15年ほどしか経過していないことや，亡父Aと長男X及びその家族とが良好な関係を築いていたことなどを考慮し，二男Yとしても使用借権が継続していることを受け入れるに至りました。

6 本件における具体的な処理

本件における結論としては，使用借権の価値として，本件土地代金の20％を認めるという形で合意をしました。

二男Yとしては，「親父の土地をタダで使ってきた上に，金までよこせというのか！」などと激しい言葉をぶつけるなど交渉は難航しましたが，最終的に二男Yにも弁護士がつき，交渉の上，上記各要素を勘案し，20％を認めるという結論に至ったものです。

根拠としては様々あり，最終的には相続税の支払時期や，売却の必要性や不動産市場の相場の変動など，合目的的な見地が多分に寄与したものではありますが，そのプロセスにおいて，両代理人の認識として共通していたのは，使用借権の価値がゼロではないというところです。

当方としては，使用借権の存在を前提として，仮に交渉が決裂した場合には，土地の明渡自体を撤回し，地代相当額を支払ってでも居住を続けるというまでの準備がありました。他方，当方としては，そもそも使用借権が存続しているかという点について，妻X_1は亡父Aとの関係では相続権を有しておらず，また土地上の建物の所有者でもなかったことから，妻X_1自身が本件土地の使用借権を当然に有していたとまではいいにくいという弱みもありました。さらにその反面，先に述べた平成5年の東京地裁の裁判例（前掲東京地判平成5・9・14）のように，使用借権の相続が全く認められないわけではないという事情や，使用借権の価値として，土地収用の際の基準においては3分の1程度が認められており，またX_1が立退きを拒絶した場合に要する時間的費用的コスト等を踏まえ，合意に至ったものです。

代理人としては，交渉の過程において，ある程度の使用借権の価値を認めるという点では合意していたものの，仮に交渉が決裂し，建物収去土地明渡請求訴訟に至った場合に，妻X_1としては生活の本拠を失いかねない

リスク，また妻X_1及びその子X_2いずれも得られるはずの使用借権の利益を失ってしまうリスクなどを考え，互いにギリギリの線で交渉を続けた結果，悪くない結論ではなかったかと思います。二男Yとしては20％分の価値を認めるということに対して極めて不服だったとのことですが，妻X_1及び子X_2の代理人という立場を離れたとしても，やはり妻X_1にとっては生活の本拠である以上，使用借権にある程度の価値を認めること自体はやむを得なかったのだろうと考えています。

なお，仮にこれが二男Yから妻X_1ないし子X_2に対する建物収去明渡請求訴訟に至った場合，どのような判断がなされるのか，個人的な関心は否定できません。この場合，建物買取請求権を行使したいところですが，使用借権である以上借地借家法も適用されないため，直接的にそれを認めてもらうことも難しいでしょう。現実問題としては，裁判上の和解の場において，同様のやりとりが発生し，最終的には裁判官の心証に基づく和解勧告によってある程度の使用借権の価値が示されるのかもしれません。しかし，将来的な住み替えと，その資金の確保を目的としている妻X_1及び子X_2としては，交渉が決裂してしまえば裁判手続に移行し，使用借権を換価することのできる機会をみすみす逃すことにもつながりかねず，リスクを考え躊躇せざるを得ないのが現状です。

その意味では，使用貸借の終期及び私法上の価値について，何らかの一般論を示すガイドラインや解釈基準が示されることが待たれるとともに，また，借地借家法の直接的適用は難しいとしても，類推適用の可能性を示す裁判例に期待したいところです。

【プライバシー保護のため事例の内容は変えております。】

第9章
地震・原発事故に関する事例

第9章　地震・原発事故に関する事例

事例28　分譲マンションの瑕疵担保責任

分譲マンションの外壁タイルが地震により剥離・落下したことから，分譲会社や建築施工会社に対し，担保責任の追及として，損傷箇所の修復及び外壁の調査費用の請求をした事例

●概要図

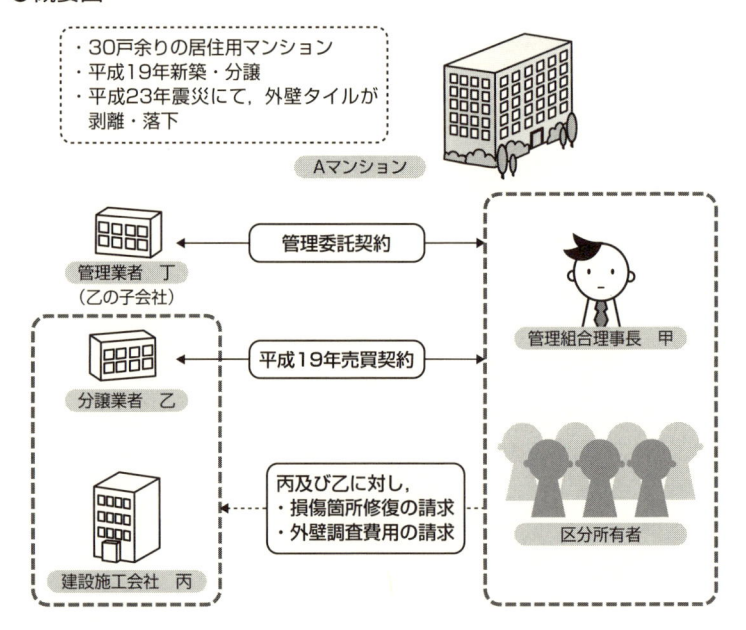

・30戸余りの居住用マンション
・平成19年新築・分譲
・平成23年震災にて，外壁タイルが剥離・落下

Aマンション

管理業者　丁
（乙の子会社）
←管理委託契約→
管理組合理事長　甲

分譲業者　乙
←平成19年売買契約→

建設施工会社　丙

丙及び乙に対し，
・損傷箇所修復の請求
・外壁調査費用の請求

区分所有者

はじめに

　日本は，古くから地震国といわれ，阪神淡路大震災や東日本大震災と近年大きな地震に見舞われていますが，そのたびに莫大な損害が発生し，その回復には多大な費用と時間が掛かります。人身の損害のみならず，不動産，特に建物にも損壊や倒壊など大きな損害が発生します。
　ここでは，購入したマンションの外壁タイルが地震を契機として剥離や落下を生じ，その修補を請求するとともに，建物外壁全体の診断調査の費

346

用を裁判外紛争処理機関（ADR）の調停を通じて，分譲会社等に請求した事例をご紹介します。

1 事例の概要

(1) マンション分譲と東日本大震災までの経緯

　Aマンションは，東京近郊のいわゆるベッドタウンに平成19年に新築・分譲された居住用マンションで総戸数は30戸余りのどちらかといえば小規模で，中堅デベロッパーの乙が分譲したファミリーマンションでした。建築施工をしたのは，これも中堅の建設会社の丙で，外壁は瀟洒なタイル貼りとなっていました。

　甲さんは，勤務先がある都心への通勤の便が良いことから，また，甲さん自身もしゃれたタイル貼りの外観が気に入って，新築販売と同時に，このマンションを購入し，平成23年に管理組合の3代目理事長に就任して，現在に至っています。

　Aマンションでは，日常のマンションの清掃や管理業務を，新築時から乙の子会社である丁に委託していましたが，居住者からの評判は必ずしも良くありませんでした。初代理事長の時代には，新築での購入直後に自転車置場周辺の外壁タイルが数枚ほど自然に剥離・落下した事故が発生しましたが，管理業者丁は親会社乙に対して及び腰な対応をして迅速かつ誠実な対応をしてくれませんでした。また，甲さんの前任者理事長の時代には，共用部分の配水管が漏水する事故が発生した際，建築施工を担当した丙の施工ミスであったにもかかわらず，これを速やかに管理組合に報告しませんでした。

　そのような管理業者丁に対する不満が管理組合でも話題となっていたところ，平成23年3月11日に東日本大震災が発生しました。

(2) 地震の発生と外壁タイル剥離・浮きの発生

　東日本大震災の震度は，Aマンションの所在地では震度5強と発表されました。

　地震発生後，Aマンションでは，外壁タイルの落下や浮きが5か所発見されました。

(3) 管理組合（理事会）での話合いと管理業者丁の対応

　このような外壁タイルの落下等の不具合について，Ａマンションの管理組合の理事会で対応を協議し，分譲業者の乙や建築施工会社の丙に，対応を求めました。

　しかしながら，管理業者の丁を通じて交渉したため，なかなか話が進まず，分譲業者乙は，物件についての保証期間を経過していることから無償での対応はできないと回答してきました。また，未曾有の大地震ということから不可抗力であるとか，経年変化により劣化していたのであるから仕方ない，などと先方の対応はのらりくらりとしており，一向に話が進展しませんでした。

　また，理事会内部では，そもそも今回の地震で外壁タイルがどういう状況になっているのかを調査確認する必要がある，という声が高くなりました。それもそのはずで，前述のタイルの落下は目視での確認が可能ですが，浮きやヒビについては，地上から高い建物部分については，地上からの目視では必ずしも精緻な確認ができないからです。

　結局，管理組合としては，①発生した外壁タイルの落下・浮きの修補，②外壁タイル全体の調査（具体的には，調査の実施ないし調査費用の負担），の２点を分譲業者の乙と建築施工会社の丙に求めることを決めました。

　さらに，潤沢な資金の無い管理組合では，自らの手で何とか解決したく，できるだけ費用を掛けず，かつ，弁護士に代理人として依頼するのではなく，管理組合の相談だけで解決に漕ぎ着けたいという，要請が強く上がりました。

　以上のような状況のもと，理事長の甲さんが大学時代の友人である戊弁護士の事務所を訪れました。

本相談のポイント

① 自然災害と考えられる地震により発生した建物の外壁タイルの剥離・落下・浮きについて，分譲業者や建築業者にどのような請求ができるのか。そもそもの法的な構成が問題となる。

② 外壁タイルの調査費用については，そもそもまだ具体的な損害が発生しているかどうか判然としていない側面があり，かような調査の費用を請求することが可能か。
③ 紛争当事者自らが行える紛争解決手段としてどのようなものがあるのか。また，どのような手段が適切なのか。特に，本件のような建築関係の紛争については，専門的な知見が必要になることが予想されるため，この観点をも考慮する必要がある。
④ マンションの管理組合が，自ら当事者として行動するに際して，居住者（専有部分所有者）との関係はどのように規律されているのか。

2 受任に際しての注意点

戊弁護士がAさんから本件の相談を受けてアドバイスする際に留意したのは，以下の諸点でした。

(1) **弁護士が代理人として事件受任をしない場合の限界の説明**

本件のように，事件そのものの処理や対応は紛争当事者である本人（相談者）が行い，その側面的支援を弁護士に依頼するということは，弁護士が事件処理をするにあたり，まま見受けられる事件への関与形態です（最終的には事件を代理人として受任するとしても，当初は相談者ご本人にアドバイスして，うまく行かなかったときは代理人として弁護士が登場する，という形での関与も，その前半部分は，同様の関与形態であると思います。）。

この弁護士の関与も，代理人として登場しないだけで，「法律相談」「指導」あるいは「書面作成」という事件受任の一つであり，その処理を誤ると，場合によっては懲戒問題になりかねません。

しかるに，紛争解決機関に直接出向かないことから，紛争解決機関（例えば裁判所）の対応やニュアンス，あるいは，対立当事者の意向や目論みを直接感じ取ることができませんし，臨機応変の対応もできません。すなわち，「現場の雰囲気・空気」を読めない状況に置かれます。例えて言うのであれば，素人が旅客機を操縦するのを携帯電話で指示するようなもの

でしょう。

　ですから，依頼者（相談者）には，かなり厳しい制約が存している中での受任となることをきちんと説明しておかねばなりません（しかも，代理することで弁護士報酬を引き上げようとしているのではないかと誤解されないように。）。

　具体的には，
・交渉や紛争解決機関の手続の現場において不明なことはきちんと確認すること
・重要と思われることについてはその場で回答・対応等をせずに，持ち帰るか，あるいは，留保を付して対応すること
というようなことです。

(2)　**専門家の協力・支援体制の確保**

　本件のような建築紛争，医療過誤事件，さらには知的財産権をめぐる紛争等のいわゆる専門事件においては，当然のことながら，専門的な知見が必須となります。

　その場合，弁護士サイドでの専門家確保は当然のことながら，できるだけ，依頼者（相談者）においても専門家を確保してもらうことがよいと思います。

　二重に確保することはコストの点で無駄になりかねませんし，二度手間になることもあり得るところですが，セカンドオピニオンを得られる環境は，専門知見に対する信頼度を増強します。

　本件では，たまたま居住者（組合員）に大手デベロッパーに勤務する方がおり，依頼者（相談者）の側においても，ある程度知識を有する人の協力を確保することができました。

(3)　**管理組合内部の意思統一（居住者の同意の確保）**

　マンションの管理組合では，様々な人が組合員となっており，価値観の異なる組合員が色々な意見を持っています。

　本件のような建物自体に生じた損傷に関する問題のみならず，騒音や居住マナーの問題などにおいても，マンションの管理について，その構成員である居住者の意見と管理者など関係者の意見が一致していることがス

ムーズな運営を行うために必要です。
　そのためには，定例・臨時の総会開催やそこでの十分な説明，定期的な報告，説明資料の配布，適宜なアンケートの実施等々の対応によりコミュニケーションを充実させることが必要と思います。

3　本件における法的問題点の考察

(1)　品確法（住宅の品質確保の促進等に関する法律）の瑕疵担保責任について

　ご存知のとおり，新築の住宅については，その品質を確保するために，平成11年に住宅の品質確保の促進等に関する法律（いわゆる品確法）が制定され，翌12年から施行されており，民法の瑕疵担保の特則を構成しています。概要は，以下のとおりです（執筆者註：なお，いずれの責任も注文者・買主に不利な特約は無効とされます。）。

新築の請負工事における請負人の責任（品確法94条）

　期間の延長～注文者に引き渡した時から10年間
　責任の発生する瑕疵～住宅のうち構造耐力上主要な部分又は雨水の浸入を防止する部分として政令で定めるものについて生じた瑕疵（構造耐力又は雨水の浸入に影響の無いものを除く。）（執筆者註：民法同様隠れた瑕疵である必要はない。）
　発生する権利～民法同様（①損害賠償請求権，②瑕疵修補請求権，例外的に③解除権）

新築住宅の売主の責任（品確法95条）

　期間の延長～注文者に引き渡した時から10年間（建築請負契約に基づき，請負人から直接買主に引き渡された場合はその引渡しの時から10年間）
　責任の生ずる瑕疵～住宅のうち構造耐力上主要な部分又は雨水の浸入を防止する部分として政令で定めるものについて生じた隠れた瑕疵（構造耐力又は雨水の浸入に影響の無いものを除く。）（＊執筆者註：民法同様隠れた瑕疵であることが要件となっている。）
　発生する権利～民法に加えて瑕疵修補請求権（①損害賠償請求権，②瑕疵修補請求権，例外的に③解除権）

そして，上記の両条に共通する「住宅のうち構造耐力上主要な部分」とは，品確法施行令（平成12年3月15日政令64号）の5条1項において，次のとおり定められています。

住宅の基礎，基礎ぐい，壁，柱，小屋組，土台，斜材（筋かい，方づえ，火打材その他これらに類するものをいう。），床版，屋根版又は横架材（はり，けたその他これらに類するものをいう。）で，当該住宅の自重若しくは積載荷重，積雪，風圧，土圧若しくは水圧又は地震その他の振動若しくは衝撃を支えるものとする。

同様に，「雨水の浸入を防止する部分」についても，同条2項で，以下のとおり定められています。

一　住宅の屋根若しくは外壁又はこれらの開口部に設ける戸，わくその他の建具
二　雨水を排除するため住宅に設ける配水管のうち，当該住宅の屋根若しくは外壁の内部又は屋内にある部分

(2) **品確法の担保責任の留意点**

上記のように，品確法は，新築住宅については，その重要な部分である「構造耐力上主要な部分」（建物のいわゆる躯体部分と想定して構わないでしょう。）又は「雨水の浸入を防止する部分」に生じた瑕疵を対象として，物件の引渡しを受けた日から10年間の瑕疵担保責任の存続期間を定めました。これは，請負については民法638条の，売買については新たな規定として，それぞれ民法の特則になります。

また，売買においては請負同様に瑕疵修補請求権が発生することが規定され，責任の加重が，特則として定められています。

しかしながら，若干の注意が必要です。

① まず，10年間という存続期間算定の起算日は，売買の場合には引渡しを受けた日からとなっており，契約日が基準ではありません（請負の場

合は民法同様の起算日になります。)。

　なお，民法の瑕疵担保責任については，品確法施行後の判決（最判平13・11・27民集55巻6号1311頁）があり，これによると瑕疵担保の損害賠償請求権は目的物の引渡しを受けた時から進行するとされており，これに民事消滅時効の10年間を当てはめると，品確法の10年間の存続期間の定めはそれほど大きな意味を持たないことになりそうです。

② また，効果について，売買においても瑕疵修補請求権が認められた以外は，民法の規定が適用されます。ですから，担保責任の行使の仕方もそれぞれ民法の規定に従うことになるでしょう。

　したがって，請負の場合には滅失・損傷の時からから1年以内（民法638条2項），売買の場合には買主が事実を知った時から1年以内（民法566条3項）に，それぞれ権利行使しなければなりません（除斥期間）。

③ 同様に，損害賠償の範囲も，民法の規定（解釈）に委ねられることになります。請負の担保責任の損害賠償は，履行利益を含むとされていますが，売買の担保責任については，信頼利益に限るとされるのが一般です。

　この点，今回，品確法が新設されたのに伴い，請負契約との均衡を保つために新築住宅の売買における担保責任の損害賠償の範囲も履行利益になるという見解もあるようですが，必ずしもはっきりしていません。ただ，実務上，裁判所の売買に関する瑕疵担保責任の損害賠償に関する判例を見る限り，信頼利益か履行利益かは，必ずしも絶対的なメルクマールとされていないようにも見受けられます。したがって，弁護士としては，過去の判例を十分に確認しておくことが重要かと思います。

④ なお，先走りますが，本件の相談事例における「調査費用の負担」については，結論として，売買あるいは請負における瑕疵担保責任であろうと，あるいは，後出の不法行為であろうと，これを認めることは困難でしょう。

　瑕疵（不具合・損傷）が発生していてその原因の調査であるとか，詳細を検査するために支出される調査費用については，いずれの法的構成でも認められます。

しかし，そもそも瑕疵があるかどうかを調査する費用については，いまだ瑕疵の存在が判明していない，すなわち瑕疵が不存在ですから，瑕疵担保が成立しません。同様に，不法行為においても，損害がなく，損害賠償責任が発生しません。仮に，既に発生している瑕疵（不具合・損傷）を前提として，（当該瑕疵による損害であると構成した上で）他の瑕疵の存在を調査する必要があるとしても，直ちに相当因果関係があるかどうかは，極めて疑問です。ただし，瑕疵（不具合・損傷）の種類や数から同種の瑕疵が他の部分に発生している可能性が高く推定され，かつ，その瑕疵による二次的被害の発生が想定されるような場合（例えば，外壁タイルの落下事故による人身損害）などのような例外的場合は，相当性が認められる余地があると思います。かような場合は，そのような不安定な危険な状況に置かれたことを損害とすることもあり得るでしょう。
　では，調査の結果瑕疵を発見した場合に，その調査費用を請求できるでしょうか。
　これもまた難問と思いますが，時系列的には瑕疵（不具合・損傷）が調査の後に発見されたとしても，理論的には瑕疵の存在が前提となり調査により発見されたことになりますから，この場合の調査費用は認められるとしてよいと思います。ただし，たった一つの瑕疵を発見したのにすぎないのに多大な面積の調査費用が掛かった場合には相当な減額をされるでしょう。また，偶発的な調査で瑕疵を発見した場合（例えば，マンションの大規模修繕の検査において瑕疵を発見した場合）には，その調査費用は当初から支出を予定されていたものであり，当該瑕疵の発見との因果関係を否定されるのではないでしょうか。
⑤　品確法により，新築売買契約について，瑕疵修補請求権が認められましたが，その行使方法については，請負に関する民法634条1項（相当の期間を定めて修補の請求をする）のような定めが売買の規定にはありませんから，売買のときにはどのように請求することになるのかが，問題です。
　実務的には，請負同様に相当期間を定めて修補請求をしておけば無難でしょうが，相当期間を定めて修補請求を行った場合は，その期間が経

過するまで損害賠償の請求をすることができない（我妻榮『債権各論（中巻二）』635頁（岩波書店，1962），民法総合判例研究刊行会編『叢書民法総合判例研究　請負（新版）』160頁（一粒社，1999））とされていることが気になります。

　また，請負の修補請求には，「瑕疵が重要でない場合において，その修補に過分の費用を要するときは」修補請求ができない旨規定されています（民法634条1項ただし書）。そうすると，売買の場合にも同様に解するのかが問題になります。

　しかし，品確法において，売買契約の担保責任が認められるのは，「構造耐力上主要な部分」又は「雨水の浸入を防止する部分」に生じた瑕疵に限られますから，瑕疵が重要であることが明白であり，過分な費用が要するかどうかを問わず，修補請求が認められると解すべきでしょう。

　さらに，請負の担保責任では，瑕疵修補と損害賠償の関係について，選択的でも併合的でも注文者が任意に請求できる規定の形になっています（民法634条2項）。しかし，売買契約の担保責任の場合には，前出の品確法95条と民法の規定を併せ読むと，選択的にしか請求できないような表現で規定されています。具体的な問題としては，修補請求を選択して請求したら，損害賠償を請求することはできないのか，買主がいったん修補請求をしたが売主が修補を行わないので損害賠償に変更することはできないか，という問題になります。

　より子細に検討すれば，修補を請求してもこれを履行しない場合には修補義務の債務不履行となりその損害賠償請求が可能であり，当初から選択した損害賠償とは，実際にはそれほど差異が無いでしょうから，あまり問題にすべきではないのかもしれません。ただ，債務者（売主）から理不尽な対応を受けた場合にも変更が認められないのは，不合理でしょう。

　選択債権の選択権変更については，相手方の承諾が必要と解されますが（民法407条2項），相手方が不承諾することは権利濫用により認められないとでも構成することになろうかと思います（裁判例では，請負の

事例ですが，いったん瑕疵修補を選択してその履行を請求している場合には，修補請求権の行使を撤回しない限り，修補に代わる損害賠償請求権を行使しえない，としています。東京地判昭55・11・26判時999号78頁)。

(3) **外壁タイルの剥離・浮き等は，品確法の瑕疵なのか。**

話を本題に戻し，本件の外壁タイルの剥離や浮きは果たして，品確法の定める瑕疵なのでしょうか。

瑕疵担保責任における瑕疵そのものの定義は，様々ですが，一般的には，「契約上予定されていた品質や性能を欠くこと」とされています（この予定されていたかどうかの基準について，契約当事者の主観を含めるか否かについては，大判昭8・1・14民集12巻71頁，及び，最判平22・6・1民集64巻4号953頁・判時2083号77頁・判タ1326号106頁の両判例を参照。なお，後者の判例は土地売買において，契約時点では土地に含まれる有害物質の基準が定められていなかったにもかかわらず，契約後の法改正により，有害物質の基準が定められ，これに違反していることが判明したことから担保責任の請求を行った事例であることに留意されたい。)。

そして，上記の品確法では，瑕疵の発生場所をその重要な部分である「構造耐力上主要な部分」又は「雨水の浸入を防止する部分」に限っていますから，外壁タイルの損傷がこの部分に該当するかどうかが問題です。

ところで，外壁タイルは，一般に化粧タイルとして美観確保のために貼られるものであって，それ自体は，外壁に貼られているとしても構造耐力上主要な部分に該当するものではありませんし，雨水の侵入を防止する部分でもありません。

ですから，外壁タイルの剥離とか浮きがあるとしても，それ自体では，直ちに「品確法の定める瑕疵」に該当するものではありません。

そうすると，何も言えないかというと，そうではなく，剥離や浮きの状況から，構造耐力上主要な部分（いわゆる躯体部分）や雨水侵入部分の瑕疵が発生していると考えられる場合には，品確法の瑕疵に該当することになり，外壁タイルの剥離や浮きが品確法の瑕疵該当部分を推定する材料として使われることになります。

ではどういう剥離や浮きが，この品確法の定める瑕疵に該当する「構造

耐力上主要な部分」又は「雨水の浸入を防止する部分」にあたると認定されるのかという問題になりますが，これについては建築の専門的知見が必要です。この点について，国土交通省（当時建設省）の平成12年 7 月19日の大臣告示1653号「住宅紛争処理の参考となるべき技術的基準」（http://www.mlit.go.jp/comm on/001032016.pdf）において，住宅の不具合の箇所や不具合に応じて，「構造耐力上主要な部分」に瑕疵が存する可能性が「低い」・「一定程度存する」・「高い」の 3 段階に分けて基準を示しています。この基準は，後述の品確法の指定住宅紛争処理機関においてその参考とする技術基準として示されているものですが，参考にはなると思います。

なお，この基準は，「構造耐力上主要な部分」に瑕疵が存するかどうかのいわば推定基準であり，「雨水の侵入を防止する部分」の瑕疵についての基準ではありません。これは，雨水の侵入を防止する部分については，その箇所が前出の政令により定められており，「構造耐力上主要な部分」に生じた瑕疵は外部から認識することが困難であるのに対して，「雨水の侵入を防止する部分」の瑕疵については，現実に雨水が侵入しているかどうかが客観的に判断できるからであると思われます。

(4)　瑕疵担保責任以外の責任追及及び建築施工会社丙への責任追及（不法行為責任の追及）

以上のように見てくると，品確法によりせっかく瑕疵担保責任が売買の場合にも存続期間が10年間とされ，かつ効果の面において瑕疵修補が認められたとしても，その実効性については若干の疑問があります。また，担保責任の追及は，契約関係に基づく責任追及ですから，契約当事者以外（分譲マンションの建築施工会社や設計会社，請負の場合の下請け会社等）への責任追及はできません。

そこで，瑕疵担保以外の責任追及手段及び契約当事者以外の者に対する請求を検討しなければなりません。

当然，不法行為責任が対象になりますが，ここでは，二つの最高裁判例（事案は同一）が参考になります（第一次上告審判決・最判平19・7・6民集61巻 5 号1769頁・判時1984号34頁・判タ1252号120頁，最高裁判例解説民事篇平成19年度499頁）（第二次上告審判決・最判平23・7・21集民237号293頁・判時

2129号36頁・判タ1357号81頁)。これらの判例についてはあまたの評釈が出ており，ここで詳細を論じる必要は無いと思いますが，住宅の瑕疵についての問題を検討する場合の貴重な参考になると思いますので，触れておきます。

　事案は，鉄筋コンクリート造9階建ての建物を，建築主から購入した者（原告・第一次・第二次とも上告人）が，当初の建物の設計会社や施工会社に対して，不法行為責任を追及した事案です（原告は，契約上の地位の承継を前提にした瑕疵担保責任も主張したようですが，上記の両最高裁は瑕疵担保責任には触れていません。)。

　この建物には，共用廊下・バルコニー部分・駐車場ピロティ・戸境壁・外壁等にひび割れがあり，スラブにたわみがみられる，一部床スラブに鉄筋露出，構造材に耐力不足等の多数の瑕疵が存在していることが認定されています。

　第一次上告審は，民法709条の解釈として，「建物は，そこに居住する者，そこで働く者，そこを訪問する者等の様々な者によって利用されるとともに，当該建物の周辺には他の建物や道路等が存在しているから，建物は，これら建物利用者や隣人，通行人等（以下，併せて「居住者等」という。）の生命，身体又は財産を危険にさらすことがないような安全性を備えていなければならず，このような安全性は，建物としての基本的な安全性というべきである。」「建物の建築に携わる設計者，施工者および工事監理者（以下，併せて「設計・施工者等」という。）は，建物の建築に当たり，契約関係にない居住者等に対する関係でも，当該建物に建物としての基本的な安全性が欠けることがないように配慮すべき注意義務を負う」「設計・施工者等がこの義務を怠ったために建築された建物に建物としての基本的な安全性を損なう瑕疵があり，それにより居住者等の生命・身体又は財産が侵害された場合には，設計・施工者等は，不法行為の成立を主張する者が上記瑕疵の存在を知りながらこれを前提として当該建物を買い受けていたなど特段の事情がない限り，これによって生じた損害について不法行為による賠償責任を負う」「建物としての基本的な安全性を損なう瑕疵がある場合には，不法行為責任が成立すると解すべきであって，違法性が強度

である場合に限って不法行為責任が認められると解すべき理由はない。例えば、バルコニーの手すりの瑕疵であっても、これにより居住者等が通常の使用をしている際に転落するという、生命又は身体を危険にさらすようなものもあり得るのであり、そのような瑕疵があればその建物には建物としての基本的な安全性を損なう瑕疵があるというべきであって、<u>建物の基礎や構造く体に瑕疵がある場合に限って不法行為責任が認められると解すべき理由もない。</u>」と判示しています。

そして、第二次上告審は、第一次上告審で示された「建物としての基本的な安全性を損なう瑕疵」について、「建物の瑕疵が、居住者の生命、身体又は財産に対する現実的な危険をもたらしている場合に限らず、<u>当該瑕疵の性質に鑑み、これを放置するといずれは居住者等の生命、身体又は財産に対する危険が現実化することになる場合には、当該瑕疵は、建物としての基本的な安全性を損なう瑕疵に該当する</u>」「以上の観点からすると、当該瑕疵を放置した場合に、鉄筋の腐食、劣化、コンクリートの耐力低下等を引き起こし、ひいては建物の全部又は一部の倒壊等に至る建物の構造耐力に関わる瑕疵はもとより、建物の構造耐力に関わらない瑕疵であっても、これを放置した場合に、例えば、<u>外壁が剥離して通行人の上に落下したり</u>、開口部、ベランダ、階段等の瑕疵により建物の利用者が転落したりするなどして<u>人身被害につながる危険があるとき</u>や、漏水、有害物質の発生等により建物の利用者の健康や財産が損なわれる危険があるときには、<u>建物としての基本的な安全性を損なう瑕疵に該当するが</u>、建物の美観や居住者の居住環境の快適さを損なうにとどまる瑕疵は、これに該当しない」と判示しています（下線は執筆者による）。

引用が長くなりましたが、この両最高裁判決は、きわめて画期的な判決といえます。

例示部分を見れば、外壁タイルの剥離や浮きも瑕疵として不法行為の損害賠償請求が可能といえますし、不法行為の除斥期間が20年（民法724条）であることを鑑みれば、品確法の瑕疵担保責任よりも長期にわたり責任追及が可能ということになります。

さらに、上記最高裁の事案は請負の事例ですが、売買の事例においても、

分譲業者に判示内容と同様の責任が認められる可能性が高い（いわゆる請求権競合）と考えられ，そうすると，本件相談事例のように分譲業者に対して瑕疵担保責任ではなく，不法行為責任を問える，また，分譲マンション建築施工会社や設計監理会社にも責任追及が可能ということになります。

しかも，上記の両最高裁は建物の買主からの請求を認めていますから，中古住宅を取得した際において，転々譲渡と受けた第三取得者が当初当該住宅の建設に関係した建築施工会社や設計監理会社（あるいは分譲業者）にまで，不法行為の責任を追及することが可能と考えられます（この場合，第三取得者が複数いる場合にそれぞれの不法行為に基づく損害賠償請求権がどのような関係に立つのかは，別途問題になります。また，上記両最高裁は，損害賠償の範囲についてまで言及はしていないため，注意することが必要でしょう。（なお，前出最高裁判例解説516頁参照。））。

以上のようにこれら二つの最高裁判例は，住宅の瑕疵に関して極めて画期的な判断を下したと考えられ，住宅の瑕疵を請求する場合には必ず参考にされたいと思います。

(5) 瑕疵の主張方法〜瑕疵の原因まで主張・立証を要するか〜について

建築の瑕疵については，その瑕疵発生原因が，設計・施工・監理のいかなる段階のミスなのか，また，発注者の指示に起因するかどうか（民法636条参照），その原因が問題となることが多いとされています。

この瑕疵（不具合）の原因の主張・立証については，どのような責任追及をするのかにより，分かれてくると思います。

前出の不法行為責任を追及する場合には，責任主体の選択の問題（誰に責任追及するか）となります。したがって，請求する段階で原因が判明していないと誰に請求するかが決まりませんから，原因の究明は不可欠ということになるでしょう（かかる意味では，事案の解決にあたり，専門家の協力が必須となります。）。

請負の瑕疵担保の場合は，下級審の判例ですが，ボーリング場設備の設置工事について，瑕疵（損傷）の存在だけでなく，その発生原因である欠陥を瑕疵として具体的に主張立証すべきであるとしたものがあります（東京地判平2・2・9判時1365号71頁）。

しかしながら，建築工事という専門的分野について，その瑕疵（不具合・損傷）の原因まで一般に建築に素人と考えられる請求者に求めるのは少々酷な面があると言わざるを得ません。

　これに対して，これも下級審の判例であり，瑕疵担保と不法行為の双方を原因として請求した事案で，かつ，専門委員（民事訴訟法92条の2）が関与した裁判において，専門委員の意見を訴訟資料にしつつ，欠陥現象（不具合事象，損傷の存在）から，欠陥の原因を推定してこれを認めた判例があります（大阪地判平25・2・26判タ1389号193頁）。

　前出の東京地裁の判決でも，「損傷の存在自体から右瑕疵の存在を事実上推認することはもとより別論であ」るとしており，設計・施工が同一人である請負の場合などは，この推論により，欠陥の原因も推定されることが事実上多いと思われます。

　では最後に，売買の場合の瑕疵担保責任の追及のときはどうでしょうか。

　これについてはあまり触れられていないようです。売買の場合は，目的物全体の価値が取引対象であり，その製造過程が対象になっているわけではありません。無過失責任であることが強調され，瑕疵（不具合・損傷）が存在すれば取引対象物の価値が減殺されたとみるのでしょう。瑕疵の発生原因は問題視されていないように思われます。

　しかしながら，次の項で述べるように売主から不可抗力を反論された場合，不具合や損傷が担保責任の発生する「瑕疵」に該当するかどうか，については，その原因を探ることが必要になってきます。かかる意味では，売買における瑕疵担保責任追及の場合においても，その原因の主張・立証が事実上は，買主サイドから行われる必要が出てくるのであって，瑕疵（不具合・損傷）の発生原因についての探求をおろそかにすることはできないと注意しておくべきでしょう。

(6)　未曽有の天災～東日本大震災～による瑕疵発生は不可抗力であるとの反論・主張について

　ア　建物の瑕疵について，その責任を追及する場合，「未曽有の天災による損傷発生であり，予測不可能である」とか「不可抗力である」という反論が被請求者から寄せられます。この反論は，実体法的にはどういう

位置付けになるのでしょうか。
　これも，責任追及の構成に応じて分かれると思われます。
　瑕疵担保責任の追及においては，そもそも瑕疵の概念において，「契約上予定されていた品質や性能を欠くこと」とされていますから，予測不可能な事態あるいは不可抗力により生じた不具合・損傷は，そもそも「瑕疵に該当しない」ということになります（なお，「経年変化による損傷である」という反論も，当初予定されていた性質や性能は時の経過とともに劣化していくものであることを前提にしていると考えられますから，経年変化の主張も，同様にそもそも瑕疵に該当しないという意味の反論でしょう。）。
　不法行為責任を追及する場合には，加害者の故意・過失という帰責事由が必要ですから，この帰責事由の認定に際して，不可抗力は帰責事由を否定する理由となります（過失については，その予見可能性を否定するものとなるでしょう。）。
　また，先述の二つの最高裁判例においては，不法行為責任の追及に関して「瑕疵」という概念を使用しているところからすると，この予測不可能又は不可抗力との反論は，担保責任に関する「瑕疵」と同様に，そもそも瑕疵に該当するかどうかの判断を左右すると考えられます。より具体的に言えば，上記最高裁が示す「建物としての基本的な安全性」を具備しているかどうかの判断において，予測不可能な事態あるいは不可抗力により生じる不具合・損傷までは含まれていないと考えられますから，瑕疵（不具合・損傷）が予測不可能な事態に基づき発生したとか不可抗力により発生したものであるとかの主張は，「建物としての基本的な安全性を損なう瑕疵」に該当しないことの主張となると考えられます。
　そうすると，予測不可能とか不可抗力という反論は，不法行為責任追及の場合には，帰責性判断の場面と瑕疵発生の認定場面という二つの場面で理論的に問題になると考えられます。ただし，その判断は，同じ基準になるでしょうから，帰責性判断の場面と瑕疵発生の認定場面とで異なる判断が下されることは考えにくいと思います。
イ　それでは，地震と瑕疵（あるいは帰責性）認定との関係はどうでしょうか。

地震と建築物に発生した瑕疵の関係については，従来から「震度5を基準に」責任が分かれるとの見解（震度6以上の地震により発生した損害については，所有者や請負人，売主は責任がない。震度5までの地震については，建築物の所有者や請負人，売主に責任追及が可能）が，あまり詳細な検討が加えられないまま，さかんに唱えられています（関東弁護士連合会編『Q&A災害時の法律実務ハンドブック』25頁（新日本法規，2011），仙台地判昭56・5・8判時1007号30頁（ブロック塀の倒壊事例），仙台地判平4・4・8判時1446号98頁（土地の造成工事の事例））。

　しかし，上記の判例では，地震が発生した仙台地方において，過去に震度5を超える震度の地震が生じたことがなかったことが重要な事実として認定されています。

　また，上記の判例は，気象庁の震度計測が，平成8年（1996年）4月1日に体感による震度計測から機械計測に変更されるより以前の震度基準によるものであったことに注意が必要です。体感の震度であったため，必ずしも客観性が担保されていないわけで，地震によりどの程度のエネルギーが建物に加わったのかは，明らかではなかったのです（ちなみに阪神淡路大震災は，平成7年1月17日発生であり，こちらも機械計測以前の震度表示ということになります。）。なお，この平成8年の変更に伴い，震度5と6は，それぞれ震度5強・5弱，震度6強・6弱というように二段階に分かれて示されることになり，また，震度と体感の関連表が作成され公表されています。これは機械計測による震度では具体的な被害発生の予想を示すことができませんし，人がどこにいるかで感じる揺れが異なることから，震度と体感の関連を示したものです（気象庁震度階級関連解説表 http://www.jma.go.jp/jma/kishou/know/shindo/kaisetsu.html）。

　ところで，同様に旧の震度計測ですが，阪神淡路大震災の際に震度7の地域に存したマンションの倒壊事故について，所有者の賃借人に対する責任を認めた判例もあります（神戸地判平11・9・20判時1716号105頁）。

　この事案は，構造計算上ほとんど構造耐力のない建物で，建築当時を基準に考えても，建物が通常有すべき安全性を有していなかったものとして設置の瑕疵が存したとされましたが，想定外の地震の揺れとの競合

を認定して，損害額の割合的認定（50対50）をしたという珍しい裁判例です。

　他方，東日本大震災において発生した千葉県浦安市（震度5強）の分譲地の液状化に関する裁判では，今のところ，分譲地の開発業者に予見可能性がなかったとして，瑕疵担保責任や不法行為責任が否定される裁判例が続いています（東京地判平26・10・6判例集未登載，同平26・10・31判例集未登載，同平27・1・15判例集未登載）。これらはいずれも同一業者による1981年ころの分譲地であり，不法行為の除斥期間の問題もありましたが，裁判所はその点を除いても開発業者・分譲業者の予見可能性を否定しました。

　これらの判例は，一見「震度5強の場合は，瑕疵あるいは帰責性を否定する」ようにも読めますが，事案からして，開発分譲当時の基準や専門的知見に基づき，判断したと考えられ，震度をもって基準にしているものではないと考えられます。

　そうすると，どうやら，裁判所が，土地工作物や建築物について，震度5を一つの基準あるいは目安にして責任判断をしているとは，到底断定できないと思います。

　不具合箇所の発生場所や程度（数や大きさ），建築等工事の行われた時期，その当時の建築法規や技術基準，それらと地震の震度（揺れの大きさ）とを，総合的に判断して，瑕疵や帰責性の判断をしていると考えるのが穏当なように思います。

ウ　ところで，建物の瑕疵あるいは関係者の注意義務を判定するについて，建築基準法が当然斟酌されることになりますが，この建築基準法などの建築に関する法規ではどのように規定されているでしょうか。

　この点，建築関係法規の憲法ともいうべき建築基準法では，地震・風圧その他の外部からの応力について，重力加速度等を一つの単位として，建築物の構造・規模・建築場所・建物のそれぞれの部分等による基準（どれだけの力に対応可能か）を定めていますが，前出の気象庁の計測する震度との関係では，具体的な基準を設けていません。昭和56年に建築基準法上の耐震基準が改正され現行の耐震基準（いわゆる新耐震基準）

となってからも、このような定め方に変更はなく、各要求基準が高められたにすぎないとされています。

それでは、前出の気象庁の観測震度との関係はどのように理解したらよいのでしょうか。

この点については、国土交通省の見解では、「現行の耐震基準（新耐震基準）は昭和56年6月から適用されていますが、中規模の地震（震度5強程度）に対しては、ほとんど損傷を生じず、極めて稀にしか発生しない大規模の地震（震度6強から震度7程度）に対しても、人命に危害を及ぼすような倒壊等の被害を生じないことを目標としています。」（マンションの耐震性等についてのQ&Aについて http://www.mlit.go.jp/kisha/kisha05/07/071208_2_.html）とされており、建築関係の書籍を見ても同様の記述がなされています。

ここでは震度5強程度は中規模の地震とされており、「ほとんど損傷を生」じないことを目標としているとされており、逆に言えば、若干の損傷については生じることを予定しているようにみえます。また、震度6弱程度の地震については、どの程度の被害までを予想しているか曖昧です。

エ　ところで前出の品確法は、新築住宅についての「性能評価」制度を設けました（その詳細は、http://www.pref.okinawa.jp/jutaku/hinkaku/index02.html）（品確法5条以下）。

詳細は省きますが、これによると、住宅の構造安定に関する事項として耐震等級（構造躯体の倒壊等防止〈地震に対する構造躯体の倒壊、崩壊等のしにくさ〉と構造躯体の損傷防止〈地震に対する構造躯体の損傷～大規模な修復工事を要する程度の著しい損傷～の生じにくさ〉との二つの事項について）が等級1から3（数字が大きいほど性能が高い）まで設けられ、新築住宅の性能を示すことになっています。

そして、倒壊等防止に関する等級1は、極めて希に（数百年に一度程度）発生する地震の力に耐えられるものとし、その揺れは、東京を想定した場合、震度6強から7程度に相当し、関東大震災時の東京、阪神淡路大震災時の神戸で観測された地震の揺れに相当するとされています。

そして，等級2は等級1で耐えられる地震力の1.25倍の力に対して倒壊や崩壊等しない程度を，等級3では1.5倍の力に耐えることができるものとされています。損傷防止に関する等級1は，希に（数十年に一度程度）発生する地震の力に耐えて損傷が生じないことを基準としており，想定する地震の揺れの強さは，地域により異なりますが，この揺れは，東京を想定した場合，震度5強に相当し，等級2は等級1で耐えられる地震力の1.25倍の力に対して損傷を生じない程度を示しており，等級3では1.5倍の力に対して損傷を生じない程度のものとされています（ただし，上記基準は戸建て住宅に関するものです。）。

　新築住宅の性能評価を行うかどうかは注文者や買主の任意に任されていますが，そのことは別としても，その等級評価に当たり，国が，倒壊については震度6強から震度7を想定し，損傷については震度5強を想定して等級1という最低基準を設けていることは興味深いところで，国は少なくとも震度5強の地震に損傷を生じない建物を建築することを要請していると考えることが可能だと思います。

　しかしながら，そこでいう「損傷」とは，構造躯体に関する大規模な修復工事を要する程度の著しい損傷とされていますから，本件相談のような外壁タイルの落下や浮きの損傷がこれに該当するかは微妙といえましょう。

　いずれにしても，建築基準法や品確法の性能表示における耐震等級は，地震の震度から瑕疵（あるいは帰責性）を認定する際の資料にはなるでしょうが，それだけで決め手となるような基準にはならないように思えます。あくまでも，前出の裁判例について述べたように，瑕疵の存在や帰責性認定の総合判断における一材料として勘案すべきものと思います。

オ　最後に，建築・土木に関する技術水準・建築技術などは時代の進行とともに進化・向上することが当然予想されますから，建物の耐震性能も自然と上昇することになり，そうすると，予想不可能，不可抗力といえる地震の範囲はどんどん狭くなってくるでしょう。

　また，地震そのものに対する知見が広まっている現在では，東京都内では震度6強の地震が発生することは当然想定されており，予想不可能

とはいえない状況です。東日本大震災発生時点で首都圏に震度6強の地震が発生し得ることが顕著な事実であるとした裁判例（東京地判平25・2・12判例集未登載）があります。

(7) **管理組合，管理組合理事長，共用部分の損傷に対する対応について**

マンションは，建物の区分所有等に関する法律（いわゆる区分所有法）により規律されており，区分所有者全員で建物や敷地等の管理を行うための団体を当然に組織します（区分所有法3条）。この区分所有者全員で組織される団体を，通常は，管理組合と称します（正式な法律上の呼称ではありません。）。管理組合は，集会を開催し，規約を制定し，後出の管理者を定めるものとされています。なお，この管理組合は，4分の3以上の多数決で管理組合法人という法人になることもできます（区分所有法47条以下）が，通常の居住用マンションでは，管理組合を法人化した話はあまり聞きません。

管理組合では，いわば管理組合の執行機関として，共用部分等の保存や集会の決議の実行等を行うため，管理者を選任（又は解任）します（区分所有法25条1項）。

通常は，管理組合には規約が設けられており，その規約上，管理組合内部に理事会などが設けられ，その長として理事長が設置されます。そして，この理事長が区分所有法上の管理者となることが管理規約に示されているのが通常です。

管理者（≒組合理事長）は，同法26条に定められた事項（共有部分等の保存など）以外に，損害保険契約に基づく保険金，共用部分等について生じた損害賠償金及び不当利得による返還金について，請求及び受領に関して，区分所有者を代理します（同条2項）。

そして，これらの事項に関して，管理規約又は集会決議に基づき，区分所有者のために原告又は被告となることができます。また，規約により，区分所有者のために原告又は被告となったときには，遅滞なく区分所有者にその旨を通知しなければならないとされています（同条4項及び5項）（なお，区分所有法57条から60条に注意。）。

ここでの「区分所有者のために原告又は被告となる」とは，どういう意

367

味でしょうか。

　これは，管理者自らの名前で訴訟当事者になることを意味し，区分所有者の代理人になるわけではないとされています。この法的性質は，一般的には，一種の任意的訴訟担当にあたる（民事訴訟法115条1項2号参照）と解されています（稲本洋之助・鎌野邦樹著『コンメンタールマンション区分所有法（第2版）』155頁（日本評論社，2004））。しかし，過去の判例は，任意的訴訟担当を否定しています（東京地判昭54・4・23判時938号68頁）。

　が，一方で，民事訴訟法は，29条において法人格のない社団にも代表者又は管理者の定めがある場合には当事者能力を認めています。区分所有者建物管理組合に民事訴訟法29条により当事者能力を認めた判例として，大阪地裁昭和57年10月22日判決（判時1068号85頁），東京地裁平成8年7月5日判決（判時1585号43頁）があります。

　そうすると，区分所有法3条のいわゆる管理組合との関係から，管理組合に当事者適格を認めた方が端的であるとの意見も当然出てきますし，区分所有法26条には意味がないとの見解もあり得るところです。

　この点，詳細に触れることはできませんが，裁判例や学説の状況は，錯綜しているように見受けられます。請求の内容，集会決議や管理規約の有無等事案ごとに異なる判断をしているようであり，裁判例の確認は欠かせません。

　また，区分所有法26条では，金銭の請求及び受領について規定していますから，瑕疵担保責任の一つとしての修補請求まで請求できるのかが問題になります。

　この点，区分所有法26条2項に定める損害賠償金は，その発生原因が債務不履行であると，不法行為であると，瑕疵担保責任であるとを問わない，とされています（稲本＝鎌野・前掲152頁）。しかし，行為態様として，損害賠償金の請求・受領に限られているため，修補請求については，本条に該当せず，管理行為として区分所有法18条1項により，過半数を要する集会決議によるべきと思われます。

(8)　**紛争解決手段の選択について**

　建築紛争は，一般に専門的知見が必要とされるせいか，通常事件に比し

て，紛争解決手段が多様に存在しています。特に，調停という手段について，潤沢な選択肢が認められます。

すなわち，民事調停法に基づき裁判所の調停を利用できることはもちろん，建設工事の請負契約に関する紛争については，建設工事紛争審査会が建設業法25条に基づいて全国的に設置され，あっせん・調停・仲裁の任にあたっています。

また，前出の品確法においては，66条以下で「指定住宅紛争処理機関」の制度が設けられています。これは，弁護士会その他の法人で国土交通大臣が指定した団体が，建設住宅性能評価書が交付された住宅（本稿に先述した住宅性能評価を受け，その評価書の交付を受けた住宅）の建設工事の請負契約又は売買契約に関する紛争について，あっせん・調停及び仲裁の処理業務を行うものです。特色としては，紛争処理にあたる紛争処理委員のうち1名は必ず弁護士であることが法定されており，他の委員も法定されていないものの住宅に関する専門家である建築士が担当することがほとんどです。なお，前述の建設工事紛争審査会においても，法定されていないものの弁護士や建築士が処理にあたる委員に任命されていることがほとんどで，こちらは，国交省の元職員等建築行政の経験者も多いことが特色です。

もちろん，これら以外にも多数の裁判外紛争処理機関（いわゆるADR）が存在し，調停をはじめいろいろな制度を運営しています。

いずれの制度を利用するかは，それぞれのメリット・デメリットや利用料の多寡等を勘案して決めるべきと思いますが，一つだけ注意しておくべき点があります。それは，時効中断の効力の有無です。

裁判所の調停や建設工事紛争審査会については，調停が不調となった場合にも時効の中断効が認められています（民事調停法19条，建設業法25条の16）。

しかし，品確法の指定紛争処理機関を含めて，裁判外紛争処理手続の調停不調の場合には，当然に時効の中断が認められるわけではありません。

もちろん，民法の瑕疵担保の除斥期間（民法566条3項）に関して，担保責任の保存については担保責任を問う明確な意思を除斥期間内に裁判外で告げることをもって足り，この期間内に裁判上の権利行使をする必要は無

いとされる判例（最判平4・10・20民集46巻7号1129頁）があることから、それほど神経質になる必要はないともいえましょうが、不法行為責任を追及する場合には、短期消滅時効が3年間であり（民法724条）うかうかしていると調停不成立時に時効が完成してしまっている可能性も考えられます。

　裁判外紛争処理手続において時効中断の効力が認められるのは、当該紛争処理手続について総務省の認証を受けておりいわゆる認証紛争解決手続となっている場合に限られます（裁判外紛争解決手続の利用の促進に関する法律25条）。

　ですから、いわゆるADRを利用する場合にはその紛争処理機関が認証を受けているかどうかが重要です。

4　本事例の解決

(1)　基本方針の策定

　本事例では、マンション所有者の要望は①現に発生した外壁タイルの剥離・浮きの補修と②調査の実施ないし調査費用の負担でした。
① 　実際に発生した瑕疵の補修については、修補請求を求める以上、民法上の瑕疵担保や不法行為構成では損害賠償請求しかできませんから、品確法上の瑕疵担保責任により構成するしかありません。ただ、ここでいう瑕疵担保責任は、品確法による担保責任に拘泥する必要はありませんでした。存続期間の定めがある品確法は期間の点で有利なように見えましたが、担保責任が消滅時効にかかるまで存続することを前提とする前出の最高裁判例（最判平13・11・27民集55巻6号1311頁）により、存続期間の異同についてはあまり意識せずに民法上の瑕疵担保責任の追及も可能でしたし、品確法では瑕疵発生部分が建物の主要部分か雨水侵入部分に限定されるため、かえって使いづらいところが生じてしまったからです。ただ、民法上の瑕疵担保では、瑕疵修補請求が認められないため、品確法の担保責任を主張することにはしました。ただ、修補が認められないとしても、損害賠償で修補費用を請求すればよいので、実務上の差異はそれほどないと思われました。
　　そして、分譲業者乙はともかく、建築施工会社丙に対する請求として

は，売買契約の当事者ではないため，法的には認められない可能性が高いということになります。ですが，マンション居住者は，当初のマンション建築に携わった業者に補修工事をさせることが適当と考えました。他の業者に補修させることによって当初の建築部分との整合性が保てなくなることへの不安が大きかったようです。

　戊弁護士は，瑕疵が発生したのであるから，丙に対してその工事能力についても不安があるのではないかと甲さんに示唆しましたが，この態度に変更はありませんでした。そこで，法的な側面から認められる可能性が低いことをあらかじめ納得してもらい，丙の同意・承諾が得られないことが明白になった場合には，修補請求ではなく，損害賠償を行うということで甲さん以下Aマンション居住者の了解を得ました。また，その裏面には，建築施工会社丙自身は同意・承諾したくないであろうが，分譲業者乙に対する修補請求が認められれば，損害賠償請求が認められることになり，そうすると，乙と丙との関係から，分譲業者乙がその費用を丙に支払ってでも，修補を行うであろうとの目論見がありました。

　瑕疵（不具合・損傷）の原因についても検討はしましたが，正直なところ，申立段階でははっきりしなかったのが現実で，この点は不安なままとなりました。

　地震との関係（予測不可能な事態による瑕疵であるとか不可抗力の反論）についても，上記のとおり，震度が確定的なメルクマールになるものではないことを念頭において，瑕疵の発生が外壁タイルであることを強調することにしました。これはどういうことかというと，先述の「建物としての安全性」を強調する二つの最高裁判決から，売買による瑕疵担保請求の事案であっても目的物が建物である以上，瑕疵の基準として「建物としての安全性」を掲げるべきであるとし，現実に損害が発生していない場合でも損害発生の蓋然性がある場合には，瑕疵が存するものと認めており，たまたま本件建物が市街地の近隣商業地域にあることから外壁タイルの落下により居住者や通行人等に生命の危険・人身被害という多大な損害が発生する危険性を強調することにしました。

　また，これらの不法行為の判例を掲げることは，建築施工会社丙に対

する牽制球になるだろうと考えました。不法行為であれば，売買契約の買主であるマンション居住者と直接の契約当事者の関係にない丙にも，損害賠償責任が生じる可能性があるからです。

　さらに，事実の問題として，諸外国には建物の外壁にタイルを貼る工法が禁じられている法制があることや本件Aマンションでは，新築での購入直後に自転車置場周辺の外壁タイルが数枚ほど自然に剥離・落下した事故が発生したことも主張することにしました。後者は，本件の外壁タイルの剥離・浮きと同様の不具合・損傷が，地震発生とは関係なく新築当時も発生したことをもって，今回の外壁タイルの剥離・浮きと東日本大震災との関係を減殺すると考えたからです。実際，後出の調停の現場では，調停委員はこの点をかなり重視していました。

② 　瑕疵の存在の調査ないし調査費用については，調査しろという権利（作為請求権）は，不法行為でも瑕疵担保責任でも認められませんし，瑕疵の存在を確認するための調査費用も既述のとおりかなり困難であろうと考えました。

　そこで，第一次的には，先ほどの最高裁判例の「建物としての安全性」を強調して，これらの費用も損害賠償に含まれる旨の主張をすることにしつつ，第二次的に，調査費用を関係者で折半する形で調査を実施することの約束を取り付ける和解（調停）を成立させることを目的にしました。調査や調査費用の負担を全面的に売主側に押し付けることが不可能なら，その一部でも負担させた方が，実質的な勝利といえるからです。

③ 　紛争解決手段の選択については，紛争当事者本人が行動することから，訴訟による解決は当初から除外しました。調停の申立てが妥当と考え，その調停実施機関については，品確法上の弁護士会の指定住宅紛争処理機関を選択しました。これは，積極的な選択ではありませんでした。本件は，建築工事の紛争ではなく売買の紛争であり，建築請負契約の紛争処理を目的とする建設工事紛争審査会の利用はできませんし，裁判所の調停では時間が掛かることが予想され，自らの経験上，裁判所で行われることもあって若干息苦しい雰囲気があったことから，除外したにすぎ

ません。

(2) **調停の進行と成立した調停内容**

　以上の経緯で○○弁護士会の指定住宅紛争処理機関に乙と丙を相手方とする調停の申請を行いました。

　調停進行の過程で，戊弁護士が当初立てた基本方針が思うように当たり，まず，現実に発生した瑕疵の修補は，丙が無償で行うことを承諾しました。また，外壁の調査については，Ａマンションの管理組合と乙が協議してその調査実施機関を定めた上，その調査費用については，基本的に，折半(50対50)とするが，当初は乙が全額立て替えて負担し，調査の結果，瑕疵が発見されなかった場合には，Ａマンションの管理組合が50％に該当する金額を乙に支払う条件にしました。瑕疵が発見されたら，そのまま全額を乙が負担するということになりました。そして，瑕疵の存否の判断については，これもＡマンションの管理組合と乙が協議して第三者の専門家(大学教授)に依頼することにし，その費用は調査費用と同様に負担することになりました。

　そして，検査方法については，打診検査を採用することになりました。(外壁タイルの損傷・浮き・剥離等の検査には，専門のハンマーを用いてタイルを打った音で判断する打診調査と外壁面の温度の変化を赤外線を使って調べることにより瑕疵の存否を判断する赤外線調査(サーモグラフィー調査ともいわれる。)の二つに大別されるところ，前者は，費用が掛かること及び打診を行う人間の能力(音を聞き分ける能力)により結果が大きく変動することが欠点といわれており，これに対し，後者は，費用は安いものの，太陽光の反射や他の建物からの日影などにより，必ずしも正確な結果が得られないことが欠点といわれています。)

　このような調停がまとまり，○○弁護士会の指定住宅紛争処理機関における調停は終了しました。

5 おわりに

　戊弁護士の関与は，調停の成立で終了しましたが，後日，甲さんから外壁の調査結果を聞くことができました。それによると，数か所の不具合箇

所(浮き・ひび割れ)が認められたものの、瑕疵の判定・原因の調査をした大学教授は、経年変化と考えられるとの見解を出したそうです。

その結果、再度、Aマンションの居住者と乙・丙間に紛争が再燃したそうですが、紛争の長期化を関係者皆が嫌がり、調査費用は折半として、乙に管理組合から50％相当額を支払い、新たに発見された瑕疵については、乙が無償で補修することで和解したそうです。

当初甲さんは、管理組合に資金がないことを強調して、戊弁護士を代理人として事件処理することを回避しましたから、戊弁護士としては、折半とはいえ、よく高額な打診検査の費用を負担できた点を不思議に思い、質問しました。

すると、甲さんは、「ちょうど大規模修繕の時期に近くなったので、調停で成立した調査に大規模修繕の調査を兼ねさせて、修繕積立金の中から調査費用になるべき部分を充てた」と回答してきました。しかも、「積立金からの予定支出額の半額で済んだよ」とお礼を言われました。

戊弁護士としては、「まずは依頼者を疑え」との先輩弁護士からの教えを思い出し、苦笑いでやり過ごすしかありませんでした。

【プライバシー保護のため事例の内容は変えております。】

事例29 原発事故による不動産賠償

原子力発電所による事故によって発生した不動産損害について，迅速に賠償された事例

● 概要図

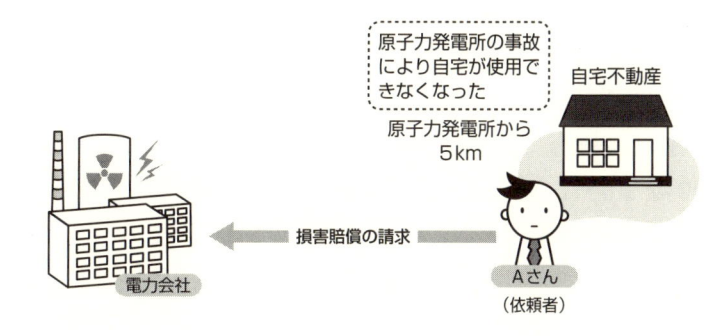

はじめに

　平成23年3月11日，東日本大震災が発生し，その後，地震に起因した津波の影響で，東京電力株式会社の福島第一原子力発電所が事故を起こし，大量の放射性物質を放出することになりました。

　それにより，同年4月22日，国は，同原子力発電所から20キロ圏内は，警戒区域として，立入りが制限され，その他，放射線量の高い地域においても，計画的避難区域として，立入り制限されました。

　国は，原子力損害の賠償に関する法律18条に基づいて文部科学省に原子力損害賠償紛争審査会を設置し，同審査会は，原子力事故により被害を受けた方の原子力事業者に対する損害賠償請求について，円滑，迅速，かつ公正に紛争を解決することを目的として，平成23年9月1日，原子力損害賠償紛争解決センター（以下「原発ADR」といいます。）を設置しました。

　平成26年11月現在，同原子力発電所事故による損害賠償請求については，大きく3つの請求方法があります。

第9章　地震・原発事故に関する事例

> ①　東京電力株式会社の所定の書式による直接請求
> ②　前述の原発ADRへの申立てによる和解仲介手続
> ③　裁判所を使った請求

　以上による方法がありますが，本稿では，東京電力株式会社への直接請求での不動産賠償は始まっていなかったときに原発ADRによる和解仲介が成立した事例を紹介いたします。

1　事例の概要

(1)　原発事故の発生

　平成23年3月11日午後2時46分，東日本大震災が発生し，その後，地震に起因した津波の影響で，東京電力株式会社の原子力発電所が事故を起こし，大量の放射性物質を放出することになりました。

　同日午後8時50分，国は，同原子力発電所から半径2キロ圏内からの避難指示を出したのを皮切りに，翌12日夕方までに，半径20キロ圏内からの避難指示を出しました。

　同年4月22日，国は，半径20キロ圏内を災害対策基本法に基づく警戒区域に設定し，民間人は強制的に退去され，立入りが禁止されました。

(2)　原子力損害賠償紛争審査会による指針

ア　原子力損害賠償紛争審査会の設置

　国は，原子力損害の賠償に関する法律18条に基づいて，文部科学省に原子力損害の賠償に関して紛争が生じた場合における和解の仲介及び当該紛争の当事者による自主的な解決に資する一般的な指針の策定に係る事務を行わせるため，原子力損害賠償紛争審査会を設置しました。

　原子力損害の賠償に関する法律18条2項2号は，同審査会の目的として，原子力損害の賠償に関する紛争について原子力損害の範囲の判定の指針その他の当該紛争の当事者による自主的な解決に資する一般的な指針を定めることを規定しています。

イ 第一次指針

　そこで，同審査会は，平成23年4月28日，「東京電力㈱福島第一，第二原子力発電所事故による原子力損害の範囲の判定等に関する第一次指針」を発表しました（http://www.mext.go.jp/b_menu/shingi/chousa/kaihatu/016/houkoku/1305640.htm）。

（指針）
　財物につき，現実に発生した以下のものについては，損害と認められる。なお，ここで言う「財物」は動産のみならず不動産をも含む。
Ⅰ）政府の指示による避難等を余儀なくされたことに伴い，対象区域内に所有していた財物の管理が不能等となったため，当該財物の価値の全部又は一部が失われたと認められる場合には，現実に価値を喪失した部分及びこれに伴う追加的費用（当該財物の廃棄費用等）については合理的な範囲で損害と認められる。
Ⅱ）Ⅰ）のほか，当該財物が本件事故の発生時対象区域内にあり，
　ⅰ）財物の価値を喪失又は減少させる程度の量の放射性物質に曝露した場合
　又は，
　ⅱ）ⅰ）には該当しないものの，財物の種類，性質及び取引態様等から，平均的・一般的な人の認識を基準として，本件事故により当該財物の価値の全部又は一部が失われたと認められる場合
には，現実に価値を喪失し又は減少した部分及び除染等の追加的費用について損害と認められる。

として，不動産の賠償についても「財物」賠償として認められる旨を発表しました。

ウ 中間指針

　その後，平成23年8月5日，原子力損害賠償紛争審査会は，「東京電力株式会社福島第一，第二原子力発電所事故による原子力損害の範囲の判定等に関する中間指針」を発表しました（http://www.mext.go.jp/b_menu/shingi/chousa/kaihatu/016/houkoku/1309452.htm）。

（指針）
　財物につき，現実に発生した以下のものについては，賠償すべき損害と認められる。なお，ここで言う財物は動産のみならず不動産をも含む。
Ⅰ）避難指示等による避難等を余儀なくされたことに伴い，対象区域内の財物の管理が不能等となったため，当該財物の価値の全部又は一部が失われたと認められる場合には，現実に価値を喪失し又は減少した部分及びこれに伴う必要かつ合理的な範囲の追加的費用（当該財物の廃棄費用，修理費用等）は，賠償すべき損害と認められる。
Ⅱ）Ⅰ）のほか，当該財物が対象区域内にあり，
　① 財物の価値を喪失又は減少させる程度の量の放射性物質に曝露した場合
　又は，
　② ①には該当しないものの，財物の種類，性質及び取引態様等から，平均的・一般的な人の認識を基準として，本件事故により当該財物の価値の全部又は一部が失われたと認められる場合
には，現実に価値を喪失し又は減少した部分及び除染等の必要かつ合理的な範囲の追加的費用が賠償すべき損害と認められる。
Ⅲ）対象区域内の財物の管理が不能等となり，又は放射性物質に曝露することにより，その価値が喪失又は減少することを予防するため，所有者等が支出した費用は，必要かつ合理的な範囲において賠償すべき損害と認められる。

(3) **原発ADRの設置**

　原子力損害賠償紛争審査会は，原子力損害の賠償に関する法律18条2項1号によって，原子力事故により被害を受けた方の原子力事業者に対する損害賠償請求について原子力損害の賠償に関する紛争について和解の仲介を行うことを目的としており，円滑，迅速，かつ公正に紛争を解決することを目的として，平成23年9月1日，原発ADRを設置しました。

(4) **東京電力株式会社の所定書式による請求**

　東京電力株式会社は，平成23年8月30日，原子力損害賠償紛争審査会による第1次指針，中間指針に基づいて，損害賠償（当初は「補償」といっ

ていました。）を順次始めると発表しましたが，同日のプレスリリースでは，「財物価値の喪失又は減少等」については，事故の収束状況等を踏まえつつ，継続的に検討を行った上で，改めてご案内させていただきますと発表していました（後述しますが，東京電力株式会社の所定書式による不動産賠償を始めると発表したのは，約11か月後の平成24年7月24日です。）。

(5) 本件の依頼の内容

　Aさんは，原子力発電所が設置されている町に住んでおり，原子力発電所から直線距離で約5キロ離れた場所に自宅不動産を所有し，農業等を行いながら生活していた方でした。原子力発電所事故により，同年3月12日，国の避難指示によって住み慣れた自宅から避難しました。

　Aさんは，小中学校の体育館などに設置された避難所を転々としており，最終的には，災害救助法4条1項1号の応急仮設住宅（住家が全壊，全焼又は流失し，居住する住家がない者であって，自らの資力では住家を得ることが難しい場合に，行政が仮に貸す住宅）で暮らしていましたが，原子力発電所事故によって，自宅に帰ることができず，自宅を使うこともできないとして，自宅の価値はゼロになったのではないかと考えていました。しかしながら，東京電力株式会社には，所定の書式による直接請求において，不動産賠償に関する賠償を行っておらず，直接交渉しても東京電力株式会社は，不動産賠償について賠償を拒んでいました。

本相談のポイント

① 原子力損害の賠償に関する法律は，原則として原子力事業者に無過失責任を課している。
② 我が国における大規模な原子力発電所事故は初めてである。
③ 我が国において放射性物質によって不動産が使用不能となった初めてのケースである。
④ 原子力損害賠償紛争審査会による明確な賠償基準がいまだない状況で損害額の算定をしなければならない。

2 受任に際しての注意点

(1) 経験がない

どの弁護士であっても，最初は全てが初めての経験ですが，通常の事件であればベテランの弁護士からのアドバイスなどを受けて，事件処理を行うことができます。

しかしながら，今回の原子力発電所事故は，我が国における初めての大規模な原子力発電所事故であり，全ての弁護士にとって初めての経験となっていました。そして，原子力損害賠償に関する法律に基づき，原発ADRが設置されたのも初めてです。そのため，実際，どのように判断されるのかがよく分からないという状況がありました。

(2) 損害額の算定

損害賠償の大原則としては，損害額は，対象物の時価となります。

時価の算定には，様々な方法がありますが，訴訟において，当事者で争いがある場合には，不動産鑑定士による鑑定が必要となります。しかしながら，避難指示に基づき，平成23年4月22日から，原子力発電所から半径20キロ圏内については，立入りが制限されているため，鑑定を行うことができず，損害額の算定をどのように行うのかが問題となりました。

3 法的問題点の考察

(1) 損害賠償について

原子力発電所の事故が原因となった損害賠償であるからといって特段変わったことはありません。

民法709条の不法行為に基づく損害賠償責任の問題となり，「故意又は過失によって他人の権利又は法律上保護される利益を侵害した者は，これによって生じた損害を賠償する責任を負う。」との条文に従って判断していくことになります（後述しますが，故意過失については，特別法により原則として無過失責任）。

(2) 「故意又は過失」

原子力損害の賠償に関する法律3条1項本文は，「原子炉の運転等の際，

当該原子炉の運転等により原子力損害を与えたときは、当該原子炉の運転等に係る原子力事業者がその損害を賠償する責めに任ずる。」と規定し、原子力事業者について原子力損害を与えたときは無過失責任を負うと、民法709条の特則となっています。

　もっとも、東日本大震災は、マグニチュード9という日本周辺における観測史上最大の地震であったことから、原子力損害の賠償に関する法律3条1項ただし書の「その損害が異常に巨大な天災地変又は社会的動乱によって生じたものであるときは、この限りでない。」との東京電力株式会社が免責されるのではないかとの問題がありましたが、当時の政権は、東京電力株式会社に第一義的な賠償責任があるとの立場であり、当時の官房長官は東電の免責を明確に否定していました。

　なお、下級審裁判例ではありますが、「『異常に巨大な天災地変』(同項ただし書)とは、人類がいまだかつて経験したことのない全く想像を絶するような事態に限られるとした上、本件震災はそのような事態に該当しない」としたものがあります（東京地判平24・7・19判時2172号57頁）。

(3) 損害賠償による代位

　民法422条は、「債権者が、損害賠償として、その債権の目的である物又は権利の価額の全部の支払を受けたときは、債務者は、その物又は権利について当然に債権者に代位する。」としています。この条文をそのまま適用した場合には、東京電力株式会社が賠償をした場合には、不動産の所有権は、東京電力株式会社に移ってしまうことになります。

　もともと、この原子力発電所のある地域では、先祖が開墾し、何代にもわたって土地を守ってきた地域であり、賠償を受けたことで、土地所有権を失うことになっては、復興が進まないのではないかという問題がありました。

　なお、後述する平成26年11月現在の東京電力株式会社の所定の書式の場合には、全額の賠償を受け取ったとしても、所有権は移転しないとの記載があります。

4 実際の解決までの実務

本事例は，上記のとおり，東京電力株式会社が，所定の書式による直接請求において，不動産賠償に関する賠償を行っておらず，直接交渉しても東京電力株式会社は，不動産について賠償を拒んでいるときに，申し立てられたものでした。

(1) 手続の流れ

ア 申立ての受理

原発ADRに対して申立書を提出し，形式上の不備がなければ受理されます。

イ 仲介委員の指名等

申立後，担当する和解仲介委員が指名され，東京電力株式会社から同社の言い分が記載されている答弁書が送付されます。

ウ 事案の検討

仲介委員は，速やかに当事者の意見を聴いて口頭審理期日，開催の要否，口頭審理期日を開催する場合の日時・場所等を指定した上，充実した審理が行えるように事案の検討を開始します。

エ 当事者からの事情聴取

必要に応じて，仲介委員が，当事者の双方又は一方から面談，電話，テレビ会議，書面等により事情を聞きます。

(2) 原発ADRでの主張

Aさんの建物は，築15年以上経過しており，建築費の領収書などはありませんでした。そのため，損害額については，Aさんが以前付けていた出納帳に当時の建築価格の記載がありましたので，それを根拠に建物建築費相当額の損害の賠償を求めて，原発ADRの申立てを行いました。

当初は，書面でのやりとりでしたが，口頭審理が開催されることになりました。

口頭審理とは，直接仲介委員が直接当事者から事情を聞くという手続で，仲介委員の判断に大きく影響するものだと思います。

口頭審理では，避難に至る経緯，建物建築の経緯，建築後どのような利

用を行っていたのかなどが聞かれました。

　結果としてですが，口頭審理でのＡさんの過不足のない回答によって，仲介委員も出納帳に記載のある建築費の金額が間違いないとの心証を得たのだと思います。

(3) 原発ADRによる和解仲介案

　原発ADR側から提示された和解仲介案ですが，出納帳記載の金額が新築時の建物価値であり，そこから経年による価格損耗分（減価償却費相当額）を控除した額をもって損害額（本件事故時の時価）としました。

　また，民法の原則からすれば，時価全額の賠償があった場合には，代位により所有権が移ってしまうため，あえて現在の価値から５％を控除して，それを内払いすることで，不動産の所有権を東京電力株式会社に移さないというものでした。

　Ａさんは熟考の末，原発ADRから提示を受けた和解仲介案について受け入れることにし，直接請求での不動産賠償は始まっていなかったときに原発ADRによる和解仲介が成立しました。

5　おわりに（本件を振り返って）

(1) 所定の書式による損害賠償請求の開始

　本書が出版されるのは，平成23年３月11日から，約４年が経過した頃だと思いますが，おそらく東京電力株式会社による賠償はまだ道半ばだと思います。

　上記の紹介した事例は，東京電力株式会社が基準を発表する前に原発ADRを利用して和解仲介が成立したものですが，東京電力株式会社は，平成24年７月24日，プレスリリースにおいて，「平成24年３月16日に原子力損害賠償紛争審査会において決定された『東京電力株式会社福島第一，第二原子力発電所事故による原子力損害の範囲の判定等に関する中間指針第二次追補』および同年７月20日に政府の方針として公表された『避難指示区域の見直しに伴う賠償基準の考え方について』を踏まえ，このたび，避難指示区域における賠償を……実施させていただくことといたしました」と発表し，現在では，東京電力株式会社の所定の書式による直接請求

が行われています。

　しかしながら，東京電力株式会社の所定の書式によった場合には，原則として，固定資産税評価額又は建物の広さという基準によって賠償金額が決まることになり，リフォームを行ったが固定資産税評価額へ反映されていない場合にどう算定するかなどという問題点があり，現在も原発ADRへの申立ては続いています。

(2) **住居確保損害の賠償**

　また，一部避難指示については解除されていますが，避難生活は長期化しており，避難者は，新たな地域で生活が始まっています。

　もっとも，東京電力株式会社の所定の書式によった場合の賠償基準では，築年数の経過している建物であった場合，居住するのには十分であったが，とても低い評価となってしまっており，新たな住宅を確保することができませんでした。また，同原子力発電所のある双葉郡の宅地価格は全国的に見て低く，一方，復興需要などにより近隣地域の宅地価格は上昇しており，類似の条件，面積の住居の確保を行うのが非常に難しくなってきています。さらに，長期間不動産の管理ができていなかったことから，補修費用が高額になるおそれが高いことも分かってきました。

　そこで，時価相当額の賠償という原則を修正するべきであるとして，前述の原子力損害賠償紛争審査会で議論があり，平成25年12月26日，「東京電力株式会社福島第一，第二原子力発電所事故による原子力損害の範囲の判定等に関する中間指針第四次追補（避難指示の長期化等に係る損害について）」を発表し，住居確保損害という新たな概念が誕生しています。(http://www.mext.go.jp/b_menu/shingi/chousa/kaihatu/016/houkoku/1343429.htm)。

(3) **居住制限区域，避難指示解除準備区域における賠償**

　また，紙面の都合上，掲載することが難しかったのですが，これ以外にも，居住制限区域であっても，帰還困難区域と同様の賠償を認めた事例などもあります。

　当初は原子力発電所から半径20キロ圏内が警戒区域として，立入りが制限されていましたが，徐々に大きく3つの区域の再編があり，これらの区

域を、①事故後6年を経過しても放射線量が年間20ミリシーベルトを下回らないおそれのある帰還困難区域（年間放射線量50ミリシーベルト超）、②年間積算線量20ミリシーベルトから50シーベルトまでの区域を居住制限区域、③年間積算線量20ミリシーベルト以下の区域を避難指示解除準備区域と定められました。このうち、②と③については、区域への立入りはできるが、①は立入りそのものが制限されています。

東京電力株式会社の所定書式による不動産賠償では、一部例外はありますが、一般的に居住地域が、帰還困難区域に該当した場合には、所有不動産は全損と評価され、時価相当額全額が賠償されますが、居住制限区域の場合には2分の1、避難指示解除準備区域の場合には3分の1の賠償しかされていませんでした。

そのため、居住地域が、居住制限区域、避難指示解除準備区域の方の場合には、賠償額が少なくなるという問題があり、居住制限区域、避難指示解除準備区域の方であっても、所有不動産は全損したものとして、時価相当額全額の賠償を求めて、原発ADRに申立てを行う例が多くありました。

具体的状況にもよりますが、隣接地区が帰還困難区域であり、放射線量がその区域と同等以上に高線量だったこと、除染の遅れ、インフラの復旧の遅れ等から、住民が帰還して、従前同様の社会生活を営んだり、農業等で生計を立てたりすることは困難であることなどから、原発ADRが、土地・建物等の財物損害について、全損と認める例は多数あります。

(4) 現在進行形の問題であること

上記賠償問題については、平成26年11月現在での話であり、現在進行形の問題です。原発事故から3年6か月の間に、賠償問題については、大きく変化を遂げており、本稿が出版される頃には、また大きく話が変わっている可能性もありますが、我が国における初めての大規模な原子力発電所が起こした事故に伴う損害賠償請求ということでご紹介させていただきました。

【プライバシー保護のため事例の内容は変えております。】

第10章
その他の不動産に関する事例

第10章　その他の不動産に関する事例

事例30　共有物分割の法的解決・事実認定と上告

共有物分割請求訴訟において，第一審と控訴審の判決の結論は同一であるが，分割方法を定めるに当たって考慮される事情についての事実認定に関して異なる判断がされた事例

● 概要図

```
            D（亡父）
     ┌─────────┼─────────┐
    A 長男     B 次男     C 長女
```

（アパート）
AとCの共有

（土地）
AとBの共有

はじめに

　裁判による共有物の分割（民法258条1項）は，いわゆる遺産流れ（遺産分割協議によって遺産が相続人間で共有となった状態です。）をはじめとして，共有状態を解消するために活用されることが多く，勉強しておくことは実務上有益です。最高裁第三小法廷昭和62年9月4日判決（判夕651号61頁）によると，遺産相続により相続人の共有となった財産の分割について，共同相続人間に協議が調わないとき又は協議することができないときは，家事審判法（当時）の定めるところに従い，家庭裁判所が審判によってこれ

388

を定めるべきであって、その手続を経ないで民法の共有物分割を求めることはできないとされています。したがって、遺産は協議審判で共有となった後、共有物分割手続によって共有が解消されることになります。

裁判による共有物の分割は、裁判所が共有者間の公平や共有物の利用価値の増進を図るため裁量権を十分活かし、次々と新しい分割方法の手段を認めていく点で、判例の発展ということから興味深いものがあり、民法を学ぶ上でも有益と思われます。

また、事実認定について上告審との関係でどのようなことに注意すればよいかについても検討します。

1 事例の概要

Ａ男とＢ男は、昭和50年、亡父Ｄが1,000万円で買い受けた宅地を共有持分各２分の１で贈与を受け、Ａ男Ｂ男が売主から直接売買による登記を受けました。

Ａ男とＣ女は昭和52年Ｂ男の了解を得て（Ａ男からの申出を受けて断りきれず）、共有地に部屋数４室のアパートを建て賃貸をしていました。共有地の使用料は無償でした。

Ｂ男は、事業資金や生活費を得るため、Ａ男に共有持分の買取りを申し出ましたが、Ａ男は十分な買取り資金があるにもかかわらずそれに応じないばかりか、Ａ男が土地全部の贈与を受けたと主張してＢ男の共有持分の存在すら否定しました。

そこでＢ男は、やむを得ず、共有物分割の訴えを提起しました。

本相談のポイント

① 裁判上の共有物分割の方法。
② 本件における共有物分割の方法。
③ Ｂ男が共有持分を金銭化するには、共有持分をＡ男に買い取らせるのと同じ効果、つまりＡ男に対し全面的価格賠償が可能か。
④ その場合、Ａ男が買取りを拒否したらどうなるか。

⑤ 訴訟での事実認定における注意点。

2 共有物分割の方法

(1) 総論
　共有物の各共有者は，いつでも共有物の分割を請求することができます（民法256条1項）。共有物の分割は，まず，各共有者間での協議によってなされ（同項），協議が調わない場合は裁判による分割になります（民法258条1項）。

(2) 協議による分割
　協議による分割は，①現物分割（各共有者の協議により共有者の持分に拘束されることなく，共有物を分割することであり，土地と建物を2人で共有する場合に，共有者の1人が建物を，他者が土地を取得する場合も含まれる。），②換価分割（共有者全員の合意によって共有物を売却し，その代金を配分する。），③価格賠償分割（共有者の1人又は数人が共有物を取得し，その者が他の共有者に持分の価格を賠償する。）が考えられます。

(3) 裁判による分割
　ところで，共有者間で共有物の分割について協議が調わない場合，裁判所に分割を請求できます（民法258条1項）。共有物分割の訴えは，形成の訴え（裁判によって訴訟の目的たる権利関係の発生・消滅・変更を生じさせる形成判決を請求内容とする訴え）で，そのうち形式的形成の訴えといわれています。
　形式的形成の訴えは，訴訟の形式はとっているが，権利関係の確定を目的とするものではなく，その実質は非訟事件であって処分権主義（いかなる権利関係についていかなる形式の審判を求めるかは，当事者の判断に委ねる原則），弁論主義（訴訟物たる権利関係の基礎をなす事実の確定に必要な事実と証拠の収集を当事者の権能と責任に委ねる原則）が適用されません（伊藤眞『民事訴訟法』136頁，180頁，265頁（有斐閣，第3版再訂版，2006））。当事者は，単に共有物の分割を求める旨を申し立てれば足り，分割の方法を具体

的に指定することは必要ではなく（最判昭57・3・9判時1040号53頁），裁判所は当事者の主張する分割方法に拘束されず，裁量によって分割方法を指定することができます（最判平8・10・31民集50巻9号2563頁）。

(4) **判例による分割方法の拡張**

　裁判による分割は，現物分割が原則で（民法258条2項），分割することができないとき又は分割によってその価格を著しく減少させるおそれがあるときは，裁判所は競売を命じ，その代金を分割することになります（民法258条2項）。したがって，民法が定める裁判上の分割には，協議による分割によって認められる価格賠償は含まれていません。

　そこで，裁判による分割は上記の二つの方法に限定されるのか，さらに協議による分割で認められている価格賠償が認められるかどうかが問題となります。

　ところで最高裁判所は昭和62年4月22日大法廷判決（民集41巻3号408頁）で「現物分割をするに当たっては，当該共有物の性質・形状・位置又は分割後の管理・利用の便等を考慮すべきであるから，持分の価格に応じた分割をするとしても，なお共有者の取得する現物の価格に過不足を来す事態の生じることは避け難いところであり，このような場合には，持分の価格以上の現物を取得する共有者に当該超過分の対価を支払わせ，過不足の調整をすることも現物分割の一態様として許されるものというべきであり」とし，現物分割＋価格賠償を認めましたが，この判決が全面的価格賠償すなわち共有者の1人に共有物を全部取得させ，その者が他の共有者に価格を賠償する方法を認めていたか否か明らかでありませんでした。

　ところが最高裁（最判平8・10・31民集50巻9号2563頁）は，「この裁判所による共有物の分割は，民事訴訟上の訴えの手続により審理判断するものとされているが，その本質は非訟事件であって，法は，裁判所の適切な裁量権の行使により，共有者間の公平を保ちつつ，当該共有物の性質や共有状態の実情に合った妥当な分割が実現されることを期したものと考えられる。したがって，右の規定は，すべての場合にその分割方法を現物分割又は競売による分割のみに限定し，他の分割方法を一切否定した趣旨のものとは解されない。そうすると，共有物分割の申立てを受けた裁判所とし

ては，現物分割をするに当たって，持分の価格以上の現物を取得する共有者に当該超過分の対価を支払わせ，過不足の調整をすることができる（最高裁昭和59年(オ)第805号同62年4月22日大法廷判決・民集41巻3号408頁参照）のみならず，①当該共有物の性質及び形状，②共有関係の発生原因，③共有者の数及び持分の割合，④共有物の利用状況及び分割された場合の経済的価値，⑤分割方法についての共有者の希望及びその合理性の有無等の事情を総合的に考慮し，⑥当該共有物を共有者のうちの特定の者に取得させるのが相当であると認められ，かつ，その価格が適正に評価され，当該共有物を取得する者に支払能力があって，他の共有者にはその持分の価格を取得させることとしても共有者間の実質的公平を害しないと認められる特段の事情が存するときは，<u>共有物を共有者のうちの一人の単独所有又は数人の共有とし，これらの者から他の共有者に対して持分の価格を賠償させる方法，すなわち全面的価格賠償の方法による分割をすることも許されるものというべきである。</u>」として，全面的価格賠償を認めました。

(5) 本件での分割方法について

本件は共有地上にアパートが建っているので，現物分割不能ないし分割によってその価格を著しく減少させるおそれがあります。したがって，裁判所が競売を命ずることができることは明らかです（民法258条2項）。

下級審判例にも，分割対象土地上に被告が居住する建物が存在する事案につき，「本件土地上には，これを敷地とする本件建物が存在しており，建物を毀損せずに土地を分割することは困難である」，「本件土地を現物分割するにあたっては，本件建物の存在により困難が伴う」として，「現物分割を実施することは不可能という他ない。」と認定した上で，競売による分割を命じた東京地裁平成18年6月28日判決（判例秘書），また，分割対象土地上に建物が存在する事案については，分割により土地の価格を著しく減少させることになるとして競売を命じた判例（東京地判平19・1・11ウエストロー・ジャパン2007WLJPCA01118005・判例秘書）があります。

ところで，本件で仮に競売になった場合，共有地上に建物が建っているため，競売価格は低くなることは明らかですし，競売によって第三者が土地を取得すると，建物の所有者A男C女は土地の占有権限である使用貸借

が第三取得者に対抗できず，建物の取壊しを招来し，C女の損失，社会経済上の損失が発生します。判例で全面的価格賠償が認められていることから，建物の所有権者（共有者）であるA男がB男の共有持分を買い取ることが最も合理的です。

　通常であればA男がA男の共有する建物の取壊しを防ぐため，自ら共有持分の買取を主張し，B男もそれに応じ，後は買取価格の調整をして，和解が成立するはずです。もし価格が調整できないとしても，A男が全面的価格賠償を希望し，前掲の判例によって裁判所が全面的価格賠償による分割を認め共有持分の賠償金額を決めることによってA男・B男の紛争は解決するはずです。

　ところが，A男は，価格賠償を希望しないと主張するのです。要するにB男に対する嫌がらせです。

　ところで，判例は全面的価格賠償の要件として，前記のとおり⑤分割方法についての共有者の希望及びその合理性の有無，⑥当該共有物を取得する者に賠償金の支払能力があることを挙げています。一般的には，A男のように共有地上に建物を所有している場合は，自分の建物を守るために，また建物の共有者C女や建物の居住者に迷惑を掛けないために競売を嫌い，B男の共有持分を買い取るか価格が折り合わない場合は，自ら分割請求の訴えを提起し，全面的価格賠償による共有持分の取得を希望し（前掲最判平8・10・31），かつその希望が建物の存続の必要性という合理性に裏付けられていることを主張し，さらに賠償金の支払能力があることを主張すると思われます。

　ところが，A男は競売を希望しました。A男の意図ははっきりしませんが，建物が建ったままの土地は売るにも，使用するにも建物を収去しなければならず，その労力やコストが掛かるので低価格でなければ採算が合わないので，競売になった場合競売価格が安くなることが予想され，自ら競落するつもりでいたのかもしれません。

　前掲最高裁平成8年10月31日判決は，「分割方法についての共有者の希望及びその合理性」としています。したがって，共有者の誰が価格賠償を希望しているかは，文言上限定されていません。要するに，共有者の誰で

も価格賠償を希望し，それに合理性があれば全面的価格賠償が可能なのです。つまり，共有者の1人が自ら価格賠償を希望した場合はもちろん，共有者の1人（B男）が価格賠償を希望していない他の共有者（A男）に価格賠償を求めることも文言上は可能なのです。

　そこでB男は次のような主張をしました。この点については学説も判例もありません。しかし，今まで説明したとおり判例は分割方法を裁量的に次々と拡張しており，主張いかんによっては新しい判例が出る可能性もありました。読者も勉強と思っていろいろアイデアを考えて下さい。

ア　共有物分割訴訟においては，本来的に当事者の希望は特に重視されるべきものでない。

　そもそも，「裁判所による共有物の分割は，民事訴訟上の訴えの手続により審理判断するものとされているが，その本質は非訟事件であって，法は，裁判所の適切な裁量権の行使により，共有者間の公平を保ちつつ，当該共有物の性質や共有状態の実状に合った妥当な分割が実現されることを期したもの」（最判平8・10・31民集50巻9号2563頁）であり，形式的形成訴訟である共有物分割訴訟では，裁判所は，本来的に分割方法についての当事者の主張に拘束されません（最判昭57・3・9判時1040号53頁）。

　このように共有物分割訴訟では，裁判所が分割方法についての当事者の主張に拘束されないのが大前提であることからしても，最高裁平成8年10月31日判決が全面的価格賠償の相当性判断の考慮事情の一つとして挙げる「共有者の希望」は，本来的に，相当性判断において特別に重視されるべき事情とはいえないのであり，この点からも，「取得希望」がないことをもって全面的価格賠償の相当性が否定されることにはなりません。

イ　共有者A男が，自身が共有物を取得する全面的価格賠償を希望し（他の共有者はこれに反対），その希望に合理性があるとして全面的価格賠償が認められれば，他の共有者は全く希望していなくとも，その共有持分を強制的に取り上げられ，これをA男に売ることを強いられます。全面的価格賠償による取得を希望していない共有者に全面的価格賠償を強制

することは，これと何ら変わりがありません。共有者Ｂ男が，Ａ男に取得させる全面的価格賠償を希望し（Ａ男は取得を希望していない。），その希望に合理性があるとして全面的価格賠償が認められれば，Ａ男は希望していない全面的価格賠償による取得を強いられますが，いずれも希望しない結果を強制されるという点で両者には何の違いもないのです。希望の内容にかかわらず，その希望が容れられた場合に他の共有者に希望しない結果を強いることに何の違いもないのだから，ここにいう「分割方法についての共有者の希望」を共有者の「取得希望」に限定する理由はありません。

ウ　全面的価格賠償による取得を希望しない共有者がこれを強制された場合，その共有者は一方で賠償金支払という債務負担を強いられはしますが，当然のことながら共有物の完全な所有権を取得でき，それによって共有物の利用価値，交換価値を独占できることになり，それをどのように利用しようと，いつ処分しようと，全く自由な状態が手に入ることになります。他方，「取得希望」を有する共有者の希望が容れられて全面的価格賠償が認められた場合，他の共有者は強制的に共有持分を取り上げられる代わりに持分相当額の賠償金を取得できるだけです。換価時期の選択もできずに，持分の換価を強制されるだけです。

　　前者と後者で強いられる結果を比較してみても，前者がより過酷であるとはいえず，むしろ前者の方が経済的に有利といってもよいくらいであり，この点からも，共有者の「取得希望」とそれ以外とを区別して扱う必要はありません。

エ　取得希望者のみに価格賠償を限定する見解は，取得を希望しない者に共有物を取得させた場合には賠償金の履行確保に問題が生じるであろうことを指摘しますが，賠償金を取得する共有者が履行可能性のリスクを負担するのであれば，この点は問題となりません。

オ　最高裁平成８年10月31日判決が挙げる諸事情は，いずれも全面的価格賠償の相当性判断における考慮要素であり，その一つ一つが全面的価格賠償が許されるための要件ではないから，その一つを欠いたとしても，そのことのみで全面的価格賠償の相当性が否定されることにはなりませ

ん。
　このことは、平成8年判決が、相当性の判断について「当該共有物の性質及び形状、共有関係の発生原因、共有者の数及び持分の割合、共有物の利用状況及び分割された場合の経済的価値、分割方法についての共有者の希望及びその合理性の有無<u>等の事情を総合的に考慮し</u>」と述べていることから明らかです。

(6) **裁判所の判断**

　しかし、一審判決は「A男は価格賠償によって共有持分を取得することを希望していないし、A男が重篤な病気にかかっており、賃貸用物件を確保・維持するためにさらに多額の金銭を支出するよりも、換価代金を取得するという選択は十分に理解できる。そうすると、被告が分割方法として、原告案ではなく、競売によることを希望し、そのことに合理性が認められる。」としてB男が希望する全面的価格賠償を否定しました。
　ところが、控訴審は、「A男が共有物を取得するに足りる支払能力があるとは認められないし、A男は本件土地を共有物として分割してその持分全部を取得することを希望せず、価格賠償金を支払う意思のないことを表明しており、その支払能力があるとは認めるに足りないにもかかわらず、価格賠償金の給付が命ぜられるという不利益が課される結果となるのであって、B男がA男の無資力の危険を負担することを承知していたとしても、共有者間の実質的公平を害しないと認められる特段の事情があるとは認められない。」として、理由は異なりますが一審と同じ結論になりました。
　控訴審の裁判官がA男の資力について一審と異なり疑問を持ったのであれば、B男にA男の資力について立証を促すべきと思いますが、そのような気配は全く感じさせませんでした。
　B男は判決に基づいて競売の申立てをすることができますが、今のところ申立てはしていません。

3 事実認定と法律解釈

　一審はもっぱら全面的価格賠償の要件をめぐる解釈論を通じてB男の主

張を退け，控訴審はA男の資力が十分であることが証明できなかった（立証責任がB男にあるわけではないのですが。）ことを理由にB男の主張を退けました。

ところで旧民事訴訟法では，事実認定は原審の専権事項（同法403条，新民事訴訟法321条）とされており，また控訴審に対する不服申立方法は最高裁判所への上告に限定され，上告理由は憲法違反と絶対的上告理由のほか「判決ニ影響及ボスコト明ナル法令ノ違背アルコト」とされていて，原判決の結論を左右する法律問題を理由とする限り，上告に制限がなく，経験則違反すなわち事実判断に際して適用される知識又は法則違反も法令違背として上告理由になり得ました（経験則違反による事実誤認の例として最判昭43・8・20民集22巻8号1692頁）。

大阪国際空港公害訴訟における最高裁大法廷昭和56年12月16日判決（民集35巻10号1369頁・判時1025号39頁）において，被上告人（騒音被害者）の供述の信用性をめぐって多数意見と団藤重光裁判官（著名な刑法学者）らの少数意見が対立し，原審の事実認定が経験則違反かどうかの真摯な議論がなされており，裁判における事実認定がいかに重要であるか，また上告審で一律に事実認定を審理対象から除外することが裁判の本質に反するか考えさせる一級資料です。この判決には，事実認定の理由が多数意見と少数意見に詳細に記載されていて，事実認定がいかに微妙かがよく分かります。

つまり，旧民事訴訟法では原判決の事実誤認を上告理由として主張すれば最高裁判所も審査せざるを得なかったのです。裁判所からみると上告審で事実誤認を主張するのは濫上告であり，そのために最高裁判所の裁判官は多大なエネルギーをつぎ込み，最高裁判所の本来的使命である違憲審査と法令解釈の統一が果たせなかったと考えていたようです。そこで，新民事訴訟法は原判決の法令違反が上告理由とされず，また「法令の解釈に関する重要な事項を含む」事件についてのみが上告受理理由とされ，事実誤認は上告理由，上告受理理由として考慮されなくなりました（近藤崇晴「上告と上告受理の申立て」自由と正義52巻3号（平成13年3月号）52頁）。

このような事情があるため，新民事訴訟法が施行されて以来，控訴審は，

法令解釈の問題として事件を処理すれば，上告受理理由となり得るため，一審が法令解釈問題としたのを控訴審は法律解釈を避け，事実認定を判決理由の決め手として判断することが見受けられます。

このような感想は私だけでなく，他のベテラン弁護士も同じ意見を持っています。さらに事実認定の重要性は，全ての法律家が共有するところですが，意外と軽視されているように思われます。それは判決の論評で事実認定が論議されることはなく，判決の事実認定を前提として（判決の事実認定を無批判に正しいものとして），判決の法律解釈だけを論議することも影響しているように思われます。とすると裁判官の事実認定を審査するのは控訴審と上告審しかないのですが，控訴審が事実認定を疎かにした場合は事実上チェック機関がないのです。

したがって，一審での裁判の感じで事実認定はいけそうと思っても控訴審でその認定が覆ることがないよう，屋上屋を架すぐらいのつもりで立証を厳密にする必要があります。

要するに一審の事実認定に隙があると，控訴審は法令解釈での勝負を避け，上告審で破れることがない事実認定で勝負をつけることがあるということです。

【プライバシー保護のため事例の内容は変えております。】

コラム⑯
管理組合（権利能力なき社団）の登記申請者

――マンションの管理組合が，滞納管理費回収のために強制執行をする前提として，債権者代位登記をした事例――

　あるマンションの滞納管理費の回収のために，管理組合の代理人として訴訟を提起することになりました。しかし，管理組合によると，不動産登記上の区分所有者は随分前に死亡したとのことでしたので，その相続人Yに対して訴訟を提起しました。結局，被告Yは第1回口頭弁論期日に答弁書を出さずに欠席したため認容判決となり債務名義を得ました。

　訴状や判決書はYに送達されているようでしたが，Yからは何の音沙汰もなく，管理費の支払もありませんでしたので，管理組合は滞納管理費の現実的な回収のため強制競売の申立てをすることになりました。しかし，不動産登記上の区分所有者が既に死亡しているため，強制競売申立ての前提として，不動産登記上，旧区分所有者である被相続人から相続人Yへの所有権移転登記をする必要があります。当然，連絡のないYが任意で所有権移転登記をしてくれるはずがありません。

　そこで，債権者代位によって所有権移転登記をする必要がありましたが，マンションの管理組合は通常権利能力なき社団であるため，管理組合の理事長の肩書きを表示した代表者名では登記を申請することができません。この場合どのようにして登記申請をすべきでしょうか。

　権利能力なき社団の場合，判例や実務では，代表者個人名義や構成員全員の名義で登記申請することになっています（最判昭47・6・2民集26巻5号957頁）。構成員全員の名義で登記申請をするというのは本件のマンション管理組合のように構成員が多数の場合にはおよそ現実的ではありませんので，管理組合の理事長が個人名義で登記申請をすることになりました。管理組合の理事長としては，訴訟の原告になることに抵抗がなくても，全くの個人名義で登記申請を行い登記上個人名が表示されることに少し抵抗があったようですが，事情を説明し，登記申請の添付資料のため理事長個人の印鑑証明書と住民票を取得してもらいました。理事長の個人名で登記申請を行うとはいっても，管理組合の理事長だからこそ所有権移転登記の債権者代位権を行使できるわけですから，登記申請の際には，理事長個人を証明する書類に加え，管理組合理事長の資格証明書も必要となることはもちろんです。

座談会

座談会

座談会
不動産に関する弁護士実務

開催日：平成26年12月1日(月)
場　所：弁護士会館（東京都千代田区）

目　次

第1　借　家 …………………………………………………………… 403
　1　賃料延滞中の借家人を退去させる方法
　2　建物明渡しの即決和解の利用
　3　占有者の特定
　4　強制執行（断行）の手続
　5　立退料の請求（建替えを理由とする明渡請求の場合）
　6　修繕義務不履行と賃料の相殺
　7　原状回復費用

第2　借　地 …………………………………………………………… 428
　1　借地権・底地権の売買における相場
　2　借地料（地代）の増減額交渉
　3　更新料

第3　使用貸借 ………………………………………………………… 435
　1　使用貸借契約の解除が認められる場合
　2　使用貸借契約の金銭的評価

第4　売買等 …………………………………………………………… 438
　1　土地・建物の鑑定の方法
　2　不動産仲介業者による案件紹介料支払についての考え方
　3　不動産仲介における説明義務

第5　近隣関係 ………………………………………………………… 444
　1　騒音・悪臭の程度を証拠化する方法
　2　受忍限度の範囲

第6　マンション ……………………………………………………… 448

第7　破産関係 ………………………………………………………… 450
　1　土地・建物やマンションの売却の方法
　2　建物明渡しの際の動産類の処分の仕方
　3　オーバーローン不動産と財産分与

第8　建築関係 ………………………………………………………… 457

第1 借家

1 賃料延滞中の借家人を退去させる方法

(1) 仮処分と本裁判の選択

司会：本日はお忙しい中お集まりいただきまして，どうもありがとうございます。それでは，「不動産に関する弁護士実務」をテーマとして，座談会を始めさせていただきます。

では1番目，「賃貸借」についてです。本日は，「借家」と「借地」に分けて，お話を聞かせていただこうと思います。まず，「賃料延滞中の借家人を退去させる方法」についてですが，これを早期かつ低額で実現する方法など，ご経験をお聞きしたいのですが，いかがでしょうか。10年ぐらい弁護士をやっている方であれば，大体何件かやったことがあるかなと思いますので，口火を……。

A弁護士（男性）：私が経験したもので，新宿の大久保でマンションを持っているオーナーからの依頼だったんですが，そのマンションの1室を，飲食店勤務の女性が借りて，賃料を延滞していて，オーナーが契約を解除したけれどもなかなか出て行ってくれない，という事案がありました。

オーナーからは，「とにかく早く出してほしい，早く解決してほしい」と言われまして，まず，仮処分の申立てをしたんです。占有移転禁止の仮処分。占有移転する可能性があるかどうかにはかかわらず，とにかく仮処分を申し立てました。そして，仮処分の執行に執行官と行ったんですけれども，そのときできるだけ大人数，オーナー側から人を出してもらって，執行官と一緒にやや大げさに仮処分の執行をしたんです。

すると，女性はびっくりしちゃって。それだけですぐに「分かりました。なるべく早く出ます」と言って，ほどなく出て行ったんです。このように仮処分をするだけでも，事の重大さが伝わるというか，相手方が観念してくれることもある。相手方にもよるとは思うんですけれども，早期解決ができる場合もあると。

B弁護士（男性）：それは事前に交渉をして，なかなかうまくいかなくて，

仮処分を申し立てたのでしょうか？

A：そうです。大家さんはマンションのオーナーで，貸ビルいっぱい持っていて経験が豊富なので，そこの社員を使って，内容証明を出したり，解除までして，立ち退き交渉を何度もしたんですが社員の交渉では出ていかなかったんです。ところが，執行官と会社の社員何人かで仮処分の執行に行ったら女性はびっくりしちゃって，出ていった。

C弁護士（男性）：滞納した賃料回収はできたの？

A：いや，もう賃料はいいって。出ていってくれさえすれば後は敷金をある程度確保してあるので相殺してしまいます。とにかく退去をさせてくれという依頼の場合は，賃料の回収は二の次です。

　別の例ですが，都心のかなり古いマンションで，外国人にオーナーが積極的に貸しているマンションがあったんです。外国人は一旦貸すと，もういっぱい人間が入れ替わり立ち代わり友達とか知り合いが入ってしまって，誰が借主か分からないことがあるんですが，外国人に対する執行でも，仮処分というのは非常に役に立ちます。

　やはり外国人からすると，裁判所からくる人はかなり怖いんじゃないですか。余り日本でトラブルも起こしたくないということで，外国人は仮処分だけで本裁判をやらないで出て行ってもらえることが多いですね。

B：本案をやったら，1回で結審させる場合でも，2，3か月は掛かりますよね？

A：本案をやったら第1回口頭弁論まで1か月半から2か月。賃借人側が何か出してきたならば，判決出るまででも半年ぐらい掛かるでしょう。で，執行となると，更に最後の断行まで3か月ぐらい掛かるから。どんなに早くやっても，9か月から10か月掛かるんじゃないでしょうか。

　仮処分は，申し立てて1週間ぐらいで執行をやってもらって，で，すぐ出て行ってくれれば，依頼者は喜ぶということですね。

　そのかわり，延滞賃料は回収できないということはきちんと依頼者に説明しておく必要がありますね。

D弁護士（男性）：保全，かけるかどうかは，やっぱり判断が結構厳しい。相手にもよるね。もう最初の段階から，早期に退去させることができそ

うな事案なのかどうかという判断は，やはり弁護士としては必要なのかなと思いますね。

　結局，裁判所が和解を強く勧告してきそうな案件なのかどうか。そこの見極めだと思うんです。例えば，ご老人の単身の単独居住のような場合，あるいは，そこで事業をやっているような借家人の場合などは，裁判所の方もなるべく和解で，というような方向で考えるので，そういう場合には，最初から早期低額でやろうとすること自体が難しいところはあるのかなという感じはしますね。

　ですから，そうじゃないような場合には，裁判所に対して，原告代理人として，明渡しのときに条件の話をすることも考えているので，とりあえず先に判決下さい，というようなことは，結構ありますね。具体的には，通常の賃料不払案件で，裁判所は一応和解を勧めると思いますが，その際に，原告代理人として，既に交渉したけれどなかなか合意できなかったとか，明渡し時に立退料提供も考えているとか，裁判所に和解を拒否してもそれなりの処理がなされることを示して，先に判決を下してほしいと要請することです。

　この場合だと，保全はかけないで，いきなり，訴訟を提起して，大体，向こうが反論してきても，手元不如意の抗弁，要するに金がないと言うのが普通で，それでは正規な抗弁になりませんから，3か月ぐらいで処理しちゃうということはありますね。もちろんその前にどれだけ向こうが退去の準備をしているのかとか，依頼者貸主は多少の金銭を支払う意思があるのかとか，そういうことも考えながらですけれども。

　だから，訴訟をやるときには，代理人としてはそういうことを考えておかないとまずいのかなと思いますね。

E弁護士（男性）：賃料不払の場合はね，とにかく即断即決が大事。依頼者っていうのは，賃料が入らなくて困っているのに，更に弁護士を立てるとすれば，弁護士費用を負担し金銭的にものすごく負担になる。

A：次も貸せないですしね。

E：そう。で，滞納した賃料はまず支払われることはない。依頼者はそれが納得できないから結論を引き延ばしてしまう。だけどね，僕はもう賃

料の延滞が3か月で明渡しの裁判をする決断をしろって言ってます。だって3か月賃料をためる人っていうのは，仮に払ったって後でまただめになるんですよ。だから早くやった方がいい。

依頼者は，「なんで弁護士料払わないといけないの？　私，何も悪いことやってない」ってなっちゃうんだけど，結局それが支払を期待して賃料の滞納が5か月，6か月になって払ってくれるかっていうと，まず払ってくれないから，損失が増えるばっかりになる。だから，即断即決です。

それから，占有移転禁止の仮処分については，もちろん今，先生からお話があったような形での有効性もあるけれども，やっぱりいつも占有状況を確認しているわけじゃないから明渡しの時は仮処分はかけたほうがよい。住居にお母さんが一緒に住んでいてね，結局執行ができなかったような場合がありました。その場合，そのお母さんを相手にして，もう1回，裁判やり直さないといけなくなってしまう。だから，やっぱり弁護士としては仮処分かけるということは必要。仮処分かけないと，弁護過誤になる可能性もあると思いますね。もちろん，依頼者に仮処分をかけないリスクを説明して，依頼者が納得していればかけないという選択もあるけどね。

あと，余談だけど，ビルの老朽化や再開発なんかに関しては，最近，土地の有効利用が明渡しの正当事由と認められてきているように思われます。東京都内だったら他に代替物件がいくらでもあるから，居座ること自体おかしいという考え方が取られているみたいです。僕も昔の感覚があるから，土地の高度利用だとか有効活用なんていうのは正当事由にならないんじゃないかと思っていたんだけど。最近の裁判所は，立退料での補完が前提のようだけど，かなり認めているみたいです（東京地判平8・3・15判時1583号78頁，同平24・8・28判例秘書L06730488）。

だから，明渡しを早く安くやろうと思ったら，僕はもう裁判が早いと思う。裁判所は最初から，オフィスの場合なんかだと積極的に和解を勧めているようだし，当事者間でごちゃごちゃやっているよりもずっと金額も安いような感じがする。

(2) 明渡請求事件における仮執行宣言の付与について
E：ところで今，明渡請求事件の本案で仮執行宣言が付かないことが多いのでは。
F弁護士（男性）：いや，私のやった事案では付いていました。確定待たずに執行を申し立てたので間違いないと思います。争いはなかったので，それが原因かもしれません。相手が請求原因は認めたので。
G弁護士（男性）：債務不履行だと付くんじゃないかな。老朽化とか何とかそういうのだと付かない可能性はあるよね。
D：債務不履行だったら付きますよ。賃料不払は基本的に付きます。
G：で，老朽化だとか高度利用だとか，いわゆる正当事由が問題になると，付きにくいんだよ。ただ，立退料が高くなれば，付けてくれることも多い。

(3) 明渡しにおける自力救済の限界について
G：立退きに関連して気を付けるべきは，やっぱり，自力救済をしちゃいかんということですね。明渡しでの自力救済は，ほとんど裁判で負ける。
A：最終的に，損害賠償請求を受けることになるということですか？
G：浦和地裁平成6年4月22日判決（判タ874号231頁）では，賃貸借契約に自力救済条項があった場合に，顧問弁護士が処分していいと言って大家が家財を処分した場合に，大家と弁護士が両方とも損害賠償請求を受けて負けた。弁護士は懲戒になる危険もある。一例だけど，賃借人が数か月賃料を支払わないため，賃貸人が解除通知を発送した。その後，明渡交渉をしたら出てくれることになった。しかし，やはり出ていかないので，相手の建物に，窓が見えないぐらい紙を張ったということがあった。しかも鍵のついたドアノブの上からかぶせる鍵を買ってきて，従来の鍵を使えないようにして，「連絡して下さい，すぐお開けしますから」と書いて貼っておいたけれど，それでも，もめた。退去は早く終わったけれど，やっぱり解除が有効じゃないとか，本案訴訟でこじれてややこしくなってしまったね。

　賃料を保証する会社は，賃借人が出ていかないと困るから，勝手に自力救済してしまう場合がある。とにかく退去を急ぐ。自分のところの不

良資産が増えていくから，自力救済で叩き出す。ある不動産屋が，賃料滞納で契約が解除されたときは貸主側で「賃貸人は本建物内に存する動産を撤去することができる。」という自力救済の条項を入れていて，それで自力救済してくれという依頼があった。私は反対したけど，賃貸人が，保証人になっている賃借人の親族の了解がとれたので自力救済をしてしまった。やっぱりこじれた。全部，荷物を撤去して違うところに移し目録作って，全部写真も撮っておいたけど，本人から「120万円の絵があるから返せ」と言われて，本当はものすごく安物だけど，それを返して和解した。

A：高そうなもののほかにも，書類なんかも気を付けた方がいいね。後でトラブルになる。

司会：あらかじめ賃貸借契約書の中で荷物を捨てていいという条項を入れておいたんですか？

G：そう。契約書の中にね，賃料滞納で解除された場合，本件建物内に存する荷物を捨てていいっていう条項を入れる不動産屋さんが10数年前，はやったんですよ。

A：それが入ってても，やっぱり自力救済はだめ？

G：だめ，完全にだめ（東京高判平3・1・29判時1376号64頁等）。

A：例えば，賃料が延滞したから賃貸借契約を解除して，借家人に，「2週間後に私は退去します。そのときに残した動産類は所有権を放棄します。」といった念書を書かせて，それで，借家人がいなくなっちゃった後に，荷物をこちらで勝手に処分しても，自力救済になるんですか。

E：それは大丈夫だよね。

G：自力救済にならないと思う，それは。解除したり，いわゆる最終局面まで行って，そこで和解をして，動産の放棄条項を入れるというのはよくあることだと思う。

　私が控訴審で引き受けた事案だけど，対象が工場で滞納賃料が1,000万にもなっていた。和解の席になったんだけど，いろいろといきさつがあって，動産放棄条項をわざと入れなかった。そしたら，和解成立後に相手方の弁護士から「動産放棄して下さい」って電話掛かってきたの。

それで,「条項がないからしません」って断った。相手方の弁護士は,賃借人と直接交渉して金を払って解決したようです。

A：整理させて下さい。大家さんが解除をして,その時点で借家人が解除を認めて和解に応じて,借家人が,いついつまでに動産を撤去して出て行かない場合には残った動産は放棄するので大家さんで処分して下さい,大家さんが鍵をかけ換えて封鎖してもかまいません,というような念書を差し入れれば,大家さんはそのとおりやってもいいということですか。

G：いいと思う。それだったら。解除後の念書の事案だけど,引越し屋さんの車をその日に持って行って,動産を車で運んでしまう,というのをやったことがある。本人がいたから,「運んであげる」って言って。でも,運ぶとこないから倉庫に入れたけどね。

E：自力救済については,今先生の言うような自力救済条項が賃貸借契約書の中に入っていることがあるんですよね。だけど裁判所は認めませんよね。実際問題,弁護士さんで懲戒になっちゃった例がある。所属会では不処分だったんだけれども,日弁連が懲戒相当として,損害賠償請求も起こされて負けちゃった。だから裁判所は自力救済に厳しいので,弁護士さんの自力救済というのはやっぱり危険なので業務停止なんかになったら取り返しがつかない。

それで,先ほどの例のように紛争が起こった後の和解条項で,権利放棄なり自由処分を認めるという限度では,これは僕もできるとは思うんだけれど,それでも相手方がまだ住んでいて,抵抗するなり異議を出したら僕は強行するのはやめた方がいいと思うね。そのこと自体が紛争になっちゃって,かえって時間とコストが掛かる可能性も高いので,そうなったらやっぱりやめた方がいい。

A：念書に残置物の放棄と,鍵の取り換えまで認めて,封鎖することも承諾します,みたいな条項が入っていても危ないですか。

E：僕はやめた方がいいと思うね。

G：なかなか厳しいですよ。

A：弁護士がやるんじゃなくて,指導するわけでもないけれども,依頼者自身がそういうようなやり方をして,それで,もしトラブルになったら,

弁護士がその後は引き受けますってアドバイスするのはどうですか。
E：それも危険だね。依頼者っていうのはどんないい人でも，自分がリスクを背負うとか，危なくなったら，弁護士さんが指導しましたって言いますもんね。先ほどの懲戒の事件でも，弁護士が懲戒請求されたのは，多分，依頼者が「弁護士が指導した」と言っているんですよ。そのように言われるという前提で考えとかないといけない。それは依頼者がいい人とか悪い人とかじゃなくて，やっぱり人間って自分が矢面に立っちゃったら，「弁護士さんがあうんの呼吸で承諾した」とか言ってしまうこともあるし，それがだんだん膨らんでくると「弁護士さんがいいと言いました」ってなっちゃうから，やめた方がいいと思うね。

2　建物明渡しの即決和解の利用

司会：ところで，裁判所は，建物明渡しで即決和解（訴え提起前の和解手続。民事訴訟法275条）というのは最近も，やってくれるんですか。
A：やってくれます。この前，やりました。
　東京簡裁に申し立てると，こっちは即決和解で早く解決しようとしているのに，混んでるからか期日を入れるのが先になっちゃうんですよ。で，例えば甲府地裁の都留支部管轄の簡易裁判所とか，関東近県の簡裁に電話しまくって，期日を早く入れてくれるところを探す。今なら数日後に期日入ります，とか言ってくれるところをね。
F：管轄は別にどこでもいいんですか？
D：合意管轄（民事訴訟法11条）が認められるから関係ないですね。
E：それって，事前に合意ができているわけでしょ？　理論的には紛争がないのに即決和解はだめだっていう議論がなかったっけ。
A：地上げなんかで立退きを求めて，拒否されているんだから紛争になるんじゃないですか。紛争はあったけれど，まあ，もう少しのところで和解ができそうだと言って申し立てる。
　交渉して明渡料を支払うことで何とか妥結できそうだと言って申立てすれば僕の経験では大丈夫でした。なぜ即決和解が必要かというと，業者というのは，マンションを建てるにしても金融機関から融資を受ける

わけですが，即決和解していると立退き前でも融資が下りるそうなんです。即決和解やって，融資してもらって，そのお金で立退料払うんだね。だからすぐ即決和解をやってくれって言われます。

C：地方の支部はすいているからすぐやってくれるよね。いろんなところに電話してね。どのぐらい掛かりますかって聞きます。東京簡裁がいいかなって思ったって，東京はすごい込んでいて，時間掛かるんです。

それで，久喜とかもっと遠方の裁判所に電話して，いつできますかって聞く。そうすると，申立てして，呼出しとかあるから2～3日では無理でも，1週間，10日ぐらいで期日が入りますね。

3 占有者の特定

司会：次に，明渡しの際の「占有者の特定」についてですが，これに苦労することも多いかと思うんですけれども，何か上手な方法はありますか？

E：仮処分かけてれば問題ないんだけどね。私の経験ですが仮処分かけてない間に，飲食店で，又貸しや営業譲渡をしたりしてね，違う人が営業していることがあるよね。もともと仮処分かけた後だったら，対抗できないから全然問題ないけど。そうじゃなくて，仮処分かけないで，誰が使っているか分からない場合は難しいよね。

A：占有者を特定するために取りあえず仮処分をかけてみるっていうのもあるよね。

それから，占有者の認定，あれは基本的に電気とかガスのライフラインを見るんじゃないですか。競売の落札者が明渡しの断行をするとき，執行官はまずライフラインを見ることが多いようですよ。郵便受けの中の請求書の宛先とか。

もちろん，それだけじゃないかもしれないけど，基本的には住んでいる人が電気代や水道代を払って使うっていうのが普通じゃないですか。何か特殊な契約，転貸とかってあるかもしれないけれども。基本はライフラインの確認が最初かなと思っています。

E：それって教えてくれないんですかね。

411

座談会

A：オーナーなら聞いちゃえばいい。東京電力とかに，契約者が自分の所有する建物についての電気代を誰が払っているか知りたいと言えば，それは教えてくれると思う。

司会：オーナーが，ポストの中見ちゃうというのはまずいですか？

A：ポストの外から見えているのを見るのはいいんじゃないですか。それから，電気やガスのメーターに何か書いてあったりとか。

　そういえば，競売の落札者が占有屋に対して明渡しを求めたけど占有屋が頑張って居座っていた事例で，私が明渡断行で行って，建物にまず執行官が入っていって，その後から続いて私が建物に入ったときに，靴箱の上に置いてある電気料金の請求書の宛名が執行の対象者とは違う名前ってなっていたんですよ。古新聞なんかのゴミに混ざっていて，執行官はその時は気付かなかったんです。執行官はそのまま執行を続けました。執行官がそれだけで占有屋の占有認定を変えることはなかったと思いますが。

　まあ，執行官は競売手続の現況調査で一度現場を見ているし，執行妨害には慣れているから，競売で明渡しの断行をするときは，占有屋に対しては執行官は厳しい対応をしてくれますね。占有の認定は柔軟にしてくれる感じで，執行官には感謝ですよ。まあ，そうじゃないと，競売でマンションを買おうとする人はいなくなってしまうからね。

4　強制執行（断行）の手続

(1)　業者の探し方，費用の相場

司会：断行まで話が及んだので，強制執行，断行を行う際の業者（執行補助者）の探し方というのはどうでしょうか。そもそも，どのくらい業者がいるんでしょうかね。

G：執行補助者はいっぱいいる。優秀な人と優秀でない人と様々だけど。でも，よほど難しい事件でない限りは，誰に頼んでも大きな違いはないと思う。

　以前，規模が大きくていろいろと複雑な事案の，建物収去土地明渡請求訴訟を提起したときは懇意にしている執行補助者をつけた。それは裁

判所も絶対文句言わない。そんなもん普通の業者にはできないから。

司会：有名な人だとすごく費用が高いのではないかと思いますが，普通の事例では明渡断行の費用ははどのくらいでしょうか。

G：広さとかによって違うよね。住居でいえば，普通のワンルーム程度だったら40万弱。戸建て2階建てぐらいだと80万から100万ぐらいだと思う。また，工場の明渡しとかの事例だと，もっと高くなる。どんどんね。1,000万円超えたこともある。

　ひどい事例では，犬がいるってんで，ペット業者呼んでね，おばあちゃんが病気だと言って医者呼んでね，結局，執行のときに業者を4～5社呼ばれたのには参ったことがある。何でお前，そんなに呼ぶんだって。いや，万一に備えてって，どんどんどんどん業者を連れてくるんだね。あれは頭に来たな。

A：私が下町の小さな2階建ての金属加工の町工場の明渡断行をやったときは全部で200万円以上掛かった。戸建て住宅に毛が生えたような小さな工場だったんだけど，旋盤とか，溶接機械とか重い機械が狭い所にゴチャゴチャ置いてあって，重機まで使って1日がかりだった。

　遺留品が多いと，倉庫の保管料とか廃棄料も掛かるから。必要なコンテナの数なんかで計算するけど数十万になることも多いね。

司会：業者をよく御存じの弁護士はいいですけど，業者の探し方はどうなんですか。

A：私が弁護士になって，執行をやるようになったときには，東京地裁の民事21部，つまり民事執行事件を取り扱っている部署なんだけど，あそこに朝9時ころ行くと，もう，周りにいっぱい執行業者がいるんですよね。私が初めて自分でやったときには，たまたま，そこにいた人に「先生，何かやるんですか」って言われてね，そのまま頼むことになったんだけど，その後もずっとその人と付き合ってきた。で，その人の親分が出てきたり，あるいはその人の後を継ぐ人が出てきたりして，そういったつながりでずっと来ていて。基本的に余り不当なお金は請求されなかったなあ。やっぱりみんな平均化しているんですよ。変な請求したら，業者の世界も狭いから周りで噂になって後々何か言われるからね。

413

まあ，だから，執行業者を探すという感じではなかったかな。執行官もやっぱり，顔見知りの業者にやらせないと不安がるから，そういうのは，阿吽の呼吸で，しようがないね，郷に入れば郷に従うで。
　昔は執行官が業者を紹介していましたよね。

H弁護士（女性）：私も，随分前のことですが，強制執行をやったときに，執行官の方が，「先生，どなたか懇意の方はいますか？」って言われて，いいえって言ったら，じゃあ，連れて来ますって言って，その場で業者を連れて来られたことがありました。

D：不思議な関係だよね。執行官，補助者，立会人，業者の関係は。でも，一時，癒着に対してはすごく厳しかったでしょ。

G：バブルのころなんかね，地裁の下でダーッと並んでいてね。執行補助者の年収がすごかった。

A：でもね，立会いまでする人は，危険を冒すからね。
　知り合いの補助者が，「先生ひどい目に遭ったよ」って，手首に包帯巻いていたんだけど，聞いてみたら，明渡しの断行やったときにね，後ろにカミソリ隠して持っていたおばあちゃんに切り付けられたそうですよ。執行官守ろうとして切られたって。それだけ，断行執行って，感情的な対立がすごいから。体張ってやってくれるわけなので，費用もその分，危険費用みたいなのが入っているのかなと思います。柱にひもで自分を結わきつけている人もいるからね。
　かなり前，バブルの後始末で億ションの明渡しの断行やったとき，占有屋が若い女使って執行妨害やってたの。100㎡以上のマンションで，中の一部屋が丸まるシャネル部屋になってて，贅沢させてた。女がたまたま留守の時に断行やったら，その夜私の事務所に占有屋が電話してきて，「お前やったなあっ。いてまうぞ。」って怒鳴ってた。女がその日マンションに帰ったら中に入れないし，着替えもない，どうしてくれるんだって。しょうがないから，翌日の朝，当時湯島に執行官室があったんだけど，そこに占有屋に来てもらって，執行官と相談して，女の着るものだけ至急出してあげることにした。占有屋，女もつれてきてて，執行官が使ってもいいと言ってくれた狭い部屋で私一人で交渉したんだけど，

女，机の上に片足乗っけて，庁舎中に聞こえるような甲高い声で啖呵切られたよ。補助者がその足で青海の倉庫に行って女の着るものだけ出す手配をしてくれた。弁護士も大変だけど，補助者も遺留品の後始末まで細々とやってくれるから大変だと思うよ。

G：でも最近は，安くなっているんだよね。

H：この間，オフィスビルやったときには，18万と言われました。ほとんど使ってない，90㎡の部屋で，もう，机とソファセットぐらいしか残っていなかったんですが。もう少し安くならないかと言ったら2万円安くしてくれました。18万から16万になりました。

A：それは安い。値切ったんだ？ 内部の様子って最初から分かってた？

H：はい。内部は，ほとんど使われてなかったですね。1回執行官と行って，中を見て，見積りが出たという形ですね。それで，執行自体は小1時間で終わりました。

A：やっぱり時間にもよるよね。断行執行というのは，時間，例えば午前だったら，12時までに終わらせるために，人数をバッとかけるから，高くなるのはしようがない。

司会：見積書は値切れるものということでいいんですね。

H：そう，私も値切ってしまってよかったのかなって思いましたが。2万円安くしてくれました。最初作業員代として3人掛ける2万円で6万円となっていたのですが，1人減らして2万円安くしてよって言ったら，作業員の数は減らさずに作業員代は4万円にしてくれました。

司会：それは貴重な情報ですね。

H：この見積書っていうのは，執行官は見てはいない，監督する権限は特にないものなので，金額は業者と弁護士との間で決めるという話なんですよね。

A：そう，執行官は関与しない，弁護士が交渉して決めて，執行の現場で現金決済。断行執行は，占有者が執行直前に出て行ってしまうことも多いから，キャンセル料もよく確認しておいた方がいいよ。弁護士が依頼者だから消費者契約法なんかで弁護士は守られないからね。それから，執行補助者がよく言うのは，あの先生，執行補助者は執行官のことを先

座談会

生と呼ぶんだけど，あの先生はよくやってくれるとか，あの先生は細かいとか。執行官にもやり方に個人差があるみたい。

(2) ごみ屋敷の強制執行（生活保護制度の利用）

D：この間，実は，ごみ屋敷をやりまして。

C：高そうですね。それ，いくらぐらいですか。

D：それね，ここは，工夫なんですけど。実は，賃借人は80歳過ぎのおばあちゃまで，もう，出て行ってもらう先も全部用意したんです。どのようにしてやったかというと，生活保護の受給をさせて，生活保護で新たに賃貸借契約をして，そちらに移っていただくという形にしました。60m²ぐらいのマンションだったんですが，その中が，ものすごいごみ屋敷になっていたんで，それを排除するのに，どうしたかというと，それも生活保護でごみの廃棄料が出るんですよ。だから，それを使って，普通だったら多分100万以上は絶対掛かるんですけど，それを生活保護から出して，何とかやったという案件があります。今後，高齢化が更に進んでいって，ご老人のそういう方の事案というのは増えると思う。

E：生活保護の申請，誰がやったの。

D：僕がやった。

A：それは賃料不払？

D：賃料不払。10か月以上でしたが，賃料はもうしょうがない。

E：ごみの廃棄をするのに掛かったコスト，どのくらいが役所から出るの。

D：金額は具体的には聞いてないんですけど，業者を頼んで，あとは役所の方でやってくださったので，全額役所が支払いました。

E：それって，別におばあちゃんじゃなくても，生活困窮者だったら全部できる？

司会：できます。私も，おばあちゃんじゃなかったけど生活保護受給者の賃借物件の明渡しで，大家さんが，あのごみどうするんだ，どうするんだって言っていたんですけど，区の担当者が廃棄料は負担するからどんどん進めて下さいって言ってくれてやったことはあります。

416

(3) 断行執行で失敗した事案

司会：断行執行で，失敗したっていうのはありますか。

G：断行のときにね，業者が金庫の鍵を誤って回してしまって開かなくなったことがあった。で，借家人に電話したけど開け方を教えてくれない。金庫の中身の動産も全部倉庫に入れたいんだけど執行できない。鍵が掛かっちゃってて。中，何があるか分かんないって。あれは困ったな。

E：ペットがいる事案はどうするの？

G：ペット業者に2万円か3万円払って，引き取ってもらう。しばらくの間，殺しちゃうまで，保管料を払って。

E：え，殺しちゃうんだ？　最初から東京都に話ししたら，持っていってくれるっていうことはあり得ないかね。ほら，野犬と同じ扱いで。

D：だめでしょうね。だって所有権がまだあるから。

A：ああそうか。野犬じゃないから，東京都は手出しできないんだ。

G：以前，占有者が秋田犬のすごいのを飼っていたことがあって。それで，それは危ないからって執行官に言ったら，執行官が補助者を連れて来てくれて。あれはいくら取られたかな。一瞬でピュッと巻いて，秋田犬がキャインキャインっていってた。で，そのまま引っ張って行った。

A：私の場合は，断行執行で，多摩川の川べりからちょっと入った，古いアパートの2階の1部屋の明渡しをやったときに，執行官が外から呼んでも誰も返事しないので，鍵屋が開錠して，執行官といつもの補助者が最初に中に入って，しばらくして中から顔だして，私に小声で「先生，まずいよ」って言うんですよ。「え，まずいの？」って聞いたら，「こうなってる」って，手首のところを切るしぐさをしたの。借家人が，60ぐらいのおじさんなんだけど。「生きてるの？」って聞いたら，「息してる」って言うから，すぐ救急車呼んで，連れ出してもらったことがあった。それでも執行はしてくれましたけどね。

E：いろんなことがあるんだねえ。

A：死んでいるのかと思ってね，もう，参ったなと思ったけれども。死んでなかったからよかった。それで，その後，動産の放棄とか，おじさんが退院してから交渉して，動産放棄させて，もうこれで終わりというこ

とになった。おじさん，その時にはこざっぱりした格好してたけど，よわよわしく話していたなあ。

あと，執行がうまくいかないっていうのは，老人で，介護が必要で動けない場合でしょ。大体うまくいかない。

G：救急車を呼んでおけばいいんだよ。執行補助者が，医者も全部雇ってくれる。私が経験したケースでは，老人が布団に丸まって，絶対放さないから，布団をはがしたんだよね。そしたら，仏壇を抱え込んでいて，お医者さんが，脈見てね，「大丈夫，このまま，車に乗って早く病院行こうね。」って言って連れて行ってくれた。だから，執行補助者に頼めばいい。

A：位牌とか遺骨とかは？

G：執行補助者が神主を呼んで，お祓いをしてもらって，神棚を取っちゃったことがある。

C：仏壇だったらお坊さんを呼ぶんでしょうか？

G：仏壇のある事件もやったけど，呼ばなかった。神主さんを呼んだケースしか知らない。しめ縄があって，立派な神棚が立っていた。

A：僕の扱った事件でも，催告のときはなかったんだけど，断行に行ったときに，立派な神棚ができていたの。それでね，執行官も催告の時そんなのなかったのを見てるから，私に「いいよ，持って行って」って。このケースは，執行妨害だった，明らかに。催告の後にわざと置いたことは催告のときから執行官も見ているから，このような扱いをしてくれたと思う。

神棚は，依頼者の会社の社員が家にしばらく置いておいたけど，最後には社員が捨てちゃいました。執行官は，いついつまでは会社で保管しておきなさいって目録に書いていたので，その後に。家に置いていた社員には，捨てると祟りあるよ，立派だから家族のみんなで拝めばいいのにと言ったんだけど。

正式に神主さん呼んでお祓いしてもらうと，3万から5万掛かるってね。神棚の体裁なんかで値段替わるんだって補助者が言ってた。

司会：あと，執行の現場で何かありますか。

G：執行に入ったら，その場にいた人が興奮して倒れたんですよ。そうしたらその人が飼ってた犬が怒ってね，救急車呼ぼうとしている執行官のお尻に嚙み付いてずっとブランブランして歯が抜けないで揺れてた事件がある。
C：犬も必死なんですね。
A：飼い主を守ろうとしたんだ。忠犬だ。

5　立退料の請求（建替えを理由とする明渡請求の場合）

司会：先ほども，少し話に出ていましたけど，建物の老朽化，建替えを理由とする明渡しの際に退去を求められた借家人側からの立退料の請求の仕方について伺いたいのですが，そういうご経験のある先生はいらっしゃいますか。

G：これはね，交渉する場合には，一番最初か一番最後に出るのが有利だと思う。依頼者に納得させることが肝心だけど，一番最初に出て行くから，一番，金たくさん積んで，と交渉する。だめだったら，一番最後まで頑張る。

　でも，一番最後はね，どんどん住みにくく，使いにくくなっていく。他が出て行って建物が汚くなってくるからね。それにね，お金のために耐えて頑張れるかどうかとか，そういう説明も依頼者にしなければならない。例えば，「ここは２階だから，まだ余り汚くならないけれども，でも，入口もどんどんどんどんごみがたまっていって，君，掃除するかい」とか。一番最後まで残る場合は，とにかく大家が他のテナントみんなにお金を払っちゃったんだから，もう引くに引けない，というところまで引っ張る。

E：でも，その戦術って通用するかね。僕は，オフィスの場合なら，大家側に依頼されて，もしそういう戦術を取られたら，すぐ裁判起こすね。だって，さっきも言ったように，裁判所は明渡しの正当事由をわりと認めるよ。事務所ビルなんていくらでも代替物件あるんだもん。実際問題，最近の裁判所は昔と全然感覚が違っている。建物の老朽化を前提に，土地の高度利用・有効利用を根拠にして立退請求すると，裁判所は認容判

決を結構出している。
A：それは立退料と引きかえですね。
E：僕の扱った案件では立退料は意外と安いですよ。だから，オフィスビルの場合，裁判になったら借家人は損します。
A：地上げの裁判って，判決に行くまでどのくらい掛かるんでしょうか。
E：6か月じゃ終わらない。だから最初からさっさとやるべきだね。
G：だけど，業者は早く話をつけないと，借入資金がアウトになる。今は裁判の立退料は確かに安くなった，昔と比べて。でもそれだって時間がものすごく掛かるんだから，やっぱり交渉事だと思う。
A：時間もそうだけど，執行の費用も考えないといけないよ。人によっては，ああいう人間にお金渡すくらいなら，先生や裁判所に払った方がいいっていう人も結構いるけど。
E：僕自身の経験なんだけど，前にいたビルが立退きになっちゃって，僕は交渉が始まって2年ぐらいで出て行ったんだけど，結局，6年ぐらい掛かって全部解決したらしいんだよね。立退き交渉を始めて終わるまで6年ぐらい掛かるんだったらさ，1年ぐらいで立退きが終わらなかったら，絶対裁判やる方が有利じゃないかな。
G：でも，業者も借入してやっているわけだから。金利負担とかいろいろ考えたら，やっぱり裁判なんか絶対したくないと思う。
　守秘義務条項入れられているから余り詳しく話せないけど。超大手業者の事件で，一番最後まで残っていた人には立退料を賃料の10年分以上支払ったこともある。
一同：えー。
A：業者は予算組んでいるから，どのくらい使ったかによって，余ったものを最後の2～3軒にどかっと払ってくるのね。
G：そう。バブルの頃は，総開発費用の10％前後が明渡しの費用だったんだけど，それがどんどんどんどん縮小して，平成に入ってから5～6％までになった。10億だと，5％っていったら5,000万円か，それしか使えない。それが現在，どんどんどんどん厳しくなっているから，裁判しようっていう人がいるかもしれないけど，裁判したら業者は自分の金利

負担で破産することもあるんだから。
E：いや，オフィスビルの場合なら，さっきも言ったけど僕はそういう方針だね。交渉でだめだったら，すぐ裁判の方がいい。
　実際問題，最近の東京地裁の判例を調べてみたら，出ていますよ（専門学校の例：東京地判平8・5・20判時1593号82頁，歯科診療所の例：東京地判平25・1・25判時2184号57頁，法律事務所の例：東京地判平24・8・28判例秘書L06730488，ゴルフ会員権売買業者の例：東京地判平24・11・1判例秘書L06730711）。
G：ただ，立退料が昔みたいに何千万なんて世界でなくなったからそういう話になるけど。それでもやっぱり業者にはきついみたい。補完事由が。
　あと，理由が老朽化だけだと業者が負けてしまう。老朽化と認められない場合が多いから。
D：最近，震災以降の耐震性確保の問題があって，旧々建築基準法の基準だとかだと，裁判所の判断が緩くなって建替えを認める方向に傾いている，つまり，立退きを認める方向になっているっていう話は聞いていますけどね。
E：耐震基準に適合していない場合は，正当事由になりやすいようだね。
　僕がちょっと調べたらね，建物の老朽化と，土地の高度利用の必要性，それから，新築計画完成に必要な能力，要するに本気度。あと，代替物件の紹介，それから耐震基準に適合しているか，賃借人が移転によって受ける不利益の程度・建物全体の空室の割合。大体こんなんで，割合立退きを認めているような傾向がある感じがしたよ，最近の場合は。
　だから，粘ればいいというもんでもないような気がする。最後は安くなっちゃう可能性があるから。
C：粘ってたら，お化け屋敷になっちゃうもんな，自分だけ残ってると。
A：賃借人に根性があるかどうかだ。

6 修繕義務不履行と賃料の相殺

司会：では，話題を変えて，修繕義務を履行してくれない大家さんに対する借家人の対抗手段について聞きたいのですが。

421

座談会

A：この間の大震災の後，マンションの壁にひびが入って，崩れるのが心配だけど大家さんに言っても，そんなの平気だと言って直してくれないとか，いろいろな相談が多かった。
　そういったときに，賃料を払う方として，賃料から一定額を引いて払えというアドバイスをしてもいいんでしょうか。

E：リスクがあるね。下手したら，賃料不払になるからね。

A：必要費ならば，自分で直して掛かった費用と相殺してもいいんでしょう。

E：司法試験の論文だったらそれでいいんだけど，それが紛争になって，もし万が一，賃料不払になってしまって，明渡しになっちゃったらにっちもさっちもいかないからね。だから，そのアドバイスならよっぽど厳しく言っておかないと。昔，僕がやったのでね，瓦が壊れて雨漏りするという事案だったんだけど，こういうときに，依頼者に「しょうがないから直して相殺」と言いたいところだけど，どう，簡単に言える？

A：必要費だったらできるって言ってもいいんじゃないかなと思いますよ。

E：できますよ。基本的にはできるけどね。後でトラブルになったとき，万一賃料不払になり契約を解除されることを考えると，なかなか言えない。

A：例えば，マンションが4部屋あって，1部屋が雨漏りがひどくて使えないと。だから4分の1は経済的に使えないじゃないですか。で，直してくれって言ってもなかなか直してくれない。
　その場合に，賃料が10万円だったら，2万5,000円を引いて7万5,000円を払えばよいと，理由をちゃんと言った上で，内容証明か何か出して，2万5,000円分払わなくてもいいんじゃないんですかってアドバイスしてしまうと，まずいですか。

E：理論的にはいいんじゃない。

D：でもそれが12か月続くと，3か月分の賃料不払という形になりますね。

A：言われちゃうね，大家さんが勝手に充当してね。ただ，それはほら，内容証明か何かきちんと出して，自分の主張をしっかりした上で，裁判所はそこまでやっても，やっぱり賃料の4分の1ずつの滞納って言いま

すかね。法律相談ではよくそういう質問があるんですよね。

I弁護士（女性）：業者によっては必要費じゃないっていうか，「直す必要はない」とかって，そういうふうに言われちゃう。

E：本当は減額請求やってからじゃないと，一種の自力救済的なものとみられる可能性はあるよね。ただ，それで契約の解除まで裁判所が認めるかどうかは分からない。というのは，例えば賃料1か月不払であっても裁判所が契約解除を認めないのは，信頼関係の破壊の理論がそこにあるからね。だから，今の場合だと大家の方がまず背信行為をやっているわけで。それに対応する措置をとったということで，計算すると賃料不払になるとしても，契約の解除まで裁判所が認めるかというと，実際は多分認めないだろうと思う。でも，弁護士としてそのように回答していいかどうか，やっぱり怖いよね。

J弁護士（女性）：雨漏りがどの程度なのか，部屋を使えない程度であることの証明みたいなものはどうすればいいでしょうか？

A：そういう相談のときは，先ず典型的な例を挙げてアドバイスしておくのがいい。例えば，マンションで1部屋完全に使えない場合にはね，と念を押して。その状態をきちんと写真に撮っておく。不鮮明なのはだめですよ。管理人に見てもらうのもいい。

　雨漏りの程度については，たんすが置けなくなっちゃったとか，どのぐらい使いにくくなったか，それを割合として出すのは難しいけれども，それは自分で考えて，相当の金額を主張したらどうですかってアドバイスする。

E：それだったら，まだ，自分で修理して，賃料と相殺する方が説明しやすい。

　基本はやっぱり賃料減額の請求の問題じゃないかな。賃料は相手の同意なくして下げられないから。修繕して，その掛かった経費と賃料相殺した方がまだ主張が通りやすいんじゃないの。

司会：そうじゃないと解決しないんじゃないですか。結局，賃料が若干減っても雨漏りがずっと続くわけですから。

I：例えば修理をしても，大雨のときは漏れてしまうとかいうのがあって，

そういう場合は，自分で修理をしても，結局変わらない可能性があるから，だったら賃料減額の請求をするということになるでしょうか。

E：うーん，でもね，やっぱり危ないよ，アドバイスは。合意がなくて当然にできるわけじゃないから。

A：いや，民法611条1項読むと，「賃借物の一部が賃借人の過失によらないで滅失したときは，賃借人は，その滅失した部分の割合に応じて，賃料の減額を請求することができる。」となっていて，減額の請求とはなっているけど，これは形成権だよね（我妻栄『民法講義5-2』468頁（岩波書店））。少なくとも，大家さんが修繕してくれるまで賃料の支払を拒む同時履行の抗弁権はあるんじゃないの（我妻栄『民法講義5-2』444頁（岩波書店），『民法講義5-1』92頁（岩波書店））。例えば，竜巻で屋根瓦が吹っ飛んじゃって，家の半分が使えなくなったとき。屋根なくて青空見えるような場合なんか（名古屋地判昭62・1・30判時1252号83頁，賃借物の一部が滅失していなくとも使用収益をすることができなくなった場合には，民法611条1項の規定が類推適用されるとした。）。

7　原状回復費用

司会：次に賃借人が引き渡すときの「原状回復費用」についてです。ここでは，金額でもめてしまった場合の解決方法や，原状回復費用の相場の調査方法などをお伺いできればと思いますが，皆さん，ご経験はありますか。

C：原状回復っていうのは費用の問題よりも，どこまでが原状回復なのかというところの方が，一番もめるような気がするけどね。

　例えば，こっちはそのとおりやったつもりが，これじゃだめだとかね。費用の分担よりも。何をもって原状回復とするかといった点でもめることが多いですね。

D：それには，2つあって。原状回復の範囲がどこまでなのか。それから，原状回復の範囲は決まっているけど，それの費用が高いとか安いとかいったことだと思います。

A：よく問題になるのは，たばこを吸っていて，尋常じゃないヤニがつい

ていたとか。ペット飼ってて，匂いが消えないとかもある。あと，お風呂場の管理が悪くて，カビだらけで，それも尋常じゃないカビだということで，これを原状回復費用として大家さんが差し引いていいかって。よく相談受けるんですよね。どうでしょうか。

D：ヤニやカビは，両方とも差し引いても大丈夫だと思う。

　僕は喫煙者ですけど，たばこの場合は，まず，ほとんど差し引いてオーケーだよね。そして，お風呂の方のカビについては，入居前からカビがあったら話は別ですし，換気の問題とかありますから。こっちは程度の問題はあるかもしれない。

　今，国交省から「原状回復をめぐるトラブルとガイドライン」というものが出ていますから（国土交通省HP），居住用については大体ガイドラインに書いてありますよね。問題は，業務用の，オフィスビルの賃貸なんかの原状回復というのは，僕もしょっちゅう相談受けるけど，ガイドラインの適用がないから，非常にもめちゃいまして。困っちゃいますよね。

A：あれは，破損したかどうかとか，元がどうなっていたとか，きちんと証明できたなら解決するのではないんですか。

D：最近は，オーナーさんが契約の中で細かいことを決めているんですよ。看板をつけ替えるとか，タイルを張り直すとか，壁紙を新たにするとか，全部書いていて，そのとおりにやらなくちゃならない方向になりつつあるので。誰かこの条項の効力を裁判で争ってくれないかなと思っています。

司会：無効にしてほしいってことですか。

D：そう。原状回復費用がめちゃくちゃ高額になるんです。

　あともう1つ，例えば，フローリングを一部，原状回復で張りかえましょう。その費用をどうするかということでもめたりなんかすると思うんですが。その場合には，国交省の外郭団体で住まいるダイヤル（公益財団法人住宅リフォーム・紛争処理支援センター）というのがあって，そこに「この見積りはどうなんでしょう」というチェックを依頼すると，一般的な見積りをしてくれますので，それを利用されるといいかもしれ

A：余談ですが，前に私がやったので，ビルの2階で焼肉屋さんやってたんですが，営業成績も良くないから退去することになって，原状回復でもめたんです。オーナーが費用の見積りを出してきたわけですが，焼肉屋さんだから元に戻す費用がすごく高くて，それでもめて調停やっている最中に現場を見に行ったら，なんと，オーナーがその焼肉屋の施設をそっくり利用して焼肉屋をやってるんですよ。それが調停の間に分かって。オーナーにも弁護士ついていたから，それはいくら何でもひどいよって言ったら，調停委員も分かってくれて，原状回復費用は，その分は，使ってんだからいいだろうっていうことで，マイナスして，調停できたことがありました。

E：質問だけど，カビが生えるよね。あれは，大家の修繕義務の問題にはならないの。

D：換気が悪い構造だったら問題になるんじゃないですか。どうやってもカビが生えるような構造の場合は。

E：一般的にはやっぱり風呂場だとか湿気の多いところはカビが生えるよね。カビの発生を大家さんの責任にするということですか？

A：換気扇回すとか，窓開けるとか，通常の管理をしていてもカビが生えるんであれば，欠陥建物を貸したという責任になるんじゃないですか。だからそれは大家の責任。ただ，大家さんに事情を説明して改善を要求しておく，その事実は残しておいた方が後々のためにいい。

K弁護士（男性）：カビを取り除くような掃除を普段からしてないとだめでしょうね。そっちの方になると思いますね。

E：僕は大家の立場だったけど大家に支払いさせたな。僕は，一般的にね，少々掃除をやっても風呂場なんかは，やっぱりカビが生えるものだと思っているから。

K：いや，カビが生えるんですけど，それがどっちの負担かというと，普通の構造であれば借りている人がやはりちゃんとすべきだ，という形になるんじゃないですか。

A：普通に掃除すればとれる程度のカビはいいけれども，さっきのたばこ

もそうなんだけど，普通に拭いたぐらいじゃとれないやつは，やっぱり原状回復義務の範囲で，敷金から引かれちゃうのはしようがない。

J：判例で見ただけなんですけれども，借りてから10数年間ほとんど掃除をしていなかった人がいて。家の中で犬だか猫だかを飼っていて。その場合はやっぱり原状回復費用は借りていた人の負担に，という判例がありました（東京地判平25・11・8ウエストロー・ジャパン2013WLJPCA1108009）。

E：もう使い物にならないかも分からないね。匂いが染みついて。

A：でも，10年使っていると，普通でも大家さん側で壁紙，総取換えとかが当たり前だから，それでも取れない匂いや汚れがあるかどうかでしょう。でも，ペットのにおいはなかなか取れないみたい。

　原状回復は，賃借人が敷金返せと言って，トラブルになると簡裁の少額訴訟を起こしてくるんだよね。この前も，10万円くらいの原状回復の事件で大家さんも意地になってて，大家さんから依頼されて簡裁に行って，結局当日和解で費用を1～2万円減額して終わったけど，午後いっぱい掛かっちゃった。1～2万円の減額でね。

座談会

第2 借地

1 借地権・底地権の売買における相場

司会：次に「借地」に行きます。まず，「借地権」，「底地権」の売買における相場についてですが，どうでしょうか。

例えば，借地権割合については，7・3とか6・4とかいろいろ相場がありますが，皆さんのご経験からはどのような感触でしょうか。

E：借地権付き建物の場合には，路線価では借地権って大体7割とか評価が高いけれども，借地権を売るとして，実際は5割もらえたら上出来でしょう。新築だったら別ですが，いわゆる借地権付建物を売買で出しても，業者は仲介やらないし，買う人もなかなかいません。

司会：そうですか。仲介で結構あると思いますが。

借地権付建物で，そこを建て替えて20年の借地権を付けて売るとか，あるいは，まだ建物使えて借地権の残存期間があと17年あるとか，そういう条件で売ったりという事例はまあまああります。

D：それね，やっぱり需要と供給の問題があるんですよ。都心の本当に一等地の場面だと，借地権の売買はありますけど。地方に行っちゃうと借地権というのは，売買の対象になってないような感じがしますけどね。お寺なんかみんなそうじゃないですか。お寺とか神社は底地を持っていて，絶対売りませんから。

そういう意味では別に，事例がないわけじゃなくて，ただ，需要と供給の関係，地域差みたいなものはあるのかなと思います。ここで問題にしているのは，借地権なり底地権をやるときにやっぱり路線価の割合を使っていますか，ということだと思うんですね。

E：5割ならいいところでしょ。

C：僕のやった事案は，借地権割合が，7・3のところだった。相手側の地主は，底地をいっぱい持っている人なんだけど，その相手から，更地にした上で借地権と底地を交換しようって言われたんだよね。でも，本来の借地権割合からすれば，土地の7割をもらえるはずなのに，5割し

か分けてもらえなかった。

司会：等価交換のときは税務上の特典がありますよね。

借地権と底地を交換したときは譲渡がなかったものとする特例があって，借地権割合で評価されるようです（国税庁HP「借地権と底地を交換したとき」（https://www.nta.go.jp/taxanswer/joto/3505.htm）参照）。

E：税金の方は僕は分からないけど。普通，借地権割合から言ったら7・3で分けてあげないといけないのに，僕の経験では，一般的にはやっぱり，せいぜい5割です。

A：それはあれですか，借地人の立場がある程度弱いから，交渉のときには，5割でしょうがないかなって考えるわけ？

C：おそらく地主の方での常識というか，相場としては，半分だったらいいよって言うんだよね。

A：借地権付建物を他人に売るときは，路線価なら，例えば7割で売れるわけでしょ。

C：承諾料に跳ね返ってくる。

A：そうか。借地人が売りたいときは，承諾料があるから，地主さんと交換した方が多少減っても得だということなんですか。

C：それで，地主との間だから，仲介手数料も発生しないでしょ。

司会：同時売買ってあるじゃないですか。底地と借地とを同時に売って，だから，買う人は完全な所有権を取得するんだけど。そのときにどのくらいの割合で分けるかという事例もあってですね。私が経験したのは，割と地主さんがいい人で，ここは7：3の土地ですからと言って，じゃ，はい，3割で結構ですっていう地主さんもいました。

E：それは僕からいうと奇跡だよ。

K：需要と供給で，どちらが売りたいと思うかだよね。

E：僕ね，最近もやっているんだけど。大森の駅の近くで，借地なんだけど，買手つかなかったよ。土地は30坪ぐらいで，商店に使えるんだけど。だからね，僕の経験上，地方なんか全然お話にならないよ。地方は全然借地なんてほとんど価値がない。

K：地方は低いです。東京とは違います。

司会：私，底地を買い集めている業者っていうのは知っていますけど。すごく安く買いたいています。でも，底地こそ，買っても何にも使えないじゃないですか。

E：だけど，追い出す自信があるんじゃないの。

司会：まあそれは，ゆくゆくはってことだと思いますけどね。

A：競売で，借地権付建物や底地はみんな敬遠するけど，僕の知ってる業者はそんな物件ばかり落札して，結構利益を上げているよ。ただ，しょっちゅうトラブルになってるけどね。ノウハウがあればってことだよね。

D：確かに，借地は，この間やったんですけど，なかなか買手がつかないですね。商店街の土地だったんだけど。

司会：借地権の評価については，いろいろ見解の相違というか，見方があるということですね。

2 借地料（地代）の増減額交渉

司会：では，「借地料（地代）の増減額交渉」ですが，いかがでしょうか。
私は，品川区の借地権付きの店舗付住宅で建物所有者が地主から地代の増額を求められて調停をやっていたんですが。地代の相場の調べ方が分からなくて，知り合いの不動産屋に聞いたりしても，地代の相場というのは出せないと言われてしまって，結局適当に折り合いをつけて解決した事例があったんですが，皆さんのご経験はいかがでしょうか。

D：一昔前は，固定資産税の3倍が上限みたいなのあったじゃないですか。

司会：それは，先ほどの品川区の事例でも地主が言っていました。4倍って言っていた時代もありますけど。ところで，今，固定資産の評価は下がっているんですか。

K：横ばいぐらいでしょ。場所によって，ちょっと都心は上がったとか言っても，そんなに変化ないと思うんだよね。いわゆるバブル期は別だけど。

司会：その調停の時には，大手不動産仲介会社のホームページから，借地権付き建物の売買の事例というのをピックアップして，借地のうちでも

住宅地の地代の相場というのは，品川区のこのエリアは大体坪いくらとかいうのは分かったんです。
　ただ，問題になっていたのが店舗付住宅だったので，ホームページの事例は住居でしょ，安いの当たり前だって言われてしまって，なかなか地主も譲らなかった。

D：地代とかの更新の鑑定を不動産鑑定士に頼むと高いんだよね。広さによるけれど，50万円から100万円は払わないといけないから。よっぽど値上げにならないと損で，ペイしないですね。

司会：地代ってね，坪当たり100円増額とかのレベルだから，鑑定する費用には見合わないですね。

A：以前，地代の増減で調停になって，鑑定を頼もうということになって，鑑定の結果がどちらの主張する金額に近づくかによって，鑑定料をその割合で負担しましょうと決めてから鑑定をやったことがあります。
　ただ，注意しなきゃいけないのは長期間続いている継続地代とか継続賃料は，意外と現行の地代や賃料を重視するから。鑑定して相場を出しても大して上がったりしないんだよね。

司会：単純に相場に合わせてポンと2倍にするとかいうのはないんですね。

A：これは私が恥をかいた事例なんだけど。新宿駅のすぐ近くでビル1棟を貸していたんです。賃料がいかにも周辺の相場からは安いんで，賃料増額を地裁に請求して，じゃ鑑定やろう，双方鑑定の結果に従いましょうって中間的な合意をして鑑定したら，現行の賃料より安い鑑定が出たことがあります。それでしょうがないから減額したけど。本当に継続賃料だとか継続地代の鑑定は気を付けなくちゃいけないかなと思います。
　現行の賃料は明らかに相場からは安かったんだけれども，それでもさらに安くされて，まいっちゃった。

D：その鑑定は裁判所ですか。

A：裁判所から依頼した鑑定人です。先生あんまり追求しないで下さい。

3 更新料

(1) 更新料の相場

司会：では，借地の更新料の相場についてはいかがでしょうか。

A：東京では，概ね，借地権価格の5～10％とか，更地価格の3～5％とかって言われていて，2通りの表現がありますよね。といっても，いろいろ調べてもハッキリした相場があるわけではなさそうです。東京でも都心と郊外は違うし，都会と地方でも違うようですよ。

　まあ，地主さんがお寺とか大地主であれば，近所の借地人や不動産屋に聞くとかして調べると分かることもあるね。私の経験では，大地主さんは，大体みんな同じ条件で更新してくれる感じです。

司会：更新料については全国的な相場は必ずしもなくて，案件ごとに調査していくしかないということですか。

A：それから，借地で注意しなくちゃいけないのは，地主さんの代が替わったときだね。息子が相続した途端，更新料をきちんと請求して来たりすることが多い。やっぱり借地人は，地主さんに言われると弱くて，承諾してしまったなんて相談は多いね。

(2) 更新料の支払義務

司会：次は，更新料の支払に関してですが，これもいろいろと問題になるところと思いますが，いかがでしょうか。

E：法律上は払う義務はないよね（最判昭51・10・1判時835号63頁等）。ただ問題は契約書の中に，更新の際には更新料を支払うという条項がある場合は問題ですよね。更新料支払特約に関しては，その金額が適当である限りは有効とされているようだしね（建物につき東京地判昭50・9・22判時810号48頁，最判平23・7・15民集65巻5号2269頁・判タ1361号89頁，土地につき東京高判昭58・7・19判時1089号49頁）。

A：更新の際に払うというのは，更新契約をしたときなのか，それとも法定更新を含むんですか。建物賃貸借では，裁判所の判断は分かれていますが（肯定するものとして，東京地判平2・11・30判時1395号97頁等，否定するものとして，東京地判平3・5・9判時1407号80頁等）

D・K：それは法定更新も含むでしょう。
E：借地契約書にね，更新料支払の特約があった場合の法定更新については，弁護士としてアドバイスがすごく難しい。裁判例も分かれているようだし（肯定するものとして，東京地判昭49・1・28判時740号66頁，否定するものとして，東京地判昭59・6・7判時1133号94頁等）。

　あと，更新料を払わなかった場合に賃貸借契約を解除できるかどうかについても裁判例は分かれているみたい。
D：更新料の債務不履行ね。
E：そう，つまり，更新料の債務不履行で賃貸借契約を解除できるかどうかということなんですが，最高裁判決では事情によっては解除が認められるとしたものもあります（最判昭59・4・20民集38巻6号610頁）。
A：なるほどね。特約がある場合に法定更新で放っておくと怖いですね。
E：だけど，一般的に依頼者や相談者が来て，「更新料払わないといけないんでしょうか」と言ったら，それは法律上は，更新料支払の特約がない限りは払わなくていいよと。ただし，借地の場合ちゃんと更新料の支払がないと，更新後の借地契約書が作成されないので契約書がなく売るような場合に，買う人が嫌がるから，そういう意味で少し払って，要するに付加価値を高めるという手もあるんじゃないか，というアドバイスになるんじゃないか。
A：例えば何回か更新してきて，2回ぐらい更新料払ってきたけれども，契約書に書いてないから今回からは払わないでいいですか，という場合はどうなんでしょうね。
E：でも，それは別に払う必要ないんじゃないですか。それもう，合意の効力が証明されるわけじゃないもん。

　別に払う根拠って何になるんだろう。つまり，慣行とか。無理でしょう。
C：ただ，今まで払っていたのは何なの，とね。更新になると，新たな契約というよりも，前の契約内容を原則引き継ぐわけでしょ。
E：でも更新料支払義務が契約書に記載されていても，次の更新契約書にその旨の記載がなかったり，法定更新で新たに契約書が作成されなかっ

たとすると，それは払う必要ないと思うよ。
A：明らかに2回，更新料としていくら払いますっていう領収書か何かもらっていたら，これは口頭の約束があるという認定はしないですかね。

例えば領収書に「更新料として」って書いてあったらどうですか。その記載で更新料を支払う合意が成立するかどうか。でも，結局は裁判所の認定の問題かな。

第3 使用貸借

1 使用貸借契約の解除が認められる場合

司会：では次に「使用貸借」に移りたいと思います。使用貸借も結構実務的には事例が多いのかなとは思うのですが，まず，「使用貸借契約の解除が認められる場合」はどのようなケースか，具体的に訴訟等で争った経験がある方はいらっしゃいますか。

A：解除の事例ではないけど，使用貸借か賃貸借かが問題になっているもので，転売目的でマンションを仕入れて転売しようとしてした業者が，金利負担が重くなって第三者に名義を変えて金利の安いローンの借り換えをしてもらって，そのまま転売活動をしていた事例で，第三者との使用関係が問題になったことがあります。第三者が借り換えたローンを仕入れた業者が代わりに支払っていたので，そのローンの返済額が「賃料」に当たるかが問題になったんです。借り換えてもらったのでローンを代わりに払っていただけで，全部，名義変更も含めて一切の費用もこちらが負担しているんだから，利用関係は使用貸借であって，賃貸借じゃない，ローンの代返済だということで，今，争っています。

司会：使用貸借だと言ってしまうということは，マンションの所有者は名義人のものであると認めてしまうということですか。

A：名義は変わっている。ローンの借り換えのため。要するに，一種の，名義貸しっていうか。実体的には通謀虚偽表示になるのかな。

ローンの返済額ってだんだん減っていくじゃないですか。最後，ゼロになるじゃない。それを賃料だと言われている。

司会：なんか，それは，すごい特殊な事例ですよね。

A：そう。でもね，業者の間ではよくやるんだよね。自分がちょっと返済の負担が重くなったから，安い金利で借り換えてくれないかと。で，一緒に売って，利益は半分ずつにしないかっていうような契約。これは，まだ結論出ていませんけど。賃貸借か使用貸借かが争われている特殊な例として紹介しました。

E：使用貸借の解除の可否は民法597条2項ただし書の解釈の問題ですね。最高裁の判例（最判平11・2・25判時1670号18頁）があって，「使用及び収益をするのに足りる期間」が経過したかどうかというただし書を利用して規範的な解釈をしちゃうんですよね。どのようにやるかというと，「使用収益をするのに足りるべき期間が経過したかどうかは，経過した年月，土地が無償で貸借されるに至った特殊な事情，その後の当事者間の人的つながり，土地使用の目的，方法，程度，貸主の土地使用を必要とする緊急度など双方の諸事情を比較考慮して判断すべきものである」ということで，これが要件事実になって，使用収益をするのに足るべき期間が経過したかどうかとかやるわけですよ。

この中でおもしろいのは，借主の使用の必要性が入ってないんですね。そこが賃貸借と違う。それから，最高裁は，原判決が掲げる事由のうち，「本件建物がいまだ朽廃していないことは考慮すべき事情であるとはいえない」としています。

つまり，借主の自己使用の必要性を省くのと，建物の朽廃は考慮すべき事情に当たらないというのが特徴的ですね。

司会：貸主ではなくて，借主の必要性を考慮しないんですか。

E：そうです。裁判になって非常に深刻な争いになるのは，ほとんどが，使用貸借の目的である土地に建物が建っていて，その土地の返還をめぐる争いです。それで，借主が，他に行くとこがないということを言っているわけです。多くは，親族間の長期継続型の使用貸借となっていて，ややこしいところです。

K：賃貸借は朽廃すれば消滅するでしょう。使用貸借で入ってないっていうのはどういう意味ですか。

E：朽廃まで行かなくてもいい，ということです。使用貸借の終了を賃貸借とくらべてできるだけ容易にできるようにしようということでしょう。

賃貸借と同じようには保護しない。原審は，まだ朽廃してないということを理由に借主が勝っているんだけど，最高裁はそれをひっくり返している。

2 使用貸借契約の金銭的評価

A：そうすると，使用貸借は普通の借地契約よりも解除しやすいとなると，使用借権の値段は借地権の価格より下がるということですか。

E：当然下がりますよね。

C：遺留分減殺請求で，使用借権の評価というのは，例えば，東京地裁で更地価格の15％としたものがありますね（東京地判平15・11・17家月57巻4号67頁・判タ1152号241頁）。

A：家裁が作成した調停委員向けのQ&A集で，特別受益の計算では，土地の上に使用貸借で建物が建っている場合の使用借権の評価は，更地の1割から3割って，断定的に書いてあった。

特別受益の計算では，相当賃料額掛ける使用年数という計算をしませんって。

H：それは，使用している期間は特に問題にしないということなんですか。

A：特別受益の計算では，Q&A集ではそうなると書いています。

C：遺留分減殺では，10から30％ぐらいの間で決まるんじゃないかなと。まあ，目安ということだと思います。

D：あと，使用貸借で，解除・明渡請求に際して金払うから補完して出してくれという，賃貸借の解除と同じような補完事由になるかっていう点については，これについては，ならないですね。地裁レベルではそれを認めている判決があるんですけど，高裁以上ではそれを認めてない。ここは注意しといた方がいいと思います。

A：引換えの判決は出ないということですか。

座談会

第4 売買等

1 土地・建物の鑑定の方法

司会：売買に関して，土地・建物の鑑定のご経験はありますか。先ほど，賃料のことで鑑定がどのぐらい掛かるかという話が出ましたが，物件そのものの価格の鑑定をおやりになった方はいらっしゃいますでしょうか。

D：最近，土地については簡易鑑定というやり方があって。不動産鑑定士が，大体，10万円から30万円ぐらいでやってくれる。これは，簡易鑑定でお願いできますかって言えばやってくれます。建物は無理みたいですけど。土地はこれでできちゃうみたい。

E：一番いいのは，大手の不動産会社がやってくれる査定でしょう。費用も掛からないし。あれもいろんなところに頼んでも大体同じような価格が出てくるね。

司会：ただ，不動産業者だと，売却の仲介を頼まれるかもしれないと思って，ちょっと高めに，期待を持たせるような金額を出してきますね。結構立派な資料もつけてくれます。

A：業者は，売買データを持っているから。割と簡単にすぐできるんでしょう。だから余り遠慮しないでやったらいい。本当に仲介を依頼することもあるんだし。

司会：破産や個人再生事件では，大手の不動産会社2社以上の査定を出させて，それの平均がこの物件の査定価格ということで，オーバーローンかどうか判断するやり方を裁判所が採用していますね。

F：無料査定でも，事情を説明すると，安めな金額で査定してくれることもありますね。双方の査定の中間で評価を決めようというときには，そういうやり方でいいのかもしれません。

A：不動産会社には，急いで売却したいので多少安くてもいいとか，あまり急がないのでできるだけ高く売りたいとか言って査定してもらうことになるのかな。相手も逆なこと言って査定させているんだろうな，なんて思っていつもやってる。

不動産に関する弁護士実務

司会：鑑定については皆さん工夫して，費用を節約してらっしゃるということが分かりました。

2 不動産仲介業者による案件紹介料支払についての考え方

司会：次は，不動産仲介業者とのトラブルに関して，仲介業者による紹介，案件紹介料支払をどう考えるかという質問が事前に出されています。

I：これは，私の方から質問事項として挙げさせていただきました。実は，不動産の無料鑑定してもらった業者から，「なんかあったらお願いします，何パーセントか払います」，みたいな話を結構受けることがあるんですが，そのような話に乗ってしまって大丈夫なんでしょうか。

E：キックバックするということね。それ，危ない。それはだめだよね。

K：依頼者との関係で問題になるよ。

E：それはものすごいリスク高いね。やっぱり品位を害するよね。本来だったら，仲介手数料はもっと安くなるはずですよ。だけど，そこに弁護士料含めているから，結局上乗せするわけでしょう。それを知っていて弁護士が乗っかるというのは，極端に言えば詐欺だよね。だって，実際は100万円の仲介手数料に更に20万円上乗せして，依頼者が120万円払うと。そして，その中から弁護士がこっそり20万円を受領するわけで，それだったら本来，仲介手数料100万円でやらなきゃいけないよね。

I：結構そういう話が来るから。皆さんやってらっしゃるのかなと疑問に思ったんですが。

K：それはまずいでしょう。やっている人がいるならば，それは懲戒請求事由になるんじゃない。

E：仲介手数料は，大体，上限が3％プラス5万って言いますよね。今もっと安いでしょ。

K：下げてくれますよね。

D：だから，仲介手数料を下げる交渉して，その部分を依頼者からもらえばいい。

司会：はっきり明示すればいいわけですよね。下げた分の一部を弁護士費用にすればいいんだ。

3 不動産仲介における説明義務

(1) 説明義務違反を理由とする契約解除及び損害賠償請求

D：不動産仲介に関しては，説明義務違反について弁護士の方でも，十分認識してないと，最近危ないですよね。

　皆さん，経験していると思いますが，土壌汚染の問題であるとか。物件に瑕疵がある場合。例えば自殺物件であるとか。井戸があったとか。そういう説明義務違反の問題が出てくるので，注意された方がいいと思います。

A：自殺物件で，部屋の中で死んだのは説明しないとまずいけど。例えば，実際にあったんですがマンションのベランダから外に飛び降りたというのはどうなんですかね。

E：同じじゃない。やっぱ，説明しとかなきゃまずいよ。

A：じゃあ，病死はいいんでしょ。説明義務があるのはどこまでなんですか。

E：それは，社会感覚で一般の人がこれは怖くて買えないとか，嫌がるかどうかの程度の問題じゃないですか。それから，裁判例で，隣に暴力団が住んでいることも説明義務に入っていますね（説明義務違反があり損害賠償を認めた事案として，東京地判平25・8・21ウエストロー・ジャパン2013WLJPCA08218002）

D：説明義務違反というのはちょっと一括りには言えないので……。債務不履行解除の問題の場合もあるし。損害賠償の場合もあるし。そこら辺の射程距離は説明義務違反の内容によって変わってくるので，そこはきちっと押さえとかないと。

A：極端な説明義務違反。例えば，建物が再建築不可であったことを言わなかったとかさ。それは解除原因になるよね。

D：もちろん仲介業者に対する損害賠償も請求される。

(2) 重要事項説明に建物が未登記と記載されていた事案

A：今ね，ちょうど相談受けている案件だけど，わりと広い土地を買って，古い建物がゴチャゴチャ何件か建っているのね。この建物のうち1つの

建物に関しては登記がありませんって，重要事項説明に書いてあるのに実際は登記がされていた。土地買った方としては，借地人には建物保護法の対抗要件がないから「売買は賃貸借を破る」って考えた，建物建てていた借地人から土地を取り戻せると思って買ったって言うんですよ。
　これは説明義務違反にはなるんだろうけれども。これによって，売買契約は解除できるんですか。
D：それは解除できていいんじゃないですか。
司会：だって，負担がついているわけですね。そういう借地権。
A：ただ，物は渡しているじゃない。売買の基本的債務は物を引き渡すこと。これは法律的な瑕疵みたいなもんじゃない。対抗できるかの。説明義務違反も附随的な債務の不履行だから即解除とはいかないでしょ。
D：だけど，僕はなるとは思いますけどね，正直言うと。
　それは解除でしょう。どう考えても。
A：解除できるのかなあ。
E：でも買った人がドジだよね。それ，登記調べないって普通考えられないよね。
A：でも古い建物がゴチャゴチャ何件もあったし，重要事項説明でも確かに借地人はいます。借地人が建てた建物も何件かあります。そこまでは書いてあるの。ただ，そのうちこの建物は無登記ですって書いてあるんだよね。
F：登記がありますって書いてあれば，登記とったかもしれませんよね。
A：そうそう，ないですって言われたから調べなかったのもありかなと。
　借地人が建てた建物を登記してたってことで。買った方から見ると，この借地契約は登記がなければ対抗力ないじゃない，建物保護法で建物登記あれば対抗できるけど。だからね，買った方としては，その部分は更地にして，転売したかった。
E：待って。そうすると借地上の建物，取り壊したいということなの？
A：そうそう。
D：追い出せると思っていたということでしょ。
E：対抗力はないけれども，賃借人と賃貸人の関係は承継するんじゃな

441

かった？
司会：売買は賃貸借破るんじゃなかった？
A：そうそう，だから単純にそう考えたんだよね。
司会：登記がなければ。
A：私も，最初に相談受けたとき，承継するんじゃないかと思ってた。そうしたら，依頼者が，本を持ってきてさ，先生，売買は賃貸借を破るって書いてありますって。そうか，単純に考えればいいのかと。
K：いや，それ基本だから。基本に戻るんじゃない。
司会：私も基本だと思います。でも，そんなものがあって，やっぱり買主が調べないというのはちょっと常識では考えられない。
A：でも，ないって書いてあって，建物もごちゃごちゃ建ってるんだよね。
司会：でも調べると思うけど。買主がプロだったら。
E：それが目的だったら，全然，裁判所通らないよ，それ。転売が目的だったらね。見ればすぐ分かるじゃない。登記簿謄本。それでしかも，あれじゃない。だって，なんかさ，逆から言えば，登記がないことに藉口して何とかかんとかって感じがするよね。
A：だから権利濫用とかそういうのはあるかもしれない。
司会：その買主がどのくらい善意の人と見られるかによりますよね。
A：そうそう。ただね，結構，駅のすぐそばのね，ごちゃごちゃ建物が建っていて。確かにこっちの建物は登記があって，賃料も取れますと。こっちの方は，昭和30年ごろに建った建物で，登記はないって。そう簡単に調べられないかなと思ったんだよね。仲介業者がそう断言しちゃっているからさ。
司会：ここは，議論が尽きないようなので，このくらいで，次に進ませて頂きます。

(3) **土壌汚染**
司会：それでは，他に売買に関して何かテーマありますか。
B：土壌汚染のところをちょっと聞きたいんですけど。例えば，買主側の方で，担保条項入れてほしいとか，そういった話があるかと思うんですけど。

私が経験したのが，売主側は別に土壌汚染ないですよと言っていて，一方，買主側はリスクがあるので心配だからという話になって，表土検査をするかしないかっていう話になりまして。そのときは，検査は結局しないで，担保条項だけ入れることになったんですけれども。検査をされた経験のある方はいらっしゃいますか。

D：僕，しました。売主の側で。500㎡ぐらいの土地で，もとはガソリンスタンドだったんですが，表土検査して，そのデータを渡して，担保責任免責にしました。
　検査はマトリックス（産業別土壌汚染ポテンシャルマトリックス）でやって，費用は200〜300万円，期間は2〜3か月じゃなかったかな，そんなもんだったような気がします。

A：クリーニング屋とかも薬剤を使うから問題になりますね。

D：でも土壌汚染の場合，買主が免責しても，それをさらに転売されたら，また何か言われる可能性が，そういったリスクが実はあるんだよね，土壌汚染対策法，原因を発生させた者に対して，現在の所有者が責任追及できるような形に確かなっていますから（土壌汚染対策法8条）。

B：検査していれば，検査結果資料はいつでも使えるということですよね。

D：そういう意味からすると，やっちゃった方が安上がりなんですよ。

第5 近隣関係

1 騒音・悪臭の程度を証拠化する方法

司会：次は，「近隣関係」の問題に移ります。

B：ちょっと前に，脅迫事件なんですけれども。被疑者がマンションの中で騒音に悩まされて，何度も苦情に行ったんだけれども解決しないで。管理組合を通したけれどもだめで。結局，ポストのところに「うるさい，ただじゃおかないぞ」って書いたものを入れてしまって，それで脅迫になったというものがありました。

司会：刑事事件になったんですか。

B：はい。最終的には，マンションから退去するということで，示談にはなったんですけれども。接見している中で，騒音がどれだけすごいんだという話をされるんですけど，いかんせんその場にいないんで，音とかにおいとか，いつも出ているわけではないものを，どう証拠化すればいいのか。

K：カラオケなんかだと計るけどね。不定期だとちょっと難しいですね。

H：私は，においの測定器に関して，1回，調べたことがあります。購入したマンションで悪臭がしたケースで，下水のにおいが充満して。ネットで調べたら，測定をする機械を貸し出す業者がありました。確か5万から10万ぐらいで貸し出せる，というところまで調べました。結局，仲介業者の瑕疵担保責任の期間だったので，仲介業者が飛んできて調査したところ，食洗機の下水の配管のふたがちゃんと閉まってなかったことが分かり，そこをキュキュと締めたら，もう完璧に直ったというオチでしたので，実際に使ってみたわけではないですが。

J：民事で相談を受けたときに，悪臭や騒音をきちんと確認してから依頼を受けるのか，それとも相談を受けて，ああ，この人だったら本当のことを言っているのかなと思って，依頼を受けるのかっていう判断に迷います。

F：確かに，その人が，自分が被害者だって言ってても，実は加害者だっ

たってことがあり得ますよね。

A：先生，それはね，まず話している人の目をよーく見て判断するの。特に，電磁波飛ばされたとか，最近はプラズマまで飛んでくるからなー。

H：やっぱり確認しないと，内容証明書くのもちょっと怖い気がしますよね。そうすると，依頼を受けるのは，確認してからかな，という気がしますね。

B：その場合，受任する前に調査をしてもらうのか，あるいは，例えば調査として受任するとかっていうことなんですかね。

C：確かに依頼者が言うまんまに行動すると怖いよね。現地に，1回は行ってみる必要があると思いますが，その費用は，もらえたりもらえなかったりですね。

D：騒音は困っちゃうよね。録音を取ってもらっても，取り方によって，ボリュームを調整できたりもするし。マイクの位置とかにもよりますし。だから僕は，「周りの人はどうなんですか」というのを聞くことも多い。

A：そうそう，周りの人と一緒に抗議したらって。それで，その人が躊躇したら引き受けるのは危ないかな。証拠揃えてからもう一度来てって言ってお帰り願うこともあるなあ。建物の構造でしょうがない場合もあるよね。木造のぺなぺなな壁なんかのとき。そうであれば，受忍限度の範囲内になる可能性が高くなる。

C：あとは洗濯機を夜中に回すとか，夜中にシャワー浴びるとその音がマンションの配管を通っていくからうるさいって言う人もいるね。それも受忍限度の範囲内かどうかの問題だね。

2 受忍限度の範囲

司会：受忍限度の話になると本当，個人差がありますね。建築物の外壁の色とかも受忍限度の問題になってくるのでしょうか。

B：楳図かずおさんのケースがありましたよね。
　　そのような，家のリビングの目の前に見える隣の壁が真ピンクとか，真っ赤とか，目にチカチカ来るような色の建物を建てられた場合はどう

なんですかね。

J：楳図かずおさんのケースは，景観利益というのは法的保護の対象になるとしながらも，建物の外壁の色彩は生活の平穏を侵害しないとして外壁部分の撤去や損害賠償請求は認められませんでしたね（赤白ストライプハウス事件，東京地判平21・1・28判タ1290号184頁）。

H：難しいですね。個人差があるでしょうし。

B：あと，法律相談で相談を受けたのは，住宅地で，隣がもともと社宅だったらしいんですけど。社宅がとり壊されちゃって。細かく分譲して，境界ぎりぎりまで，建てた結果，陽が全然入らなくなったという。どうやら，地区の基準は一応満たしてはいるんだけど，真っ昼間でも1階は真っ暗だそうで。

司会：区とか条例の基準を満たしていると，基本的には文句は言えないですよね。

A：ただ，大手のマンション業者が，販売のときに差し支えないように，なるべく穏便に建てるためにストーブ代みたいな形での金銭的な保証というのは，してくれるみたいですね。その相場は5万とか10万ぐらいでしょうか。

司会：そういう相談が来ると，しょうがないですよって言って納得させるのが弁護士の役目みたいになりますね。

窓からのぞかれるとか，隣にマンションができちゃって，庭がのぞかれるという場合には，目隠しを付けて下さい，洒落たのにして下さいとか，要求できるのはそのくらいですよね。

A：でも，民法上は作る義務ないんでしょ。

司会：義務はないけど，ちゃんとした業者であれば，本当にのぞかれちゃう場合にはきれいな目隠しをして対応するんじゃないですかね。

A：買った後，入居者がとっちゃったらだめなんですか。民法では付ける義務ないんだからってとっちゃったらどうなんですか。

C：普通，マンション業者の義務を承継するって書いてないのかね。

マンションだったら共用部分だから，占有者でも勝手に取り外せないのではないでしょうか。事実上やられちゃって，どうするかって問題は

あるかもしれませんけど。

D：建設前に建設業者とか販売業者が近隣住民との間で協定書でも，作っていればいいんですけれどね。それが，販売後の管理組合やマンション住民にも承継されるという内容になっていればさらに有り難いですね。

座談会

第6 マンション

司会：では，続きまして「マンション」に関してですが，ここでは，事前に質問のあった「水漏れ事故の事例」についてお伺いします。

C：マンションで，滴が落ちてきたり壁をつたってきたりっていうのは，原因が分からないのが結構あるよね。業者が色水流して調べるとか，どんなやってお金かけても分からない。実は，上の階のお風呂場の水回りから来ているんじゃないか，とかね。

A：原因特定しないと，上に対して損害賠償請求できるか，共用部分からなのか分かんないでしょ。その調査は，自分でやらなくちゃだめなんですか。

D：理屈上はそうでしょう。

A：水漏れ調査ってどれぐらい費用が掛かりますか。

司会：どこの調査をするかにもよりますが，天井裏をはがして，中をのぞいてもらうっていう程度だと，数万円程度のようです。

E：でも，何度やっても分からないのがあるね。雨漏りなのか，水道管や下水管から，ポツポツ来ているのかというのはね。

B：その場合，例えば木造だったら比較的，こう，例えば天井裏とか安いと思うんですけど。鉄筋コンクリートだと，その場合，躯体のところまで開けちゃうんですか。それだと，なかなかそこまではできないですよね。

司会：上の階とかを調査しようと思って，上の階の人の承諾がないとできなくて，以前水漏れ事故があったときに，上に変わった人が住んでいて，どうしても調査ができなくて，1年半ぐらいずっと水がポタポタポタポタ。

最終的には管理組合を巻き込んで，仲裁をやって，解決しましたけど。

E：区分所有者は，専有部分の保存改良のために他の区分所有者の専有部分に必要だったら立入りを請求することはできますよね。区分所有法6条2項に規定があります。

448

D：水漏れとかの調査のために部屋に立ち入ることができるかどうかについては，緊急の場合には立ち入ることができるっていう条項を賃貸借契約のときに入れることがありますよね。

座談会

第7　破産関係

1　土地・建物やマンションの売却の方法

　次は，破産関係です。まず，破産事件での「土地・建物やマンションの売却の方法」について，例えば，短期かつ高額な売却の方法はあるでしょうか。皆さん，管財物件の任意売却とか多数やられていると思いますので。

A：要するに，エンドユーザーに買わせれば高く売れるんだよね。破産でもね。この間やったのが，一戸建ての破産事件で，仲介業者がエンドユーザーつけてくれたの。そしたらエンドユーザーが，手付の返還とか，通常の契約にしてくれれば買うというので，その条件でやりました。破産の場合には，管財人が売主になるから債務不履行で財団が損失を受けないように手付契約とか違約金条項は入れるなと裁判所は指導しているけど（東京地裁破産再生部（民事第20部）『管財事務の手引』），仲介業者が，「あの人絶対買うから，非常に気に入っているから」と言うんで，手付返還だとか違約金条項を通常の売買契約と同じように入れてやりました。

　で，裁判所に許可を求めたときに，裁判所から，「それ，先生いいんですか」って言うから，せっかく高く売れる機会だからやりますって言ったら，「先生がいいって言うんなら許可します」ってなりました。ただ，最終明渡し，残金支払までではドキドキしていたけど。

D：瑕疵担保なんかの免責特約は当然入っているでしょ。

A：それは入れたけど，手付の返還だとか，違約金条項を通常通り入れさせられたんです。

J：エンドユーザーに売りに行くときは，そのエンドユーザーが住宅ローンの審査を通るかどうかが気になったりはしないですか。

F：ローンが組めなかったら解除できるっていういわゆるローン条項が大体入っていると思います。

D：昔は，破産物件には，銀行は，金を貸さなかったよね。それで処分の

しようがなくて，売却価格が安くなっちゃった。
司会：今はほとんど気にしないですよね。あとは，こんなの誰でもやっているのかもしれないですけど，複数の仲介に札入れさせて一番高い業者を通じて売却するというのが効率的な方法だと思っています。例えば，5社頼めば，1社ぐらいは，その物件をすごく気に入って，ぜひ買いたいからって言って，大幅な高値をつけるようなエンドを見つけてきてくれるところがあるんで，それが一番効率的に高く売れる方法かなと思います。
A：期間にもよるじゃない。時間かけりゃ，高くなりますよね。
司会：破産部が，大体，3か月から半年ぐらいで，破産の処理を終えてくれっていう感じなので，それほど時間はかけられないと思います。ただ，入札をやる場合には，仕切りの仕方が難しくて，業者も探りを入れてくるので，ちゃんと公正にやりますよっていうことでルールを敷かないといけないという難しさはあると思いますけども。
F：入札って，具体的にはどうやってやるんですか。私，全く経験ないので。
司会：具体的には，何社かその物件をやらせて下さいと連絡してくる業者と，自分がもともと知り合いの業者がいて，仲介をお願いして，最後は入札にすると通告します。でも，途中で，ちょっとここは手を出したくないとか，いい客付けができそうにないっていうところが抜けていったりするので，最終的に3～4社くらいが残って札を入れることになります。

　で，最終的には，何月何日の，例えば10時に，みんな，金額を書いた紙を持ってきてもらって，その場でオープンにしましょうということにして，本当に全員が見ている前で紙を開けます。それ見ないとみんな引き下がらないので。
H：それ，買手を紹介するんじゃなくて，その業者が自ら買うっていうことですか。
司会：じゃなくて，基本的には仲介です。業者が自分で買っていいんですけれども。

451

H：お客さんを探してくるっていうことですか。
司会：そうですね。ただ，こっちとしてみたら，そうやって値段をつけたはいいけれども，本当に買手がいるかどうかっていう信用ができない業者もいるので，そこまでの過程で具体的にどういう人が買おうとしているのかはヒアリングしておきます。で，ルールをきちんと作って，この日に1回きりで決めますよ，後出しジャンケンなしですよ，というやり方でやっています。
H：毎回ですか？
司会：人気がなくて，なかなか買手がつかないような物件で，1社しか手を挙げないっていう場合はそんなことはできないですけど。人気があるというか，そこそこの物件だと複数の業者から話が来るので，1件1件やっていると切りがないし，不公平にならないようにっていうと，それが一番効率的かなと思っています。
F：媒介契約は結ばないんですか。
司会：結ぶとしたら，一般媒介で，専任媒介は結びません。

2 建物明渡しの際の動産類の処分の仕方

司会：あと，「動産類の処分の仕方」ですが，事務所や工場の早期の明渡しのためにもうまく処理することが必要と思いますが，どうでしょうか。動産類も，業者に頼んじゃうことが多いですか。
H：それもやっぱり2社か3社見てもらって。で，どのくらいで買ってもらえますか，なんて話ができるのはいい方で，どのくらいで処分してくれますかっていう話になって。管財人として一番有利なところと契約をして引き取ってもらうというやり方ではないでしょうか。
C：弁護士協同組合の特約店で動産買取・廃棄物処理の業者がありますよ。東京都弁護士協同組合の場合，ホームページの特約店ガイドに5～6社ぐらい入っているはずです。
　そういう業者か，あとは管財人が官報で公報されると，向こうからファックス来たりするから，そういうところに任せるしかない。
司会：やっぱり1社じゃなくて，2～3社声をかけて，で，一番有利なと

こにするっていうことですね。

D：買い叩いてくるよね。移転するのに費用掛かりますからとか。だから，買取価格と廃棄の費用とで相殺ですね。

C：だけど，一括して任せないと大変だよね。よっぽど金目のものがあってというなら別だけど，一切合財込みで任せないと，処理できない。

A：裁判所は，管財人が動産の処理をこの条件でやるっていうと，大体許可しちゃうでしょ。そうやって許可が出て処理したけれども，債権者かなんかから文句が来たとかっていうのはないんですか。価値のある物をこんな値段で売って，配当なしにされちゃって，どうのこうのというのはないんですかね。

司会：従業員とかが，この会社にはこういう物があったと思うんだけど，どうなったんですか，いくらぐらいで売れたんですかとか問い合わせてくることはありました。

D：個別的な処分，中古品の専門店みたいなのを知っていると，個別に売却することができるよね。

C：本とか，衣類とか，バッグなんかはそうですね。でも，捨てるよりいいやっていう程度だったら，それこそ二束三文でいいんじゃない。捨てるんだって金掛かるんだから。

A：破産者が，ギターの年代物のギブソンのベースだとか何とか言うから，お金になるのかなと思って，わざわざギターの有名店に来てもらって見てもらったら，これ違う，フェイクだって言われたことがあります。

D：破産者の言うこといちいち聞いてられないですね。本当に価値があれば，先に自分で処分してますよ。

A：知り合いの執行補助者も言ってたよ。断行執行の遺留品で高く売れるようなものは残ってないって。売れるものは，とっくに持ち出してるって。

C：動産だったら，貴金属とか宝石とかでない限りは文句言わないんじゃない。

座談会

3 オーバーローン不動産と財産分与

司会：では，破産ではないですが，オーバーローン不動産がある場合に離婚する際の財産分与の方法について，いかがですか。財産分与っていうとプラスの財産を分け合うのが普通ですけれども，マイナスの財産も，基本的には半々で負担するという考え方でいいですよね。

A：財産分与で不動産の名義を変更した場合には，ローンの関係では契約違反になりますね。名義変更を銀行がすんなり承諾するわけないんだけど。銀行に言わないでやると銀行が，後から文句を言うんですか。

夫名義で買って，夫名義のローンがついているんだけど，奥さんに分与しちゃう場合にその問題が発生しますね。物件は財産分与して奥さんの名義にするんだけど，ローンは夫が返していきますよという約束をしたり，ローンは夫の名義だけど実際は奥さんの方が払っていくことにして，銀行がそれを仮に知った場合にどうなんでしょうか。

司会：それは一応，違約は違約なんだと思うんですけれども。ただ，今までそれをやって，特にそのことで，例えばローンを解約されるとか，一括弁済求められたっていう事案はないですね。

A：ローンを返していればいいということですか。銀行は抵当権をつけていますし。

依頼者に説明するときに，銀行に知られたら，違約にはなるけれども，実際に違約を理由にローンを解約されることはないと。そういう説明しちゃっていいでしょうか。

D：一応危ないですよって言っといた方がいいですかね。

F：事前に銀行に相談するとやぶへびになりそうですね。

A：でも，家裁でもそういう調停条項で成立させますよね。当然みんな知っているわけじゃない。ローン条項違反だって。それを裁判所がとめたことはないですね。

D：当事者の関係でそうやっているっていう話なんです。だから，実際に調停調書なり和解調書を持っていてさ，銀行に名義変えてくれって言ったってやれないのは分かっているから，当事者関係ではそうするんだと

454

いう内容での財産分与ということですよね。対内的な話だけですよと。対外的にまでそこ認めたわけじゃないと。この問題は，何とか，だましだましで切り抜けているんでしょうか。
司会：そうですね。あと，ローンの名義は夫で残さざるを得ないんだけど，分与を受けて住んでいる奥さんが責任持って払いますからって言って，夫の引落し用の口座の通帳まで預かってとか，そういう事案はありましたね。皆さん，いろいろ工夫をしているところじゃないですか。
D：そのときに，所有権の移転の仮登記はしたんですか？
司会：所有権を移転しちゃいました。違約になるかもしれないけれども，奥さん側に付くと，やっぱり名義を移した方が安心ですよね。
　逆に，夫側に付くと，ローンの名義を早く変えてくれ，変えてくれって，そればっかり言います。主要な財産がオーバーローンの不動産だったりすると，解決が難しい。
D：奥さんが住んでいてということだと，奥さんの方もローンを滞納されたくないから払うしね。
　私は，名義を移転しちゃうとやっぱり契約違反の問題あるから仮登記でやったことがあります。
A：奥さんが，賃貸住宅で賃料を払うよりも，ローンの方が，大体安いんじゃない。で，夫が滞納したので奥さんから夫の代わりにローンを払ってから求償できるかって相談を受けたこともあります。合意の内容にもよるけど，少なくとも夫の不当利得にはなるかなあ。
J：奥さんとご主人がペアローンを組んで，建物も共有だったものがあるんですけれども。それも基本的には分け方としては同じところに落ち着くんでしょうか。結婚して1〜2年で離婚という話になったので，売ってしまうと，すごい損してしまうんですが。
司会：損をするどころか，オーバーローンで，お金払わないと，抵当権の抹消ができないとなると，売るにも費用が掛かっちゃう。
J：銀行はペアローンなので，2人のローンなので，それを例えばどちらかに移すことは銀行が承諾するはずもないですよね。
I：どっちかが保証人を用意してきたりしても，銀行は応じてくれないん

ですかね。

K：基本的に応じないと思う。

D：応じないこと前提にすると,やっぱり持分譲渡を前提にしたスキームの話で,しようがないんだろうね。で,どっちかが分与を受ける代わりにローンを払って,それを共有持分の利用料,まさしく賃料みたいな形で処理したことがあった。

第8　建築関係

司会：最後は，「建築関係」です。ここでは，建築された建物に瑕疵があった場合の，追加工事や修補の費用，請負代金の減額等の交渉の仕方についてお伺いしたいと思いますが，いかがでしょうか。

A：追加工事なのか，本来の工事代金に入っている費用なのかというところがよく争いになるでしょ。これって，裁判になると，裁判所は調停に回しちゃうんだよね。で，調停で鑑定をさせるんだけど，約定の範囲内とか範囲外という観点では決めないんだよね。鑑定人が代金と実際できたものの価格を査定して，差額があるならば払えと。査定された金額が，代金の範囲内であれば払わなくていいと。そんな決め方をする。約定の中か，約定以外だとかっていうんじゃなくて，客観的な価値と対価の比較で決める。

J：それは契約書の有無とは関係なく？

A：余り関係ないところで。要するに実際には天秤がどっちに傾いているかで決めるようなやり方をされる。結構，積算をバッとしてみて，約定の範囲内だとか範囲外だとかってごちゃごちゃやらないで，なんかそんなような決め方，されたな。

J：それは調停独特のもの？

A：調停回されて，そこでもう，そういう強引な進め方をされちゃった。表を作れって言われて。

F：なんかもう，フォーマットがあって。そこに，原告，被告，専門委員と埋め込んでいって。

D：東京地裁の民事23部でしょ。あそこで専門の調停委員がいるんで，そこで処理するとなると，やっぱり大体，どのぐらい時間が掛かるかとか先行しちゃうんだよね。だから，それでやられちゃうっていうのはあるかもしれない。

A：もう機械的なんだよね。例えば瑕疵の問題のときも，瑕疵の修補の対象かどうか，じゃなくて。費用と実際の値段，必要費用との差額，天秤

がどっちかに傾かないように決めちゃうっていうような、そういうような印象があるんだけど。

D：ただ、請負の関係は長引くじゃないですか。本格的にやるとなると、平気で2年、3年掛かっちゃうしさ。調停部ではなるべく早く事件を処理しようと思うから、そういうやり方になっているってのは、1つの理屈としては分かりますよね。現実に代理人となった場合、請求するときにもさ、どれだけの損害なのか、これ、調べるの大変じゃない。いちいち全部、瑕疵の分を出して、それからその見積り出してやんなくちゃいけない。

そういう建築関係、今、一番、裁判所で時間掛かっているんで、非常に気にしている訴訟類型であるようなので。こういうふうにやってしまうというのは、それなりの合理性はあるのかな。そうでもしない限り、なかなか納得しないですもん。

A：瑕疵があるかどうか、契約の範囲内での工事なのかどうか、あるいは契約外の追加工事だとかって、こっちはそこで争いたいのに、そこは余り考えないで、単純に「代金が見合ったものかどうか」というような仕方をされちゃうような感じがする。

H：最近、請負業者側から相談を受けた案件ですが、このビル建てるのにいくらですと最初に見積りを出したけど、この近年の建築関係の高騰で、もう半年たったら、とてもじゃないけど見合わなくなったと。この金額じゃ、人件費は収まらないし、材料は高騰しているので、かなり交渉はしてきたんだけれども、到底、この見積額じゃ収まらない状況なんです、というご相談に来たんですね。そのときに、文献とか裁判例（横浜地判昭50・2・7判時792号73頁）を調べた時点では、やっぱり見積りを出している以上は、そこに束縛されるんだというような記載があって。ああ、確かに発注者からすりゃそうだよね、とは思うんですが。でも実際に掛かっちゃっているというのがあって。

それで、先ほどの先生の調停のお話では、瑕疵がどうかとか、追加工事外か内かというのは捨象して、実際の費用と客観的にできた建物の価値を見るということでしたよね。じゃ、今の案件も調停にかければ、案

外いい方向に話が進んだのかななんて，お話を聞いて思ったんですけど。実際には人件費，材料費が高騰してるので，結構天秤はガガガと傾いている状況なので……。

D：先ほどの先生のお話のところで，ちょっと誤解があるといけないので補足しますと，できた物を評価するのは，それ，請負会社が言っている金額じゃないんですよね。ある程度，客観的に専門委員が評価し直すんです。その金額を。

A：瑕疵かどうかとか，追加工事かどうかとか，契約の内容が争いになっている場合ね。

H：掛かった金額とかじゃなくて。まさにこの建物の価値みたいなところで見るんですかね。

D：だから，ここに何人工掛かりました，一日あたり1人2万5,000円ですっていうのを出すじゃない，主張するじゃない。だけど，専門委員の方がこれはそんなに掛かんないよねと。しかも1人の単価，1万5,000円でできるよね，土工だから，とかね。そういうので計算し直して金額出してくる。

だから，必ずしも先生のおっしゃっているように，請負業者の方も納得するかっていうと，しないかもしれない。ただ，それ以上どんどんやっていくかっていうと，つまり，金額面での争いで鑑定とか証拠資料の提出をするかというと，また，時間が掛かっちゃう。だから，強引に説得されちゃうというところがある。

A：単純に，「客観的な評価でこれだけの分をあなた，もらったでしょ」と。「代金はこうだから，調整しよう」と，そういうような説得の仕方でね。

D：そこで言っている金額というのは，それぞれ，「代金の方は，あなたが合意している金額でしょ」と。「できた物は，客観的に評価し直してこうだよ，何も向こうの主張を全部取り入れてないよ。だからこの金額」，それで，「これだけ差額あるからこれは調整しようね」というような言い方をする。

A：裁判所が作れっていう表，標目，3つあるよね。確か，申立人，相手

方，査定はこう，と。

D：だけど，消費者サイドに立つと，全部埋められないんだよ，瑕疵について，正直なところは。だから，そういうふうにして，専門委員が入って下さって，この部分についてはこうだ，ああだってやってもらっちゃった方が，正直言うと楽なんですよ。だから，疑問は正直言ってあるんだけれども，代理人としては，あのやり方というのはそれなりに有難いところもないわけではない。ような気もしないではない。

A：高く売りつけようとかね，そういうのは余り認められない。うまくやったとかさ，そういうのはだめなんだ。

司会：それが今の，東京地裁の調停での運用の傾向ということでしょうか。

D：調停やっている人から実は，話を聞いていて，やっぱりそんな方向みたいです。

司会：建築関係については，以上のようなところでしょうか。

　では，予定していたテーマはこれで終わりました。本日の座談会，長時間にわたりご協力いただき，どうもありがとうございました。

あ と が き

　本書は,『弁護士が悩む家庭に関する相談』の続編として,企画されました。前著は,既に戸籍時報に掲載した原稿を基にしたのに対し,今回は全くの書き下ろしということで,原稿が集まるかどうかとても不安でした。

　しかしながら,法律相談運営委員会のメンバーに,これまでに経験した不動産に関する事案を尋ね,集約したところ,全員の経験を合わせると実にバラエティに富んだ分野の実例を解決しており,かつ,実際に手掛けた事例だけに徹底的に調査し,試行錯誤して解決に至っていることが分かりました。

　一人の弁護士が経験する事例は限られていますが,本書を通読していただければ,不動産に関して弁護士が相談・依頼を受けるケースのかなりの部分をカバーすることができます。まだ経験の浅い弁護士のみならず,ベテランにとっても興味深く,実務の参考になる文献に仕上がったと思います。

　弁護士会の会務の中で行われた執筆・編集作業でありながら,ほぼ予定通りに完成したのは,編集部の髙山康之さんによるスケジュール管理と叱咤激励のおかげです。今後も,様々な分野で続編を作成できればと思います。

平成27年6月

編集委員
弁護士　松　村　眞理子

事項索引

【あ】

悪臭の証拠化 …………………… 444
明渡訴訟の提起 ………………… 302
明渡断行の費用 ………………… 413
明渡しの正当事由 ………… 406, 419
雨漏り …………………………… 422
遺骨 ……………………… 191, 418
遺産分割 ………………… 271, 312
遺産分割登記の更正登記 ……… 272
異時廃止 ………………………… 135
一時使用目的 …………………… 53
一部明渡請求 …………………… 132
位牌 ……………………………… 418
違約金条項 ……………………… 450
入会団体 ………………………… 135
入会地 …………………………… 135
請負契約 ………………………… 17
請負代金の減額 ………………… 457
雨水の浸入を防止する部分 …… 352
営業補償額 ……………………… 114
液状化に関する裁判 …………… 364
縁故分与型 ……………………… 306
オーバーローン …………… 228, 454

【か】

買受可能価額 …………………… 205
買付証明書 ……………………… 3
価格賠償 ………………………… 390
価額分割 → 換価分割
瑕疵修補請求権 ………… 352, 354
瑕疵損害賠償請求 ……………… 79
瑕疵担保責任 ………… 14, 346, 351
瑕疵の主張方法 ………………… 360
瑕疵の定義 ……………………… 356
課税標準額 ……………………… 24
神棚 ……………………… 190, 418

仮執行宣言の付与 ……………… 407
仮処分 ………… 75, 78, 103, 160, 167,
　　　　　　　　169, 175, 194, 403, 411
換価分割 ………… 309, 319, 320, 390
鑑定 …………………… 431, 438, 457
管理義務 ………………………… 138
管理組合 ………… 214, 350, 367, 399
管理組合の登記申請者 ………… 399
管理組合の法人化 ………… 211, 367
管理組合の理事長交代 ………… 226
管理継続義務 …………………… 142
管理人の義務と責任 …………… 305
管理人の報酬 …………… 294, 304
管理費減額請求 ………………… 116
管理費等請求事件 ……………… 228
管理費等の消滅時効 ……… 203, 230
管理費の回収 …………………… 227
帰還困難区域 …………………… 385
境界標等設置承諾請求事件 …… 255
境界標の設置 …………… 249, 252
境界塀の設置 …………… 251, 252
強制換価手続 …………………… 124
強制執行 ………………… 252, 412
強制執行の申立て ………… 189, 221
強制執行費用の概算 …………… 181
強制執行費用の相場 …………… 412
共同利益違反行為 ……………… 233
共有物分割請求訴訟 ……… 388, 390
共有分割 ………………… 309, 318
競落者がいない場合 …………… 232
居住制限区域 …………………… 385
帰来時弁済型 …………………… 293
区分所有法59条の競売
　………………… 201, 222, 229, 236
区分所有法59条の競売請求訴訟の
　要件 …………………………… 232
区分所有法59条の競売申立ての要

463

事項索引

件 …………………………………… 234
区分所有法7条の競売
　………………… 201, 233, 235, 238
景観利益 …………………………… 446
競売請求訴訟 ……………………… 230
競売請求の要件 …………………… 231
競売手続 …………………… 199, 304
競売申立て ………………… 118, 162
契約解除 …………………… 87, 440
原状回復義務 ……………………… 71
原状回復請求 ……………… 87, 132
原状回復費用 …………… 60, 68, 424
原子力損害賠償紛争解決センター
　（原発ADR）……………… 375, 378
原子力損害賠償紛争審査会 ……… 376
建設工事紛争審査会 ……………… 369
建築瑕疵 …………………………… 457
原発事故 …………………………… 375
現物分割 ………………… 309, 318, 390
権利能力なき社団 ………………… 399
公共用地の取得に伴う損失補償基
　準 ………………………………… 340
工作物所有者の責任 ……………… 141
工作物占有者の責任 ……………… 140
公示価格 ………………… 24, 28, 128
公示送達 …………………………… 204
更新拒絶の正当事由 ……………… 109
更新料支払特約 …………………… 432
更新料の支払義務 ………………… 432
更新料の相場 ……………………… 432
更正登記 …………………… 272, 274
構造耐力上主要な部分 …………… 352
構造物撤去土地明渡請求 ………… 172
高度利用と正当事由 ……… 406, 419
告知義務 …………………………… 65
国庫帰属型 ………………………… 306
固定資産税評価額
　…… 24, 28, 132, 175, 293, 335, 384, 430
ごみ屋敷の強制執行 ……………… 416

【さ】
サーモグラフィー調査 …………… 373
債権者代位登記 …………………… 399
催告執行 …………………… 186, 189
財産分与 …………………………… 454
最低売却価格 ……………………… 191
裁判外紛争処理機関 ……………… 369
裁判上の和解 ……………… 23, 43
債務超過型 ………………………… 306
先取特権 …………………… 200, 222
査定 ………………… 29, 438, 457
敷金返還請求権 …………… 149, 150
時効の中断 ………… 203, 210, 369
事故部屋の逸失利益 ……………… 68
事故部屋の告知義務 ……………… 65
事故部屋の説明義務 ……………… 440
自殺物件　→　事故部屋
自主占有 …………………………… 256
執行官の現況調査 ………………… 204
執行費用の相場 …………………… 412
執行補助者の探し方 ……………… 412
実勢価格 …………………… 24, 28
失踪宣告の要件 …………………… 287
指定住宅紛争処理機関 …………… 369
地盤沈下 …………………… 15, 17
借地権価格 ………………………… 128
借地権付き建物 ……… 25, 124, 428, 430
借地権と抵当権 …………………… 30
借地権割合 ………… 28, 53, 128, 428
借地の更新料の相場 ……………… 432
借地料の増減額交渉 ……………… 430
借家権価格 ………………………… 113
修繕義務 ………………… 58, 421, 426
修繕積立金の請求 ………………… 219
住宅確保損害の賠償 ……………… 384
住宅紛争処理の参考となるべき技
　術的基準 ………………………… 357
重要事項説明 ……………… 4, 34, 440
受忍限度の範囲 …………………… 445

小規模宅地の特例……………325
承継執行文………………258
使用貸借………51, 301, 309, 316, 320, 337
使用貸借契約の解除……………435
使用貸借契約の金銭的評価……338, 437
使用貸借の終期………………340
譲渡承諾料………………30, 128
譲渡所得税………………124
消滅時効……………203, 230
剰余金……………304
処分禁止の仮処分……………175
所有権移転登記……97, 162, 282, 399, 455
所有権更正登記手続の請求………280
所有権更正登記の抹消登記請求……278
自力救済……………249, 407
震災による損傷……………346, 422
新築住宅についての性能評価………365
震度計測……………363
信頼関係の破壊………76, 91, 93, 341, 423
スウェーデン式サウンディング試
　験………………19
生活保護制度の利用……………127, 416
正当事由……………109, 406, 419
性能評価……………365
赤外線調査……………373
接道義務……………39, 41
説明義務……………265
説明義務違反……………34, 440
善管注意義務……………63, 305
全面的価格賠償の要件……………393, 396
占有移転禁止の仮処分
　……………75, 78, 103, 169, 194, 403
占有関係調査……………126, 179
占有者の特定……………183, 411
騒音の証拠化……………444
相続債権者……………307
相続財産管理人……………299, 305
相続人が行方不明の場合……………284
相続分譲渡証書……………290
訴額の算定……………132

底地権割合……………53, 428
訴訟承継……………162
訴訟無能力者……………277
即決和解……………410
損害賠償による代位……………381

【た】
代償分割……………309, 318, 319
耐震基準……………364
耐震診断報告書……………110
耐震性不足と正当事由………110, 421
耐震等級……………365
滞納管理費の請求・回収
　………200, 219, 237, 238, 399
他主占有……………256
打診検査……………373
立退料……………51, 56, 108, 113, 419
建物明渡請求
　……72, 101, 107, 147, 176, 185, 407, 410
建物買取請求権……………28
建物建設請負契約……………17
建物収去土地明渡請求
　………39, 55, 92, 135, 162, 172, 342
建物としての安全性……………371
建物の鑑定……………438
断行執行……………186
断行執行の費用……………190
断行の仮処分……………160, 167, 170
担保解除料……………129
担保基準……………175, 194
地代確定訴訟……………164
地代請求……………168
仲介業者の報酬請求権……………8
仲介手数料……………2, 7, 439
駐車場……………240
駐車場使用料の請求……………219
懲戒……………349, 409, 439
眺望権……………263
賃借権の対抗力……………182
賃借人の善管注意義務……………63

事項索引

賃借人の逮捕・拘留 …………… 83
賃貸借か使用貸借か ……… 36, 46, 435
賃貸借契約の解除 …………… 72, 433
賃貸借契約の仮装 ………………… 176
賃料減額請求 ……………… 116, 423
賃料増額 ………………………… 98, 431
賃料不払 …………… 91, 92, 405, 422
賃料不払と信頼関係の破壊 ……… 76
賃料不払による契約解除 …… 74, 147
賃料保証会社 ……………………… 83
追加工事 ………………………… 457
通行権 …………………………… 254
通知税理士 ……………………… 328
抵当権 ………………………… 30, 119
手付金 …………………………… 5
手付金の返還 …………… 267, 450
転借権の対抗力 ………………… 182
登記請求訴訟 …………… 270, 282
倒産解除条項 …………………… 152
動産執行 ………………………… 104
動産撤去 ………………………… 90
動産類の処分 …………………… 452
特定居住用宅地等 ……… 324, 325
特定事業用宅地等 ……………… 325
特定承継人 ……… 201, 218, 220, 235, 237
特定同族会社事業用宅地等 …… 325
特別代理人 ……………………… 277
特別売却 ………………………… 210
土壌汚染 ………………………… 442
土地明渡請求 …………………… 72
土地に関する瑕疵担保責任 …… 14
土地の鑑定 ……………………… 438
土地の高度利用と正当事由 … 406, 419
土地の売却 ……………………… 450
土地の有効活用と正当事由 … 406, 419
土地売買契約 …………………… 17
取引価格 ………………………… 24

【な】

内容証明 ……………… 55, 77, 87, 91,

103, 168, 184, 254
二世帯住宅 ……………………… 331
任意売却 ……………… 118, 135, 303
認証紛争解決手続 ……………… 370
根抵当権 ……………… 118, 157, 161
農地の賃貸借の解約 …………… 80

【は】

売却基準価格 …………… 191, 205
売却代金交付計算書 …………… 304
配当額 …………………………… 123
配当要求 ………………………… 201
売買契約の解除 ……… 8, 34, 263, 267
売買契約の担保責任 …………… 355
破産管財人 ……………… 138, 157, 305
破産手続 ………………………… 135
破産手続開始申立てを解除事由と
　する特約 …………………… 152
破産物件 ………………………… 450
判決による登記 ………………… 275
判子代 …………………………… 129
避難指示解除準備区域 ………… 385
評価額 ………………… 24, 28, 205
表土検査 ………………………… 443
不在者財産管理人選任審判の申立
　て ……………………… 289, 292
仏壇 ………………………… 191, 418
不動産会社の査定 ……………… 438
不動産鑑定士 …… 114, 205, 380, 431, 438
不動産鑑定評価基準 …………… 339
不動産担保金融 ………………… 161
不動産仲介業者 ………………… 439
不動産引渡命令の執行 ………… 185
不法原因給付 …………………… 54
不法行為責任 …………………… 357
不法占有者 ……………………… 101
分割方法の拡張 ………………… 391
ペット …………… 190, 413, 417
弁護士会照会 …………………… 292
妨害排除請求 …………………… 132

466

報酬付与審判の申立て ……………… 304
法定地上権の消滅 ……………… 166, 167
暴力団関係者 …………………… 4, 103
補完事由 ………………………… 437
保証委託契約 …………………… 87
保証金返還請求権 ……………… 150
保証金返還特約 ………………… 146, 151
保証債務履行請求 ……………… 62

【ま】

抹消登記請求訴訟 ……………… 276
マンション管理組合 → 管理組合
マンション管理費 → 管理費
マンションの専用駐車場 ……… 240
マンションの売却 ……………… 450
満足的仮処分 …………………… 160
水漏れ ………………… 58, 213, 448
未登記の建物 …………………… 440
未払賃料 ………………… 60, 68, 83, 98
無剰余執行禁止の原則 …… 206, 228, 234
無剰余取消しと時効中断 ……… 210
無剰余取消しの回避 …………… 208
無剰余の通知 ………………… 205, 207
無断転貸の証明 ………………… 75, 78
名義書換料 ……………………… 30
名義変更 ………………………… 454

【や】

有効活用と正当事由 ………… 406, 419
優先債権 ………………………… 206
予納金 ………………………… 294, 302

【ら】

ライプニッツ係数 ……………… 68
両手仲介 ………………………… 13
連帯保証人 ……………………… 60
老朽化と正当事由 …………… 110, 419
漏水 → 水漏れ
ローン条項 ……………………… 4, 450
路線価 ………………… 24, 28, 128, 428

467

判 例 索 引

【大正】

大判大 4・12・23民録21輯2173頁 ……………………………………… 274
大判大 7・5・23民録24輯931頁 …………………………………………… 167

【昭和】

大判昭 8・1・14民集12巻71頁 ……………………………………………… 356
最判昭29・4・8民集 8 巻 4 号819頁 ……………………………………… 318
最判昭35・4・12民集14巻 5 号817頁 ……………………………………… 52
静岡地浜松支判昭37・1・12下民13巻 1 号 1 頁 ………………………… 252
東京地判昭39・3・17下民15巻 3 号535頁 ………………………………… 252
東京地判昭40・5・10下民16巻 5 号818頁 ……………………………… 54, 55
東京高判昭41・9・26判時465号46頁 ……………………………………… 251
最判昭41・10・27民集20巻 8 号1649頁 …………………………………… 52
最判昭43・3・28民集22巻 3 号692頁 ……………………………………… 53
最判昭43・8・20民集22巻 8 号1692頁 …………………………………… 397
大阪高判昭43・11・28判タ229号174頁 …………………………………… 8
東京地判昭44・7・21判時574号42頁 …………………………………… 252
最判昭47・6・2民集26巻 5 号957頁 …………………………………… 399
最判昭48・2・2民集27巻 1 号80頁 ……………………………………… 150
東京地判昭48・3・23判タ295号279頁 …………………………………… 8
東京地判昭49・1・28判時740号66頁 …………………………………… 433
横浜地判昭50・2・7判時792号73頁 …………………………………… 458
東京地判昭50・9・22判時810号48頁 …………………………………… 432
東京高判昭51・9・28判タ346号198頁 …………………………………… 251
最判昭51・10・1判時835号63頁 ………………………………………… 432
東京地判昭54・4・23判時938号68頁 …………………………………… 368
大阪地判昭54・12・27判タ415号155頁 ………………………………… 8
東京地判昭55・11・26判時999号78頁 ………………………………… 356
仙台地判昭56・5・8判時1007号30頁 ………………………………… 363
東京地判昭56・6・24判時1022号85頁 ………………………………… 8
最大判昭56・12・16民集35巻10号1369頁 ……………………………… 397
東京地判昭57・2・22判タ482号112頁 ………………………………… 8
最判昭57・3・9判時1040号53頁 ……………………………………… 391, 394
最判昭57・3・30民集36巻 3 号484頁 …………………………………… 152
大阪地判昭57・10・22判タ1068号85頁 ………………………………… 368
東京高判昭58・7・19判時1089号49頁 ………………………………… 432
最判昭59・4・20民集38巻 6 号610頁 …………………………………… 433

東京地判昭59・6・7判時1133号94頁‥‥‥‥‥‥‥‥‥‥‥‥‥‥‥‥‥‥‥‥433
名古屋地判昭62・1・30判時1252号83頁‥‥‥‥‥‥‥‥‥‥‥‥‥‥‥‥424
最大判昭62・4・22民集41巻3号408頁‥‥‥‥‥‥‥‥‥‥‥‥‥‥‥‥‥‥391
大阪地判昭62・6・23判時1258号102頁‥‥‥‥‥‥‥‥‥‥‥‥‥‥‥‥‥219
最判昭62・9・4判タ651号61頁‥‥‥‥‥‥‥‥‥‥‥‥‥‥‥‥‥‥‥‥‥388

【平成】
東京地判平元・3・29判タ716号148頁‥‥‥‥‥‥‥‥‥‥‥‥‥‥‥‥‥‥‥9
横浜地判平元・9・7判時1352号126頁‥‥‥‥‥‥‥‥‥‥‥‥‥‥‥‥‥‥65
東京地判平2・2・9判時1365号71頁‥‥‥‥‥‥‥‥‥‥‥‥‥‥‥‥‥‥360
名古屋地判平2・10・31判タ759号233頁‥‥‥‥‥‥‥‥‥‥‥‥‥‥‥‥341
東京地判平2・11・30判時1395号97頁‥‥‥‥‥‥‥‥‥‥‥‥‥‥‥‥‥432
東京高判平3・1・29判時1376号64頁‥‥‥‥‥‥‥‥‥‥‥‥‥‥‥‥‥‥408
東京地判平3・5・9判タ771号189頁‥‥‥‥‥‥‥‥‥‥‥‥‥‥‥‥‥‥341
東京地判平3・5・9判時1407号80頁‥‥‥‥‥‥‥‥‥‥‥‥‥‥‥‥‥‥432
東京高決平3・10・23判タ786号256頁‥‥‥‥‥‥‥‥‥‥‥‥‥‥‥‥‥‥319
仙台地判平4・4・8判時1446号98頁‥‥‥‥‥‥‥‥‥‥‥‥‥‥‥‥‥‥363
最判平4・10・20民集46巻7号1129号‥‥‥‥‥‥‥‥‥‥‥‥‥‥‥‥‥‥370
東京地判平5・9・14判タ870号208頁‥‥‥‥‥‥‥‥‥‥‥‥‥‥341, 342
浦和地判平6・4・22判タ874号231頁‥‥‥‥‥‥‥‥‥‥‥‥‥‥‥‥‥‥407
最判平6・10・11裁判集民173号133頁‥‥‥‥‥‥‥‥‥‥‥‥‥‥‥‥‥338
水戸地判平7・7・10金法1447号55頁‥‥‥‥‥‥‥‥‥‥‥‥‥‥‥‥‥‥210
東京地判平8・3・15判時1583号78頁‥‥‥‥‥‥‥‥‥‥‥‥‥‥‥‥‥‥406
東京地判平8・5・20判時1593号82頁‥‥‥‥‥‥‥‥‥‥‥‥‥‥‥‥‥‥421
東京地判平8・7・5判時1585号43頁‥‥‥‥‥‥‥‥‥‥‥‥‥‥‥‥‥‥368
最判平8・10・31民集50巻9号2563頁‥‥‥‥‥‥‥‥‥‥‥391, 393, 394, 395
最判平8・12・17民集50巻10号2778頁‥‥‥‥‥‥‥‥‥‥‥‥‥‥‥‥‥320
東京地判平9・1・28判時1619号93頁‥‥‥‥‥‥‥‥‥‥‥‥‥‥‥‥‥‥‥34
東京地判平9・6・26判時1634号94頁‥‥‥‥‥‥‥‥‥‥‥‥‥‥‥‥‥‥235
最判平9・11・13裁判集民186号105頁‥‥‥‥‥‥‥‥‥‥‥‥‥‥‥‥‥‥64
東京高決平9・12・3判タ1632号24頁‥‥‥‥‥‥‥‥‥‥‥‥‥‥‥‥‥‥183
東京地判平10・1・28判タ984号180頁‥‥‥‥‥‥‥‥‥‥‥‥‥‥‥‥‥183
最判平10・2・26民集52巻1号255頁‥‥‥‥‥‥‥‥‥‥‥‥‥‥‥‥‥‥335
最判平10・3・24民集52巻2号399頁‥‥‥‥‥‥‥‥‥‥‥‥‥‥‥‥‥‥224
最判平10・11・20判タ991号121頁‥‥‥‥‥‥‥‥‥‥‥‥‥‥‥‥‥‥‥240
最判平11・2・25判時1670号18頁‥‥‥‥‥‥‥‥‥‥‥‥‥‥‥‥‥‥‥436
神戸地判平11・9・20判時1716号105頁‥‥‥‥‥‥‥‥‥‥‥‥‥‥‥‥363
最判平12・3・21判時1715号20頁‥‥‥‥‥‥‥‥‥‥‥‥‥‥‥‥‥‥‥213
最決平12・9・7家月54巻6号66頁‥‥‥‥‥‥‥‥‥‥‥‥‥‥‥‥‥‥‥320
福岡高判平12・12・27判タ1085号257頁‥‥‥‥‥‥‥‥‥‥‥‥‥‥‥‥213

469

京都地判平13・10・16裁判所ウェブサイト ……………………………………… 229
最判平13・11・27民集55巻6号1311頁 ……………………………………… 353, 370
東京地判平13・11・29ウエストロー・ジャパン ……………………………… 65
大阪高決平14・6・5家月54巻11号60頁 ……………………………………… 319
東京地判平15・9・22判例秘書 ………………………………………………… 54
東京地判平15・11・17家月57巻4号67頁 …………………………………… 338, 437
札幌地判平16・3・31裁判所ウェブサイト …………………………………… 263
最判平16・4・23民集58巻4号959頁 ………………………………………… 203, 230
東京高決平16・5・20判タ1210号170頁 ……………………………………… 234, 235
最判平17・12・16判時1921号61頁 …………………………………………… 66
東京地判平18・6・27判時1961号65頁 ……………………………………… 234
東京地判平18・6・28判例秘書 ………………………………………………… 392
東京地判平18・8・30判例集未登載 …………………………………………… 230
東京地判平19・1・11ウエストロー・ジャパン ……………………………… 392
東京地判平19・1・22判例秘書 ………………………………………………… 111
東京地判平19・2・2判例秘書 ………………………………………………… 111
最判平19・7・6民集61巻5号1769頁 ………………………………………… 357
東京地判平19・8・10ウエストロー・ジャパン ……………………………… 62, 63, 65, 67
東京地判平20・6・20ウエストロー・ジャパン ……………………………… 234
大阪地判平20・6・25判時2024号48頁 ……………………………………… 267
東京地判平20・7・31ウエストロー・ジャパン ……………………………… 112
東京地判平20・11・27ウエストロー・ジャパン ……………………………… 218, 235
最判平20・12・16民集62巻10号2561頁 ……………………………………… 152
東京地判平21・1・28判タ1290号184頁 ……………………………………… 446
大阪地判平21・3・12判タ1326号275頁 ……………………………………… 219
名古屋高判平21・6・30裁判所ウェブサイト ………………………………… 138
東京地判平21・9・24判例秘書 ………………………………………………… 112
東京地判平22・3・23ウエストロー・ジャパン ……………………………… 237
最判平22・6・1民集64巻4号953頁 …………………………………………… 356
東京地判平22・9・2判時2093号87頁 ………………………………………… 63, 66, 68
大阪高判平22・10・21判時2108号72頁 ……………………………………… 335
東京地判平22・12・21ウエストロー・ジャパン ……………………………… 87
東京地判平22・12・27判例秘書 ………………………………………………… 112
最判平23・7・15民集65巻5号2269頁 ………………………………………… 432
最判平23・7・21集民237号293頁 …………………………………………… 357
東京地判平24・7・19判時2172号57頁 ……………………………………… 381
東京地判平24・8・27判例集未登載 …………………………………………… 112
東京地判平24・8・28判例秘書 ………………………………………………… 406, 421
東京地判平24・9・27判例秘書 ………………………………………………… 112
東京地判平24・11・1判例秘書 ………………………………………………… 112, 421

東京高判平24・12・12判例秘書 ·· 112
東京地判平25・1・25判時2184号57頁 ······································· 112, 421
東京地判平25・2・12判例集未登載 ··· 367
東京地判平25・2・25判時2201号73頁 ··· 112
大阪地判平25・2・26判タ1389号193頁 ·· 361
東京地立川支判平25・3・28判時2201号80頁 ··································· 112
東京地判平25・8・21ウエストロー・ジャパン ································· 440
東京地判平25・11・8ウエストロー・ジャパン ································· 427
東京地判平25・12・24判時2216号76頁 ··· 112
東京地判平26・10・6判例集未登載 ·· 364
東京地判平26・10・31判例集未登載 ··· 364
東京地判平27・1・15判例集未登載 ·· 364

実例　弁護士が悩む不動産に関する法律相談
―専門弁護士による実践的解決のノウハウ―

定価：本体4,200円（税別）

平成27年7月27日	初版第1刷発行
平成28年3月24日	初版第2刷発行

編　著　　第一東京弁護士会
　　　　　法律相談運営委員会

発行者　　尾　中　哲　夫

発行所　　日本加除出版株式会社

本　社　　郵便番号 171-8516
　　　　　東京都豊島区南長崎3丁目16番6号
　　　　　ＴＥＬ （03）3953-5757（代表）
　　　　　　　　 （03）3952-5759（編集）
　　　　　ＦＡＸ （03）3953-5772
　　　　　ＵＲＬ http://www.kajo.co.jp/

営業部　　郵便番号 171-8516
　　　　　東京都豊島区南長崎3丁目16番6号
　　　　　ＴＥＬ （03）3953-5642
　　　　　ＦＡＸ （03）3953-2061

組版　㈱郁文　／　印刷・製本　㈱倉田印刷

落丁本・乱丁本は本社でお取替えいたします。
© 2015
Printed in Japan
ISBN978-4-8178-4243-5 C2032 ¥4200E

〈JCOPY〉〈出版者著作権管理機構　委託出版物〉

本書を無断で複写複製（電子化を含む）することは、著作権法上の例外を除き、禁じられています。複写される場合は、そのつど事前に出版者著作権管理機構（JCOPY）の許諾を得てください。
また本書を代行業者等の第三者に依頼してスキャンやデジタル化することは、たとえ個人や家庭内での利用であっても一切認められておりません。

〈JCOPY〉HP：http://www.jcopy.or.jp/、e-mail：info@jcopy.or.jp
　　　　　電話：03-3513-6969、FAX：03-3513-6979

「専門弁護士」は何を考え、どのように事件を解決するのか？
「難しい問題」に直面したときに、「採るべき方策」は何か？
弁護士の仕事の「深奥」がわかる画期的一冊！

実例 弁護士が悩む家族に関する法律相談

専門弁護士による実践的解決のノウハウ

第一東京弁護士会法律相談運営委員会 編著

2013年3月刊 A5判 432頁 本体3,700円+税 978-4-8178-4061-5 商品番号：40496 略号：弁相

実例をもとに、事件解決までの具体的な道筋を紐解き、
弁護士が直面しやすい「問題や疑問」に対する方策を提示

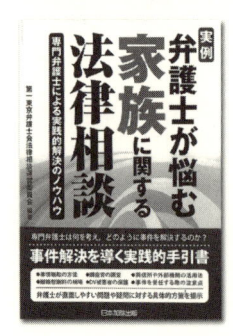

- ●「離婚慰謝料の相場」は、どのくらいなのか？
- ●「オーバーローンの住宅」は、どのように財産分与するのか？
- ●「DV被害」に遭っている依頼者をどう守るか？
- ●「遺産の確定・評価」はどのように行うのか？
- ●「寄与分」「相続放棄」「遺言執行」の実際は？
- ●「遺言書」作成において、事後の紛争を回避する予防策は？
- ●「興信所（探偵）」にはどのように依頼すべきか？
- ●「筆跡鑑定・印影鑑定」の信頼度はどのくらい？
- ●「子の奪い合い」で、依頼者の希望をどのように実現するか？
- ●「面会交流」の実施では、どのようなトラブルが起こるのか？
- ●「DNA鑑定」の実際は？　実施できない場合の代替策は？
- ●「依頼者からの事情聴取」に際して注意すべきことは？
- ●「家裁調査官による子の意見聴取」はどのようになされるのか？

目次

第1章	離婚（婚姻）に関する法律相談	第7章	遺言に関する法律相談
第2章	DVに関する法律相談	第8章	相続分・遺産分割に関する法律相談
第3章	子の奪い合いに関する法律相談	第9章	成年後見・高齢者に関する法律相談
第4章	親権・養育費に関する法律相談	座談会1	離婚に関する弁護士の実務
第5章	親子関係に関する法律相談	座談会2	遺産分割に関する弁護士の実務
第6章	渉外身分関係に関する法律相談	事項索引	

- ● 全26事例：各事例では「事件の概要図」とともに「本相談のポイント」を明示
- ● 巻末座談会：事例にて言及できなかった「特殊な問題」を中心に弁護士の実務を考察
- ● 関連コラム：気軽に読めて、困ったときに役立つコラムを18本収録

日本加除出版

〒171-8516　東京都豊島区南長崎3丁目16番6号
TEL (03)3953-5642　FAX (03)3953-2061（営業部）
http://www.kajo.co.jp/